Juristische ExamensKlausuren

Weitere Bände siehe
www.springer.com/series/3939

Ignacio Czeguhn • Claus Ahrens

Fallsammlung zum Sachenrecht

Zweite Auflage

 Springer

Professor Dr. Ignacio Czeguhn
Fachbereich Rechtswissenschaft
Freie Universität Berlin
Van't-Hoff-Straße 8
14195 Berlin
Deutschland
iczeguhn@zedat.fu-berlin.de

Professor Dr. Claus Ahrens
Bergische Universität Wuppertal
Gausstraße 20
42097 Wuppertal
Deutschland
ahrens@wiwi.uni-wuppertal.de

ISBN 978-3-642-13138-7   e-ISBN 978-3-642-13139-4
DOI 10.1007/978-3-642-13139-4
Springer Heidelberg Dordrecht London New York

Die Deutsche Nationalbibliothek verzeichnet diese Publikation in der Deutschen Nationalbibliografie;
detaillierte bibliografische Daten sind im Internet über http://dnb.d-nb.de abrufbar.

Einbandentwurf: WMXDesign GmbH, Heidelberg

Gedruckt auf säurefreiem Papier

Springer ist Teil der Fachverlagsgruppe Springer Science+Business Media (www.springer.com)

Vorwort

Nach vier Jahren erscheint nun die Zweitauflage der Fallsammlung Sachenrecht. Die Verfasser haben konstruktive Anregungen und Hinweise der Leserschaft berücksichtigt und in die vorliegende, ergänzte und überarbeitete Fassung eingearbeitet. Drei zusätzliche Fälle und ein Ergänzungsfall behandeln neu aufgetretene Fragen, so z. B. die des durch den Gesetzgeber neu eingefügten § 1192 I a BGB, aber auch in der ersten Auflage nicht berücksichtigte Problemfelder, wie z. B. den Wettlauf der Sicherungsgeber. Literatur und Rechtsprechung wurden bis September 2010 berücksichtigt.

Die Verfasser hoffen, dass das Buch sowohl von Studenten als auch von Referendaren weiterhin als nützlicher und hilfreicher Begleiter für die Examensvorbereitung zu Rate gezogen wird.

Dank gebührt Frau RRef. Sophie Engelhardt für Ihre Mitarbeit bei der Erstellung des Werkes. Die Verfasser bedanken sich außerdem bei Herrn stud. iur. Taha Paighambari für seine zuverlässigen und stets hilfsbereiten Formatierungshilfen, Aktualisierungen und Korrekturarbeiten.

Berlin und Wuppertal im   Ignacio Czeguhn
September 2010   Claus Ahrens

Inhaltsverzeichnis

Abkürzungsverzeichnis

a. A.	anderer Ansicht
a. a. O.	am angegebenen Ort
AGBG	Allgemeine Geschäftsbedingungen
Abs.	Absatz
AcP	Archiv für civilistische Praxis
a. E.	am Ende
Alt.	Alternative
Arg.	argumentum
AG	Amtsgericht
Anm.	Anmerkung
Aufl.	Auflage
BGB	Bürgerliches Gesetzbuch
BGH	Bundesgerichtshof
BGHZ	Entscheidungen des Bundesgerichtshofs in Zivilsachen
Bsp.	Beispiel
BVerfG	Bundesverfassungsgericht
BVerfGE	Entscheidungen des Bundesverfassungsgerichts
bzw.	beziehungsweise
bzgl.	bezüglich
d. h.	das heißt
EBV	Eigentümer-Besitzer-Verhältnis
FS	Festschrift
f.	folgende
ff.	fortfolgende
GBO	Grundbuchordnung
GG	Grundgesetz

GmbH	Gesellschaft mit beschränkter Haftung
GoA	Geschäftsführung ohne Auftrag
HGB	Handelsgesetzbuch
H.M.	Herrschende Meinung
HPflG	Haftpflichtgesetz
i. d. R.	in der Regel
i. e.	im einzelnen
i. E.	im Ergebnis
i. H. v.	in Höhe von
insbes.	insbesondere
InsO	Insolvenzordnung
i. R. d.	im Rahmen des
i. S.	im Sinne
i. S. d.	im Sinne des
i. S. v.	im Sinne von
i. V. m.	in Verbindung mit
JA	Juristische Arbeitsblätter
JuS	Juristische Schulung
JZ	Juristenzeitung
KG	Kammergericht
Lit.	Literatur
M.M.	Mindermeinung
MüKo	Münchener Kommentar
m. w. N.	mit weiteren Nachweisen
NJW	Neue Juristische Wochenschrift
NJW-RR	NJW-Rechtsprechungsreport
NZM	Neue Zeitschrift für Mietrecht
OLG	Oberlandesgericht
Rd. Nr.	Randnummer
RG	Reichsgericht
RGZ	Entscheidungen des Reichsgerichts in Zivilsachen
Rspr.	Rechtsprechung
st. Rspr.	ständige Rechtsprechung
sog.	so genannte
s. o.	siehe oben
StGB	Strafgesetzbuch
str.	strittig

Var.	Variante
vgl.	vergleiche
Verf.	Verfasser
WM	Wertpapiermitteilungen
z.B.	zum Beispiel
ZIP	Zeitschrift für Zivilprozessrecht
ZPO	Zivilprozessordnung
ZVG	Zwangsversteigerungsgesetz

Fall 1: Warten mit der Anwartschaft

Sachverhalt

Emil Eigen (E) ist Eigentümer einer exklusiven DVD – Anlage Marke „Bing und Alufsen", die einen Wert von € 6.000 hat. Bevor Emil auf eine 6-monatige Rundreise durch Ostasien geht, bittet er seinen Freund Friedrich Freundlich (F), die Anlage gefälligkeitshalber bis zu seiner Rückkehr in Verwahrung zu nehmen. Friedrich stellt die Anlage in seiner Luxuswohnung in München-Schwabing unter.

Wenige Wochen später – Anfang Januar – benötigt Friedrich einen Bankkredit in Höhe von € 5.000. Er unterzeichnet bei der Eurocash-Bank einen „Darlehens- und Sicherungsvertrag", in dem u. a. vereinbart wird, dass Friedrich die DVD – Anlage Marke „Bing und Alufsen" der Eurocash-Bank zur Sicherheit übereignet.

Ende Januar erfährt Friedrich, dass Emil kurz zuvor während seines Ostasien-Trips an einem tödlichen Virus erkrankte und verstorben ist. Daraufhin beschließt er, die Anlage zu Geld zu machen. Er inseriert das Gerät in der Fachzeitschrift „TOP-MEDIA" zum Gesamtpreis von € 7.000. Es meldet sich Kurt Kaufmann (K), der den Kaufpreis allerdings erst einen Monat später (am 01. März) bezahlen kann. Friedrich übergibt dem Kurt die Anlage am 1. Februar mit der Bemerkung, dass er sich das Eigentum an der Anlage bis zur vollständigen Zahlung des Kaufpreises vorbehalte.

Am 15. Februar meldet sich Michaela Eigen, die Mutter (M) und Alleinerbin des Emil (vgl. § 1922 Abs. 1 BGB), bei Friedrich und fragt nach dem Verbleib der Anlage. Als sie von der Veräußerung hört, wendet sie sich noch am selben Tag an Kurt, der allerdings meint, dass dies ihn nichts angehe und er nur mit seinem Vertragspartner Friedrich zu tun habe; diesen habe er für den Eigentümer der Anlage halten dürfen. Am 1. März hätte er außerdem den vollen Kaufpreis an Friedrich gezahlt.

Am 15. März fragt Michaela ihren Rechtsanwalt Rudi Ratlos (R) ob sie von Kurt Herausgabe der DVD – Anlage bzw. hilfsweise des Verkaufserlöses verlangen kann. Rudi beauftragt den bei ihm gerade tätigen Rechtsreferendar Sebastian Schlau bzgl. der Eigentumslage ein Gutachten zu erstellen und festzustellen, ob M hilfsweise den Verkaufserlös herausverlangen kann.

Fragen:
1) Wie ist die Eigentumslage?
2) Hat M einen Anspruch gegen F auf Herausgabe des Verkaufserlöses?

I. Czeguhn, C. Ahrens, *Fallsammlung zum Sachenrecht*, Juristische ExamensKlausuren,
DOI 10.1007/978-3-642-13139-4_1, © Springer-Verlag Berlin Heidelberg 2011

Lösung

I. Zu Frage 1: Eigentumslage

1. Übergabe der Anlage in die Verwahrung des F

Zunächst war E Eigentümer der DVD-Anlage. Dadurch, dass E die Anlage bei F in Verwahrung gegeben hat (§§ 688 ff. BGB), hat sich an den Eigentumsverhältnissen nichts geändert.

2. Eigentumserwerb der Bank gemäß §§ 929 S. 1, 930, 933 BGB

Hier haben sich F und B Anfang Januar darüber geeinigt, dass das Eigentum zur Sicherheit auf B übergehen soll.

Die Übergabe wurde durch die Vereinbarung eines Besitzkonstituts ersetzt; diese Vereinbarung ist in der Sicherungsabrede zu sehen. B hat dadurch mittelbaren Besitz i. S. des § 868 BGB erlangt.

> **Beachte:** Die Vereinbarung eines Besitzkonstituts ist bei einer Sicherungsübereignung regelmäßig in der Sicherungsabrede zwischen Sicherungsgeber und Sicherungsnehmer vereinbart.

F hat jedoch als Nichtberechtigter verfügt. Ein gutgläubiger Eigentumserwerb der B käme nur unter den Voraussetzungen des § 933 BGB in Betracht: insoweit fehlt es jedoch bereits an der Übergabe der Sache. B ist nicht Eigentümerin geworden.

3. Übergang des Eigentums gemäß § 1922 I BGB

Mit dem Tod des E ist das Eigentum an der Anlage kraft Gesetzes auf dessen Alleinerbin M übergegangen (§ 1922 I BGB).

4. Eigentumserwerb des K gemäß §§ 929 S. 1, 932 I 1 BGB

Die Übergabe hat am 1. Februar stattgefunden. Vorliegend wurde vereinbart, dass F sich das Eigentum an der Anlage bis zur vollständigen Zahlung des Kaufpreises vorbehält. Dies bedeutet, dass die dingliche Einigung unter der aufschiebenden Bedingung vollständiger Kaufpreiszahlung stand (§§ 449 I; 158 I BGB). Diese Bedingung ist noch nicht eingetreten, da K den Kaufpreis noch nicht entrichtet hat.

Eigentümerin der Anlage war jedoch M, sodass F als Nichtberechtigter verfügt hat. Problematisch ist hier, ob K das Eigentum gutgläubig erwerben kann, wenn er noch zahlt (§ 932 I 1 BGB): K war zwar im Zeitpunkt der aufschiebend bedingten Übereignung bzw. der Übergabe gutgläubig i. S. des § 932 II BGB, denn er hatte weder Kenntnis noch grobfahrlässige Unkenntnis, dass F nicht Eigentümer ist. Er war jedoch nicht gutgläubig im Zeitpunkt des Bedingungseintritts (1. März), da er am 15. Februar von den tatsächlichen Eigentumsverhältnissen Kenntnis erlangt hatte. Nach dem Wortlaut des § 932 I 1 BGB wäre ein gutgläubiger Eigentumserwerb in diesem Falle ausgeschlossen.

Nach h. M. erwirbt beim Kauf unter Eigentumsvorbehalt der Käufer mit der aufschiebend bedingten Übereignung jedoch ein sog. „Anwartschaftsrecht", das – als Vorstufe des künftigen Eigentums – in wesentlichen Beziehungen behandelt wird wie das Eigentum selbst und sich mit Bedingungseintritt in das Vollrecht Eigentum umwandelt.[1]

Begründung:
Der Eigentumserwerb des Käufers kann, soweit dieser seinen Pflichten nachkommt, vom Verkäufer nicht mehr einseitig vereitelt werden, vgl. § 161 I 1 BGB. Das Anwartschaftsrecht kann analog § 932 I 1 BGB auch gutgläubig erworben werden. Entscheidend ist daher die Gutgläubigkeit des Erwerbers im Zeitpunkt des aufschiebend bedingten Erwerbs, nachfolgende Bösgläubigkeit bis zum Bedingungseintritt ist unschädlich. Folglich konnte K mit der Zahlung des Kaufpreises am 1. März das Eigentum an der DVD – Anlage erwerben.

§ 935 I BGB ist nicht einschlägig, da ein Abhandenkommen (= unfreiwilliger Verlust des unmittelbaren Besitzes) nicht gegeben ist: E hatte die Anlage dem F freiwillig übergeben.

---

[1]   Zur Vertiefung: Honsell, Aktuelle Probleme des Eigentumsvorbehalts, JuS 1981, 705 - 712; Bülow, Kauf unter Eigentumsvorbehalt, Jura 1986, 169, 234; Schlosser, Der Eigentumsvorbehalt, Jura 1986, 85; Schreiber, Der Eigentumsvorbehalt im Konkurs, Jura 1989, 159; Jork, Factoring, verlängerter Eigentumsvorbehalt und Sicherungsglobalzession in Kollisionsfällen, JuS 1994, 1019; Hoffmann, Die Formen des Eigentumsvorbehalts, Jura 1995, 457 - 460; Haas/Beiner, Das Anwartschaftsrecht im Vorfeld des Eigentumserwerbs, JA 1998, 846 - 853 (Zugriff und Verwertung); Köster, Stillschweigende Vereinbarung eines verlängerten Eigentumsvorbehalts - OLG Düsseldorf, NJW-RR 1997, 946 ff., JuS 2000, 22 - 27; Lipp, Der einfache Eigentumsvorbehalt, JuS 1988 L 89 - 92; Leible/Sosnitza, Grundfälle zum Recht des Eigentumsvorbehalts, JuS 2001, 244-248, 341-347, 449-456, 556-559; Bonin, Probleme des vertragswidrigen Eigentumsvorbehalt, JuS 2002, 438-442; Habersack/Schürnbrand, Der Eigentumsvorbehalt nach der Schuldrechtsreform, JuS 2002, 833-839; Schmidt-Recla, Grundstrukturen und Anfänge des Eigentumsvorbehalts - insbesondere des Anwartschaftsrechts, JuS 2002, 759-763.
Zum Anwartschaftsrecht: Schwerdtner, Anwartschaftsrechte, Jura 1980, 609, 661; Schmitz, Probleme beim Anwartschaftsrecht, JA 1983, 57; Brox, Das Anwartschaftsrecht des Vorbehaltskäufers, JuS 1984, 657 - 668; Müller-Laube, Die Konkurrenz zwischen Eigentümer und Anwartschaftsberechtigten um die Drittschutzansprüche, JuS 1993, 529; Krüger, Das Anwartschaftsrecht - ein Faszinosum, JuS 1994, 905 - 909; Haas/Beiner, Das Anwartschaftsrecht im Vorfeld des Eigentumserwerbs, JA 1998, 23 - 30 (Entstehung und Schutz vor Verlust), 115 - 122 (Verfügungen und Abwehr von Beeinträchtigungen); Weitemeyer,"Der Streit um den barocken Dielenschrank", JA 1998, 854-863; Schreiber, Anwartschaftsrechte, Jura 2002, 623 - 628; Lux, Das Anwartschaftsrecht bei bedingter Übereignung - bloßes Sprachkürzel oder eigenständiges absolutes Recht?, Jura 2004, 145 - 153; Mand, Das Anwartschaftsrecht am Zubehör im Haftungsverband der Hypothek bzw. der Grundschuld, Jura 2004, 221 - 227.
Zur Kreditsicherung: Paulus, Grundfragen des Kreditsicherungsrechts, JuS 1995, 185 - 192; Bülow, Einführung in das Recht der Kreditsicherheiten, Jura 1995, 198 - 205; Schreiber, Sicherungsrechte des Geldkreditgebers, Jura 1996, 104; Berger, Erweiterter Eigentumsvorbehalt und Freigabe von Sicherheiten, ZIP 2004, 1073 - 1081.

> **Definition Anwartschaftsrecht:** Das Anwartschaftsrecht ist ein wesensgleiches Minus zum Eigentum, dessen Erstarkung zum Vollrecht nur noch vom Anwartschaftsberechtigten abhängig ist.

Frage 2: Anspruch auf Herausgabe des Verkaufserlöses

1. Anspruch aus § 285 I BGB

F war auf Grund des Verwahrungsvertrages zur Rückgabe der Anlage an M (als Rechtsnachfolgerin des E) verpflichtet (vgl. § 695 BGB).

Durch die Veräußerung an K ist die Erfüllung dieser Rückgabepflicht unmöglich geworden. Hier hat F, sobald K zahlt, infolge des Umstandes, welcher die geschuldete Leistung unmöglich gemacht hat, für den geschuldeten Gegenstand einen Ersatz erlangt (Kaufpreis in Höhe von € 7.000). Diesen Ersatz kann die M gemäß § 285 I BGB herausverlangen.

2. Anspruchsgrundlage § 816 I 1 BGB

Voraussetzung ist, dass F als Nichtberechtigter eine Verfügung trifft, die gegenüber dem Berechtigten wirksam ist.

a) Verfügung eines Nichtberechtigten:
   Eigentümerin zur Zeit der Veräußerung F an K war M. F hat also als Nichtberechtigter verfügt.

b) Wirksamkeit der Verfügung gegenüber dem Berechtigten:
   Die Übereignung F an K ist wirksam, da K gutgläubig das Anwartschaftsrecht und später durch Zahlung der letzten Rate auch das Eigentum erworben hat.
   Damit sind die tatbestandlichen Voraussetzungen des § 816 I 1 erfüllt. M kann von F Herausgabe des durch die Verfügung Erlangten (Verkaufserlös von € 7.000) verlangen.

> **Beachte:** Nach h. M. kann M nicht nur den Wert der Sache, sondern den wirklichen Verkaufspreis, also € 7.000 und nicht lediglich € 6.000 verlangen, auch wenn der in Wirklichkeit höher erzielte Gewinn auf dem besonderen Umstand des Verfügungsfalles, also z. B. auf der Tüchtigkeit des nichtberechtigten Verkäufers beruht.[2]

---

[2]   Vgl. Palandt, § 816, Rd. Nr. 24 m. w. N.

Übersichten und Vertiefungen zum Fall 1

1. Die Sicherungsübereignung

> **Definition:** Bei der Sicherungsübereignung überträgt der Eigentümer (= Sicherungsgeber) einer beweglichen Sache sein Eigentum zur Sicherung einer Forderung an den Gläubiger der Forderung (= Sicherungsnehmer).
>
> Die Übereignung erfolgt in Form eines Besitzkonstituts (§§ 929 S. 1, 930 BGB)
>
> Sicherungsgeber = unmittelbarer Fremdbesitzer
>
> Sicherungsnehmer = mittelbarer Eigenbesitzer
>
> Der Sicherungsnehmer hat ein Verwertungsrecht, wenn der Sicherungsgeber seine Verpflichtung nicht erfüllt.

2. Nachteile der Sicherungsübereignung

Solche bestehen für sonstige Gläubiger des Sicherungsgebers, die die wahre Eigentumslage nicht kennen und beim Sicherungsgeber mehr Kapital vermuten, als tatsächlich vorhanden ist.

3. Übereignungstatbestand bei der Sicherungsübereignung

Die Übereignung erfolgt gemäß §§ 929 S. 1, 930 BGB.

a) Erforderlich ist eine dingliche Einigung.

> **Bestimmtheitsgrundsatz:** Die zu übereignenden Gegenstände müssen im Zeitpunkt der Einigung so genau bezeichnet sein, dass sie ohne Zuhilfenahme anderer Umstände ermittelt werden können.

In der Praxis haben sich zwei Formen der Sicherungsübereignung bewährt:

* Raumsicherungsvertrag (räumliche Eingrenzung der zu übereignenden Sachen; kann auch spätere Lagerzugänge erfassen)
* Markierungsvertrag (eindeutige Kennzeichnung der zu übereignenden Sachen, z. B. durch Aufkleber)

> **Beachte:** bloße Mengen- oder Wertbezeichnungen (Bsp.: „das halbe Warenlager", „Waren im Wert von ...", „100 Flaschen Wein" ohne weitere Benennung) sind <u>nicht</u> konkret genug.

b) Übergabe = Vereinbarung eines Besitzkonstituts gemäß § 930 BGB
Der Sicherungsvertrag beinhaltet das konkrete Besitzmittlungsverhältnis i. S. d. § 868 BGB. Gewöhnlich genügen die Worte „zur Sicherheit übereignet", um ein Besitzkonstitut anzunehmen. Die Sicherungsübereignung kann aber auch durch antizipiertes Besitzkonstitut erfolgen.

4. Der Sicherungsvertrag

a) Allgemeines
Der Sicherungsvertrag ist ein
- Vertrag eigener Art (sui generis) gemäß § 311 I BGB
- eine schuldrechtliche Grundlage und *Rechtsgrund* für die Sicherungsübereignung und
- er beinhaltet die Bezeichnung der gesicherten Forderung, Voraussetzungen der Verwertungsreife, die Rechte und Pflichten des Sicherungsgebers und Sicherungsnehmers.

b) Unwirksamkeit des Sicherungsvertrages
Grundsatz: Unwirksamkeit des Sicherungsvertrages führt nicht zur Unwirksamkeit der Sicherungsübereignung (beachte das Abstraktionsprinzip!).
Das heißt, dass dem Sicherungsgeber ein Anspruch auf Rückübereignung aus § 812 I 1, 1. Alt. BGB zusteht.
Ausnahme: Die Unwirksamkeit des Sicherungsvertrages schlägt auch auf die Sicherungsübereignung durch.
Fallgruppen:
- Wirksamkeit des Sicherungsvertrages ist auflösende oder aufschiebende Bedingung für die Sicherungsübereignung (§ 158 BGB);
- Sicherungsvertrag und Sicherungsübereignung bilden eine Einheit i. S. d. § 139 BGB;
- Der Sicherungsvertrag verstößt gegen die guten Sitten und ist gemäß § 138 I BGB nichtig.

c) Nichtigkeit des Sicherungsvertrages gemäß § 138 I BGB, Fallgruppen
- **Knebelungsvertrag**: wesentliche Einschränkung des Sicherungsgebers in seiner wirtschaftlichen Bewegungsfreiheit oder vollständiger Verlust derselben (Übertragung des gesamten Vermögens oder Einräumung übermäßiger Kontrollrechte zugunsten des Sicherungsnehmers).
- **Kredittäuschung bzw. Gläubigergefährdung**: Sicherungsgeber und Sicherungsnehmer führen zusammen vorsätzlich die sonstigen Gläubiger des Sicherungsgeber über dessen Kreditwürdigkeit irre; Sicherungsnehmer rechnet aufgrund seiner Kenntnis von der Vermögenslage des Sicherungsgebers mit der Möglichkeit einer Täuschung anderer Personen über die Kreditwürdigkeit des Sicherungsgebers; aber: eine Bank als Sicherungsnehmer handelt nicht

allein deshalb sittenwidrig, weil sie weiß, dass ihre Sicherungsübereignung das gesamte vollstreckungsfähige Vermögen des Sicherungsgebers umfasst.

- **Konkursverschleppung:** Sicherungsnehmer gewährt dem Sicherungsgeber gegen Sicherungsübereignung weiterer Gegenstände Kredit, um die an sich nicht mehr abwendbare Zahlungsunfähigkeit des Sicherungsgebers hinauszuzögern und sich in der Zwischenzeit soweit als möglich zu befriedigen.
- **anfängliche Übersicherung:** Zwischen dem Marktwert des Sicherungseigentums und der Freigabegrenze, die 150 % des Wertes der gesicherten Forderung beträgt, besteht zum Zeitpunkt der Übereignung ein deutliches Missverhältnis.

Faustregel:
Wenn der Wert des Sicherungsgutes > 150 % der gesicherten Forderung ist, dann besteht eine Übersicherung.

Ist der Wert des Sicherungsgutes > 300 % der gesicherten Forderung liegt eine sittenwidrige Übersicherung gemäß § 138 I BGB vor.

> **Beachte:** eine nachträgliche Übersicherung führt grds. nicht zur Unwirksamkeit des Sicherungsvertrages bzw. der Sicherungsübereignung, sondern zu einem Freigabeanspruch des Sicherungsgebers gegen den Sicherungsnehmer (= Anspruch auf Rückübereignung eines Teils des Sicherungsgutes), auch dann, wenn der Sicherungsvertrag keine Freigabeklausel enthält oder die vereinbarte Freigabeklausel unwirksam ist.

Übersicht 1: Eigentumserwerb an beweglichen Sachen

1. Einigung

dinglicher Vertrag; es gelten die Normen des Allgemeinen Teils bzgl. Abgabe, Zugang und Wirksamkeit von Willenserklärungen

2. Übergabe i. S. v. § 929 S. 1 BGB oder Übergabesurrogat

Die Übergabe ist ein Realakt und keine Willenserklärung!
Bei § 929 S. 2 BGB entfällt die Übergabe.
Übergabesurrogate sind:
- § 930 BGB: Besitzmittlungsverhältnis
- § 931 BGB: Abtretung des Herausgabeanspruchs

3. Berechtigung

a) grds. der Eigentümer
b) falls a) (-): § 185 BGB

c) falls a) und b) (-): gutgläubiger Erwerb
  - bei § 929 S. 1 BGB nach § 932 I 1 BGB
  - bei § 929 S. 2 BGB nach § 932 I 2 BGB
  - bei § 930 BGB nach § 933 BGB
  - bei § 931 BGB nach § 934 BGB

4. Verfügungsbefugnis

fehlt bei Veräußerungsverboten, dann §§ 135, 136 BGB

5. kein Abhandenkommen i. S. d. § 935 BGB

Fall 2: Das gute, alte Armband

Sachverhalt

Walpurgis, die Mutter des Valentin Vulcanus (V), ist gestorben. Sie hat Valentin als Erbstück der Familie ein altes Armband, mit Rubinen besetzt, hinterlassen. Da Valentin das Armband nicht besonders schätzt, leiht er es dem Ludwig Lapislazuli (L). Eines Tages meldet sich Kurt Kupfer (K), der bei Ludwig das alte Armband gesehen hat, bei Valentin. Er schwärmt Valentin vom Armband vor und teilt ihm mit, dass er dieses gerne erwerben würde. Da Kurt ein Fachmann in altem Schmuck ist, verlässt sich Valentin auf die Aussage des Kurt, das Armband sei etwa 100 Jahre alt. Valentin verkauft das alte Armband daraufhin an Kurt und einigt sich mit ihm über den Eigentumsübergang. Zugleich tritt Valentin dem Kurt die Ansprüche, die ihm aus dem Leihvertrag gegen Ludwig zustehen, ab.

Noch bevor Kurt das alte Armband bei Ludwig abholt, er musste von dem Schnäppchen erst einmal seinem Kumpanen erzählen, erfährt Valentin, dass das alte Armband tatsächlich aus dem 18. Jahrhundert stammt, am französischen Hofe von Madame Pompadour als Geschenk Ludwigs XV. getragen wurde und damit wesentlich teurer und wertvoller ist als angenommen. Das war auch dem Kurt bekannt, der das Armband aus einem Schmuckführer kannte. Valentin erklärt dem Kurt, aufgrund dieser „Gaunerei" wolle er an dem Geschäft nicht mehr festhalten und mit ihm nichts mehr zu tun haben.

Dennoch verkauft Kurt das alte Armband wenig später an Daniel Dussel (D), der von der Vorgeschichte nichts ahnt. Kurt einigt sich mit Daniel über den Eigentumsübergang. Zugleich teilt er dem Daniel die Adresse des Ludwig mit und sagt dem Daniel, er könne sich das Armband direkt bei Ludwig abholen. Daniel setzt sich sofort mit Ludwig in Verbindung. Da Daniel das Armband nicht sofort mitnehmen kann und Ludwig es seinerseits gerne seiner Freundin für einen Sommernachtsball überlassen möchte, schließen Daniel und Ludwig einen neuen Leihvertrag über das alte Armband ab.

Frage:
Ist Daniel Eigentümer des alten Armbandes geworden?

I. Czeguhn, C. Ahrens, *Fallsammlung zum Sachenrecht*, Juristische ExamensKlausuren,
DOI 10.1007/978-3-642-13139-4_2, © Springer-Verlag Berlin Heidelberg 2011

Lösung

1. Eigentumslage

Ursprünglich war V Eigentümer.

2. Eigentumsverlust durch Übereignung V an K gemäß §§ 929 S. 1, 931 BGB?

V hätte das Eigentum verloren, wenn er sich mit K über den Eigentumsübergang geeinigt, und ihm das Armband übergeben hätte.

Zunächst lag eine Einigung zwischen V und K vor. Doch teilte der V dem K mit, nachdem er über das wahre Alter des Armbandes Kenntnis erlangt hatte, er wolle sich an dieser Gaunerei nicht mehr festhalten lassen, und dass er mit K nichts mehr zu tun haben wolle. Hierin könnte eine Anfechtung der Einigungserklärung liegen.

a) Anfechtungserklärung

V müsste K die Anfechtung erklärt haben. Die Erklärung des V gegenüber K, er wolle sich an dieser Gaunerei nicht festhalten lassen, ist gem. §§ 133, 157 BGB als Anfechtungserklärung i. S. d. § 143 I BGB auszulegen.

b) Anfechtungsgrund

V benötigt einen Anfechtungsgrund. Als Anfechtungsgrund kommt hier eine arglistige Täuschung gemäß § 123 I BGB in Betracht. K hat den V über das Alter des alten Armbandes getäuscht. Dadurch bedingt irrte sich V über das Alter des Armbandes. Dieser Irrtum führte zur Abgabe der angefochtenen Willenserklärung. Wäre V durch K nicht das falsche Alter des Armbandes vorgespiegelt worden, hätte dieser die Willenserklärung hinsichtlich des dinglichen Vertrages mit anderem Inhalt oder gar nicht abgegeben.

K musste auch bekannt gewesen sein, dass V die Willenserklärung ohne Täuschung nicht oder mit anderem Inhalt (höherem Kaufpreis) abgegeben hätte. Er handelte daher auch arglistig.

Alternativ könnte die Anfechtung auch wegen Irrtums über eine verkehrs-wesentliche Eigenschaft gemäß § 119 II BGB erfolgt sein.

Das Alter des Armbandes und seine historische Bedeutung sind verkehrswesentliche Eigenschaften i. S. d. § 119 II BGB. Diese Eigenschaften bilden nämlich bei einer Antiquität einen unmittelbar wertbildenden Faktor und sind nach der Verkehrsanschauung für das Rechtsgeschäft von wesentlicher Bedeutung. Über diese Eigenschaft irrte V bei Abgabe der Willenserklärung. Dieser Irrtum war auch kausal für die Abgabe der Willenserklärung, s. o.

Liegt neben dem Anfechtungsrecht aus § 123 BGB auch ein solches wegen Irrtums vor, kann der Anfechtende wählen, welches Anfechtungsrecht er ausüben will. Hier ist jedoch unerheblich, mit welchem Anfechtungsgrund die Anfechtung erfolgte, sie war jedenfalls wirksam erklärt und auch begründet. Gemäß § 142 I BGB wirkt die Anfechtung ex tunc, das angefochtene Rechtsgeschäft ist daher als von Anfang an nichtig anzusehen.

Demzufolge liegt keine Einigung zwischen V und K gemäß § 929 S. 1 BGB vor.

3. Übereignung von K an D gemäß §§ 929 S. 1, 931 BGB?

D könnte von K gemäß §§ 929, 931 BGB wirksam Eigentum erlangt haben.

Dann müsste zunächst eine Einigung über den Eigentumswechsel zwischen K und D vorliegen und K dem D das Armband übergeben haben. Die Einigung ist hier unproblematisch gegeben.

Eine Übergabe des Armbandes i. S. d. § 929 S. 1 BGB fand nicht statt. Die Übergabe könnte aber gemäß § 931 BGB durch Abtretung des Herausgabeanspruchs von K an D ersetzt worden sein (Übergabesurrogat).

Dann müsste zunächst das Verhalten des K als Abtretung des Herausgabeanspruchs gegen L ausgelegt werden können. K hat hier dem D gegenüber erklärt, dieser könne sich das Armband direkt bei L abholen, zudem teilte er dem D die Adresse des L mit. In diesem Verhalten des K liegt eine konkludente Abtretungserklärung hinsichtlich seines vermeintlichen Herausgabeanspruches gegen L.

Problem: Muss K der abgetretene Anspruch tatsächlich bestehen oder reicht ein vermeintlicher Herausgabeanspruch aus?

Nach RGZ 135, 75 und 138, 265 reicht ein vermeintlicher Herausgabeanspruch aus.[1]

K müsste des Weiteren zur Übereignung berechtigt gewesen sein. K war auf Grund der Anfechtung der Übereignung durch V aber nicht Eigentümer geworden und daher Nichtberechtigter.

D konnte daher nur gutgläubig gemäß § 934 1. Alt. Eigentum am alten Armband erwerben.

Voraussetzung für einen gutgläubigen Erwerb durch V gemäß § 934 1. Alt. BGB wäre, dass der Veräußerer K mittelbarer Besitzer ist. Dies scheitert daran, dass der Herausgabeanspruch zwischen V und L an K nicht wirksam abgetreten wurde. Denn V erklärte die Anfechtung auch bzgl. der Abtretung des Herausgabeanspruchs.

Insgesamt wurden also die kaufvertragliche und die dingliche Einigung ebenso wirksam angefochten wie die Abtretungserklärung hinsichtlich des Herausgabeanspruches. Gemäß § 142 I BGB ist das gesamte Rechtsgeschäft als von Anfang an nichtig anzusehen.

Zum Zeitpunkt der Abtretung an D stand dem K somit kein Herausgabeanspruch mehr gegen L zu, folglich konnte ein solcher auch nicht erworben werden.

Ein Eigentumserwerb des D von K gemäß §§ 929, 931 BGB scheidet mithin aus.

Es kommt gegebenenfalls ein gutgläubiger Erwerb des D gemäß § 934 2. Alt. BGB in Betracht. Hierzu müsste D Besitz erlangt haben. Dies ist hier problematisch, denn es stellt sich die Frage, ob es ausreichend ist, dass der unmittelbare Be-

---

[1] So auch Kroppholler, BGB- Studienkommentar § 934, Rd. Nr. 2 und h. M., Bamberger/Roth, Kommentar zum BGB, § 931, Rd. Nr. 6.

sitzer als Schuldner des angeblichen Herausgabeanspruchs das Besitzmittlungsverhältnis zum (wahren) Eigentümer beendet und ein neues zum Erwerber begründet. Die h. M. bejaht dies.[2] Nach dieser Ansicht lägen die Voraussetzungen des § 934 2. Alt. BGB hier vor, da der Leihvertrag zwischen D und L ein Besitzkonstitut (§ 868 BGB) beinhaltet. D wurde mittelbarer Eigenbesitzer und L unmittelbarer Fremdbesitzer mit Besitzmittlungswillen für D.

Ein Eigentumserwerb des D gemäß §§ 929 S. 1, 931, 934 BGB liegt daher nach dieser Ansicht vor.[3]

---

[2]   BGHZ 50, 45; Staudinger, BGB, 11. Aufl., § 934 Rd. Nr. 1 a; Erman/Westermann, BGB, 3. Aufl., § 934 Anm. 1; Heck, Grundriss des Sachenrechts, § 56; Serick a. a. O. Bd. II § 23 I 7 und 8)

[3]   A. A. Wulff Müller AcP 137, 86 f.

Fall 3: Der gute Glaube an die Verfügungsbefugnis

Sachverhalt

Freiherrin Alberta Adel (A) bringt einen wertvolle Louis Biedermeier-Kommode zur Restaurierung in die berühmte Restaurierungswerkstatt des Marquis Moser (M). Der Angestellte des Moser Pech (P) nimmt die Kommode in Empfang. Kurz darauf wird Pech verständigt, seine Frau sei infolge eines Unfalls ins Krankenhaus eingeliefert worden. Pech lässt daraufhin alles liegen und fährt sofort los. Marquis Moser glaubt, die Kommode der Alberta Adel sei zum Verkauf gedacht und stellt sie, da er auch einen Antiquitätenhandel betreibt, zu anderen Antiquitäten, die unter einem Schild „Kommissionsware – Verkauf im Kundenauftrag" stehen.

Schon am nächsten Tag wird sich Marquis Moser mit dem Interessenten Baron Bechstein (B), der einen Preis von € 20.000 bietet, handelseinig und übergibt nach Zahlung des Kaufpreises die Kommode an den glücklichen Baron. Hiervon berichtet er stolz der Alberta Adel, als diese einige Wochen später erscheint, um ihre restaurierte Kommode abzuholen. Alberta Adel ist entsetzt, denn die Kommode ist ein Familienerbstück, das heute noch den Eingangsbereich des Schlosses „Albertsruh" ziert. Sie will daher unbedingt die Kommode wiederhaben und beauftragt ihren Anwalt Siegfried zu Rechthaben mit der Angelegenheit.

Frage:
Kann Alberta die Kommode von Baron Bechstein herausverlangen?

Zur Ergänzung:
Überlegen Sie, ob Alberta Adel von Marquis Moser das Erlangte herausverlangen oder Schadensersatz verlangen kann, falls das Eigentum an der Kommode verloren gegangen ist.

Lösung

I. Anspruch der Adel gegen Bechstein aus § 985 auf Herausgabe der Kommode

A könnte geben B einen Anspruch auf Herausgabe der Kommode haben. Hierzu müsste A Eigentümerin und B besitzrechtsloser Besitzer der Kommode sein.

I. Czeguhn, C. Ahrens, *Fallsammlung zum Sachenrecht*, Juristische ExamensKlausuren, DOI 10.1007/978-3-642-13139-4_3, © Springer-Verlag Berlin Heidelberg 2011

B hat die Kommode in Besitz. Fraglich ist, ob A Eigentümerin ist. Ursprünglich war A Eigentümerin der Kommode. Durch die Übergabe zur Reparatur an M hat A das Eigentum nicht übertragen. Der Reparaturauftrag ist ein rein schuldrechtliches Geschäft, der die Eigentumsverhältnisse an der Kommode nicht berührt.

A könnte jedoch das Eigentum durch die Übereignung von M an B gemäß § 929 S. 1 BGB verloren haben.

Hierzu sind drei Voraussetzungen erforderlich: Ein Übereignungsvertrag zwischen M und B, die Übergabe, und die Verfügungsberechtigung des M.

M und B haben sich über den Eigentumsübergang geeinigt, und die Kommode wurde übergeben. M war jedoch nicht Eigentümer der Kommode und daher nicht verfügungsberechtigt. Die fehlende Verfügungsberechtigung könnte jedoch durch einen gutgläubigen Erwerb gemäß § 932 BGB überwunden werden. Voraussetzung hierfür ist, dass B gemäß § 932 BGB im guten Glauben war.

Was guter Glaube genau bedeutet, insbesondere, woran der Rechtsverkehr genau glauben muss, ergibt sich aus der Bedeutung des Gutglaubensschutzes als ein Rechtsscheintatbestand. Der Besitz begründet die Vermutung, dass der Besitzer auch Eigentümer der Sache ist (§ 1006 BGB). Folglich bezieht sich der „gute Glaube" i. S. d. § 932 BGB auf die Eigentümerposition des Veräußerers. Die Kommode befand sich unter den Gegenständen, die als Kommissionsware gekennzeichnet waren. Folglich konnte B nicht daran geglaubt haben, dass M Eigentümer der Kommode ist. Er glaubte vielmehr nur an die Verfügungsbefugnis des M als Kommissionär.

Dieses Vertrauen schützt § 932 BGB jedoch nicht, da der Besitz keine Vermutung für die Verfügungsbefugnis begründet. Somit kann § 932 BGB allein nicht die fehlende Verfügungsbefugnis des M ersetzen.

Allerdings kommt eine Anwendung des § 932 BGB in Verbindung mit § 366 HGB in Betracht.

Danach finden die Vorschriften über den Erwerb vom Nichtberechtigten für Veräußerungen im Betrieb eines Kaufmanns auch dann Anwendung, wenn der gute Glaube sich nur auf die Verfügungsberechtigung bezieht.

Da M die Kommode im Rahmen seines kaufmännischen Gewerbes (§ 1 Abs. I HGB) veräußerte, findet § 366 HGB Anwendung, so dass § 932 BGB auf den guten Glauben an die Verfügungsberechtigung des M anzuwenden ist.

An dieser brauchte der B keine ernsthaften Zweifel zu haben, sodass gemäß §§ 366 HGB i. V. m. 932 BGB die fehlende Verfügungsbefugnis des M ersetzt wird. Folglich hat Bechstein das Eigentum an der Kommode erworben.

A ist nicht mehr Eigentümerin, so dass ein Anspruch aus § 985 BGB ausscheidet.

II. Zur Ergänzungsfrage

Ansprüche der A gegen M auf Herausgabe des erlangten Kaufpreises aus § 816 Abs. 1 S. 1 BGB sowie auf Schadensersatz gemäß § 280 BGB, wenn ein Verschulden des Moser angenommen wird.

Zur Vertiefung

1. § 366 HGB

Grundaussage: Die Vorschriften über den Gutglaubensschutz (§§ 932 ff. BGB) werden im Handelsrecht auch auf den guten Glauben an die Verfügungsbefugnis erstreckt.

- Verfügungsbefugnis ist im Verhältnis zum Eigentum nur ein Teilrecht, dass vom Eigentümer grundsätzlich auch auf Dritte übertragen werden kann, vgl. §§ 183 ff. BGB.
- Übertragung dieses Teilrechts ist im Handelsrecht nicht unüblich, allerdings kein „direkter" Rechtsscheinsträger

Voraussetzungen:
- Veräußerer ist Kaufmann, 1 ff. HGB
- Rechtsgeschäft ist Handelsgeschäft, § 343 HGB (§ 345 HGB!)

Problem: Analoge Anwendbarkeit des § 366 I HGB bei fehlender Vertretungsmacht des Veräußerers?

H. M.: ja, weil Kommission und Vertretung in der Praxis häufig nicht unterscheidbar sind.[1]

Beachte: § 366 HGB überwindet nicht Abhandenkommen nach § 935 BGB!!! Er schützt auch nicht den guten Glauben an die Geschäftsfähigkeit des Veräußerers.

---

2. Die Grundsätze des Sachenrechts[2]

a) Sachenrechte wirken gegenüber jedermann (vgl. z. B. §§ 823 I, 985, 1004 BGB)

b) Offenkundigkeit der Sachenrechte
- bei beweglichen Sachen durch Besitz
- bei unbeweglichen Sachen durch das Grundbuch
- Funktionen:
  - Übertragungswirkung (Übergabe, §§ 929, 1205 BGB; Eintragung, § 873 I BGB)

---

[1]   Vgl. Karsten Schmidt, JuS 1987, S. 936 ff.; Krampe, Jura 1989, S. 167. Dagegen Tiedtke, Jura 1983, S. 460/474; Medicus, Bürgerliches Recht, Rd. Nr. 568.

[2]   Zur Vertiefung: Aretz, Das Abstraktionsprinzip - Das einzig wahre?, JA 1998, 242 - 250; Baur, Entwicklungstendenzen im Sachenrecht, JA 1987, 181; Schreiber/Kreutz, Der Abstraktionsgrundsatz, Jura 1989, 617; Marotzke, Erster Kontakt mit dem Sachenrecht, JuS 1993, 916; Jauernig, Trennungsprinzip und Abstraktionsprinzip, JuS 1994, 721; Petersen, Das Abstraktionsprinzip, Jura 2004, 98-102; Schreiber/Kreutz, Der Abstraktionsgrundsatz, Jura 1986, 617.

- Vermutungswirkung (§§ 1006 I 1, 891 BGB)
- Gutglaubenswirkung (z. B. §§ 932 ff., 892 BGB)

c) Sachenrechte nur an einzelnen, bestimmten Sachen, sog. Bestimmtheitsgrundsatz
  • problematisch bei Übertragung von Sachgesamtheiten

d) numerus clausus der Sachenrechte
  • daher eingeschränkte Gestaltungsfreiheit
    - Trennung des dinglichen Rechtsgeschäfts vom zu Grunde liegenden Kausalgeschäft
    - Verpflichtungs- und Verfügungsgeschäft sind in ihrem Bestand grds. voneinander unabhängig
    - Ausnahmen:
  • Fehleridentität, z. B. bei § 123 BGB
  • Bedingungszusammenhang
  • Verbindung durch Parteiwillen, § 139 BGB (str.)

3. Kurzfälle zu den Übereignungstatbeständen

Grundfall: V hat bei L in dessen Lagerhalle antikes Mobiliar eingelagert, darunter eine alte Kommode. Diese Kommode möchte er an K veräußern.

Abwandlung: V ist nicht Eigentümer der Kommode

Die möglichen Übereignungstatbestände

I. § 929 S. 1 BGB

1. Einigung über Eigentumsübergang gegeben
2. Übergabe: dafür reicht die Verschaffung des mittelbaren Besitzes an K aus, es muss sich jedoch V jeglicher Besitzposition erntledigen.
   - L ist Besitzmittler des V (§§ 688 ff. BGB)
   - wird L nun auf Anweisung des V Besitzmittler für K erlangt dieser den mittelbaren Besitz i. S. d. § 868 BGB während V jeglichen Besitzrecht verliert, daher Übergabe gegeben

---

Beachte: Hier ist zwingend die Mitwirkung des L erforderlich!

Abwandlung: Gutglaubenserwerb nach § 932 I 1 BGB da Gutgläubigkeit i. S. d. § 932 II BGB und kein Abhandenkommen (§ 935 BGB)

II. §§ 929 S. 1, 930 BGB

1. Einigung über den Eigentumsübergang gegeben
2. Übergabe wird ersetzt durch Besitzkonstitut:
   • zunächst war L Besitzmittler für V
   • jetzt bleibt L auch Besitzmittler des V, jedoch mittelt gleichzeitig V dem K den Besitz:

- L ist unmittelbarer Fremdbesitzer
- V ist mittelbarer Fremdbesitzer 1. Stufe (§ 868 BGB)
- K ist mittelbarer Eigenbesitzer 2. Stufe (§§ 871, 868, 872 BGB)

Beachte: Hier ist keine Mitwirkungshandlung des L erforderlich!

Abwandlung: Gutglaubenserwerb nach § 933 BGB in der Regel nicht gegeben
§ 933 BGB erfordert Übergabe von V an K (diese ist bei der Übereignungsvariante
des § 930 BGB aber gerade der Ausnahmefall)

- d. h. V bleibt hier mittelbarer Besitzer und gibt nicht jegliche Besitzposition auf,
  daher mangels Übergabe kein Gutglaubenserwerb.

III. §§ 929 S. 1, 931 BGB

1. Einigung über Eigentumsübergang gegeben
2. Übergabe wird durch Abtretung des Herausgabeanspruches ersetzt: L bleibt
   weiter Besitzmittler des V, jedoch tritt V seinen Herausgabeanspruch gegen L
   (§ 695 BGB) an K ab und entledigt sich damit seines Besitzes

Beachte: Auch hier keine Mitwirkungshandlung des L erforderlich

Abwandlung: Gutglaubenserwerb nach § 934 1. Alt. BGB gegeben; die bloße Abtretung des Herausgabeanspruches reicht hier für den Gutglaubenserwerb aus! (natürlich trotzdem die Gutgläubigkeit nach § 932 II BGB und das Nichtvorhandensein des Abhandenkommens nach § 935 BGB prüfen).

§ 1006 I BGB lässt den Schluss vom Besitz an einer beweglichen Sache (gleich welcher Art, auch mittelbarer Besitz würde hier ausreichen) auf das Eigentum zu. Es handelt sich hierbei um eine widerlegliche Vermutung. Der Grund dafür liegt in der Art, wie man Eigentum erwirbt. Dies erfolgt u. a. eben auch durch eine Übergabe (§ 929 Satz 1 BGB) oder deren Ersatzformen nach den §§ 930 f. BGB. Der Erwerber eines Eigentumsrechts an Fahrnis muss also in irgendeiner Form Besitzer geworden sein. Eben an diesen Besitz setzt die Vermutung des § 1006 I BGB an.

Zugleich ergibt sich damit, dass der Besitzer, um sich auf § 1006 I BGB berufen zu können, Eigenbesitzer (§ 872 BGB) sein muss; ist er das nicht, tut er nämlich selbst kund, dass ihm die bewegliche Sache eben nicht übereignet worden ist.

Weiter muss dieser Eigenbesitz schon bei Begründung des Besitzes vorgelegen haben, ein späterer Wechsel von Fremd- zu Eigenbesitz (allein durch eine Wechsel der entsprechenden Willensrichtung ist das möglich) reicht dazu nicht aus.

Denn hiermit tut der Besitzer kund, dass er den Besitz nicht durch eine Übergabe oder deren Surrogate nach den §§ 929 ff. BGB erlangt hat, dass also eine Übereignung nicht stattgefunden hat und ihm die Sache damit auch nicht übereignet worden ist.[3]

---

[3]   Siehe Brehm/Berger § 7 Rd. Nr. 81 f.; Erman/Ebbing § 1006 Rd. Nr. 8f.

Fall 4: Ein lukrativer Nebenverdienst

Sachverhalt

Hubert Hollerbeck (H) ist Hersteller hochwertiger HiFi-Anlagen. Großen Absatz findet vor allem die Kompakt-Anlage Audio 2000, die er zum Preis von € 1.000 verkauft. Der im Werk angestellte Lagerarbeiter Leopold Listig (L) zweigt abends nach Dienstschluss gelegentlich einige Kompakt-Anlagen für sich ab, die er dann für einen günstigeren Preis an ahnungslose Interessenten verkauft.

Der Prokurist Paul Prost (P) des Handelsgeschäfts Beyerle kauft von Leopold 20 dieser Geräte zum Preis von jeweils € 600,00. Dem Prokuristen ist aufgefallen, dass es sich um ein ungewöhnliches Angebot handelt, da er sich zum einen über die limitierte Stückzahl und zum anderen über den relativ niedrigen Preis wundert. Er hat jedoch nie nach der Herkunft der Geräte gefragt. B verkauft eine der Anlagen an Kurt Knopf (K).

Frage:
Kann H von K die Herausgabe der Anlage verlangen?

Lösung

H könnte gegen K einen Anspruch auf Herausgabe der Anlage gemäß § 985 BGB haben.

Dann müsste H Eigentümer der Anlage sein, K Besitzer derselben sein und kein Recht zum Besitz nach § 986 BGB haben.

1. Eigentum des H

Ursprünglicher Eigentümer war H als Hersteller der Geräte.

Er hat aber möglicherweise sein Eigentum durch Übereignung zwischen L und P an B gemäß § 929 S. 1 BGB verloren.

Einigung und Übergabe zwischen L und P haben stattgefunden. Dabei wurde B ordnungsgemäß durch seinen Prokuristen vertreten, § 164 I BGB i. V. m. § 48 HGB.

Da L allerdings nicht Eigentümer der Anlagen und auch nicht verfügungsberechtigt war, kommt nur ein gutgläubiger Erwerb nach § 932 BGB in Betracht.

I. Czeguhn, C. Ahrens, *Fallsammlung zum Sachenrecht*, Juristische ExamensKlausuren,
DOI 10.1007/978-3-642-13139-4_4, © Springer-Verlag Berlin Heidelberg 2011

Fraglich ist, ob B bösgläubig war. Gemäß § 932 II BGB ist der Erwerber dann nicht im guten Glauben, wenn er Kenntnis oder grob fahrlässig keine Kenntnis von der fehlenden Eigentümerstellung des L als Veräußerer hatte.

Bösgläubigkeit des Geschäftsinhabers B kommt nicht in Betracht. Entsprechend dem für die Stellvertretung geltenden § 166 I BGB kommt es jedoch auf die Kenntnis des Vertreters P an. Maßgeblich ist daher, ob P die fehlende Eigentümerstellung des L kannte oder grob fahrlässig nicht kannte. P hat L nicht nach der Herkunft der Geräte gefragt; Kenntnis der Eigentumsverhältnisse scheidet damit aus.

Fraglich ist aber, ob die unterlassene Nachfrage grob fahrlässig gemäß § 932 II BGB war. Dann müsste P die im Verkehr erforderliche Sorgfalt in besonders hohem Maße verletzt haben. Offenbar war P ohne besondere Aufmerksamkeit aufgefallen, dass es sich um ein ungewöhnliches Angebot handelte. L konnte nur eine begrenzte Stückzahl liefern und das zu einem recht niedrigen Preis, der unter dem objektiven Wert der Anlage lag. Zwar mag es bei der Anwendung eines durchschnittlichen Sorgfaltsmaßstabes nicht ohne weiteres erkennbar gewesen sein, dass L die Anlagen unter Wert verkaufte. Insoweit ist aber zu beachten, dass die persönlichen Verhältnisse des Erwerbers und die Handelsgewohnheiten den Sorgfaltsmaßstab verschärfen müssen. Von einem Prokuristen ist zu erwarten, dass er eine ungefähre Wertvorstellung hat.

Daraus folgt, dass der Einkauf der Anlage ohne Nachfrage zum Preis von € 600,00 pro Stück eine grobe Fahrlässigkeit des P i. S. v. § 932 II BGB darstellt. B muss sich diese Bösgläubigkeit des P gemäß § 166 BGB zurechnen lassen. Damit hat H durch die Übereignung sein Eigentum nicht verloren.

Allerdings könnte K von B gemäß § 929 S. 1 BGB Eigentum erworben haben.

Einigung und Übergabe haben stattgefunden. Jedoch verfügte B als Nichtberechtigter, so dass wiederum nur ein gutgläubiger Erwerb des K möglich ist.

K war i. S. v. § 932 BGB gutgläubig. Ein Eigentumserwerb scheitert jedoch an § 935 I BGB.

Die Anlage war dem H abhanden gekommen. Abhandenkommen bedeutet unfreiwilliger Besitzverlust durch den Eigentümer (Tabelle 1). Die Wegnahme durch L stellt einen unfreiwilligen Besitzverlust des H dar. Im Ergebnis ist H daher nach wie vor Eigentümer.

2. Besitz des K

K ist unmittelbarer Besitzer.

3. Kein Recht zum Besitz nach § 986 BGB

Er hat gegenüber H kein Recht zum Besitz i. S. v. § 986 BGB. Der Kaufvertrag zwischen B und K wirkt nur zwischen den vertragsschließenden Parteien und kann daher gegenüber H kein Recht zum Besitz begründen.

Ergebnis: Der Anspruch auf Herausgabe aus § 985 BGB ist begründet.

Zur Vertiefung

Tabelle 1: Das Abhandenkommen nach § 935 BGB

Beim Eigentümer, § 935 I 1 BGB	Beim Besitzmittler, § 935 I 2 BGB	Ausnahme, § 935 II
Abhandenkommen = unfreiwilliger Verlust des unmittelbaren Besitzes. Auch gegeben, wenn der Besitzdiener eigenmächtig die Sache sich selbst aneignet oder sie freiwillig weggibt; Willensmängel (wg. Täuschung, Drohung) sind unbeachtlich.	Ein gutgläubiger Erwerb ist auch nicht möglich, wenn der Eigentümer mittelbarer Besitzer ist und die Sache beim unmittelbaren Besitzer abhanden kommt.	Entgegen § 935 I ist auch bei abhanden gekommenen Sachen ein gutgläubiger Erwerb möglich, wenn – Geld – Inhaberpapiere abhanden gekommen sind oder die Sache in einer öffentlichen Versteigerung nach § 383 III veräußert wurde.

Beachte:
- § 56 HGB, wenn der Besitzdiener wegen Vertretungsmacht übereignen kann
- nimmt ein Dritter in berechtigter Geschäftsführung ohne Auftrag eine Sache weg, so liegt kein Abhandenkommen vor, da fehlender Wille des Geschäftsherrn ersetzt wird.

Fall 5: Ärger mit dem Baukran

Sachverhalt

Im Dezember 2002 verkaufte die Maschinenfabrik Vollmer-AG (V-AG) in München an die Firma Hauser-KG (H-KG) in Berlin einen Baukran und behielt sich das Eigentum bis zur vollständigen Kaufpreiszahlung vor. Die Käuferin nahm den Baukran in Benutzung. Ein Restkaufpreis von € 3.862,45 blieb offen.

Am 28. September 2003 nahm die Firma Hauser-KG von der Cashgroup-Bank (C) ein Darlehen über € 50.000,00 auf und übereignete der Cashgroup-Bank zur Sicherheit den Baukran, wobei vereinbart wurde, dass die Hauser-KG im Besitz des Baukrans bleibt und mit ihm weiter arbeiten durfte.

Am 24. September 2004 trat die Cashgroup-Bank ihre Darlehensforderung an die Leiser-AG (L-AG) ab. Dabei erklärten die Vertragsparteien, sich darüber einig zu sein, dass das Eigentum an dem im Vertrag vom 28. September 2003 genannten Baukran auf die Leiser-AG übergehen sollte. Die Cashgroup-Bank trat ihre Rechte aus dem Besitzmittlungsverhältnis zwischen der Firma Hauser-KG und ihr an die Leiser-KG ab.

Als die Hauser-KG in der Folgezeit aufgrund der schlechten wirtschaftlichen Auftragslage ihren Zahlungsverpflichtungen nicht mehr regelmäßig nachkommen konnte, erzwang die Vollmer-AG mit der Androhung gerichtlicher Schritte die Rückgabe des Baukrans.

Frage:
Kann die Leiser-AG unter Hinweis auf ihr angebliches Eigentum von der Vollmer-AG die Herausgabe des Baukrans verlangen?

Lösung

Die L-AG kann nur dann nach § 985 BGB von der V-AG die Herausgabe des Baukrans verlangen, wenn sie gegenwärtig Eigentümerin dieser Maschine und die V-AG unberechtigte Besitzerin ist.

I. Czeguhn, C. Ahrens, *Fallsammlung zum Sachenrecht,* Juristische ExamensKlausuren,   23
DOI 10.1007/978-3-642-13139-4_5, © Springer-Verlag Berlin Heidelberg 2011

1. Eigentum der L-AG

Ursprüngliche Eigentümerin des Baukrans war die V-AG.

a) Die V-AG könnte ihr Eigentum durch Übereignung an die H-KG nach §§ 929 S. 1, 158 BGB verloren haben.

Eine Einigung i. S. d. § 929 S. 1 BGB lag vor, jedoch stand diese unter der aufschiebenden Bedingung der vollständigen Kaufpreiszahlung („Eigentumsvorbehalt"), § 158 BGB.

Die Bedingung der Kaufpreiszahlung ist bisher nicht erfüllt, so dass die Einigung wegen fehlenden Eintritts der Bedingung keine Rechtswirkung entfaltet.

Zwischenergebnis: kein Eigentumsverlust der V-AG

b) Die V-AG könnte ihr Eigentum durch die Übereignung von der H-KG an die C-Bank nach §§ 929 S. 1, 930 BGB verloren haben.

Eine Einigung zwischen der H-KG und der C-Bank lag vor. Ebenso wurde ein Besitzmittlungsverhältnis als Übergabesurrogat, vgl. § 930 BGB, vereinbart.

Allerdings war die Berechtigung der H-KG nicht gegeben, weil sie nicht Eigentümerin, bzw. nicht verfügungsberechtigt ist.

Damit ist nur ein gutgläubiger Erwerb nach § 933 BGB möglich. Die C-Bank ist gutgläubig i. S. v. § 932 II BGB, da sie nicht wusste, dass die H-KG nicht Eigentümerin des Baukrans ist.

Der Eigentumserwerb vom unmittelbar besitzenden Nichtberechtigten (hier: H-KG) nach § 933 BGB setzt aber voraus, dass der Erwerber (hier: C-Bank) von dem nichtberechtigten Veräußerer den unmittelbaren Besitz erhält. Die C-Bank ist jedoch zu keinem Zeitpunkt unmittelbare Besitzerin gewesen. Damit hat kein gutgläubiger Erwerb stattgefunden.

c) Die V-AG könnte ihr Eigentum durch Übereignung der C-Bank an die L-AG nach §§ 929 S. 1, 931 verloren haben.

Eine Einigung zwischen der C-Bank und L-AG gemäß § 929 S. 1 BGB lag vor. Es liegt auch die Abtretung des Herausgabeanspruchs der C-Bank aus dem Besitzmittlungsverhältnisses (Sicherungsabrede) mit der H-KG an die L-AG gemäß § 931 BGB vor.

Allerdings war die Berechtigung der C-Bank nicht gegeben, weil sie nicht Eigentümerin bzw. verfügungsberechtigt ist.

Damit kommt wiederum nur ein gutgläubiger Erwerb gemäß § 934 BGB in Betracht.

§ 934 Alt. 1 BGB verlangt, dass, wenn der Veräußerer mittelbarer Besitzer ist, der Erwerber sich im Zeitpunkt der Abtretung des Herausgabeanspruchs im guten Glauben befinden muss. Die C-Bank war durch die Begründung des Besitzmittlungsverhältnisses mit der H-KG mittelbare Besitzerin. Sie hat den Herausgabeanspruch aus dem Besitzmittlungsverhältnis an die L-AG abgetreten. In diesem Zeitpunkt war die L-AG gutgläubig. Damit sind die Voraussetzungen des § 934 Alt. 1 BGB erfüllt.

Damit ist die L-AG (gutgläubig) Eigentümerin geworden.

2. Besitz der V-AG

Die V-AG ist unmittelbare Besitzerin.

3. Recht zum Besitz gemäß § 986 BGB

Die V-AG hat kein Recht zum Besitz i. S. v. § 986 BGB.

Der zwischen der V-AG und der H-KG bestehende Kaufvertrag wirkt nur zwischen den Vertragsparteien. Er begründet deshalb kein Recht zum Besitz gegenüber der L-AG.

Der Anspruch der L-AG auf Herausgabe des Baukrans aus § 985 BGB gegen die V-AG ist begründet.

Die h. L. ist mit diesem Ergebnis jedoch unzufrieden und sieht es als unangemessen an. Sie stellt einen Widerspruch zur Regelung des § 933 BGB fest. Dort reiche die Begründung bloß mittelbaren Besitzes auf Erwerberseite zum Eigentumserwerb im Gegensatz zu § 934 Alt 1 BGB nicht aus. Zudem stehe bei § 934 Alt 1 BGB der Veräußerer als bloß mittelbarer Besitzer der Sache ferner als bei § 933 BGB. Daher wird versucht, den als zu weit empfundenen Wortlaut des § 934 Alt 1 BGB einzuschränken.[1]

- Weitgehende Einigkeit besteht dahingehend, dass die Übertragung des mittelbaren Besitzes zum gutgläubigen Eigentumserwerb nicht ausreichend sein kann, wenn der Eigentümer den Besitz an der Sache mittelt.[2] Ein solcher Fall liegt in unserem Fall allerdings nicht vor.

- Darüber hinausgehend wollen einige Autoren in der Literatur, den § 934 Alt 1 BGB dahingehend eingeschränkt wissen, dass der gutgläubige Erwerb solange nicht möglich sei, wie die Sache im unmittelbaren Besitz desjenigen verbleibe, dem der Eigentümer sie anvertraut habe.[3] Hiernach würde ein gutgläubiger Erwerb der L nicht vorliegen.

- Einen ganz ähnlichen Ansatz verfolgt die Lehre vom Nebenbesitz, welche annimmt, ein Besitzmittler könne gleichzeitig mehreren gleichrangigen, voneinander unabhängigen mittelbaren Besitzern den Besitz mitteln. In einem Fall wie dem vorliegenden unternehme der unmittelbare Besitzer (H) ein „Doppelspiel", so dass ein solcher Nebenbesitz bestehe.[4] Da der (vermeintliche) Erwerber nicht

---

[1]   Zusammenfassend Musielak, JuS 1992, 713, 720 ff.

[2]   S. hierzu wiederum Musielak, JuS 1992, 713, 719 mit Hinweis auf die unterschiedlichen Begründungsansätze für dieses allseits als richtig empfundene Ergebnis; a. A. etwa Staudinger/Wiegand (1995), § 934 Rn 7, der sich insbesondere gegen die Argumentation mit § 936 III BGB (analog) wendet.

[3]   Zu den verschiedenen Modellen siehe nur Musielak, JuS 1992, 713, 720 ff; gegen eine solche Einschränkung im Wege der Rechtsfortbildung Gursky, Sachenrecht – Fälle und Lösungen, S 66 f.

[4]   Im einzelnen str, siehe hierzu Gursky, Sachenrecht – Fälle und Lösungen, S 62 ff.

näher an die Sache heranrücke als der Eigentümer, könne jener nicht zu Lasten des Eigentümers von einem Nichtberechtigten erwerben.[5]

- Die verschiedenen Lösungen zur Einschränkung des § 934 Alt 1 BGB greifen allerdings insoweit zu kurz als § 934 Alt 1 BGB nicht nur einen gutgläubigen Erwerb zulässt, obwohl die Sache noch derjenige im unmittelbaren Besitz hat, dem sie der Eigentümer anvertraut hat. Die Problematik des § 934 Alt. 1 BGB liegt nämlich darüber hinaus darin begründet, dass bei der Besitzabtretung (§ 870 BGB) gar kein Rechtsschein vorhanden ist, auf den der Erwerber vertrauen könnte. Dieser ist vielmehr auf die Erklärungen des Veräußerers angewiesen.[6] Nimmt man diese Konsequenz aus der gesetzlichen Gleichstellung von mittelbarem und unmittelbarem Besitz hin,[7] stellt sich im Weiteren die Frage, ob der gutgläubige Mobiliarerwerb tatsächlich eine Rechtsscheinwirkung ist.[8]
- Stimmt man mit der h. M. der gesetzlichen Gleichstellung von mittelbarem und unmittelbarem Besitz zu, hat die L an dem Baukran gutgläubig Eigentum erworben. Sie kann daher von der Besitzerin V den Kran herausverlangen, da diese kein Recht zum Besitz (s. § 986 BGB) hat. Bewertet man hingegen das Interesse des Eigentümers am Bestehen bleiben seines Rechts höher als den Verkehrsschutz, ist mit den genannten Argumenten auch die gegenteilige Auffassung ebenso gut vertretbar.

Zur Vertiefung

I. Vereinbarung eines Übergabesurrogats nach § 930 BGB

1. Der Eigentümer muss im Besitz der zu übereignenden Sache sein

2. Er muss mit dem Erwerber ein Besitzmittlungsverhältnis i. S. d § 868 BGB vereinbart haben, nach dem er künftig Besitzmittler wäre.

Als solche kommen die rechtsgeschäftlich vereinbarten Rechtsverhältnisse in Betracht, die in § 868 BGB aufgezählt sind. Darunter fällt auch ein Sicherungsübereignungsvertrag.

---

[5]   Vgl Musielak, JuS 1992, 713, 720 m. w. N. Teilweise wird auch dahingehend argumentiert, dass der Eigentümer, solange er Besitz an der Sache habe, sein Eigentum nicht verlieren könne (arg e § 936 III BGB). Da der Eigentümer (hier: V-AG) weiterhin aufgrund seines Eigentums (mittelbarer Neben-)Besitzer der Sache sei, verliere er folglich nicht sein Eigentum an der Sache.

[6]   Zutreffend Staudinger/Wiegand (1995), Vorbemerkung zu §§ 932 ff Rn 17.

[7]   Das gleiche Problem stellt sich übrigens bei der Besitzübertragung durch Besitzanweisung (strittig, ob der Fall des § 932 BGB oder des § 934 Alt 1 BGB), wo die Durchtrennung der Besitzbeziehung des Eigentümers zu seiner Sache unproblematisch zu bejahen ist.

[8]   Siehe hierzu etwa Ernst, FS Gernhuber, 1993, S 94 ff, insbesondere S 104 f, 113.

Im Rahmen eines gesetzlichen Besitzmittlungsverhältnisses genügt die Ehe oder die elterliche Vermögenssorge (§ 1626 I BGB) als „ähnliches Verhältnis" i. S. d. § 868 BGB.

3. Daraus müssen sich eine Besitzberechtigung auf Zeit und ein künftiger Herausgabeanspruch des mittelbaren gegen den unmittelbaren Besitzer ergeben.

4. Der unmittelbare Besitzer muss die Sache nunmehr mit Fremdbesitzerwillen besitzen. Er muss somit seine Eigentümerposition aufgegeben haben.

II. Vereinbarung eines Übergabesurrogats nach § 931 BGB

1. Ein Dritter muss unmittelbarer oder gegenüber einem Vierten mittelbarer Besitzer der Sache sein.

2. Der Veräußerer als mittelbarer Besitzer muss dem Erwerber seinen Herausgabeanspruch, den er gegen den Dritten hat, abgetreten haben. Dies entspricht der Regelung in § 870 BGB.

3. Ist der Veräußerer nicht mittelbarer Besitzer, so genügt nach h. M. die bloße Einigung mit dem Erwerber, wenn ihm ein Anspruch aus § 985 BGB zusteht. Aus § 934 Var. 2 BGB ergibt sich, dass die bloße Behauptung eines solchen Anspruchs ausreicht.

III. Voraussetzungen des gutgläubigen Erwerbs nach § 933 BGB

1. Es muss ein Rechtsgeschäft i. S. e. Verkehrsgeschäfts vorgelegen haben.

2. Als Publizitätselement muss beim Veräußerer der Rechtsschein des Besitzes bestanden haben. Dies kann nicht bereits durch die Vereinbarung des Besitzkonstituts angenommen werden, sondern kommt erst in dem Zeitpunkt in Betracht, in welchem der Veräußerer dem Erwerber die zu übereignende Sache i. S. d. § 929. S. 1 BGB übergeben hat.

a) Dazu muss der Erwerber oder dessen Geheißperson den Besitz an dieser Sache erworben haben.

b) Dies muss auf Veranlassung des Veräußerers geschehen sein.

c) Es darf keine besitzrechtliche Position mehr beim Veräußerer bestehen

3. Der Erwerber muss gutgläubig gewesen sein (§ 932 II BGB).

4. Die Sache darf dem berechtigten Eigentümer nicht gestohlen worden, verloren gegangen oder sonst abhanden gekommen sein (§ 935 BGB).

IV. Voraussetzungen des gutgläubigen Erwerbs nach § 934 BGB

1. Es muss ein Rechtsgeschäft i. S. e. Verkehrsgeschäfts vorgelegen haben.

2. Als Publizitätselement muss beim Veräußerer der Rechtsschein des Besitzes bestanden haben.

a) Dazu muss er als mittelbarer Besitzer einen tatsächlich bestehenden Herausgabeanspruch an den Erwerber abgetreten haben (§ 934 Var. 1 BGB). Ist der Veräußerer nicht mittelbarer Besitzer gewesen, muss der Erwerber neben der Abtretung des behaupteten Herausgabeanspruch den unmittelbaren oder mittelbaren Besitz an der Sache von dem Dritten erlangt haben (§ 934 Var. 2 BGB).

b) Es darf beim Veräußerer keinerlei besitzrechtliche Position bestehen.

3. Der Erwerber muss eine stärkere Besitzbeziehung zur Sache erworben haben als sie der wahre Berechtigte noch hat. Liegt lediglich eine gleichrangige Sachbeziehung vor, so kann dies keinen gutgläubigen Eigentumserwerb begründen. Eine stärkere Besitzbeziehung kann aber dann angenommen werden, wenn der bisherige Eigentümer seine bislang vorhandene Besitzposition nunmehr vollständig verloren hätte.

Fall 6: Mottenfreie Schränke auf Geheiß

Sachverhalt

Der Möbelhändler Marius Müllerthann (M) aus Würzburg schließt mit der Solus-GmbH (S-GmbH) in München einen Kaufvertrag. Darin verpflichtet er sich der Solus-GmbH fünfzig zweitürige Schränke der Marke „Robust" mit eingebautem Mottenschutz zu liefern. Müllerthann bestellt die Schränke bei dem ehrenwerten Kaufmann Paul Preiswert (P), der sich bereit erklärt, sie Müllerthann unter verlängertem Eigentumsvorbehalt zu liefern. Müllerthann erklärt Paul Preiswert, dass er die Schränke doch direkt an die Solus-GmbH liefern solle, dadurch würde alles leichter.

Auf Weisung des Müllerthann liefert Preiswert daraufhin die Schränke direkt an die Solus-GmbH. Dort nimmt sie ein Mitarbeiter der Möbel-Beschaffungsabteilung entgegen. Die Solus-GmbH zahlt den Kaufpreis in Höhe von € 35.000 für die Schränke an Müllerthann. Dieser verbucht den Kaufpreis und wird bald darauf zahlungsunfähig. Paul Preiswert (P), der von Müllerthann noch keine Zahlung erhalten hat, tritt vom Kaufvertrag zurück. Er verlangt nunmehr von der Solus-GmbH die Schränke heraus.

Frage:
Kann Paul Preiswert von der Solus-GmbH die Schränke herausverlangen?

Lösung

Anspruch P gegen S aus § 985 BGB

P könnte die Schränke von S herausverlangen, wenn eine Vindikationslage vorliegen würde. P müsste Eigentümer und S Besitzerin sein und S kein Recht zum Besitz gemäß § 986 BGB haben.

1. Eigentum des P

a) Ursprünglich war P Eigentümer.

b) P könnte jedoch sein Eigentum gemäß § 929 S. 1 BGB an S verloren haben. Es müsste eine Einigung zwischen P und S gemäß § 929 S. 1 BGB zustande gekommen sein.

I. Czeguhn, C. Ahrens, *Fallsammlung zum Sachenrecht,* Juristische ExamensKlausuren,   29
DOI 10.1007/978-3-642-13139-4_6, © Springer-Verlag Berlin Heidelberg 2011

Fraglich ist ob P ein Angebot i. S. d. § 145 BGB (im eigenen Namen) an S auf Übereignung abgab. P wollte es dem M überlassen, ob M an S unter (verlängertem) Eigentumsvorbehalt liefert oder unbedingt übereignet.

Auch aus der Sicht der S-GmbH hatte P keinen Willen zur Übereignung, denn für die S-GmbH war Vertragspartner der M; in welcher Funktion P die Schränke übergab, war aus Sicht der S-GmbH unerheblich (es kommt daher nicht darauf an, ob P ermächtigt war, im eigenen Namen zu übereignen).

c) P könnte sein Eigentum gemäß § 929 S. 1 BGB an M verloren haben. Fraglich ist, ob eine Einigung zwischen P und M vorliegt.

Die Anweisung des M an P, die Schränke bei S abzuliefern, enthält konkludent das Angebot des M an P, von P Eigentum erwerben zu wollen.

P nimmt das Angebot durch weisungsgemäße Auslieferung an S an.

Aber: die Einigung zwischen P und M stand unter der aufschiebenden Bedingung vollständiger Kaufpreiszahlung, § 158 I BGB.

Zwischenergebnis: P hat sein Eigentum noch nicht gemäß § 929 S. 1 BGB an M verloren, da die Bedingung vollständiger Kaufpreiszahlung noch nicht eingetreten ist.

d) P könnte sein Eigentum durch eine Übereignung von M an S verloren haben.

aa) Erforderlich wäre eine Einigung zwischen M und S über den Eigentumsübergang.

Ein Angebot auf Übereignung von M an S erfolgte konkludent bei Auslieferung durch P als Bote.

Die Annahme der S-GmbH erfolgte konkludent durch Entgegennahme der Schränke.

bb) Übergabe

M müsste seinen Besitz aufgegeben und an S übertragen haben.

2. Besitzverlust bei M

Liegt ein Besitzverlust bei M vor? M hatte selber nie unmittelbaren oder mittelbaren Besitz; aber der Geheißveräußerer P hat den Besitz an den Geheißerwerber S-GmbH verloren; M hat also den sog. Geheißbesitz verloren, als P die Schränke an die S-GmbH auslieferte und er den Geheißbesitzwillen mit dem Verkauf an die S-GmbH aufgab.

3. Besitzerwerb der S-GmbH:

Es erfolgte ein Besitzverlust beim Veräußerer P im Augenblick der Übergabe an die S-GmbH. Die S-GmbH als juristische Person hat Besitz durch ihre Organe (Geschäftsführer). Hier hat der Angestellte als Besitzdiener den Besitz für die GmbH erworben.

- Einigsein zum Zeitpunkt der Übergabe liegt vor.
- Problematisch ist die Berechtigung des M. Er war nicht Eigentümer der Schränke, da P unter Eigentumsvorbehalt geliefert hatte.

Aber: der verlängerte Eigentumsvorbehalt zugunsten des P enthält die Ermächtigung des M, die unter Vorbehalt gekauften Sachen im ordnungsgemäßen Geschäftsgang weiterzuveräußern (an die Stelle des vorbehaltenen Eigentums treten dann die Forderungen aus dem Weiterverkauf). Also hat P sein Eigentum an den Schränken durch die Übereignung des M an die S-GmbH verloren.

P ist daher nicht mehr Eigentümer der Schränke, so dass er sie nicht gemäß § 985 BGB von der S-GmbH herausverlangen kann.

> **Beachte:** Beim Geheißerwerb übergibt der unmittelbare Besitzer, der nicht (!) Besitzmittler des Eigentümers oder sein Besitzdiener ist, auf entsprechenden Wunsch des Eigentümers dem Erwerber die Sache. Erforderlich ist hier nach Ansicht der Rechtsprechung lediglich, dass der Eigentümer allein die tatsächliche Macht hat, den besitzenden Dritten dazu zu veranlassen. Nach a. A. ist auch beim Erwerb vom Berechtigten schon notwendig, dass sich die Geheißperson dem Geheiß des Veräußerers unterwirft (Unterwerfung als zwingendes Publizitätserfordernis). Entsprechend ist auch ein Geheißerwerb auf Erwerberseite möglich.[1]

---

[1]   Vgl. hierzu Martinek in AcP 188 (1988), 573, 645 ff:"Neun Leitsätze zum Geheißerwerb".

Fall 7: Fernseher auf Abwegen

Sachverhalt

Eddie Eisner (E) hat vor kurzem in Würzburg ein Elektro-Geschäft eröffnet, in dem er hauptsächlich Fernseher verkauft. Um seinem Geschäft die nötige Publicity zu verschaffen, hat E ein besonders günstiges Angebot als „Preisknaller". Er bietet den Fernseher „Super Color 3000" der Fa. Sunny zum Preis von € 1000 an.

Am 01.02.2002 erscheint Reiner Ruder (R) bei E. Dieser betreibt ein Hotel und möchte seine Zimmer mit Fernsehern ausstatten. Es gelingt dem E, an R drei Fernseher der Marke „Super Color 3000" zu verkaufen. Der Kaufpreis soll in drei Raten zu je € 1000 gezahlt werden, die jeweils am 01.03, 01.04 und 01.05 gezahlt werden sollen.

E ist der Ansicht, dass R wegen der Stundung nicht sofort Volleigentümer werden könne. Bis R den vollen Kaufpreis bezahlt habe, müsse er, E, Eigentümer bleiben. R, der sowieso noch einen Monat warten muss, bis alle seine Hotelzimmer, die er mit Fernsehern ausstatten will, verkabelt sind, erklärt sich einverstanden. Die 3 Fernseher werden dann dem R nach Zahlung der 1. Rate am 01.03 übergeben.

E, dessen Geschäfte nicht so laufen wie er dachte, gerät in Geldnot. Er verhandelt deshalb mit Bodo Bauer (B) über den Verkauf derselben Fernseher. Hierbei erzählt er diesem, die Fernseher hätte R nur geleast, B könne sie daher bei R direkt abholen. E und B werden sich einig und schließen einen schriftlichen Kaufvertrag, in dem die Fernseher genau bezeichnet werden. B bezahlt den Kaufpreis und erhält alle Garantiepapiere, die E wegen des Eigentumsvorbehalts noch zurückbehalten hatte.

Am 02.04.2002 trifft B mit seinem Laster im Hotel des R ein, trifft jedoch nur auf Stefan Schussel (S), den Geschäftsführer des R. S war von R zur Vertretung bei allen Geschäften bevollmächtigt worden. B zeigt diesem den Kaufvertrag und verlangt die Herausgabe der Fernseher. S ist zwar überrascht, übergibt jedoch die drei Fernseher dem B. Dieser verlädt sie sofort auf seinen Laster und fährt davon. Als R eine Stunde später im Hotel eintrifft, ist er außer sich. Er ruft sofort bei B an und verlangt Rückgabe der drei Fernseher. Dieser erklärt, er sei zu nichts verpflichtet, schließlich sei er ordnungsgemäß Eigentümer geworden.

Frage:
Kann R die Herausgabe der Fernseher nach § 985 BGB verlangen?

I. Czeguhn, C. Ahrens, *Fallsammlung zum Sachenrecht*, Juristische ExamensKlausuren,   33
DOI 10.1007/978-3-642-13139-4_7, © Springer-Verlag Berlin Heidelberg 2011

Lösung

Anspruch des R gegen B aus § 985 BGB analog

Voraussetzung wäre eine Vindikationslage. R müsste Eigentümer sein, B Besitzer und kein Recht zum Besitz nach § 986 BGB haben.

I. Besitz des B an den Fernsehern

B ist im Besitz der Fernseher, § 854 BGB. R ist jedoch noch kein Eigentümer, da der Bedingungseintritt gem. § 158 I BGB (Bezahlung der drei Raten) nicht erfolgt ist. Daher ist eine direkte Anwendung des § 985 BGB nicht möglich.

II. Problem: Kann der Anwartschaftsberechtigte § 985 BGB analog heranziehen?

R ist Anwartschaftsberechtigter. Fraglich ist, ob der Anwartschaftsberechtigte den § 985 BGB analog heranziehen kann. Die Anwartschaft ist eine Position, die jemand aufgrund eines bevorstehenden Rechtserwerbs hat. Für eine analoge Anwendung des § 985 BGB müsste das Anwartschaftsrecht ein absolutes dingliches Recht sein, das zum Besitz auch gegenüber dem Eigentümer berechtigt.

Dies ist strittig. Der BGH leugnet noch in seiner Entscheidung BGHZ 10, 69 das absolute Recht zum Besitz ausdrücklich. Die h. M. bejaht das dingliche Recht des Anwartschaftsberechtigten zum Besitz.[1] Das wesentliche Argument der h. M. ist, dass die Stellung des Käufers wegen der §§ 161, 162, 986 II BGB praktisch eine dingliche sei. Der Erwerb könne im Normalfall nicht mehr verhindert werden. Der Anwartschaftsberechtigte habe hierdurch wesentliche Positionen erreicht. Daher bedürfe das Anwartschaftsrecht des Schutzes, der einem dinglichen Recht gleichkommt. Es ist ein „dem Eigentum wesensgleiches Minus".

III. Verlust des Anwartschaftsrechtes durch Übereignung der Fernseher von E an B?

B erwarb Eigentum (§§ 929 S. 1, 931 BGB). R verlor hierdurch jedoch nicht das Anwartschaftsrecht. Der Eigentumserwerb des B war vielmehr auflösend bedingt gemäß § 161 I BGB. Anders wäre es, wenn B gutgläubig und daher lastenfrei gemäß § 161 III, 936 I BGB erworben hätte. § 936 BGB ist auf das Anwartschaftsrecht des Vorbehaltskäufers auch entsprechend anwendbar.

Fraglich ist jedoch, ob dem § 935 BGB entgegensteht.

§ 935 BGB ist bei § 936 BGB anwendbar. Die Vorschrift ist von doppelter Bedeutung. Sie kann zum einen den Eigentumserwerb vom Nichtberechtigten verhindern, wenn die Sache dem Eigentümer abhanden gekommen ist. Dann kommt es auf § 936 BGB, der einen Eigentumserwerb voraussetzt, gar nicht mehr an. Zum

---

[1]   Palandt/Bassenge § 929 Rd. Nr. 41.

anderen greift § 935 BGB aber auch analog ein, wenn die Sache zwar nicht dem Eigentümer, aber dem dinglich Berechtigten abhanden gekommen ist. Dann ist zwar ein Eigentumserwerb möglich, die Belastungen erlöschen aber nach § 935 BGB analog nicht.

Demnach ist es in unserem Fall bedeutend, ob dem R die Fernseher abhanden gekommen sind. Voraussetzung wäre, dass dem unmittelbaren Besitzer die Fernseher ohne seinen Willen „verloren gegangen sind". R war Besitzer, da er die tatsächliche Gewalt i. S. d. § 854 BGB hatte. Er war auch unmittelbarer Besitzer. Daran ändert die unmittelbare tatsächliche Herrschaft des S nichts, weil dieser nur Besitzdiener i. S. d. § 855 BGB war. S übte die Gewalt über die Fernseher weisungsgebunden aus. Eine Ansicht stellt darauf ab, wie der Besitzdiener nach außen auftritt. Wenn er vom Besitzer nicht zu unterscheiden ist, wird ein Abhandenkommen verneint.[2]

Die h. M. stellt auf die Vertretungsmacht ab. Wenn der Besitzdiener Vertretungsmacht hat, so wird ein Abhandenkommen abgelehnt.[3] In unserem Fall hatte S, als Geschäftsführer die Vertretungsmacht, R in allen Angelegenheiten zu vertreten. Daher ist ein Abhandenkommen abzulehnen. Der Wille des R ist nach h. M. nicht ausschlaggebend. Folge dessen ist, dass ein gutgläubiger lastenfreier Erwerb möglich ist.

IV. Kenntnis des B vom Vorbehaltskauf

B wusste nichts vom Vorbehaltskauf und damit auch nichts vom Anwartschaftsrecht des R. Die Voraussetzungen für den lastenfreier Erwerb folgen den Regeln der §§ 932–934 BGB.

Die Voraussetzung des mittelbaren Besitzes des E ist gegeben. Gutgläubiger lastenfreier Erwerb erfolgt dann grundsätzlich bereits mit der Abtretung des Anspruchs, § 936 I 1 BGB (Tabelle 2). Da R jedoch unmittelbarer Besitzer war, wird er durch § 936 III BGB geschützt, sein Recht erlischt nicht.

Problem: Ist der Schutz des Besitzers auch noch zu gewähren, wenn R Besitz an der Sache aufgibt, ohne den Erwerber gleichzeitig bösgläubig zu machen? Der Wortlaut des § 936 III BGB gibt hierfür nichts her. Aber das Anwartschaftsrecht kann nicht stärker geschützt werden, als das Eigentum. Wäre R Eigentümer gewesen, hätte B nach §§ 931, 934 2. Alt. BGB mit Erlangung des Besitzes gutgläubig Eigentum erworben. R hätte das Eigentum verloren. Das Anwartschaftsrecht des R kann nicht stärker geschützt sein. Daher erlischt dieses.

Ergebnis: R hat keinen Anspruch auf Herausgabe nach § 985 BGB.

---

[2]   Vgl. Erman/Michalski, § 935 BGB Rd. Nr. 6.

[3]   Vgl. Karsten Schmidt, Abhandenkommen bei Weggabe durch angestellte Besitzdiener, FS Seiler 1999, S. 579 ff.

Tabelle 2: Zu Punkt 3 der Voraussetzungen zum § 936 BGB

Erwerb nach § 929 S. 1 oder §§ 929 S. 1, 932 I 1 BGB	Erwerb nach § 929 S. 2 oder §§ 929 S. 2, 932 I 2 BGB	Erwerb nach §§ 929 S. 1, 930 oder §§ 929 S. 1, 930, 933 BGB	Erwerb nach §§ 929 S. 1, 931 BGB oder §§ 929 S. 1, 931, 934 BGB
§ 936 I 1 BGB, die Übergabe der Sache genügt (vgl. § 932 I 1 BGB)	§ 936 I 2 BGB, Erwerber muss Besitz vom Veräußerer erlangt haben (vgl. § 932 I 2 BGB)	§ 936 I 3 BGB, Erwerber muss Besitz aufgrund der Veräußerung erlangen (vgl. § 933 BGB)	– Veräußerer ist mittelbarer Besitzer: Abtretung des Herausgabeanspruchs (vgl. § 934, 1. Alt. BGB) – Veräußerer ist nicht mittelbarer Besitzer: Erwerber muss aufgrund der Veräußerung (mindestens mittelbaren) Besitz erlangen, § 936 I 3 BGB (vgl. § 934, 2. Alt. BGB

Zur Vertiefung

Belastungen i. S. d. § 936 BGB

§ 936 BGB regelt den lastenfreien Erwerb einer veräußerten Sache, wenn der Erwerber hinsichtlich der Belastung gutgläubig ist. Belastungen i. S. d. § 936 BGB sind unbestritten der Nießbrauch, das vertragliche und gesetzliche Pfandrecht, das Pfändungspfandrecht. Ob ein Anwartschaftsrecht eine Belastung i. S. d. § 936 BGB ist, ist umstritten:

- Nach h. M. stellt das Anwartschaftsrecht eine Belastung i. S. d. § 936 III BGB dar.[4] Daraus folgert sie die analoge Anwendung des § 936 BGB auf das „mit einem Anwartschaftsrecht belastete Eigentum"; beachte aber § 936 III BGB!!
- A. Anwartschaftsrecht ist keine Belastung i. S. d. § 936 BGB.[5]

Keine Belastungen i. S. d. § 936 BGB sind das Zurückbehaltungsrecht nach § 369 HGB und das Besitzrecht.

Voraussetzungen des § 936 BGB

1) rechtsgeschäftlicher Eigentumserwerb
2) Sache mit Recht eines Dritten belastet
3) Erwerber muss die gleiche Besitzposition erlangen wie beim Eigentumserwerb vom Nichtberechtigten

---

[4]   Palandt/Bassenge, § 936 Rn. 1; Medicus, Bürgerliches Recht, Rd. Nr. 462.
[5]   Vgl. hierzu Döring, NJW 1996, S. 1443 ff.

4) guter Glaube des Erwerbers bezüglich der Lastenfreiheit
5) Sache darf dem Rechtsinhaber nicht abhandengekommen sein, § 935 BGB.

Der lastenfreie Erwerb ist ausgeschlossen wenn:
- Der Erwerber nicht Eigentümer wird
- Erwerber zwar Eigentümer wird (Erwerb vom Berechtigten), aber keine Besitzposition i. S. v. § 936 I 2, 3 BGB erhält.
- Erwerber bösgläubig ist, § 936 II BGB
- Die Sache dem Rechtsinhaber abhanden gekommen ist, § 935 BGB analog
- Der Rechtsinhaber Besitzer bei Erwerb nach § 931 BGB ist (i. V. m. § 934 BGB), § 936 III BGB.

Fall 8: Wer veräußerte die Kohlen?
(nach BGHZ 36, 56)

Sachverhalt

Kurt Kiesewetter (K) bezieht für die kalten Winterabende zum Heizen seit einigen Jahren von Valentin Vogel (V) Kohlebriketts. Anfang 2004 vereinbarten K und V wiederum für das laufende Jahr, dass V dem K die von ihm benötigte Menge auf Abruf liefert.

Anfang Oktober 2004 forderte K den V zur Lieferung von 100 kg Heizkohlen auf. V teilte dem K mit, er werde innerhalb der kommenden Woche die geordete Menge durch seinen Zulieferer Edmund Eisig (E) direkt an K ausliefern lassen. Mitte Mai 2004 hatte V – was K nicht wusste – seinen Kohleverkauf und seinen Betrieb aufgegeben und hatte mit dem Kohlehändler E vereinbart, in Zukunft für diesen als Vertreter gegen Provision aufzutreten. V erklärte deshalb dem E, dass er (V) für E einen Vertrag über 100 kg Heizkohlen mit K abgeschlossen habe. E lieferte daraufhin an K aus.

Als E später von K Zahlung verlangte, stellte sich der Sachverhalt heraus. Daraufhin verlangt E von K entweder Kaufpreiszahlung oder Herausgabe der Kohlebriketts. K wendet ein, er habe bereits an V gezahlt und diesen auch für den Lieferanten gehalten.

Frage:
Welche Ansprüche stehen E gegen K zu?

Lösung

A) Anspruch des E gegen K auf Zahlung des Kaufpreises aus § 433 II BGB

Voraussetzung ist, dass zwischen E und K ein wirksamer Kaufvertrag zustande kam.

I. Durch Abschluss eines Liefervertrages Anfang 2004 kam kein Vertrag zwischen E und K zustande, denn danach waren V und K Parteien des Kaufvertrages.

I. Czeguhn, C. Ahrens, *Fallsammlung zum Sachenrecht*, Juristische ExamensKlausuren,   39
DOI 10.1007/978-3-642-13139-4_8, © Springer-Verlag Berlin Heidelberg 2011

II. Durch Abruf des K im Oktober 2004 kam zwischen E und K kein Kaufvertrag zustande. Es mangelte an einem erkennbaren Handeln des V im Namen des E. K musste davon ausgehen, dass V für sich selber handelte (fehlende Offenkundigkeit der Stellvertretung, vgl. § 164 BGB).

III. Durch Lieferung der Briketts durch E an K kam ebenso kein Kaufvertrag zustande, weil E und K bei Auslieferung bereits vom Bestehen eines Kaufvertrages ausgegangen waren.

Ergebnis: Kein Zustandekommen eines Kaufvertrages zwischen E und K, daher kein Anspruch des E gegen K aus § 433 II BGB.

B) Anspruch des E gegen K auf Herausgabe der Briketts

I. Herausgabeanspruch aus § 985 BGB

Es müsste eine Vindikationslage gegeben sein, also E Eigentümer der Kohlebriketts sein, K Besitzer und kein Recht zum Besitz gemäß § 986 BGB haben.

1. Eigentum des E an den Briketts

Ursprünglich war E Eigentümer der Briketts.

a) Eigentumsverlust des E an K gemäß § 929 S. 1 BGB?
 Voraussetzung ist eine Einigung zwischen E und K über den Eigentumsübergang gemäß § 929 BGB.
 Lag ein konkludentes Übereignungsangebot des E gegenüber K durch Auslieferung der Briketts vor?
 Hier hat eine Auslegung unter Berücksichtigung des Empfängerhorizontes zu erfolgen: Bei abgekürzter Lieferung des Eigentümers an den Zweitkäufer ist das Verhalten der Beteiligten regelmäßig dahingehend zu verstehen, dass sich die dinglichen Geschäfte im Rahmen der schuldrechtlichen Verpflichtungen vollziehen sollen.
 Aus Sicht des Käufers K war die Auslieferung durch E die Erfüllung der Verpflichtung des E gegenüber V und zugleich Erfüllung der Verpflichtung des V gegenüber K. Aus Sicht des K lag daher kein Übereignungsangebot des E an K durch Auslieferung der Briketts vor.

Ergebnis: Keine Einigung zwischen E und K gemäß § 929 S. 1 BGB.

b) Eigentumserwerb durch K von V gemäß § 929 S. 1 BGB?
 aa) Einigung zwischen V und K gemäß § 929 BGB
 Lag eine Einigung zwischen V und K im Zeitpunkt des Abrufs durch K vor?
 – Erklärung des V, er werde innerhalb der nächsten Woche die geordnete Menge durch seinen Zulieferer E direkt an K ausliefern lassen, lässt sich als Übereignungsangebot an K verstehen. Dieses Angebot hat K konkludent angenommen.

– Alternative: E übergibt als Bote des V durch Auslieferung ein konkludentes Angebot des V auf Übereignung der Ware an K. K nimmt dieses Angebot durch Entgegennahme konkludent an.

bb) Übergabe vom Veräußerer an den Erwerber gemäß § 929 S. 1 BGB?

Voraussetzungen:

– Besitzerwerb auf Erwerberseite

Dies ist vorliegend durch die Entgegennahme der Briketts seitens des K gegeben.

– Besitzverlust auf Veräußererseite

    (1) Liegt ein unmittelbarer Besitzverlust des Veräußerers V vor? Hier nicht gege ben, da Veräußerer V in keinem Zeitpunkt im Besitz der Briketts war.

    (2) Liegt ein Besitzverlust des Besitzdieners des Veräußerers vor? Hier eben-so nicht gegeben, da E nicht Besitzdiener des Veräußerers V gemäß § 855 BGB war.

    (3) Liegt ein Besitzverlust des Besitzmittlers des Veräußerers vor? Hier auch nicht gegeben, da E auch nicht Besitzmittler des Veräußerers V gemäß § 868 BGB war.

    (4) Liegt ein Besitzverlust der Geheißperson des Veräußerers vor? Eine Geheißperson auf Veräußererseite liegt vor wenn: die Übergabe einer Sache durch den Veräußerer an den Erwerber dadurch erfolgt, dass der Veräußerer einen Dritten anweist, dem Erwerber den Besitz zu ver-schaffen.[1] Bedenken: E wollte sich nicht dem Willen des Anweisenden V unterord-nen und eine Eigentumsübertragung des V an K bezwecken. Teilweise wir die Auffassung vertreten, dass der Rechtsschein des Be-sitzes nur dann vorliegt, wenn die Geheißperson tatsächlich auf Weisung des Veräußerers handelt, sich also dem Geheiß des Veräußerers unterord-net[2] Begründung: Nur wenn der Dritte tatsächlich bereit ist dem Geheiß des Veräußerers zu folgen, wird der Veräußerer wie ein Besitzer aus-gewiesen. Der BGH sieht die Sicht des Empfängers für entscheidend an. Der Emp-fänger kann nicht wissen, welche Absichten der Dritte mit seiner Liefe-rung verfolgt. Für ihn ist allein bedeutsam, dass die Übergabe auf Veran-lassung des Veräußerers tatsächlich erfolgt.[3] Hier erschien aus Sicht des K der E als Geheißperson des V. Dies hat unter Zugrundelegung der BGH-Rechtsprechung den Besitzverlust auf Veräußererseite zur Folge.

cc) Besitzerwerb auf Veranlassung des Veräußerers

Hier problemlos gegeben, siehe zuvor.

---

[1]   BGHZ 36, 56; Palandt/Bassenge, § 929 Rn. 17.

[2]   Palandt/Bassenge, § 932 Rd. Nr. 19; Medicus, Bürgerliches Recht, Rd. Nr. 564 m. w. N.

[3]   NJW 1974, 1132 f.

Ergebnis: Übergabe der Briketts durch E an K gemäß § 929 S. 1 BGB.

dd) Einigsein im Zeitpunkt der Übergabe

Hier problemlos gegeben.

ee) Berechtigung des Veräußerers

Hier nicht vorhanden, da V zu keinem Zeitpunkt Eigentümer der Briketts war, insbesondere lässt sich die Lieferung durch E an K nicht als Übereignung durch E an V verstehen.

c) Erwerb des K vom Nichtberechtigten V gemäß § 932 I BGB

Voraussetzungen:

aa) Rechtsgeschäftlicher Erwerb i. S. eines Verkehrsgeschäfts

Dies liegt vor.

bb) Rechtsschein des Besitzes beim Veräußerer

   (1) Besitz des Veräußerers V: V hatte keinen Besitz erworben.

   (2) Problem: Ist der Rechtsschein des Besitzes aufgrund Scheingeheißlage ausreichend?

      Teilweise wird die Auffassung vertreten, dass der Rechtsschein des Besitzes nur dann ausreicht, wenn die Geheißperson tatsächlich auf Weisung des Veräußerers handelt, sich also dem Geheiß des Veräußerers unterordnet. Der BGH lässt jedoch den Rechtsschein des Besitzes aufgrund Scheingeheißlage ausreichen.[4]

      Unter Zugrundelegung der Rechtsprechung des BGH lag hier der Rechtsschein des Besitzes beim Veräußerer vor.

cc) Guter Glaube des Erwerbers an das Eigentum des Veräußerers, § 932 II BGB?

Hier keine Bedenken.

dd) Kein Abhandenkommen gemäß § 935 BGB

Hier kein Problem.

Endergebnis: Die Voraussetzungen des gutgläubigen Erwerbs gemäß § 932 BGB liegen vor. Daher liegt ein gutgläubiger Erwerb des K von V vor. Demzufolge verlor E sein Eigentum und hat keinen Anspruch aus § 985 BGB auf Herausgabe der Briketts gegen K.

II. Anspruch auf Herausgabe der Briketts aus § 812 I 1, 1. Alt. BGB

1. K hat etwas – Eigentum und Besitz an den Briketts – erlangt.

2. Leistung des E an K?

Leistung ist jede bewusste und zweckgerichtete Mehrung fremden Vermögens.

   Fraglich ist, welche Sicht für das Vorhandensein einer Leistung ausschlaggebend ist. Aus Sicht des E wollte er (E) einen vermeintlichen Kaufvertrag mit K erfüllen.

---

[4]   BGH, NJW 1974, 1132, 1133 f. Palandt/Bassenge, § 932 Rd. Nr. 4; Medicus, Bürgerliches Recht, Rd. Nr. 564 m. w. N.

Daher liegt aus der Sicht des E eine Leistung des E an K vor.

Aus Sicht des Leistungsempfängers K liegt eine Leistung des V vor.

H. M. (Lehre vom Empfängerhorizont): Bestimmung des Leistenden erfolgt aus Sicht des Zuwendungsempfängers anhand objektiver Kriterien.[5] Daher lag nach h. M. keine Leistung des E an K vor.

Ergebnis: Kein Anspruch des E gegen K aus § 812 I 1, 1.Alt. BGB.

III. Anspruch aus § 812 I 1, 2. Alt. BGB

A hat etwas erlangt, nämlich das Eigentum und den Besitz an den Briketts.

Fraglich ist, ob A dies in sonstiger Weise auf Kosten des E erlangte.

Es bestehen hier Bedenken gegenüber der Anwendbarkeit der Eingriffskondiktion wegen des Vorrangs der Leistungskondiktion (h. M., zur Einschränkung aufgrund eines gesetzlichen Wertungsmodells). Hier lag aus Sicht des Zuwendungsempfängers eine Leistung des V an K vor. Unter Zugrundelegung des Grundsatzes des Vorranges der Leistungskondiktion besteht daher kein Anspruch des E gegen K aus § 812 I 1, 2. Alt. BGB.

---

[5] BGHZ 36, 30; BGHZ 40, 272, 277 f.; BGHZ 72, 246, 249; Loewenheim, Bereicherungsrecht, 1989, S. 38 f.; Reuter/Martinek, Ungerechtfertigte Bereicherung, 1983, S.454 ff.; differenzierend Medicus, Bürgerliches Recht, Rd. Nr. 688.

Fall 9: Der doppelte Rotweinverkauf

Sachverhalt

Der italienische Feinkostverkäufer Luigi Lupo (L) veräußert und übergibt Manfred
Mosel (M) Anfang Februar eine 10er-Kiste feinsten Rotweines der Marke „Mon-
tepulciano Gran Riserva 1990" zum Preis von € 10.000,– unter Vereinbarung eines
Eigentumsvorbehalts. Die Hälfte des Kaufpreises zahlt M an, die zweite Hälfte soll
M am 31. März bezahlen. Am 25. März übereignet L die Kiste unter Abtretung
seiner Herausgabeansprüche gegen M an Dieter Domina (D). L erklärt dem D, er
habe dem M die Kiste Rotwein geliehen, weil dieser gerne bei seinen Freunden
über seinen Weinkeller angebe. Nachdem M den Restkaufpreis termingerecht an L
gezahlt hat, verlangt D von M Herausgabe der Kiste Rotwein.

Frage:
Kann D von M die Herausgabe der Kiste Rotwein verlangen?

Lösung

Anspruch des D gegen M auf Herausgabe der Kiste Rotwein aus § 985 BGB

Es müsste eine so genannte Vindikationslage vorliegen. D müsste Eigentümer der
Kiste sein und M unberechtigter Besitzer. Ursprünglich war L Eigentümer.

I. Eigentumserwerb des D von L gemäß §§ 929, 931 BGB?

1. Einigung zwischen L und D über den Eigentumsübergang
Hier problemlos gegeben.

2. Da L dem M die Sache nicht übergeben hat müsste ein Übergabesurrogat verein-
bart worden sein.
   Hier kommt ein Übergabesurrogat gemäß § 931 BGB in Betracht, nämlich die
Abtretung des Anspruchs auf Herausgabe der Sache durch den Veräußerer an den

I. Czeguhn, C. Ahrens, *Fallsammlung zum Sachenrecht*, Juristische ExamensKlausuren,   45
DOI 10.1007/978-3-642-13139-4_9, © Springer-Verlag Berlin Heidelberg 2011

Erwerber. Fraglich ist, welchen Anspruch L an D abgetreten hat. Es kommen folgende Ansprüche in Betracht:

a) Herausgabeanspruch des Eigentümers gegen den Besitzer gemäß § 985 BGB
   Die Abtretbarkeit des Anspruchs aus § 985 BGB i. R. d. § 931 BGB ist umstritten.
   Eine Ansicht ist der Auffassung, es bestünden keine Bedenken, weil der Anspruch aus § 985 BGB nur vom Eigentümer geltend gemacht werden könne und damit notwendigerweise mit dem Eigentum selbst verbunden ist. Deshalb soll er nicht als Mittel zur Eigentumsverschaffung geeignet sein.[1]
   Eine andere Ansicht lässt die Abtretung des Anspruches nur zu, wenn dem Eigentümer gegen den Besitzer keine anderweitigen Herausgabeansprüche zustehen (er also nur den Herausgabeanspruch aus § 985 BGB geltend machen kann). Dann wird § 931 BGB dahingehend verstanden, dass für den Eigentumserwerb die bloße Einigung ausreicht.[2]
   Nach einer dritten Ansicht ist der Anspruch aus § 985 BGB zwar prinzipiell nicht abtretbar, gleichwohl komme i. R. d. § 931 BGB die Abtretung dieses Anspruchs in Betracht, weil der Anspruch nach der Abtretung wieder dem (neuen) Eigentümer zustehe.[3]

b) Vermeintlicher Anspruch aus der Leihe
   L könnte an D seinen vermeintlichen Anspruch aus der Leihe abgetreten haben. Problematisch ist jedoch, ob ein solcher vermeintlicher Anspruch, der gar nicht besteht, ausreicht. Das Reichsgericht und die h. M. lassen eine Abtretung eines vermeintlichen Anspruches zu.[4] Als Argument wird angeführt, dass § 934 2. Alt. BGB sonst keinen Sinn ergeben würde.

c) Anspruch des L gegen M aus §§ 346, 449, 433 BGB
   Ausreichend i. R. d. § 931 BGB ist nach einer Ansicht auch die Abtretung eines zukünftigen Anspruchs.[5]
   Hier käme als solcher zukünftiger Anspruch der mögliche Rückgewähranspruch des Vorbehaltsverkäufers L gegen den Vorbehaltskäufer K gemäß §§ 346, 449, 433 BGB in Betracht, der im Falle des Zahlungsverzugs entsteht.
   Dagegen bestehen jedoch Bedenken: Eine ausdrückliche Abtretung des Anspruchs aus §§ 346, 449, 433 BGB fand mangels Offenlegung der tatsächlichen Rechtslage durch L nicht statt. Vielmehr spiegelte L einen Herausgabeanspruch gegen M gemäß § 604 BGB vor.
   Allgemeine Lösungsmöglichkeit hinsichtlich der Frage welcher Anspruch abgetreten wurde:

---

[1]   So etwa Münchener Kommentar/Quack, 4. Aufl., § 931 Rd. Nr. 10.

[2]   Vgl. Palandt/Bassenge, § 931 Rd. Nr. 3; Gerhard, Mobiliarsachenrecht, 3. Aufl., § 11, 4.

[3]   So offenbar BGH NJW 1978, 696.

[4]   RGZ 135, 75 und RGZ 138, 265 sowie die h. M.

[5]   Vgl. Bamberger/Roth, § 931, Rd. Nr. 3.

Entweder lässt man die Abtretung des Anspruchs aus § 985 BGB zu oder man argumentiert, L habe alle tatsächlich bestehende Ansprüche – und damit auch den Anspruch aus §§ 346, 449, 433 BGB – abgetreten (h. L. geht jedenfalls bei dieser Konstellation von einer Abtretung eines Herausgabeanspruchs aus).[6] Eine Abtretung eines Herausgabeanspruchs des L an D gemäß § 931 BGB ist demnach nach allen Ansichten erfolgt.

3. Berechtigung des Veräußerers
L war im Zeitpunkt der Veräußerung an D Eigentümer der Kiste Rotwein, da M den Kaufpreis nicht vollständig entrichtet hatte und L die Kiste unter Eigentumsvorbehalt veräußert hatte.

Fraglich ist jedoch, ob eine Beschränkung der Verfügungsbefugnis gemäß § 161 I 1 BGB vorlag. Zwischenverfügungen werden gemäß § 161 I 1 BGB erst im Falle des Eintritts der Bedingung unwirksam. Dies bedeutet, dass eine Berechtigung des L im Zeitpunkt der Veräußerung an D vorlag. Daraus folgt der Eigentumserwerb des D im Zeitpunkt der Abtretung des Herausgabeanspruchs.

II. Eigentumsverlust des D gemäß § 161 I BGB aufgrund der vollständigen Zahlung des Kaufpreises durch M an L.

Voraussetzungen:

1. L müsste an M unter der aufschiebenden Bedingung der vollständigen Bezahlung des Kaufpreises gemäß §§ 929, 158 BGB verfügt haben. Dies war der Fall, da L sich das Eigentum vorbehielt.

2. L müsste in der Schwebezeit eine weitere Verfügung vorgenommen haben. Die Übertragung des Eigentums an der Kiste Rotwein an D ist eine solche Verfügung.

3. Eintritt der aufschiebenden Bedingung
Diese trat vorliegend durch vollständige Zahlung des Kaufpreises durch M ein.

4. Rechtsfolge:
Zwischenverfügung des L an D wird gemäß § 161 I BGB unwirksam, es sei denn es liegt ein gutgläubiger Erwerb des D gemäß §§ 161 III, 932 ff. BGB vor.

a) Es könnte ein gutgläubiger Erwerb gemäß § 934, 1. Alt. BGB vorliegen.
Voraussetzungen:
aa) Rechtsgeschäft im Sinne eines Verkehrsgeschäfts liegt vor.
bb) Mittelbarer Besitz des Veräußerers ist ebenfalls gegeben, da der Vorbehaltsverkäufer nach h. M. mittelbarer Besitzer ist.
cc) Abtretung des Herausgabeanspruchs erfolgte (s. o.).
dd) Guter Glaube des Erwerbers D liegt ebenfalls vor. D hatte keine Kenntnis davon, dass L nicht mehr Eigentümer der Kiste Rotwein war.

---

[6]   Vgl. Medicus, Bürgerliches Recht, Rd. Nr. 445.

ee) Es liegt auch kein Abhandenkommen gemäß § 935 BGB vor.

Die Voraussetzungen des § 934, 1. Alt. BGB liegen mithin vor.

b) Indes: Nach h. M. stellt das Anwartschaftsrecht eine Belastung i. S. d. § 936 BGB dar.[7]

Problem: Kann eine Analoge Anwendung des § 936 BGB auf das „mit einem Anwartschaftsrecht belastete Eigentum" erfolgen?

Im vorliegenden Fall ist die Anwendbarkeit des § 936 III BGB zu bejahen. Daher kein gutgläubiger lastenfreier Erwerb, solange der Anwartschaftsberechtigte unmittelbarer oder mittelbarer Besitzer ist. Hier ist der Vorbehaltskäufer M unmittelbarer Besitzer. Daher kein gutgläubiger lastenfreier Erwerb gemäß § 936 III BGB.

Vorbehaltskäufer M erwirbt gemäß §§ 161 I, III, 936 III BGB mit vollständiger Zahlung des Kaufpreises Eigentum an der Kiste Rotwein.

Ergebnis: D hat keinen Herausgabeanspruch gegen M.

---

[7]   Palandt/Bassenge, § 936 Rd. Nr. 1; Medicus, Bürgerliches Recht, Rd. Nr. 462.

Fall 10: Die chinesische Vase

Sachverhalt

Der alte Herr Simon Stein (S) ist Eigentümer einer chinesischen Vase aus der Ming-Dynastie, die nach einem wissenschaftlichen Gutachten € 10.000,– wert ist. Eines Nachts bricht Gustav Gauner (G) bei Herrn Stein ein und entwendet die Vase.

Einige Wochen später begibt sich der Gustav in das Geschäft des Antiquitätenhändlers Anton Alt (A). Dort trifft er dessen Einkäufer Johann Jodel (J) an, dem er die Vase für € 2.000,– zum Kauf anbietet. Johann ist von A wegen seiner Kunstexpertise trotz einer Vorstrafe wegen Hehlerei eingestellt worden. Der Johann erklärt sich namens des A damit einverstanden, obwohl er von dem Diebstahl in der Zeitung gelesen hat und bemerkt, dass die ihm angebotene Vase mit der im Artikel beschriebenen in etwa übereinstimmt.

Daraufhin übergibt der Gustav dem Johann, der regelmäßig Antiquitäten für A einkauft, die chinesische Vase und macht sich mit dem Geld von dannen. Der A erhält von diesen Vorgängen keine Kenntnis. Einige Tage später veräußert und übergibt der nichts ahnende A die Vase dem vermögenden Sammler V für € 12.000,–.

Fragen:
1) Kann Herr Stein von A Schadensersatz für den Verlust der Vase verlangen?
2) Besteht für Herrn Stein auch eine Möglichkeit, den Veräußerungserlös von A herauszuverlangen?

Lösung

A. Schadensersatzanspruch des S

I. Anspruch des S gegen A auf Schadensersatz aus §§ 989, 990 BGB

Dem S könnte ein Anspruch auf Schadensersatz wegen Verlustes der Vase aus §§ 989, 990 I BGB zustehen.

1. Anspruch entstanden

1) EBV im Zeitpunkt der schädigenden Handlung

Dann müsste im Zeitpunkt der schädigenden Handlung i. S. v. § 989 BGB ein Eigentümer-Besitzer-Verhältnis zwischen S und A vorgelegen haben. Die zur Unmöglichkeit der Herausgabe der Vase durch A führende Handlung war hier die Weiterveräußerung an V, so dass es auf diesen Zeitpunkt ankommt.

a) Eigentum des Anspruchstellers

Ursprünglich war der Anspruchsteller S Eigentümer der Vase gewesen. Der A könnte aber von G nach § 929 S. 1 BGB Eigentum an der Vase erworben haben mit der Folge, dass S sein Eigentum verloren hätte. Da G die Vase jedoch gestohlen hatte und offensichtlich nicht selbst Eigentum an ihr erlangt hat, käme allenfalls ein gutgläubiger Erwerb des A vom Nichtberechtigten nach § 932 S. 1 BGB in Betracht. Dieser müsste jedoch letztlich daran scheitern, dass die Vase dem unmittelbar besitzenden S gestohlen wurde, § 935 I 1 BGB. A hat somit kein Eigentum an der Vase von G erworben, so dass S bei der Weiterveräußerung durch A noch ihr Eigentümer war.

b) Besitz des Anspruchsgegners

Da die Feststellung des fehlenden Eigentums des Veräußerers G und des Abhandenkommens bei S offensichtlich ist und nur jeweils einen Satz benötigt, ist es ausnahmsweise zulässig, diese Prüfungspunkte vorzuziehen und die Prüfung dementsprechend abzukürzen.

Der Anspruchsgegner A müsste Besitzer der Vase gewesen sein, als er sie weiterveräußerte. Es kann hier dahinstehen, ob A sogleich mit Übergabe der Vase an J deren Besitzer wurde, weil J möglicherweise nur Besitzdiener i. S. v. § 855 BGB war. Jedenfalls hatte der A im maßgeblichen Zeitpunkt, als er die Vase weiterveräußerte, Besitz an ihr ergriffen, denn laut Sachverhalt übergab er sie persönlich dem V.

c) Kein Recht zum Besitz

Ein Recht des A zum Besitz gegenüber S i. S. v. § 986 BGB ist nicht ersichtlich. Im Zeitpunkt der schädigenden Handlung lag ein EBV zwischen S und A vor.

2) Bösgläubigkeit des A[1]

Der A müsste bösgläubig i. S. v. § 990 I BGB im Hinblick auf sein fehlendes Besitzrecht gewesen sein. Das wäre der Fall, wenn er beim Besitzerwerb oder später davon Kenntnis gehabt hätte oder beim Erwerb grob fahrlässig in Unkenntnis geblieben wäre, § 932 II BGB. Der A hat Besitz an der Vase erworben, als J sie von G in Empfang nahm. Die Erlangung der tatsächlichen Sachherrschaft durch J ist dem A zuzurechnen, weil J Besitzdiener des A ist, § 855 BGB. J befindet sich als Angestellter des A in einem sozialen Abhängigkeitsverhältnis zu ihm, er erwarb die Vase auch erkennbar im Rahmen dieses Abhängigkeitsverhältnis und man konnte objektiv

---

[1]   Vgl. zur Bösgläubigkeit S. Lorenz, Mala fides superveniens im Eigentümer-Besitzer-Verhältnis und Wissenszurechnung von Hilfspersonen, JZ 1994, 549 – 554.

annehmen, dass er diese für A erwarb. Bei Empfangnahme der Vase durch J hatte A keine Kenntnis von Umständen, die ihn bezüglich der Eigentümerstellung des Veräußerers G hätten misstrauisch machen müssen und die u. U. eine grobe Fahrlässigkeit begründen könnten. Auch später ging A ersichtlich davon aus, dass sein Einkäufer J die Vase für ihn zum Zwecke der Weiterveräußerung erworben hatte. Dass ein Eigentumserwerb und damit ein Recht zum Besitz scheitern musste, weil die Vase dem S gestohlen war, wusste A nicht. A war nicht bösgläubig i. S. v. § 990 I BGB.

Möglicherweise muss sich A aber eine eventuelle Bösgläubigkeit seines Einkäufers J zurechnen lassen. Dann müsste J bei Besitzerlangung zumindest grob fahrlässig in Unkenntnis der fehlenden Erwerbsmöglichkeit gehandelt haben. Grob fahrlässig handelt, wer außer Acht lässt, was in der gegebenen Situation jedem hätte einleuchten müssen, die objektiv gebotene Sorgfalt also in besonders grober Weise verletzt (§ 276 BGB). Der G bot dem J die Vase weit unter Wert zum Kauf an. Außerdem wusste J, dass eine solche Vase einige Wochen zuvor gestohlen worden war. Es hätte dem J darum einleuchten müssen, dass die Vase möglicherweise gestohlen war, und er hätte weitere Nachforschungen anstellen müssen. Indem er dies unterließ, handelte er grob fahrlässig im Hinblick auf die fehlende Möglichkeit eines Eigentumserwerbs für A. J war darum bösgläubig i. S. v. § 990 I BGB bzgl. des fehlenden Besitzrechts des A.

Inwiefern sich der Besitzer, hier also A, die Bösgläubigkeit seines Besitzdieners bei Besitzerwerb zurechnen lassen muss, ist umstritten. Einigkeit besteht nur darüber, dass eine Zurechnung nach § 278 BGB nicht in Betracht kommt, weil das EBV als gesetzliches Schuldverhältnis im Zeitpunkt der Besitzerlangung ja erst begründet wird.

Nach einer Ansicht muss der Besitzherr sich die Bösgläubigkeit seines Besitzdieners nach § 831 I BGB zurechnen lassen.[2] Dies sei vor allem wegen der Deliktsähnlichkeit des § 990 I BGB gerechtfertigt. Dann müsste hier J beim Besitzerwerb als Verrichtungsgehilfe des A anzusehen sein. Verrichtungsgehilfe ist, wer in einem gewissen Abhängigkeitsverhältnis zum Geschäftsherrn eine ihm übertragene Tätigkeit wahrnimmt. J nahm hier bei Besitzerlangung die ihm von A als seinem Geschäftsherrn übertragene Tätigkeit eines Einkäufers wahr. Er handelte also als Verrichtungsgehilfe, so dass seine Bösgläubigkeit dem A zuzurechnen wäre.

Möglicherweise kann sich A jedoch analog § 831 I 2 BGB exkulpieren. Das würde voraussetzen, dass er bei der Auswahl und Überwachung des J die im Verkehr erforderliche Sorgfalt beobachtet hat. Es entspricht aber nicht sorgfältigem kaufmännischem Gebaren, als Einkäufer einen wegen Hehlerei Vorbestraften einzustellen und ihn dann weitgehend eigenständig die Einkäufe abwickeln zu lassen. Es kann davon ausgegangen werden, dass es bei Auswahl einer integreren Persönlichkeit auch nicht zum Ankauf der Vase gekommen wäre. A kann sich somit nicht exkulpieren.

---

[2]   Vgl. dazu allgemein Kiefner, JA 1984, S. 189 ff. Für diese Auffassung Baur-Stürner, § 5, Rd. Nr. 15; Westermann, 5. Aufl., § 14, 3.

Die Gegenauffassung will die strengere Vorschrift des § 166 BGB analog anwenden, weil die Besitzerlangung zwar Realakt, aber bei weit reichenden Entscheidungsbefugnissen des Besitzdieners eine Zurechnung gleichwohl geboten sei.[3] Verlangt wird, dass der Besitzherr den Besitzdiener im Rechtsverkehr weitgehend selbständig für sich handeln lässt und die Besitzergreifung sich im Rahmen einer zur freien Entscheidung zugewiesenen Tätigkeit vollzog. Hier war J von A damit betraut, regelmäßig in eigener Verantwortung über den Ankauf von Antiquitäten für A zu entscheiden. Im Rahmen dieser selbständigen Einkaufstätigkeit vollzog sich auch die Besitzergreifung durch J. Somit wäre dem A seine Bösgläubigkeit analog § 166 BGB zuzurechnen.

Eine dritte Auffassung schließlich hält je nach der Reichweite der Entscheidungsbefugnisse des Besitzdieners eine analoge Anwendung entweder des § 831 I BGB oder des § 166 BGB für geboten. Auch mit dieser Auffassung käme man dazu, die Bösgläubigkeit des J dem A zuzurechnen.

Nach allen Ansichten muss sich somit A die Bösgläubigkeit des J zurechnen lassen.

3) Unmöglichkeit unversehrter Herausgabe
Der A kann dem S die Vase nicht mehr unversehrt herausgeben. Denn er ist nicht mehr Besitzer der Vase, und es ist auch nicht ersichtlich, dass der V bereit wäre, dem A den Besitz wieder einzuräumen.

4) Verschulden
Der A müsste die Unmöglichkeit der Herausgabe i. S. v. § 276 BGB verschuldet haben. Der A hat die Vase wissentlich, also vorsätzlich an den V veräußert und ihm den Besitz daran überlassen. Er handelte also schuldhaft im Hinblick auf die Vereitelung der Herausgabepflicht. Dass er von dieser keine Kenntnis hatte, spielt keine Rolle.

5) Rechtsfolge
Der A muss dem S den Schaden ersetzen, der durch die Unmöglichkeit der Herausgabe entstanden ist. Da eine Wiederbeschaffung der Vase nicht in Betracht kommt, muss A gemäß § 251 BGB Schadensersatz in Geld leisten. Zu ersetzen ist der objektive Wert der Vase. Somit muss A dem S € 10.000,– zahlen.

2. Anspruch durchsetzbar

Der Anspruch des S wäre jedoch (noch) nicht durchsetzbar, wenn sich A auf ein Zurückbehaltungsrecht nach § 273 I BGB berufen könnte und würde. § 273 BGB gilt für Schuldverhältnisse aller Art und somit auch im Rahmen der Ansprüche aus dem gesetzlichen Schuldverhältnis, das durch das EBV begründet wird.

1) Fälliger Gegenanspruch des A
Dem A müsste ein fälliger Gegenanspruch gegen S zustehen. In Betracht käme hier ein Anspruch auf Abtretung eines Ersatzanspruchs des S gegen V nach § 255 BGB, weil A dem S für den Verlust seiner Vase Schadensersatz leisten muss.

---

[3]   BGHZ 32, 53 ff.; Hoche, JuS 1961, S. 76 ff.; Schmidt, AcP 175 (1975), S. 165/168.

Dann müsste dem S aufgrund seines Eigentums an der Sache ein Anspruch gegen den Dritten V zustehen, den er an A abzutreten hätte. Zu denken wäre insofern an einen Herausgabeanspruch des S gegen V aus § 985 BGB. Dafür bedürfte es einer Vindikationslage zwischen S und V.

a) Eigentum des S
Der S ist auch nach der Weiterveräußerung an V Eigentümer der Vase geblieben. Denn V konnte von A kein Eigentum an der Vase erwerben, weil A nicht ihr Eigentümer war (s. o.) und ein Erwerb vom Nichtberechtigten an § 935 I BGB scheitern müsste (s. o.).

b) Nichtberechtigter Besitz des V
V ist Besitzer der Vase, ohne hierzu gegenüber S berechtigt zu sein. Insbesondere kann er sich auch nicht auf ein von A abgeleitetes Besitzrecht nach § 986 I S. 1, 2. Alt. S. 2 BGB berufen, weil dem A kein Besitzrecht gegenüber S zusteht (s. o.). Zwischen S und V besteht also eine Vindikationslage, so dass S einen Herausgabeanspruch gegen V aus § 985 BGB hat. Diesen müsste er prinzipiell nach § 255 BGB an A abtreten. Da aber der Herausgabeanspruch nach § 985 BGB nach ganz h. M. nicht isoliert abtretbar ist, weil er untrennbar mit dem Eigentum verbunden ist, kann A analog § 255 BGB die Übereignung der Vase nach §§ 929 S. 1, 931 durch bloße Einigung verlangen.

2) Konnexität der Ansprüche
Der Anspruch des S auf Schadensersatz und der Gegenanspruch des A auf Übereignung der Vase resultieren aus demselben rechtlichen Verhältnis, nämlich auf dem einheitlich zu beurteilenden Lebensverhältnis der Weiterveräußerung der Vase durch A an V. Der A hat somit ein Zurückbehaltungsrecht nach § 273 I BGB gegenüber dem Schadensersatzverlangen des S.

Ergebnis: S kann von A Schadensersatz in Höhe von € 10.000 aus §§ 990 I, 989 BGB verlangen, jedoch nur Zug um Zug gegen Übereignung der Vase an A, falls dieser sich auf ein entsprechendes Zurückbehaltungsrecht beruft.

II. Anspruch des S gegen A auf Schadensersatz aus §§ 992, 823 I BGB
Ein Schadensersatzanspruch des S gegen A aus §§ 992, 823 I BGB kommt nicht in Betracht, weil weder A noch sein Besitzdiener J sich die Vase durch eine Straftat oder durch verbotene Eigenmacht verschafft haben

III. Anspruch des S gegen A auf Schadensersatz nach § 823 I BGB[4]

Möglicherweise könnte der S jedoch unmittelbar aus § 823 I BGB einen Schadensersatzanspruch gegen A haben. Dann müsste freilich § 823 I BGB neben den §§ 990 I, 989 BGB überhaupt anwendbar sein.

---

[4]   Vgl. zum Ganzen Müller, Deliktsrechtliche Haftung im Eigentümer-Besitzer-Verhältnis, JuS 1983, 516 - 520; 296; 631.

Die h. M. geht davon aus, dass § 823 I BGB neben den Vorschriften des EBV grundsätzlich unanwendbar ist, sofern nicht in der schädigenden Handlung zugleich eine Überschreitung des Besitzrechts gegenüber einem dritten, mittelbaren Besitzer liegt, sog. Fremdbesitzerexzess. Da ein solcher hier nicht vorliegt, wäre § 823 I BGB nach dieser Ansicht nicht anzuwenden.[5]

Die Gegenauffassung wendet § 823 I BGB beim bösgläubigen Besitzer unmittelbar an, weil die Haftungsprivilegierung des § 993 BGB nur für den gutgläubigen Besitzer gelte. Da A sich die Bösgläubigkeit des J zurechnen lassen muss (s. o.), könnte S hier also einen Anspruch aus § 823 I BGB haben. Zu folgen ist der herrschenden Meinung, weil sie den Besonderheiten des EBV besser Rechnung trägt. Zwar betrifft § 993 BGB tatsächlich nur den gutgläubigen unverklagten Besitzer. Aus § 992 BGB lässt sich jedoch im Gegenschluss folgern, dass der nicht deliktische Besitzer keinen Ansprüchen aus §§ 823 ff. BGB ausgesetzt sein soll. Außerdem würden ansonsten die besonderen Anforderungen, welche das EBV in § 990 II BGB an eine Haftung für den Vorenthaltungsschaden und für Zufall stellt, über die §§ 823 ff. BGB, insbes. § 848 BGB, unterlaufen. S hat somit keinen Anspruch auf Schadensersatz gegen A aus § 823 I BGB.

> **Beachte:** Der Begriff des Fremdbesitzerexzesses wird in der Literatur nicht eindeutig verwendet, da er auch den Fall kennzeichnet, dass der berechtigte Besitzer die Grenzen seines Besitzrechts überschreitet. In diesem Fall sind die §§ 823 ff. BGB ohne weiteres anwendbar, wohingegen eine Anwendung der §§ 987 ff. BGB nach h. M. ausscheidet.

B. Erlösanspruch des S

I. Anspruch des S gegen A auf Herausgabe des Erlöses aus §§ 985, 285 I BGB

S könnte einen Anspruch gegen A auf Herausgabe des Verkaufserlöses als sog. stellvertretendes commodum nach § 285 I BGB i. V. m. § 985 BGB haben. Dann müsste § 285 I BGB freilich überhaupt auf den Herausgabeanspruch nach § 985 BGB anwendbar sein.

Eine Mindermeinung bejaht die Anwendbarkeit des § 285 I BGB auf § 985 BGB. Das Eigentümer-Besitzer-Verhältnis stelle ein gesetzliches Schuldverhältnis dar, so dass die Unmöglichkeit der geschuldeten Herausgabe auch die Folgen des § 285 I BGB bewirken könne. Demnach käme hier ein Erlösanspruch des S nach § 285 I BGB i. V. m. § 985 BGB in Betracht.

Die h. M. lehnt die Anwendung des § 285 I BGB auf § 985 BGB ab, weil die schuldrechtliche Vorschrift des § 285 I BGB nicht auf den sachenrechtlichen An-

---

[5]   Vgl. hierzu eingehend K. Müller, JuS 1983, S. 516 ff.

spruch des § 985 BGB zugeschnitten sei. Ein solcher Anspruch des S schiede also aus.[6]

Zu folgen ist der herrschenden Meinung. Zum einen stellen die §§ 989, 990 BGB eine abschließende Sonderregelung für die Fälle der Unmöglichkeit der Herausgabe dar. Die Gegenauffassung würde außerdem zu dem unbilligen Ergebnis führen, dass der Eigentümer u. U. nach § 985 BGB die Herausgabe der Sache vom nunmehr besitzenden Dritten und Wertersatz vom früheren Besitzer verlangen könnte, weil § 255 BGB in diesem Fall nicht eingreift.

S hat keinen Anspruch auf Herausgabe des Verkaufserlöses aus § 285 I BGB i. V. m. § 985 BGB.

II. Anspruch des S gegen A auf Herausgabe des Erlöses aus § 816 I 1 BGB

Der S könnte aber einen Anspruch auf Herausgabe des Verkaufserlöses gegen A aus § 816 I 1 BGB haben.

1. Verfügung eines Nichtberechtigten

Der A müsste als Nichtberechtigter über die Vase verfügt haben. Eine Verfügung ist ein Rechtsgeschäft, durch das unmittelbar ein Recht aufgehoben, verändert, übertragen oder belastet werden soll. Indem A dem V die Vase veräußerte und übergab, einigte er sich konkludent auch über den Eigentumsübergang auf V. Er schloss damit ein Rechtsgeschäft, das unmittelbar auf die Übertragung eines Rechts gerichtet war. Diese Verfügung nahm A als Nichtberechtigter vor, weil er nicht Eigentümer der Vase war (s. o.).

2. Wirksamkeit der Verfügung

Die Verfügung des A müsste S als dem berechtigten Eigentümer gegenüber wirksam sein, d. h. zur angestrebten Eigentumsübertragung auf V geführt haben. Dies ist grundsätzlich nicht der Fall, weil V vom nichtberechtigten A nicht gutgläubig Eigentum an der Vase erwerben konnte (s. o.). Der S könnte jedoch die Verfügung des A genehmigen mit der Folge, dass V nunmehr nach § 929 S. 1 BGB Eigentum erwerben würde, § 185 II 1 BGB. Denn dingliche Einigung und Übergabe sind bereits erfolgt.

3. Rechtsfolge

Der A müsste dann an S das durch die Verfügung Erlangte herausgeben. Ob dies mit dem Veräußerungserlös gleichzusetzen ist, ist jedoch strittig[7]:

---

6   Vgl. zum Ganzen Baur/Stürner, § 11, Rd. Nr. 42, 45.
7   Palandt/Sprau, § 816, Rd. Nr. 21.

Eine Mindermeinung nimmt an, der Nichtberechtigte erlange durch die Verfügung die Befreiung von der Verbindlichkeit aus dem zugrunde liegenden Verpflichtungsgeschäft. Demnach sei der objektive Wert dieser Befreiung zu ersetzen, der bei der Übereignung i. d. R. dem objektiven Wert der übertragenden Sache entspreche. Dann müsste A an S nur € 10.000,– herausgeben.

Die herrschende Meinung sieht den Erlös als das Erlangte an. A müsste also den erzielten Kaufpreis i. H. v. € 12.000,– an S herausgeben. Zu folgen ist der herrschenden Meinung, weil sie dem Wortlaut der Norm entspricht.

Ergebnis: A kann von S den Veräußerungserlös aus § 816 I 1 BGB fordern, wenn er die Weiterveräußerung durch A genehmigt.

Beachte: Der Begriff des Nichtberechtigten in § 816 I 1 BGB ist enger als der i. R. d. §§ 929 ff. BGB, weil er unabhängig von einer Einwilligung des Berechtigten gemäß § 185 I BGB definiert wird.

Fall 11: Ein gutes Geschäft und wie man an ein solches heran kommt

Sachverhalt

Dietmar Daimler (D) nennt einen luxuriösen PKW der Marke Jaguar (derzeitiger Wert: € 130.000) sein eigen. Der berufsmäßige KFZ-Hehler Karl Klau (K) stiehlt den Wagen, spritzt ihn um und bietet ihn über den Händler Udo Unacht (U) zum Verkauf an. Udo – zumal er Karl schon länger kennt – „kommt das alles etwas seltsam vor", kümmert sich aber angesichts zu erwartender Provisionen bei Verkauf nicht weiter darum. Als Käufer meldet sich Stefan Sorglos (S). Schnell wird er sich mit Udo handelseinig, der ihm den Wagen für € 120.000 veräußert. Auf die Vorlage des KFZ-Briefes verzichtet Stefan, der solches für eine unnütze Formalie hält. Stefan ist der Ansicht, es sei doch schon ausreichend, wenn Udo ihm den Wagen als seinen eigenen mitsamt den (nachgemachten) Schlüsseln in der Hand präsentiere.

Schon bald merkt Stefan jedoch, dass so ein Jaguar doch etwas teurer ist als zunächst gemeint. Er veräußert den Wagen daher für sage und schreibe € 150.000 an Ralf Redlich. Dieser weiß nichts von der Vorgeschichte des Wagens, zumal Stefan ihm einen mittlerweile von Udo nachträglich doch noch ausgehändigten aber gekonnt gefälschten KFZ – Brief mitgegeben hat.

Schließlich kommt Dietmar doch noch hinter den gesamten Verlauf der Ereignisse. Er fragt nach seinen Rechten und konsultiert seinen Anwalt Anton Ahnungslos. Anton seinerseits bittet den bei ihm gerade ein Praktikum absolvierenden Studenten Klaas Kompetent um ein umfassendes Rechtsgutachten bezüglich sämtlicher in Betracht kommender Ansprüche sowie aller rechtlich relevanten Details des Sachverhalts.

Bearbeitervermerk:

1) Besagtes Rechtsgutachten ist zu erstellen.
2) Welchen Tipp sollte man Dietmar geben, damit er einen größtmöglichen Gewinn aus den geschilderten Vorgängen herausschlagen kann?
3) Unterstellt, Stefan sei von Dietmar schon auf Herausgabe verklagt worden und habe dann erst wie beschrieben den Wagen an Ralf veräußert. Welche Auswirkungen hat dieser Vorgang auf den bereits laufenden Herausgabeprozess?

I. Czeguhn, C. Ahrens, *Fallsammlung zum Sachenrecht*, Juristische ExamensKlausuren,   57
DOI 10.1007/978-3-642-13139-4_11, © Springer-Verlag Berlin Heidelberg 2011

Lösung

Frage 1: Das Gutachten des Studenten Klaas Kompetent

I. Ansprüche von D gegen K

1. Ein Anspruch aus § 985 BGB kommt nicht in Frage, da K den Wagen nicht mehr in seinem Besitz hat.

Das gilt auch für sonstige Ansprüche, die auf Herausgabe gerichtet sind, namentlich aus Besitzschutz (§§ 861, 1007 BGB) und Bereicherungsrecht (§ 812 I Satz 1, 2. Alt. BGB).[1]

2. In Betracht käme ein Schadensersatzanspruch. K könnte als sog. deliktischer Besitzer nach den Vorschriften über unerlaubte Handlungen haften (§§ 992, 823 I BGB). Auf eine daneben denkbare Haftung nach § 990 I BGB wegen Bösgläubigkeit kommt es jedenfalls unter praktischen Gesichtspunkten nicht mehr an.

a) Zunächst müssen die Voraussetzungen des § 985 BGB zwischen D und K ursprünglich vorgelegen haben.

aa) K war tatsächlich zunächst (Eigen-) Besitzer des Fahrzeugs gewesen (§ 872 BGB). Es kommt nicht darauf an, ob er dies mit Berechtigung war, für die Besitzlage zählt allein, ob er die tatsächliche Sachherrschaft an dem Wagen innehatte – das war der Fall. Später, als K den Wagen an U zur Weiterveräußerung herausgab, begründete er mit diesem ein Besitzmittlungsverhältnis (§ 868 BGB), kraft dessen er, K, nun mittelbarer Besitzer (wieder Eigenbesitzer, § 872 BGB, wie schon zuvor) war; U war insoweit unmittelbarer Fremdbesitzer.

bb) D auf der anderen Seite war, als K Eigenbesitzer war, nach wie vor der Eigentümer gewesen. Es hat zu keinem Zeitpunkt ein Übergang des Eigentums auf K stattgefunden. K hatte durch seine Tat allein den Besitz erlangt, natürlich aber kein wie auch immer geartetes Recht.

cc) Demzufolge lag auch kein Recht zum Besitz (§ 986 I BGB) des K gegenüber D vor, das er diesem hätte entgegenhalten können.

Nach absolut h. M.[2] stellt das Recht zum Besitz i. S. v. § 986 BGB eine Tatbestandsvoraussetzung der rei vindicatio dar. Sie ist allein aus Beweisgründen als Einwendung (bzw. prozesshindernde Einrede) ausformuliert worden; somit muss der Eigentümer die Voraussetzungen des § 985 BGB beweisen, der Besitzer sein Recht zum Besitz i. S. v. § 986 BGB.

---

[1] Zur Anwendbarkeit von Bereicherungsrecht und dem Herausgabeanspruch aus § 985 BGB nebeneinander den Fall „Die entgangenen Mieteinnahmen".

[2] BGH NJW 1999,3717; Soergel/Mühl § 986 Rd. Nr. 2; MüKo/Baldus, § 986 Rd. Nr. 37; Erman/ Ebbing § 986 Rd. Nr. 41; Baur/Stürner § 11 Rd. Nr. 26; a. A. RGRK-Pikart § 986 Rd. Nr. 24.

b) K hätte den Wagen durch eine Straftat in seinen Besitz nehmen müssen. Das ist hier der Fall. Laut Sachverhalt liegt unzweifelhaft ein Diebstahl (§ 242 StGB) vor. Der Diebstahl ist auch eine solche i. S. v. § 992 BGB, d. h. sie richtet sich auf den Schutz des Eigentums.[3] Mit der Erlangung des strafrechtlichen Gewahrsams hat K insoweit seinen unberechtigten Besitz begründet.[4] Ein entsprechendes strafrechtliches Vorgehen(vgl. § 15 StGB)[5] – Vorsatz nämlich – kann man hier bedenkenlos bejahen.

> Wenn es innerhalb des Zivilrechts darauf ankommt, dass eine Straftat begangen wurde – so etwa bei § 992 BGB oder auch als Schutzgesetz i. S. v. § 823 II BGB – ist darauf zu achten, dass das Verschulden nach strafrechtlichen Kriterien zu ermitteln ist. Vor allem für das Strafrecht ist zu beachten, dass hier oft nur Vorsatz relevant ist (§ 15 StGB). Das gilt dann auch für das Zivilrecht. Würde man etwa bei Karl – hier freilich doch recht unwahrscheinlich – nur Fahrlässigkeit annehmen wollen, würde § 992 BGB nicht eingreifen. Es gibt keinen fahrlässigen Diebstahl, und man kann einen solchen auch nicht in das zivilrechtliche deliktische Haftungssystem einführen!

c) Daneben käme noch eine Besitzerlangung durch eine verbotene Eigenmacht in Frage. Es liegt durch den Diebstahl tatsächlich eine Besitzentziehung ohne rechtliche Gestattung vor (§ 858 I BGB). Dies erfolgte auch schuldhaft (§ 276 BGB)[6], diesbezüglich kann man auf die Ausführungen zum Diebstahl verweisen.[7]

> Die verbotene Eigenmacht verlangt an sich kein Verschulden (§ 858 I BGB). Jedoch wird für § 992 BGB insoweit ein Verschulden (§ 276 BGB) verlangt[8]. Der Grund dafür liegt darin, dass ansonsten ein Wertungswiderspruch zur anderen Variante des § 992 BGB, der Besitzerlangung infolge einer Straf-

---

[3]   Siehe etwa Westermann, § 32.IV.2.b).

[4]   Zum Verhältnis der beiden aus verschiedenen Rechtsmaterien stammenden Begriffe s. etwa Schönke/Schröder/Eser § 242 Rd. Nr. 31 (so kann auch ein Besitzdiener, § 855 BGB, Gewahrsam haben, aber eben keinen Besitz, und ein mittelbarer Besitzer ist nicht unbedingt Gewahrsamsinhaber).

[5]   Dies wird regelmäßig überhaupt nicht mehr erwähnt, weil sich das schon aus dem Erfordernis der Straftat selbst ergibt. Zugleich ergibt sich aber auch aus dieser Selbstverständlichkeit, dass das Verschulden eben nicht zivilrechtlicher Natur sein kann.

[6]   Zum Erfordernis der Schuldhaftigkeit der verbotenen Eigenmacht (die an sich ein Verschulden ja gar nicht verlangt, s. insoweit nur den Wortlaut des § 858 I BGB) s. näher im Anschluss.

[7]   Wobei es hier aber auf ein zivilrechtliches Verschulden ankommt.

[8]   Westermann, § 32.IV.2.a); Baur/Stürner § 11 Rd. Nr. 8; Soergel/Stürner § 992 Rd. Nr. 4; Schwab/Prütting Rd. Nr. 541; Müller Rd. Nr. 566; s.a. BGH WM 1960,1148; a. A. Wilhelm Rd. Nr. 1295; RGRK-Pikart § 992 Rd. Nr. 11; strenger wiederum (vorsätzliche verbotene Eigenmacht verlangend, arg.: Nur dann sei der Verletzer wie bei einer Strafnorm vor den Folgen seiner Handlung gewarnt) Wieling § 12.III.5.c.

tat, gesehen wird. So schuldhaft wie diese sein muss (nach strafrechtlichen Gesichtspunkten, s. soeben), soll das auch bei der verbotenen Eigenmacht innerhalb des deliktischen Besitzes sein.

d) § 992 BGB stellt einen Rechtsgrundverweis auf die §§ 823 ff. BGB dar, d. h. es müssen neben seinen eigenen Tatbestandsvoraussetzungen auch diejenigen eines Deliktstatbestandes erfüllt sein.[9]

Es kommt also im Rahmen der §§ 992, 823 ff. BGB zu einer doppelten Verschuldensprüfung[10]: Einmal wird das Verschulden bei § 992 BGB direkt geprüft und ein weiteres Mal bei dem Deliktstatbestand. Der Anknüpfungspunkt ist grundsätzlich jeweils verschieden, einmal bezieht sich das Verschulden auf die Straftat bzw. die verbotene Eigenmacht als solche, dann auf den jeweiligen Deliktstatbestand.[11]

Das ist der Fall, was sich schon daraus ergibt, dass sowohl der Diebstahlstraftatbestand wie auch derjenige der verbotenen Eigenmacht jeweils Schutzgesetze i. S. v. § 823 II BGB darstellen[12]. Des Weiteren wäre auch § 823 I BGB einschlägig, denn es liegt in jedem Fall eine Eigentumsverletzung vor, ebenso könnte auch der Besitz als von dieser Norm geschützt in Frage kommen.[13]

Damit hat D Schadensersatzansprüche gegen K aus § 823 I BGB bzw. § 823 II BGB i. V. m. § 242 StGB.

Der Anspruch ist auf Geld gerichtet, da eine Naturalrestitution, eine Herausgabe, K nicht mehr möglich ist (§ 251 I BGB). Danach kann der objektive Wert ersetzt werden, laut Sachverhalt hier also € 130.000).

---

[9]   Brehm/Berger § 8 Rd. Nr. 51; Westermann, § 32.IV.2.d).

[10]   Erman/Ebbing § 992 Rd. Nr. 10; a. A. Müko/Baldus, § 992 Rd. Nr. 5.

[11]   Die doppelte Verschuldensprüfung führt also nicht zu einer bloßen Wiederholung einer schon einmal gemachten Prüfung. Je nach Lösungsweg aber kann das doch so sein, wenn man nämlich etwa einen Straftatbestand bei § 992 BGB prüft und dann eben denselben als Schutzgesetz i. S. v. § 823 II BGB – ebenso beim Tatbestand des § 858 BGB, wenn man ihn ebenfalls als Schutzgesetz i. S. v. § 823 II BGB sieht und sich darauf im Folgenden kapriziert. Die Unterschiedlichkeit der Prüfung, wie sie gemeinhin – und auch hier im Text – beschworen wird, geht regelmäßig davon aus, dass man nach § 992 BGB auf § 823 I BGB rekurriert.

[12]   BGHZ 20,171; BGHZ 114,314; s. a. jedenfalls für den berechtigten Besitz BGH NJW 1979,1359; a. A. Medicus AcP 165 (1965),118 f.; 137, 149; anders wieder Larenz/Canaris § 76.II.4.g) a. E. Für den Diebstahl und ihm ähnliche Straftatbestände ist bezeichnend, dass diese in der Kommentarliteratur als Schutzgesetz oft gar nicht aufgeführt werden; der Grund dürfte indessen der sein, dass insoweit in der Praxis sofort auf § 823 I BGB zurückgegriffen wird (weswegen das Problem bei der doppelten Verschuldensprüfung, o. Fußn. 14, bislang auch so gut wie keinen Widerhall in der Diskussion erfahren hat).

[13]   Siehe dazu den Fall „Die Rache des Leasingnehmers".

3. Ebenso kommt ein Anspruch aus §§ 990 I, 989 BGB in Betracht.[14] K war in jedem Fall bösgläubig, und die Voraussetzungen der §§ 985 f. BGB lagen, wie schon gesagt, vor.

Auch richtet sich der Anspruch auf Geld (§ 251 I BGB) und summenmäßig auf die Erstattung von € 130.000.

4. Nicht zuletzt kommt ein Anspruch auf Wertersatz nach Bereicherungsrecht (§§ 812 I Satz 1, 1. Alt., 818 II BGB) in Frage. K kann sich ganz sicher nicht infolge einer Bösgläubigkeit i. S. v. § 819 BGB[15] auf eine mögliche (§ 818 III BGB) Entreicherung berufen.

II. Ansprüche von D gegen U

Des Weiteren könnte D Ansprüche gegen U geltend machen.

1. Ansprüche, die auf Herausgabe gerichtet sind (§§ 985, 861, 1007, 812 ff. BGB) können hier vernachlässigt werden, da U den Wagen selbst nicht mehr hat.

2. Wieder kommen Schadensersatzansprüche in Frage.

a) U könnte ebenfalls ein deliktischer Besitzer i. S. v. § 992 BGB sein, was eine Haftung nach Deliktsrecht (§§ 823 ff. BGB) nach sich zöge.

aa) Die allgemeinen Voraussetzungen eines Eigentümer-Besitzer-Verhältnisses haben vorgelegen. U war der Besitzer des PKW gewesen (s. zuvor), und D war nach wie vor Eigentümer, zumal Karl dem U den Wagen nur zu Besitz mit dem Zweck der Weiterveräußerung überlassen hat und insoweit ein Erwerb seitens U unter keinen Gesichtspunkten erdenklich ist. Ein Recht zum Besitz (§ 986 I BGB) fehlte auch hier. Wohl kann U infolge seines Besitzmittlungsverhältnisses K gegenüber zum Besitz berechtigt gewesen sein, aber da K seinerseits kein solches Recht gegenüber D hatte, kann das auch im Hinblick auf U nicht der Fall gewesen sein.

> Im Rahmen eines Besitzmittlungsverhältnisses kann der unmittelbare Besitzer nur dann gegenüber dem Eigentümer zum Besitz berechtigt sein, wenn sein mittelbarer Besitzer gegenüber dem Eigentümer gleichfalls zum Besitz berechtigt ist (s. § 986 I Satz 2 BGB).
>
> Schlagwortartig ausgedrückt, muss eine „Besitzrechtsbrücke" vom unmittelbaren Besitzer bis hin zum Eigentümer bestehen.[16]

---

[14]   Siehe insoweit Bamberger/Roth/Fritzsche § 992 Rd. Nr. 20; Erman/Ebbing § 992 Rd. Nr. 2; offen insoweit Baur/Stürner § 11 Rd. Nr. 8, 11.

[15]   Siehe zu dem hier doch vergleichsweise strengen Maßstab (Es reicht eben nur positive Kenntnis aus!) Larenz/Canaris § 73.II.1.a).

[16]   Siehe dazu etwa Westermann, § 30.II.3.b).

bb) Wieder müsste U den Besitz an dem Wagen durch eine Straftat erlangt haben. Das ist jedoch zweifelhaft. An dem Diebstahl war U nicht beteiligt. In Betracht käme allein eine Hehlerei (§ 259 StGB). Diese jedoch setzt einen Vorsatz voraus. Das kann man hier durchaus verneinen (Ein anderes Ergebnis wäre durchaus vertretbar, wenn man nämlich einen sog. dolus eventualis annähme).[17] U hat zwar Bedenken hinsichtlich der Begleitumstände gehabt, aber insoweit weist er kein für einen Vorsatz relevantes Wissenselement auf.

cc) In Frage käme die weitere Alternative der verbotenen Eigenmacht. Indessen war die Besitzstörung in der eigens erwähnten Variante der Besitzentziehung bereits abgeschlossen, als U seinerseits den (unmittelbaren Fremd-) Besitz erlangte. Zwar kann auch der Besitz des Nachfolgers fehlerhaft sein (§ 958 II Satz 2 BGB), damit ist aber nicht zugleich gesagt, dass damit eine verbotene Eigenmacht stets vorliegt. Da U den Besitz mit Willen des K erlangt hat, kommt eine solche nicht in Betracht. Die Fehlerhaftigkeit des Besitzes gem. § 858 II BGB als solche reicht für § 992 BGB nicht aus, denn sie ist tatbestandsmäßig eben keine verbotene Eigenmacht mehr.[18]

dd) Damit scheidet ein Anspruch aus den §§ 992, 823 ff. BGB aus (Anders ist dies freilich, wenn man hinsichtlich der möglichen Besitzerlangung – anders als hier – von einem bedingten Vorsatz ausgegangen ist; hier wäre nach Deliktsrecht weiter zu prüfen, vgl. insoweit o. bereits die Prüfung zu K).

b) In Betracht käme ein Anspruch aus den §§ 990 I, 989 BGB, infolge Bösgläubigkeit hinsichtlich des fehlenden Besitzrechts.

aa) Das ist durchaus der Fall, denn schließlich waren U insoweit laut Sachverhalt Zweifel gekommen[19]. Einen Vorwurf der Fahrlässigkeit (§ 276 II BGB) schließt die darauf hin erfolgte Untätigkeit in diese Richtung nicht aus. Geht man insoweit von einer grob fahrlässigen Unkenntnis aus (§ 932 II BGB entsprechend, für spätere Kenntnis von der Nichtbesitzberechtigung s. § 990 I Satz 2 BGB – positive Kenntnis)[20], ist die Bösgläubigkeit zu bejahen.

bb) Die übrigen Voraussetzungen der §§ 985 f. BGB wurden bereits zuvor bejaht.

cc) Damit ist ein Anspruch aus § 990 I Satz 1 BGB zu bejahen (Lehnt man eine grobe Fahrlässigkeit hinsichtlich des fehlenden Besitzrechts ab, wäre eine solche

---

[17]   Siehe dazu etwa Medicus, Schuldrecht AT, Rd. Nr. 306, 315; die nachträgliche Weiterreichung einer Fälschung des KFZ - Briefs ist hier nur schwerlich heranzuziehen, denn dies hieße noch nicht, dass Udo von Anfang an vorsätzlich gehandelt hätte.

[18]   Sie erschöpft sich in ihrer Wirkung allein darin, dass sie dem Besitzer verwehrt, sich gegenüber demjenigen (aber nur gegenüber diesem!), gegenüber dem seinerzeit die verbotene Eigenmacht begangen wurde, auf Besitzschutz zu berufen, Erman/Lorenz § 858 Rd. Nr. 12.

[19]   Hinzu kommt noch, dass offensichtlich auch insoweit auf den KFZ-Brief kein Wert gelegt wurde, s. dazu im Anschluss die Prüfung für Stefan.

[20]   Erman/Ebbing § 990 Rd. Nr. 6.

Haftung zu verneinen. Das wäre durchaus noch vertretbar, denn über die Grade der Fahrlässigkeit kann man sicherlich streiten).

Auch hier wäre der Anspruch auf Geldersatz in Höhe des objektiven Wertes (€ 130.000) gerichtet (§ 251 I BGB). Zwischen U und K läge insoweit eine Gesamtschuldnerschaft (§§ 421 BGB) vor (vgl. § 840 BGB).

3. In Betracht käme des Weiteren ein Anspruch aus Bereicherungsrecht, insoweit könnte § 816 I Satz 1 BGB als Spezialfall der Eingriffskondiktion (§ 812 I Satz 1, 2. Alt. BGB) eingreifen.[21] Daneben könnte man auch einen Anspruch aus der allgemeinen Eingriffskondiktion vertreten, was aber neben § 816 I BGB keinen eigenständigen Gehalt mehr aufweist.

III. Ansprüche von D gegen S

Des Weiteren kommen Ansprüche von D gegen S in Frage.

1. Das gilt wieder nicht für Herausgabeansprüche, da S den Wagen nicht mehr hat.

2. In Frage kämen wieder Haftungsansprüche.

a) So könnte S dem D gegenüber aus den §§ 990 I, 989 BGB haften.
aa) Dazu müssten ursprünglich die Voraussetzungen der §§ 985 f. BGB vorgelegen haben.
    (1) S war zunächst Besitzer des PKW gewesen. Er war, da er meinte, den Wagen infolge eines Veräußerungsgeschäfts erworben zu haben, unmittelbarer Eigenbesitzer (§§ 854 I, 872 BGB).
    (2) D müsste Eigentümer des PKW gewesen sein. Zunächst war dem auch so. Er könnte sein Eigentum durch die Veräußerung des PKW an S durch U auf Veranlassung von K verloren haben.

> Zu beachten ist, dass mit dem Begriff der „Veräußerung" nicht allein der Kaufvertrag, sondern auch die Verfügung in dessen Vollzug gemeint ist. Wenn also von einer Veräußerung gesprochen wird, heißt das, dass damit auch eine Verfügung stattgefunden hat.

Ein Erwerb vom Berechtigten scheidet hier aus. Auch eine Zustimmung durch den Berechtigten (D), welche ansonsten zu einem wirksamen Erwerb hätte führen können, lag nicht vor (s. dazu im Anschluss).
Ein gutgläubiger Erwerb vom Nichtberechtigten (§§ 932 ff. BGB) kommt ebenfalls nicht in Frage.
Zunächst war S schon nicht gutgläubig (§ 932 II BGB). Zwar waren – der Sachverhalt ist insoweit nicht eindeutig – entweder U selbst oder jedenfalls K als Eigentümer des PKW aufgetreten. Der Besitz an dem PKW

---

[21]   Diese Problematik ist Gegenstand der Frage 2 und wird hier zurückgestellt.

konnte durchaus auch suggerieren, dass dahinter ein entsprechendes Eigentum steht (s. § 1006 I BGB).

Beim Erwerb eines PKW ist es jedoch grob fahrlässig und somit die Bösgläubigkeit nach § 932 II BGB begründend, wenn man sich den KFZ – Brief nicht zeigen lässt.[22] Das hatte Stefan hier jedoch versäumt.

Anzumerken im Rahmen eines Exkurses ist, dass der KFZ – Brief (§ 25 IV Satz 2 StVZO) kein Wertpapier ist, sondern eine schlichte Beweisurkunde.[23] Jedoch geht das Eigentum analog § 952 BGB mit dem Sacheigentum an dem Fahrzeug über. Einer eigenen Übereignung des Papiers bedarf es also nicht.[24]

---

(3) S hatte gegenüber D auch kein Recht zum Besitz (§ 986 I BGB). Der Kaufvertrag wurde mit D nicht geschlossen, so dass aus diesem ein solches nicht hergeleitet werden kann.

In jedem Fall aber war der Wagen dem D abhanden gekommen (§ 935 I BGB). Damit hätte ein gutgläubiger Erwerb auch dann nicht stattfinden können, wenn S sogar gutgläubig gewesen wäre.

bb) S müsste bösgläubig gewesen sein. Das kann man hier bejahen und zwar aus demselben Grund, aus dem ein gutgläubiger Erwerb hier ausgeschieden ist. Schließlich gilt auch hier der Maßstab des § 932 II BGB.

cc) Damit ist S dem D zum Schadensersatz verpflichtet. Dieser ist wieder auf Geld in Höhe des objektiven Wertes (€ 130.000) gerichtet (§ 251 I BGB). Mit den übrigen Verpflichteten besteht auch hier eine Gesamtschuldnerschaft (vgl. § 840 BGB).[25]

b) Sonstige Ansprüche kommen dagegen nicht in Frage. Für §§ 992 BGB, 259 StGB werden die Angaben im Sachverhalt für einen Vorsatz nicht ausreichen (vgl. § 15 StGB), und eine verbotene Eigenmacht liegt hier gleichfalls nicht vor. Ein Rückgriff auf das allgemeine Deliktsrecht ist hier infolge des spezielleren Haftungssystems der §§ 989, 990, 992 BGB nicht möglich.[26]

---

[22]   S. etwa BGH NJW 1996,2226 m. w. N. (u. U. anders beim Kauf fabrikneuer Fahrzeuge, dazu etwa BGHZ 30,380); s. a. BGH JuS 2005,650 f.

[23]   S. dazu BGH NJW 1978,1854.

[24]   BGH a. a. O.

[25]   Im Innenausgleich (§ 426 BGB) läge es jedoch nahe, Karl und Udo die Schuld allein tragen zu lassen. Ihr Beitrag zu dem schädigenden Ereignis ist doch wesentlich höher zu veranschlagen als derjenige von Stefan.

[26]   Siehe insoweit auch den Fall „Der Fremdbesitzerexzess auf der Überholspur".

3. In Frage kommen wieder ergänzende Bereicherungsansprüche.

Als äußerst interessant würde sich für D der Anspruch aus § 816 I Satz 1 BGB erweisen. Dieser besteht jedoch zunächst nicht, denn er setzt eine wirksame Verfügung des Bereicherungsschuldners gegenüber dem Berechtigten voraus. Eine solche liegt insoweit vor, als D den Wagen an R übereignet hatte. Hier war jedoch diese Verfügung gegenüber D wirksam, denn infolge des Abhandenkommens des Wagens (§ 935 I BGB) kann auch R (s. dazu auch sogleich) kein Eigentum an dem Fahrzeug erworben haben. Die Verfügung war also gegenüber D unwirksam.[27]

Möglich wäre wieder ein allgemeiner Anspruch aus Eingriffskondiktion (§ 812 I Satz 1, 2. Alt. BGB). Dieser wäre jedoch allein auf Wertersatz (§ 818 I BGB gerichtet). Insoweit könnte S aber, er war bestimmt gutgläubig i. S. v. § 819 BGB, wieder eine Entreicherung geltend machen (§ 818 III BGB).

IV. Ansprüche von D gegen R

Zuletzt kommen auch Ansprüche gegen R in Frage.

1. Hier kommen Herausgabeansprüche in Betracht, denn R hat den Wagen ja noch. Dabei ist vorrangig an § 985 BGB zu denken.

a) R ist insoweit unmittelbarer Eigenbesitzer (§§ 854 I, 872 BGB).

b) D müsste noch Eigentümer sein. Das ist der Fall, denn ein Erwerb vom Berechtigten scheidet aus, Stefan hatte selbst ja kein Eigentum an dem Wagen erworben. Ein gutgläubiger Erwerb (§§ 932 ff. BGB) kommt ebenfalls nicht in Frage. Wohl war R gutgläubig, denn er hatte sich ja den KFZ – Brief vorlegen lassen, dass es sich insoweit um eine Imitation handelte, konnte er dem Sachverhalt zufolge nicht erkennen. Ansonsten griffe auch die Vermutung des § 1006 I BGB. Aber da der Wagen D abhanden gekommen war (§ 935 I BGB), konnte selbst bei aller Gutgläubigkeit hier ein Erwerb nicht stattfinden.

c) R hat gegenüber D auch kein Recht zum Besitz (§ 986 I BGB).

d) Damit ist R gegenüber D zur Herausgabe des Wagens verpflichtet.

2. Ein Anspruch aus § 861 BGB kommt nicht in Frage, da R gegenüber D keine verbotene Eigenmacht begangen hat.

3. In Betracht kommt aber ein Anspruch aus § 1007 II BGB. Das KFZ war D abhanden gekommen, und R ist nicht Eigentümer geworden, auch ist ihm der Wagen nicht zu früheren Zeiten abhanden gekommen. Die Gutgläubigkeit nützt ihm insoweit nach dem ausdrücklichen Wortlaut des Gesetzes nicht. Auch fehlt es an den Ausschlüssen nach § 1007 III BGB. Insbesondere fehlte es an einem Recht zum Besitz gegenüber D (§§ 1007 III Satz 2, 986 BGB, s. insoweit schon die Prüfung zu § 985 BGB direkt).

---

[27]   Vgl. dazu aber auch im Anschluss Frage 2 zu diesem Fall.

4. Schließlich kommt ein Anspruch aus § 812 I Satz 1, 2. Alt. BGB neben dem Herausgabeanspruch aus § 985 BGB in Betracht. Es wurde ohne Rechtsgrund in den Zuweisungsgehalt des Eigentums (nicht des Besitzes, den D dato schon nicht mehr hatte) eingegriffen.

> Zwar stellt sich stets die Frage, ob das Bereicherungsrecht neben den Vorschriften des Eigentümer-Besitzer-Verhältnisses anwendbar ist.[28]
>
> Was das Verhältnis des Herausgabeanspruchs nach § 985 BGB und Bereicherungsansprüchen, die gleichfalls auf die Sache selbst gerichtet sind, ist das durchaus der Fall.[29] Beide Ansprüche sind faktisch auf dasselbe Ziel, wenn auch aus rechtlich unterschiedlichen Gründen (Eigentumsschutz hier, Rückgang unberechtigter Bereicherungsvorfälle im Allgemeinen dort), gerichtet. Einen Wertungswiderspruch zwischen beiden Ansprüchen[30] gibt es hier nicht. Schlagwortartig kann man daher sagen, dass – geht es um die Herausgabe der fraglichen Sache als solche (aber nur diese!) -, wer vindizieren kann (§ 985 BGB), auch kondizieren kann (§ 812 ff. BGB).

5. Sonstige Ansprüche, namentlich Haftungsansprüche, scheiden aus. Die §§ 989 ff. BGB sind insoweit schon deswegen nicht anwendbar, weil sie gegenüber § 985 BGB Sekundäransprüche darstellen. Da aber schon § 985 BGB als Primäranspruch einschlägig ist (s. o.), bedarf es der Sekundäransprüche nicht[31] (abgesehen davon, dass R hier weder bösgläubig, § 990 BGB, verklagt, § 989 BGB, noch deliktischer Besitzer war). Ein Rückgriff auf das allgemeine Deliktsrecht (§§ 823 ff. BGB) verbietet sich hier aus Normenkonkurrenzgründen (abgesehen davon, dass es auch hier spätestens an einem Verschulden fehlen würde, im Übrigen wäre ein deliktischer Anspruch hier im Wesentlichen[32] allenfalls auf Naturalrestitution, § 249 I BGB, gerichtet und damit auf Herausgabe des Wagens).[33]

---

28   Vgl. auch den Fall „Die entgangenen Mieteinnahmen".

29   Vgl. insoweit allgemein auch RGRK-Pikart § 985 Rd. Nr. 61 (Diese Problematik des Verhältnisses von § 985 BGB zu § 812 ff. BGB wird kaum noch erörtert. Insoweit relevanter ist das Verhältnis der §§ 812 ff. BGB zu §§ 987 ff. BGB, s. insoweit den Verweis in der vorangegangenen Fußn. Jedoch besteht kein Grund, das Bereicherungsrecht, sofern es sich auf Herausgabe richtet, durch § 985 BGB verdrängt zu sehen).

30   Es handelt sich also um eine sog. Anspruchskonkurrenz, s. etwa Larenz/Wolf § 18 Rd. Nr. 28 ff.

31   Dergleichen kennt man vornehmlich aus dem Vertragsrecht, s. etwa Medicus, Bürgerliches Recht, Rd. Nr. 205, aber diese Unterscheidung lässt sich bedenkenlos auf entsprechend komplexe gesetzliche Schuldverhältnisse übertragen.

32   Sieht man von möglichen Nutzungsverwendungsersatzansprüchen ab.

33   Vgl. dazu Fall „Der Fremdbesitzerexzess auf der Überholspur".

***Frage 2: Welchen Tipp sollte man D geben, damit er einen
größtmöglichen Gewinn aus den geschilderten Vorgängen
herausschlagen kann?***

Von Interesse könnte für D sein, dass S den Wagen für € 150.000 an R veräußert hat. Es könnte nun interessant sein, diesen Betrag von S – schließlich liegt er über dem objektiven Wert – heraus zu verlangen.

I. In Betracht käme ein Anspruch auf Herausgabe dieses Preises als ein sog. stellvertretendes commodum nach § 285 I BGB. Dies könnte auf eine Kombination dieser Norm aus dem allgemeinen Schuldrecht mit § 985 BGB erreicht werden.

1. Die Voraussetzungen des § 985 BGB liegen vor. Die Herausgabepflicht unterläge auch einer Unmöglichkeit nach § 275 I BGB.

2. Grundsätzlich ist auch gerade ein Kaufpreis in der Lage, ein solches stellvertretendes commodum darzustellen.[34]

3. Fraglich ist aber, ob die §§ 985, 285 BGB in dieser Kombination überhaupt angewendet werden können.

Grundsätzlich ist die Anwendung von Normen des allgemeinen Schuldrechts im Eigentümer-Besitzer-Verhältnis nicht ausgeschlossen. Dies deutet § 990 II BGB selbst an, und im Übrigen stellt auch das Eigentümer-Besitzer-Verhältnis ein Schuldverhältnis, wenn auch zugleich ein dingliches Rechtsverhältnis[35], dar.

Nichtsdestotrotz wird § 285 BGB hier für unanwendbar erachtet.[36] Dies wird vor allem damit begründet, dass das stellvertretende commodum den Sinn hat, denjenigen, der etwas verloren hat, durch dasjenige, was an die Stelle des Verlorenen tritt, zu kompensieren.

Hier hat D jedoch nicht sein Eigentum verloren), sondern lediglich den Besitz. Der Kaufpreis ist aber das Pendant zum Verlust des Rechts und nicht allein der faktischen Herrschaft über einen Gegenstand. Da D sein Eigentum nicht verloren hat, würde er bei Anwendbarkeit des § 285 BGB zusätzlich den Kaufpreis erhalten. Damit würde er aber gleichsam doppelt bedient werden. Schließlich würde § 285 BGB mit dem Ausgleichssystem der § 987 ff. BGB nicht kompatibel sein – wenn etwa hier etwa der Ersatz von Nutzungen in gradueller Abstufung statuiert wird, würde eine Erstreckung der Ausgleichsleistungen über die Nutzungen hinaus (s. §§ 99 f. BGB)[37] dieses System doch wieder in Frage stellen.

---

[34] Sog. commodum ex negotiatione, s. dazu etwa RGZ 138,48; BGHZ 46,264; BGHZ 75,206.

[35] Vgl. insoweit hinsichtlich der Ansprüche (§ 194 I BGB), die aber erst ein Schuldverhältnis entstehen lassen (s. § 241 BGB) und dem dazu verwendeten Begriff der Dinglichkeit Medicus, Bürgerliches Recht, Rd. Nr. 436.

[36] RGZ 115,33; RGZ 157,44 f.; Westermann § 31.V.3.a); Baur/Stürner § 11 Rd. Nr. 44: MüKo/Baldus, § 985 Rd. Nr. 57 ff.; s. a. den umfassenden Überblick bei Staudinger/Gursky § 985 Rd. Nr. 145.

[37] Erlangte Veräußerungserlöse stellen keine Nutzungen dar.

4. Damit scheidet ein Anspruch aus den §§ 985, 285 I BGB aus.

II. In Betracht käme ein Anspruch aus § 816 I Satz 1 BGB

1. Auch hier stellt sich die Frage der Anwendbarkeit neben den Vorschriften des Eigentümer-Besitzer-Verhältnisses.[38] Anders als bei § 285 BGB ist sie hier zu bejahen. Der Anspruch auf das Erlangte i. S. v. 816 I Satz 1 BGB setzt schließlich voraus, dass eine rei vindicatio ausscheidet, denn das ist der Fall, wenn eine wirksame Verfügung im Sinne dieser Norm vorliegt (s. dazu auch im Anschluss). Ein Anspruch aus § 985 BGB fehlt hier, und der Anspruch nach § 816 I Satz 1 BGB stellt gewissermaßen die Verlängerung des Eigentumsschutzes über den Herausgabeanspruch – die rei vindicatio – hinaus in Bezug auf das durch den Eigentumsverlust hinaus Erlangte dar.

2. Es liegt eine Verfügung eines Nichtberechtigten vor. Die Verfügung stellt die Übereignung des PKW von S an R dar. S war auch Nichtberechtigter, da er kein Eigentümer war.[39]

3. Jedoch müsste die Verfügung[40] dem Eigentümer D gegenüber wirksam gewesen sein. Daran fehlt es hier, denn da der Wagen abhanden gekommen war (§ 935 BGB), war sie gerade unwirksam, und D ist nach wie vor Eigentümer geblieben.

Hier jedoch besteht die Möglichkeit, die Verfügung, die Übereignung von Stefan an Ralf, zu genehmigen (§ 185 II Satz 1, 1. Alt. BGB).[41] Damit wird die Verfügung rückwirkend wirksam (§ 184 I BGB).[42] R wird Eigentümer des Wagens, D verliert sein Eigentum[43].

> Es ist wichtig, zwischen der Berechtigung (der Inhaberschaft an einem Recht) und der Verfügungsbefugnis (der Fähigkeit, wirksam über ein Recht zu verfügen) zu unterscheiden – beide sind nicht stets in einer Person oder allein bei einer solchen vereint[44]. So wird infolge der Genehmigung einer

---

[38]   Baur/Stürner § 11 Rd. Nr. 38; s. a. umfassend Staudinger/Lorenz § 816 Rd. Nr. 23 ff. (dort auch zu der seinerzeitigen Diskussion zu Anwendbarkeit von § 255 BGB dergestalt, dass der Gläubiger Herausgabe des Erlangten nur gegen Abtretung der Ersatzansprüche gegen den Empfänger verlangen konnte. Inzwischen geht man von der in § 255 BGB verlangten Ungleichstufigkeit der beteiligten Schuldner nicht mehr aus, s. a. a. O.).

[39]   S. Frage 1.

[40]   S. dazu Haedicke JuS 2001,966 ff. Generell versteht man unter Verfügungen Rechtsgeschäfte mit unmittelbarer Einwirkung auf den Gegenstand im Sinne einer Rechtsminderung aus der Sicht des Verfügenden.

[41]   Diese Norm ist eigentlich eine solche des Sachrechts, die allein deswegen, weil sie auch die Genehmigung betrifft, bei den §§ 182 ff. BGB verortet wurde.

[42]   Daneben bestehende ursprüngliche Haftungsansprüche bleiben davon unberührt, BGH NJW 1960,860.

[43]   S. a. Larenz/Canaris § 69. II. 1. c).

[44]   Vgl. insoweit auch nur hinsichtlich der Insolvenz § 80 I InsO.

> Verfügung bei § 816 I Satz 1 BGB nicht etwa der Nichtberechtigte zum Berechtigten (mit der Folge, dass der Tatbestand dieser Norm entfiele), sondern es wird die Verfügung durch das nachträgliche und zugleich rückwirkende Unterschieben der Verfügungsbefugnis wirksam (so dass die Tatbestandsvoraussetzungen hier in ihrer Gänze hergestellt werden).

4. Es ist allerdings umstritten, worin das „durch die Verfügung Erlangte" zu sehen ist.

Nach einer Ansicht kann man auch über § 816 I Satz 1 BGB nur den objektiven Wert heraus verlangen.[45] Begründet wird dies mit dem Hinweis auf § 818 II BGB, wonach das Bereicherungsrecht sich mit einer allgemeinen Aussage dazu bekennt, nur objektive Vermögenswerte auszugleichen. Des Weiteren wird es als unberechtigt angesehen, dass etwa der Kondiktionsgläubiger etwa von besonderen geschäftlichen Fähigkeiten des Schuldners, einen besonders günstigen Preis zu erzielen, profitieren sollte.

Die h. M.[46] hingegen stützt sich auf den Wortlaut der Vorschrift und gewährt das objektiv Erlangte. Man kann insoweit auch fragen, wieso der Nichtberechtigte (hier: Stefan) ungeachtet eines möglichen Geschäftsgeschicks dasjenige, was er durch Eingriff in eine fremde Rechtsposition (hier: Dietmars Eigentum) erlangt hat, gleich in welcher Höhe überhaupt behalten darf. Steht dies noch nicht eher demjenigen zu, dessen Rechtsposition den Mehrgewinn überhaupt möglich gemacht hat?

5. Damit kann jedenfalls nach h. M. im Fall einer Genehmigung Ausgleich in Höhe von € 150.000 verlangt werden, was mit dem Eigentumsverlust Dietmars korrespondiert. Auf der anderen Seite kann sich Stefan gegebenenfalls mit einem Entreicherungseinwand zur Wehr setzen, denn diese sind mangels Tatbestandserfüllung nicht über die §§ 818 IV, 819 BGB ausgeschlossen.[47]

---

[45] S. dazu Erman/Westermann/Buck-Heeb § 816 Rd. Nr. 20.

[46] RGZ 138,47; BGH NJW 1953,58; BGHZ 29,157; MüKo/M. Schwab, § 816 Rd. Nr. 37f.; Bamberger/Roth/Wendehorst § 816 Rd. Nr. 16.

[47] Man mag sich nun die Frage stellen, ob Dietmar die Genehmigung nicht bedingt (§ 158 BGB) für den Fall, dass eine Entreicherung nicht vorliegt, erklären könnte. Dagegen spricht jedoch der Charakter der Genehmigung als eines Gestaltungsrechts (vgl. insoweit nur die allgemeine Definition etwa bei Larenz/Wolf § 15 Rd. Nr. 78 – die Zustimmung wird hier zwar üblicherweise nicht genannt, aber dieser Befund ergibt sich per definitionem), welches grundsätzlich bedingungsfeindlich ist. Der Grund für diese Bedingungsfeindlichkeit liegt darin, dass angesichts dessen, dass der Inhaber des Gestaltungsrechts dessen Wirkungen durch einseitige Erklärungen (vgl. §§ 143, 349 BGB) herbeiführen kann, ein Interesse des Rechtsverkehrs an einer endgültigen Klarheit der gestalteten Rechtslage besteht, dem aber die Einführung von Bedingungen zuwiderliefe; s. dazu Palandt/Ellenberger, Überbl. vor § 104 Rd. Nr. 17. Dazu wird vorgeschlagen, das Erlangte Zug um Zug gegen Erklärung der Genehmigung herauszuverlangen, MüKo/M. Schwab, § 816 Rd. Nr. 35.

III. Schließlich könnte noch eine Eingriffskondiktion nach § 812 I Satz 1, 2. Alt. BGB in Frage kommen

Jedoch stellt der Fall des § 816 BGB eine spezielle Ausprägung dieser Kondiktion dar.[48] § 812 I Satz 1, 2. Alt. BGB könnte dem gegenüber zurücktreten. Aber auch wenn dem nicht so ist, könnte sich diese Kondiktion allenfalls auf die Nutzungsherausgabe (§ 818 I BGB) sowie den objektiven Wertersatz (§ 818 II BGB) beziehen.

IV. Ergebnis

D kann in jedem Fall den Ersatz des objektiven Wertes des PKW verlangen oder auch die Herausgabe an sich (s. insoweit schon Frage 1). Letztere würde auf die Ersatzleistung als fehlende Entreicherung D oder als schadensverringernd angerechnet werden. Darüber hinaus gehende Gewinne infolge Weiterveräußerungen des Wagens können nur durch die entsprechende Genehmigung der jeweils betroffenen Verfügung heraus verlangt werden. Insoweit wäre D gegebenenfalls – falls vor allem kein Entreicherungseinwand (§ 818 III BGB) droht (Dieser könnte durch möglichst baldige Klage[49], § 818 IV BGB oder Inkenntnissetzung des S von der wahren Rechtslage, § 819 BGB, ausgeschlossen werden) – zu raten, die Veräußerung des Wagens von Stefan an Ralf zu genehmigen.

Frage 3: Prozessuale Auswirkungen des Veräußerungsvorgangs von S an R

I. Durch die Veräußerung wird die Klage von D auf Herausgabe an sich nachträglich unbegründet.

Auf der anderen Seite wird die Befugnis zur Veräußerung der streitbefangenen Sache nicht verwehrt (§ 265 I ZPO).

Einer nachträglichen Unbegründetheit, wie sie eingangs beschrieben wurde, steht des weiteren § 265 II Satz 1 ZPO entgegen. Danach bleibt der Prozess unbeeinflusst davon, so dass er zwischen den ursprünglichen Parteien fortgeführt wird, als sei nichts geschehen.

II. Jedoch könnte R anstelle des ursprünglichen Beklagten S den Rechtsstreit übernehmen (durch eine schriftliche oder in mündlicher Verhandlung zu erfolgende Übernahmeerklärung, Zustimmung des bisherigen Beklagten analog § 267 ZPO sowie einer ausdrücklichen Zustimmung des Klägers). Als Folge hiervon wird der Prozess in seinem gegenwärtigen Stand übernommen, und der bisherige Beklagte als Rechtsvorgänger scheidet damit aus dem Verfahren aus. Das Urteil ergeht

---

[48]   H.M., aber str., s. dazu Larenz/Canaris § 69.II.1.a).

[49]   Vgl. insoweit zur Genehmigung durch die Klage RGZ 115,34.

allein zwischen den jetzt beteiligten Parteien, der Ausscheidende wird also nicht erwähnt.[50]

III. Erfolgt eine solche Übernahme nicht, kann der Rechtsnachfolger dem Verfahren als Streithelfer (§§ 66 ff. ZPO, aber nicht im Rahmen einer streitgenössischen Nebenintervention nach § 69 ZPO, s. § 265 II Satz 3 ZPO) beitreten. Die Entscheidung zwischen den ursprünglichen Parteien wirkt gegen ihn nach Maßgabe des § 68 ZPO, was auch – anders als die Rechtskraft – die tatbestandlichen Feststellungen betrifft.

Des Weiteren käme auch eine Hauptintervention in Betracht (§ 64 ZPO). R könne dann gegen D auf Feststellung seines (vermeintlichen) klagen, ebenso gegen R (sofern nicht geschehen, könnte er gegen S auch auf Herausgabe klagen).

In allen Fällen bleibt der ursprüngliche Prozess als solcher unverändert. Hier wird eben keine Partei ausgewechselt.[51] Gem. § 264 Nr. 3 ZPO könnte im Rahmen einer Klageänderung von der Herausgabe auf Schadensersatz übergegangen werden.

IV. In Betracht könnte auch eine eigene, neue Klage von D gegen U kommen.

1. Das hängt davon ab, ob ein Urteil gegen den erstmals Beklagten R auch gegen U wirken würde. Wäre dem so, wäre – gleichsam als Gegenstück – zur Rechtshängigkeit (vgl. § 261 III Nr. 1 ZPO) – eine Rechtskraft des entscheidenden Urteils auch gegen U gegeben. In diesem Fall wäre eine Klage in einem eigenen Verfahren unzulässig.

2. Grundsätzlich wirkt ein Urteil allein zwischen den Parteien (Hier wären das D und S) nach § 322 I ZPO. Allerdings sieht § 325 I ZPO eine Rechtskrafterstreckung auch gegen den Rechtsnachfolger (Hier: R) vor. Vorausgesetzt ist, dass keine Gutgläubigkeit hinsichtlich der Streitbefangenheit des PKW vorliegt (§ 325 II ZPO), in diesem Fall kann ein Herausgabeurteil gegen S nicht gegen R wirken (Für ihn hingegen kann eine Rechtskrafterstreckung nach § 325 I ZPO vorhanden sein).

> Die Gutgläubigkeit des § 325 II ZPO bezieht sich also auf die Streitbefangenheit der Sache bzw. allgemein gesprochen auf die Rechtshängigkeit (§ 216 I ZPO). Davon zu unterscheiden ist die materielle Gutgläubigkeit an die Berechtigung (§§ 932 ff, 892 f. BGB). Zur Vermeidung einer nachteiligen Rechtskrafterstreckung wegen Rechtsnachfolge sowie für den Erwerb muss man also gleichsam „doppelt gutgläubig sein".

---

[50]   Musielak/Foerste § 265 Rd. Nr. 11.
[51]   Vgl. BGHZ 61,143.

V. Wie im Ausgangsfall aber festgestellt, wäre die Klage des D begründet. Ob sich dies auch auf R auswirkt, hängt von den eben beschriebenen Grundsätzen ab, im Fall einer fehlenden Rechtskrafterstreckung muss gegen R erneut geklagt werden. Das setzt allerdings voraus, dass D – wie in Frage 2 beschrieben – aus Gründen des § 816 I Satz 1 BGB keine Genehmigung (§ 185 II Satz 1, 1. Alt. BGB) erteilt.

VI. Wird die Genehmigung aus den eben beschriebenen Gründen erteilt, so muss D darauf prozessual reagieren, denn sein ursprünglicher Klageantrag auf Herausgabe wäre damit unbegründet geworden. Eine Klagerücknahme (§ 269 ZPO) wäre für ihn kostenungünstig (§ 269 III Satz 1 ZPO). In Betracht käme eine beidseitige Erledigterklärung (§ 91 a ZPO), die aber die Zustimmung von S voraussetzt. Wird diese nicht erteilt, so bleibt nur noch die im Gesetz nicht eigens erwähnte sog. einseitige Erledigungserklärung.[52]

Hier wird die ursprüngliche Leistungsklage im Rahmen einer zulässigen Klageänderung (§ 264 Nr. 2 ZPO, hier ist keine Einwilligung des Gegners erforderlich) auf einen Feststellungsantrag beschränkt. Der Antrag richtet sich auf die Feststellung, dass die ursprüngliche Klage im Zeitpunkt ihrer Erhebung (§ 253 I ZPO, die Erledigung darf daher nicht vor Zustellung der Klageschrift eingetreten sein!) zulässig und begründet war, nachträglich aber ein erledigendes Ereignis eingetreten ist.[53] Das nach § 256 I ZPO erforderliche rechtliche Interesse ergibt sich gerade aus dem Kostenrecht. Hat diese umgestellte Feststellungsklage nämlich Erfolg, werden die Kosten des Rechtsstreits gem. § 91 I ZPO der Gegenseite auferlegt.

VII. Alternativ kann der Klageantrag auch hier umgestellt werden auf mögliche Haftungsansprüche (§ 264 Nr. 3 ZPO).[54] Das würde aber voraussetzen, dass die Haftungsvoraussetzungen auch vorliegen und zudem, dass der Klageantrag auch jeweils hinreichend klar gefasst werden kann (was nicht immer der Fall sein dürfte – im vorliegenden Fall etwa würde der Mehrerlös den Schaden mehr als ausgleichen). Letztendlich würde D im Fall einer Erledigungserklärung im beschriebenen Sinne auch nicht daran gehindert, einen möglichen Schaden in einem erneuten Prozess geltend zu machen.

---

[52]   S. dazu auch Knöringer § 11.II.

[53]   s. dazu Musielak/Wolst § 91 a Rd. Nr. 28 ff.

[54]   Vgl. BGH NJW 1960, 860.

Fall 12: Die entgangenen Mieteinnahmen

Sachverhalt

Ausgangsfall:
Norbert Nepp (N) veräußert ein ihm gehörendes Grundstück an Anton Arglos(A). Arglos vermietet das Grundstück gewinnbringend an eine Wohnungsbaugesellschaft. Als sich später herausstellt, dass der Kaufvertrag wegen eines Formfehlers unwirksam ist, fragt Norbert, ob er neben dem Grundstück auch die von Anton erzielten Mieteinnahmen von diesem nicht herausverlangen kann.

1. Abwandlung:
Unterstellt, der Kaufvertrag wäre wirksam, nicht aber die Übereignung. Wie wäre die Rechtslage hier?

2. Abwandlung:
Unterstellt, sowohl der Kaufvertrag wie auch die Übereignung wären unwirksam. Könnte Norbert hier die Herausgabe des Grundstücks mitsamt Erstattung der genannten Mieteinnahmen verlangen?

3. Abwandlung:
Zunächst wie die 2. Abwandlung. Anton hat das Grundstück an Dietrich Drittmann (D) weiter verkauft. Bevor jedoch die Eintragung Dietrichs in das Grundbuch erfolgt, hatte Norbert jedoch einen Widerspruch in das Grundbuch gegen die Eigentümerstellung des Anton eintragen lassen. Unterstellt, Dietrich hätte das Grundstück dennoch zunächst mit Gewinn weiter vermietet. Später stellt sich heraus, dass auch der Kaufvertrag zwischen Dietrich und Anton unwirksam ist.
Könnte Norbert hier die Erstattung dieser Mieteinnahmen verlangen?

Lösung

Ausgangsfall

I. N könnte einen Anspruch auf Herausgabe des Grundstücks haben.

1. Ein Anspruch aus § 985 BGB scheidet aus. Laut Sachverhalt ist zwar der Kaufvertrag unwirksam (§ 125 Satz 1 BGB), nicht aber die Übereignung (Auflassung

I. Czeguhn, C. Ahrens, *Fallsammlung zum Sachenrecht,* Juristische ExamensKlausuren,   73
DOI 10.1007/978-3-642-13139-4_12, © Springer-Verlag Berlin Heidelberg 2011

und Eintragung, §§ 873, 925 BGB). N ist nicht mehr Eigentümer, A ist sowohl (neuer) Eigentümer als (wegen der Weitervermietung, § 868 BGB, mittelbarer, Eigen-) Besitzer (§ 872 BGB).

2. Jedoch könnte ein Anspruch aus § 812 I Satz 1, 1. Alt. BGB, wegen einer sog. Leistungskondiktion in Betracht kommen.

a) Eine Leistung – eine bewusste zweckgerichtete Mehrung fremden (hier: A) Vermögens[1] – seitens N liegt vor.

b) Die Leistung müsste ohne Rechtsgrund erfolgen. Das ist der Fall, da der Kaufvertrag als causa für die Verfügung[2], die Grundstücksübereignung, nicht wirksam war.

c) Damit ist der Bereicherungsanspruch gegeben. Norbert kann die Rückübereignung des Grundstücks verlangen.

II. Des Weiteren könnte ein Anspruch auf Ersatz der Mieteinnahmen bestehen.

1. Ein Anspruch auf Nutzungsersatz aus Eigentümer-Besitzer-Verhältnis (§§ 987 f. BGB) kommt nicht in Betracht. Es fehlt schon an den Voraussetzungen des Eigentümer-Besitzer-Verhältnisses (s. zuvor I.1.).

2. Jedoch kommt ein Bereicherungsanspruch in Frage.

a) Die Voraussetzungen einer Leistungskondiktion (§ 812 I Satz 1, 1. Alt. BGB) liegen vor (s. o. I.2.).

b) Gem. § 818 I BGB sind, sofern die Voraussetzungen einer Kondiktion gegeben sind, u. a. die gezogenen Nutzungen samt und sonders herauszugeben.

c) Die Mieteinnahmen müssten dazu Nutzungen im Sinne des Gesetzes sein. Das ist der Fall, denn es handelt sich hier um sog. mittelbare Sachfrüchte i. S. v. § 99 III BGB.[3]

1. Abwandlung[4]*:*

I. N könnte einen Anspruch auf Herausgabe des Grundstücks haben.

1. Einen solchen Anspruch könnte man auf § 985 BGB stützen.

---

[1]   S. insoweit schon BGHZ 58,188; s. aber auch den Diskussionsstand, dargestellt bei Medicus, Bürgerliches Recht, Rd. Nr. 666 ff.

[2]   S. insoweit Medicus, Bürgerliches Recht, Rd. Nr. 37.

[3]   S. etwa Jauernig/Jauernig, Anm. zu §§ 99 – 103 Rd. Nr. 2.

[4]   Diese Variante ist an sich vergleichsweise unproblematisch, jedoch wird deren Lösung mittelbar für die sich anschließende, eigentlich problematische, Abwandlung 3 von Bedeutung sein.

a) Da nach dieser Fallvariante die Übereignung unwirksam ist, ist N Eigentümer geblieben.

b) A ist – wie im Ausgangsfall – mittelbarer Eigenbesitzer des Grundstücks (§§ 868, 872 BGB).

c) Jedoch hat A infolge des laut Sachverhalt hier wirksamen Kaufvertrages ein Recht zum Besitz i. S. v. § 986 I BGB gegenüber N. Damit liegen die Voraussetzungen einer rei vindicatio nicht vor.[5]

2. Jedoch könnte ein Anspruch aus Bereicherungsrecht vorliegen. Wieder kommt eine Leistungskondiktion in Betracht (§ 812 I Satz 1, 1. Alt. BGB).

a) Es liegt eine Leistung vor (s. o. zum Ausgangsfall).

b) Jedoch liegt hier ein wirksamer Kaufvertrag und somit auch ein Rechtsgrund i. S. v. § 812 I Satz 1, 1. Alt. BGB vor.

c) Damit entfällt ein Bereicherungsanspruch (Tatsächlich kann A auf Grund des Kaufvertrages die Übereignung des Grundstücks noch verlangen, § 433 I Satz 1 BGB).

II. Für mögliche Ansprüche auf Herausgabe der Mieterlöse verläuft das Resultat parallel. Bereichungsrecht kommt aus den geschilderten Gründen nicht in Frage, und da der Kaufvertrag wirksam ist, besteht ein schuldrechtlicher Anspruch auf Einbehalt der Mieteinnahmen, soweit sie im Rahmen des Eigentümer-Besitzerverhältnisses (s. aber § 993 I BGB) herausgegeben werden müssten. Insoweit könnte der dolo-petit-Einwand aus § 242 BGB erhoben werden

2. Abwandlung:

I. Wieder könnte N gegen A einen Anspruch auf Herausgabe des Grundstücks haben.

1. Es besteht ein Anspruch aus § 985 BGB, denn hier ist N nach wie vor Eigentümer des Grundstücks, und A ist Besitzer (s. insoweit soeben 1. Abwandlung, I.1.). Anders als in der vorangegangenen Abwandlung ist der Kaufvertrag hier aber gleichfalls unwirksam, so dass es hier auch an einem Recht zum Besitz i. S. v. § 986 I BGB fehlt.

2. Ebenso kommt ein Anspruch aus § 812 I Satz 1, 1. Alt. BGB in Betracht.

a) Das Bereicherungsrecht, soweit es sich auf die Herausgabe bezieht, ist durchaus neben § 985 BGB anwendbar.[6]

---

[5] S. zur Frage, ob ein Recht zum Besitz eine Tatbestandsvoraussetzung ist, den Fall „Ein gutes Geschäft und wie man an ein solches herankommt".

[6] S. den Fall „Ein gutes Geschäft und wie man an ein solches herankommt".

b) A hat zwar wegen der Unwirksamkeit der Übereignung kein Eigentum erworben, wohl aber den Besitz. Insoweit ist er durch Leistung bereichert worden. Da der Kaufvertrag gleichfalls unwirksam ist, fehlt es auch an einem Rechtsgrund (vgl. insoweit wegen der Einzelheiten auch schon zuvor).

c) Damit existiert auch ein Anspruch aus § 812 I Satz 1, 1. Alt. BGB.

II. Bei den erzielten Mieteinnahmen handelt es sich um Nutzungen (§ 99 III BGB), die gegebenenfalls heraus verlangt werden könnten.

1. In Betracht käme ein Anspruch aus den Vorschriften über das Eigentümer-Besitzer-Verhältnis.

a) Die allgemeinen Voraussetzungen der rei vindicatio liegen vor, wie soeben geprüft.

b) Zunächst scheint es jedoch an den Voraussetzungen für einen Nutzungsherausgabeanspruch zu fehlen. Das Grundstück wurde Anton nicht unentgeltlich verschafft (§ 988 BGB), und er war weder verklagt (§ 987 BGB) noch bösgläubig (§§ 990 I Satz 1, 987 BGB). Er ist erst recht kein sog. deliktischer Besitzer gewesen (s. insoweit §§ 992 BGB).[7] Damit ist er grundsätzlich nicht zur Herausgabe von Nutzungen verpflichtet (s. § 993 I BGB a. E.).

c) Damit scheidet ein Anspruch auf Nutzungsherausgabe zunächst aus.[8]

2. In Betracht käme ein Anspruch aus den §§ 812 I Satz 1, 1. Alt. 818 I BGB, der sich sogar auf sämtliche Nutzungen beziehen könnte und damit auch auf die Auszahlung der erzielten Mieterträge.

a) Die Voraussetzungen für eine Leistungskondiktion liegen infolge der zugleich vorliegenden Unwirksamkeit des Kaufvertrages an sich vor (vgl. zuvor).

b) Jedoch sind die Vorschriften des Bereicherungsrechts, sofern sie sich auf die Nutzungsherausgabe beziehen, nach h. M. neben denjenigen des Eigentümer-Besitzer-Verhältnisses grundsätzlich nicht anwendbar.[9] Das ergibt sich daraus, dass das Bereicherungsrecht die Nutzungsherausgabe dem Grunde nach unbeschränkt ohne weitere erschwerende Voraussetzungen zulässt (s. § 818 I BGB). Anders die §§ 987 ff. BGB, die insoweit ein sog. Prozessbesitzertum (§ 987

---

[7]   Dazu ebenfalls zuvor den Fall „Ein gutes Geschäft und wie man an ein solches herankommt".

[8]   Im Folgenden wird auf das Eigentümer-Besitzer-Verhältnis noch einmal eingegangen werden, weswegen die jetzt gefundene Lösung nur ein Zwischenergebnis darstellt. Es mag an sich einen gliederungstechnischen Systembruch darstellen, hier nicht weiter zu prüfen. Die Problematik erschließt sich jedoch erst nach einer grundsätzlichen – ebenfalls zunächst noch nicht erschöpfenden – Würdigung des Bereicherungsrechts. Aus diesem logischen Zusammenhang erscheint die hier gewählte Vorgehensweise der Prüfung durchaus gerechtfertigt.

[9]   Soergel/Mühl vor §§ 987 Rd. Nr. 14 ff.; Staudinger/Gursky Vorbem. zu §§ 897 – 993 Rd. Nr. 30; s. a. RGZ 137,210; s. a. generell; RGZ 163,352; BGHZ 41,122.

BGB), eine Bösgläubigkeit (§ 990 I Satz 1 BGB), ein deliktisches Besitzertum (§ 992 BGB) oder wenigstens einen unentgeltlichen Besitzerwerb (§ 988 BGB)[10] verlangt.

Diese gestaffelte Anspruchssituation innerhalb der rei vindicatio würde durch eine Anwendung des Bereicherungsrechts obsolet gemacht werden[11]. Was nützt dessen akkurate Differenzierung, wenn nach § 818 I BGB ohnehin alle Nutzungen herausgegeben werden müssen? Diese Situation wäre auch eine regelmäßig auftretende, denn infolge des fehlenden Besitzrechts als Voraussetzung für eine rei vindicatio (§ 986 I BGB) wird zugleich auch wegen eines dadurch fehlenden Rechtsgrundes eine Bereicherungslage vorliegen, m. a. W.: Die Regelung des letzteren (§ 818 I BGB) würde diejenigen des ersteren (§§ 987 ff. BGB) praktisch immer aushebeln.

c) Damit würde dem Grunde nach auch ein Bereicherungsanspruch aus Konkurrenzgründen ausscheiden. Anton wäre im Gesamtergebnis also überhaupt nicht zur Herausgabe der Mieterträge verpflichtet.

3. Gleichwohl können diesem eben gefundenen Ergebnis Bedenken entgegen gebracht werden.

Das ergibt ein Vergleich mit der Situation, in der lediglich das schuldrechtliche Kausalgeschäft, der Kaufvertrag, unwirksam, die Verfügung hingegen wirksam war (s. o.).[12]

Hier nämlich kann N die Mieterträge nach den §§ 812 I Satz 1, 1. Alt. BGB herausverlangen. Ein Konkurrenzverhältnis zu den §§ 987 ff. BGB kann hier nicht auftreten, da infolge der Wirksamkeit der Übereignung A Eigentümer des Grundstücks geworden ist, Norbert spiegelbildlich dazu seines verloren hatte.[13]

b) Vorliegend sind die rechtlichen Mängel jedoch weitaus gravierender. Während in der eben geschilderten Variante nur das Verpflichtungsgeschäft unwirksam war, sind dies hier sowohl das Verpflichtungs- wie auch das Verfügungsgeschäft.

Nun wird es allgemein als unbillig angesehen, dass der unberechtigte Besitzer, auch wenn er gutgläubig ist, geradezu davon profitiert, dass er infolge des zu-

---

[10] Vgl. dazu, dass das Gesetz den unentgeltlichen Erwerber in seinem Schutz deutlich benachteiligt, auch §§ 816 I Satz 2, 822 BGB.

[11] Vgl. insoweit auch für das Deliktsrecht den Fall „Der Fremdbesitzerexzess auf der Überholspur".

[12] S. dazu Baur/Stürner § 11 Rd. Nr. 38.

[13] Zum Vergleich: Wäre dagegen das Verpflichtungsgeschäft, nicht aber die Verfügung, wirksam gewesen (s. Abwandlung 1), hätte Anton jederzeit die Nachholung der Grundstücksübereignung verlangen können (§ 433 I Satz 1 BGB). Die Situation ist für ihn also „bestandsfest" genug, als dass er hier überhaupt hätte irgendwelche Nutzungen herausgeben müssen. Das ist in den beiden anderen Varianten (Ausgangsfall und Abwandlung 2), in denen das Verpflichtungsgeschäft unwirksam ist, eben nicht so. Der Vergleich zwischen diesen beiden also kann überhaupt für die nachfolgende rechtliche Argumentation von Bedeutung sein, nur diese sind „rechtlich instabil genug dafür".

sätzlichen Mangels des Verfügungsgeschäfts hinsichtlich seines Besitzes nicht berechtigt ist. Eben dadurch löst er das Eigentümer-Besitzer-Verhältnis erst aus, dessen Nutzungsherausgabeansprüche zwar nicht greifen, aber immer noch infolge des geschilderten Konkurrenzproblems (s. zuvor) das ansonsten greifende Bereicherungsrecht ausschließt.

c) Allgemein geht man daher davon aus, dass A im Ergebnis zur Auskehrung der Mieterträge verpflichtet sein muss. Die Begründungen sind verschieden:
aa) Zum einen greift man zu einer Analogie zu § 988 BGB, der durch eine unwirksame Verfügung erlangte Besitz wird dem unentgeltlichen gleichgestellt.[14] Der Grund dafür besteht darin, dass, wenn A das Grundstück bzw. den Besitz durch und auf Grund gänzlich unwirksamer Rechtsgeschäfte erlangt hat, er insoweit etwas erhalten hat, was ihm unter keinem erdenklichen Rechtsgrund hätte zukommen sollen. Auch wenn eine entsprechende Abrede nicht bestand, hat er insoweit buchstäblich den Besitz von der rechtlichen Beständigkeit her „umsonst" bekommen.
bb) Nach a. A.[15] wird hier das an sich bestehende Konkurrenzverhältnis zwischen Eigentümer-Besitzer-Verhältnis und Bereicherungsrecht beim rechtsgrundlos infolge unwirksamer Verfügungen erlangten unberechtigten Besitz aufgegeben. Das Bereicherungsrecht wird für diese Situation für anwendbar erklärt. Die Folge besteht in der Verpflichtung zur Auskehrung der Mieterträge bzw. allgemein zur Nutzungsherausgabe nach § 818 I BGB.
cc) Ebenso verfährt eine weitere Ansicht, indem sie ebenfalls das Bereicherungsrecht anwendet und damit auch § 818 I BGB. Jedoch sieht sie umgekehrt die Vorschriften des Eigentümer-Besitzer-Verhältnisses (§§ 987 ff. BGB) für diese Konstellation ausgeschlossen.[16]
dd) Jedenfalls führen sämtliche Ansichten (§ 988 BGB analog hier, §§ 812 I Satz 1, 1. Alt. BGB dort) zu einer Herausgabepflicht des A bezüglich der eingenommenen Mieterträge.
ee) Nach einer weiteren Ansicht ist das Konkurrenzverhältnis gewissermaßen genau umgekehrt zu lösen als die bisherigen Prämissen. Hiernach sind dann, wenn die §§ 987 ff. BGB nicht einschlägig sind, auch die Regelungen des Bereicherungsrechts mitsamt § 818 I BGB ausgeschlossen.[17] Dafür könnte durchaus § 993 I BGB a. E. sprechen.

---

[14] So RGZ 163,348 ff.; BGHZ 10,357; BGHZ 32,94; BGH NJW 183,164 f.

[15] Baur/Stürner § 11 Rd. Nr. 38; Westerman § 31.II.2.; Staudinger/Gursky vor §§ 987 – 993 Rd. Nr. 48; MüKo/Baldus, § 988 Rd. Nr. 6 ff.; Soergel/Mühl § 988 Rd. Nr. 2.

[16] Hager JuS 1987,879 f.

[17] Brehm/Berger § 8 Rd. Nr. 33; Wieling § 12.IV.8.

3. Abwandlung:

Hier könnte N einen Anspruch gegen D auf Ersatz der Mieteinnahmen haben.

I. Ein Anspruch könnte sich aus dem Eigentümer-Besitzer-Verhältnis ergeben.

1. Die Voraussetzungen der § 985 f. BGB liegen vor. D ist (offenbar mittelbarer, man beachte die Weitervermietung, § 868 BGB) Besitzer (Eigenbesitzer, § 872 BGB). N ist nach wie vor Eigentümer. Er hat sein Eigentum auch nicht an Anton verloren, denn diese Verfügung, die Eigentumsübertragung, war ja (s. Abwandlung 2, an die sich diese anschließt) unwirksam. Auch D ist nicht Eigentümer geworden. Er erwarb vom Nichtberechtigten, und ein gutgläubiger Erwerb scheidet infolge des eingetragenen Widerspruchs aus (§ 892 I BGB).

2. Bei den Mieteinnahmen handelt es sich um Nutzungen (§ 99 III BGB).

3. Fraglich ist, ob diese Nutzungen ersetzt verlangt werden können.

a) Ein Anspruch nach den §§ 987 bzw. 990 I, 987 BGB kommt hier nicht in Betracht. D war weder auf Herausgabe verklagt worden, und für eine eventuelle Bösgläubigkeit (entsprechend § 932 II BGB) fehlt es an Sachverhaltsangaben.

b) In Betracht käme ein Anspruch aus § 988 BGB analog (s. zuvor Abwandlung 2). Dietrich hat den Besitz rechtsgrundlos gegenüber A erlangt. Es ist zugleich das Verpflichtungsgeschäft als causa für D vermeintlichen Erwerb laut Sachverhalt unwirksam. Damit besteht gegenüber N dieselbe Situation, als wenn D das Grundstück direkt von diesem unwirksam unter rechtsgrundloser Verfügung in Besitz bekommen hätte.
Damit kann unter der Prämisse des Lösungsweges über § 988 BGB analog Norbert auch von D Ersatz der erzielten Miete verlangen.

c) Man kann freilich wieder den Nutzungsersatz wieder zur Gänze verneinen. Insoweit kann man sich wieder auf § 993 I BGB a. E. berufen.

II. Stattdessen könnte aber auch Bereicherungsrecht einschlägig sein.

1. Nach a. A. ist die Analogie über § 988 BGB eben abzulehnen und stattdessen der Weg über das Bereicherungsrechts mit Anwendung des § 818 I BGB eröffnet. Hier also gibt es ausnahmsweise kein Konkurrenzverhältnis, kraft dessen das Eigentümer-Besitzer-Verhältnis die Vorschriften über die Leistungskondiktion ausschließt (s. o. Abwandlung 2). Dazu müsste D zu Lasten des N ungerechtfertigt bereichert sein.

2. Gegenüber N käme allenfalls eine Eingriffskondiktion in Frage, indem D in den bereicherungsrechtlich diesem zugewiesenen Rechtsgehalt eingegriffen hätte. Das wäre an sich der Fall, denn insoweit kann man auf das Eigentum des N verweisen. Man kann gut vertretbar damit argumentieren, dass durch den unwirksamen Zweiterwerb mitsamt der neuerlichen Inbesitznahme der Zugriff auf das Eigentum zu

Lasten des N erschwert würde.[18] Ob daneben auch der Besitz[19] als bereicherungsrechtliche Position bemüht werden kann, ist indessen fraglich, denn vom Sachverhalt her ist davon auszugehen, dass dieser zuvor bei A lag, N ihn also bereits nicht
mehr hatte.

a) Dem steht jedoch entgegen, dass D das Grundstück bzw. den Besitz daran von
A durch Leistung erlangt hatte. Dies geschah freilich wieder ohne Rechtsgrund,
denn das zugrunde liegende Verpflichtungsgeschäft war ja unwirksam (s. Sachverhalt).

Nun wird aber gemeinhin im Bereicherungsrecht der sog. Vorrang der Leistungskondiktion vertreten[20], d. h. dass, wenn der Vermögensaustausch, der nun rück-
abgewickelt werden soll, auf Grund von Leistungsbeziehungen i. S. v. § 812 I
Satz 1, 1. Alt., BGB vonstatten gegangen ist, diese Rückabwicklung nun auch
den umgekehrten Weg über die Leistungsbeziehungen zu gehen hat, m. a. W.:
Es ist über das Bereicherungsrecht immer an denjenigen (zurück) zu leisten, von
dem die Leistung stammt (Infolgedessen sollte man anstelle von einem Vorrang
der Leistungskondiktion auch vorzugswürdiger von einem Vorrang der Leistungsbeziehungen sprechen). Also hat Dietrich hiernach an A zu leisten und A
an N. Der Grund dafür liegt u. a. darin, dass damit jede Partei innerhalb des
Leistungsverhältnisses hier eventuell entstandene Gegenrechte erhalten bleiben
– Gegenrechte, die – sie sind ja wie es die Leistungsbeziehung im Fall ihrer
Wirksamkeit selbst sein sollte, schuldrechtlich und damit relativer Natur – üblicherweise nur gegenüber demjenigen gegenüber erhoben werden können, der
auch selbst geleistet hat.[21] Vor allem könnte D gegenüber A eine eventuell schon
erbrachte Kaufpreiszahlung in Ansatz bringen[22] – gegenüber N, der nicht der vermeintliche Vertragspartner des D war (sondern des N) wäre das eben nicht möglich.[23]
Damit kann sich N allein an A halten, nicht aber an D.

---

[18]   S. allgemein Larenz/Canaris § 69. I. 1.

[19]   S. insoweit Larenz/Canaris § 69.I.2.d), a. a. O. auf dieselbe Wertung abstellend, nach der der Besitz
       auch deliktsrechtlich geschützt werden kann, s. insoweit den Fall „Die Rache des Leasingnehmers".

[20]   S. dazu sowie zu dogmatischen Alternativlösungen den Überblick bei Medicus, Bürgerliches Recht,
       Rd. Nr. 666 ff.

[21]   S. Medicus, Bürgerliches Recht, Rd. Nr. 667.

[22]   Dies geschieht grundsätzlich nach der sog. Saldotheorie, welche auf bereicherungsrechtlicher Ebe-
       ne ein Synallagma, welches bei Erwerb mittels eines Rechtsgrunds (vgl. dann § 320 BGB) vorgele-
       gen hätte, nachempfindet, s. dazu s. etwa BGHZ 147,157; BGH NJW 1999,1181; Büdenbender AcP
       200 (2000),665 ff.; Kaiser, S. 233 ff.; Flume JZ 2002,321 ff. – die Einzelheiten sind nach wie vor
       äußerst str., s. insoweit zur Kritik auch den Überblick bei Medicus Rd. Nr. 693; für Einschränkungen
       s. BGHZ 126,105 ff.; s. aber anders für die fehlende Termingeschäftsfähigkeit auch BGHZ 147,152,
       s. hierzu BGHZ 57,146 (für § 123 I BGB); s.a. (für § 138 I BGB) BGHZ 146,298.

[23]   S. insoweit ablehnend für eine Anwendbarkeit der Saldotheorie für den Fall einer Analogie zu § 988
       BGB Wieling § 12.VI.8.

b) Dasselbe Ergebnis stellt sich ein, wenn man gewissermaßen ein „umgekehrtes Konkurrenzverhältnis" vertritt, kraft dessen in der vorliegenden Fallkonstellation (wohl gemerkt: aber nur in dieser!) ausnahmsweise eine Verdrängung der §§ 987 ff. BGB durch das Bereicherungsrecht erfolgt (s. o.). Auch hier wäre der Wege über die Leistungsbeziehungen hinsichtlich der Rückabwicklung vorgegeben. Damit könnte sich N auch hier nicht an D halten.

cc) Über das Bereicherungsrecht (§ 812 I Satz 1, 1. Alt. BGB) wäre also ein Anspruch des N gegen D nicht gegeben.[24]

> Eben deswegen ist es nicht gleich, ob man den Weg über § 988 BGB analog oder aber über das Bereicherungsrecht mit § 818 I BGB einschlägt.[25] Die Vorschriften des Eigentümer-Besitzer-Verhältnisses können gegenüber jedermann, dem gegenüber ihr Tatbestand eingreift, eröffnet werden. Das ist im Bereicherungsrecht eben anders. Immer also, wenn die konkrete Sache erneut rechtsgrundlos unwirksam an Dritte übereignet wird, muss man Stellung beziehen, welcher Ansicht man sich nun anschließen möchte.
>
> Anders wäre es übrigens gewesen, wenn das Verpflichtungsgeschäft zwischen Anton und Dietrich wirksam, also nur die Übereignung unwirksam gewesen wäre.
>
> In diesem Fall gäbe es aber ebenfalls (nach h. M.) eine Rückabwicklung über die Leistungsbeziehungen, denn diese geben – von § 822 BGB abgesehen – in jedem Fall den Weg der Rückabwicklung vor.
>
> Anstelle der Saldotheorie würde zu Dietrichs Schutz das Leistungsstörungsrecht eingreifen (Hier zeigt sich, dass das verwendete Schlagwort vom Vorrang der Leistungskondiktion zu kurz greift – besser spricht man vom Vorrang der Leistungsbeziehungen). Der Kaufvertrag zwischen Anton und Dietrich wäre ja wirksam gewesen; eine Rückabwicklung scheidet insoweit aus (im Gegenteil, Dietrich hätte gegen Anton einen Anspruch auf wirksame Vollziehung der Übereignung gehabt!).
>
> Freilich könnte Anton von Anfang an nicht erfüllen – er ist nicht Eigentümer, und infolge des eingetragenen Widerspruchs käme auch ein gutgläubiger Erwerb nicht in Betracht –, so dass hier ein Fall des § 311 a II BGB vorläge).

---

[24] Man darf insoweit auch nicht dem Irrtum verfallen und § 816 I Satz 1 BGB anwenden wollen, etwa dergestalt, dass Norbert durch eine Genehmigung der Verfügung von Anton an Dietrich an dessen, Dietrichs, Gewinn (die Mieteinnahmen) herankommen könnte oder dass der die Vermietung durch Dietrich genehmigte. Im ersten Fall könnte der allenfalls das von Anton Erlangte herausverlangen können. Eine Genehmigung der Vermietung kommt sowieso nicht in Betracht, denn die Vermietung stellt schon keine Verfügung dar, auf die § 816 I Satz 1 BGB allein anwendbar wäre (vgl. insoweit den Fall „Ein gutes Geschäft und wie man an ein solches herankommt", dort Frage 2).

[25] S. a. Roth JuS 2003, 941 f.

Fall 13: Der Fremdbesitzerexzess auf der Überholspur

Sachverhalt

Rudi Raser (R) ist ein Freund schneller Autos, die nach Möglichkeit stets das neueste Modell sein sollen. Deswegen hat es sich Rudi zur Angewohnheit gemacht, das jeweils neueste Modell seines Lieblings – KFZ – Herstellers BWM von einem lokalen Vertragshändler, Schorsch Schumi (S), zu „leasen" und jedes Mal, wenn ein neueres Modell auf dem Markt ist, ein Exemplar dieser Reihe gegen das bisher gefahrene „auszutauschen".

Wieder einmal hat Rudi von Schorsch ein solches Modell, den „Roadrunner 2000", auf diesem Weg erlangt. Jedoch wurde der hier zugrunde liegende Leasingvertrag mit Theo Täusch (T) geschlossen. Theo war zwar einmal der Prokurist von Schorsch gewesen, aber infolge betriebsinterner Zerwürfnisse hatte dieser die Prokura wieder entzogen. Das war auch entsprechend – wie seinerzeit die Erteilung der Prokura – in das Handelsregister eingetragen worden. Theo hatte das jedoch niemals akzeptiert, denn seiner Meinung nach waren die geschilderten Meinungsverschiedenheiten „doch gar nicht so schlimm gewesen, als dass sie eine solche Kündigung gerechtfertigt hätten". Da Theo demzufolge von einer Unwirksamkeit der vermeintlichen Kündigung ausgegangen war, fühlte er sich nach wie vor als Prokurist und damit vertretungsberechtigt.

Rudi weiß von alledem nichts. Er steigt hocherfreut in den „Roadrunner 2000" und fährt mit Vollgas los. Bei einem leichtsinnigen Überholmanöver aber fliegt er aus der Kurve und kollidiert mit einem Baum. Der Wagen wird schwer beschädigt.

Schorsch fragt nach seinen Ansprüchen auf Ersatz der Reparaturkosten. Er ist sich nicht sicher, wie er sich im Folgenden verhalten soll und zieht es vor, abgesehen von der Anspruchserhebung irgendwelche sonstige Erklärungen abzugeben. Erst jetzt erfährt Schorsch von der „Kündigung der Prokura".

Bearbeitervermerk:
Es ist ein Gutachten über die Rechtslage zu erstatten. Es ist Schorsch des Weiteren ein Ratschlag zu erteilen, ob er irgendwelche Erklärungen abgeben soll und wenn doch, welche.

I. Czeguhn, C. Ahrens, *Fallsammlung zum Sachenrecht*, Juristische ExamensKlausuren, DOI 10.1007/978-3-642-13139-4_13, © Springer-Verlag Berlin Heidelberg 2011

Lösung

A. S könnte eventuell gegen R Ansprüche auf Schadensersatz geltend machen

I. § 280 I BGB

Ein solcher Anspruch könnte aus einer vertraglichen Pflichtverletzung beruhen. Verletzt worden könnten hier die aus dem Vertragsverhältnis folgenden Obhutspflichten sein.

Nach dem Leasingvertrag[1] ist R nach Beendigung des Leasingverhältnisses außerdem zur Rückgabe des Leasingobjekts verpflichtet (vgl. § 546 I BGB). Man könnte hier eine Unmöglichkeit der Erfüllung dieser Verpflichtung annehmen, was aber wiederum auf eine Pflichtverletzung hinausliefe (vgl. § 275 IV, 280 BGB).

1. Dazu müsste ein entsprechender Vertrag zustande gekommen worden sein.[2]

a) Die erforderliche Einigungserklärung von R liegt laut Sachverhalt unproblematisch vor.

b) Problematisch ist die Erklärung des S. Er hat selbst überhaupt nichts erklärt, aber es könnte insoweit T für ihn als Vertreter agiert haben.

aa) Es ist laut Sachverhalt davon auszugehen, dass T eine eigene Erklärung im Namen des S abgegeben hat (s. § 164 I Satz 1 BGB). Er ist laut Sachverhalt als Prokurist aufgetreten, was den entsprechenden Rückschluss zulässt.

bb) Problematisch ist, ob er eine Vertretungsmacht hatte.

Zunächst war T durchaus Prokurist und konnte somit sicherlich auch für S Verträge wie den vorliegenden abschließen (vgl. § 49 I HGB).

Die Prokura, d. h. diese Vertretungsmacht, wurde jedoch widerrufen.

Eine Prokura kann gem. § 52 I HGB jederzeit, ohne dass ein Grund dafür vorliegen müsste, widerrufen (s. insoweit §§ 168 Satz 3, 167 BGB) werden. Davon zu unterscheiden ist das zugrunde liegende Vertragsverhältnis, welches nach den jeweiligen einschlägigen Vorschriften (etwa §§ 620 ff. BGB) beendet werden muss (sog. Grundverhältnis, vgl. insoweit auch § 168 Satz 1 BGB).

Das ist hier geschehen. T ist schlichtweg einem Rechtsirrtum erlegen, als er von einer (in seinen Augen unwirksamen) außerordentlichen Kündigung ausging. Eine solche hätte das Grundverhältnis, den Vertrag zwischen ihm und S betroffen, aber keineswegs die einseitig erteilbare und widerrufliche Vollmacht. Hier-

---

[1]   Dessen Rechtsnatur kann hier letztendlich bleiben, man ordnet das Leasing gemeinhin als ein Mietverhältnis ein, s. dazu auch – insoweit aber a. A. (für einen Vertrag sui generis) - Martinek, S. 69 ff.

[2]   Anm. d. Verf.: Der Einstieg in diesen Fall ist zunächst kein sachenrechtlicher, aber damit ist für Falllösungen stets zu rechnen. Es kommt daher oft zu Kombinationen verschiedener Rechtsmaterien.

zu bedurfte es eben keines Grundes. Es hat tatsächlich an einer Vertretungsmacht gefehlt.

cc) Es könnte eine Rechtsscheinshaftung des S in Betracht kommen, die gewissermaßen diese fehlende Vertretungsmacht „überspielt". S müsste sich dann so behandeln lassen, als hätte T noch eine entsprechende Vertretungsmacht zum Vertragsschluss gehabt.

Der Widerruf der Prokura wurde wahrheitsgemäß in das Handelsregister eingetragen. Über § 15 I bzw. III HGB lässt sich ein Rechtsschein also nicht begründen.

In Betracht käme ein Rechtsschein in Gestalt der sog. Anscheinsvollmacht. Dagegen spricht jedoch, dass – würde man auf eine solche zurückgreifen – man die speziell geregelte Rechtscheinshaftung des § 15 HGB, wonach ein Rechtsschein hier eben nicht eingreift, letztendlich unterminieren würde. Aber auch, wenn man insoweit anderer Ansicht ist, kann man dem Sachverhalt die Voraussetzungen der Anscheinsvollmacht nicht entnehmen. Schorsch hat keinen Anlass dafür gegeben, dass man an ein (Fort-)Bestehen der Prokura hätte glauben können.

dd) Damit hat es an der Vertretungsmacht wie auch an einem Rechtsschein einer solchen gefehlt.

2. Nun ist zunächst zwar kein Leasingvertrag zustande gekommen, der als solcher aber noch Wirkung entfalten kann, wenn er nämlich von S noch genehmigt würde (§§ 182, 184 I BGB). Er ist schwebend unwirksam nach § 177 I BGB (Hier wird die Antwort der Zusatzfrage nach der zu empfehlenden Vorgehensweise von S ansetzen).

3. Damit kommen (derzeit jedenfalls) keine vertraglichen Haftungsansprüche in Betracht.

II. Gesetzliche Ansprüche

Jedoch können Ansprüche aus gesetzlichen Schuldverhältnissen bestehen.

1. In Betracht kommt ein Anspruch aus §§ 990 I, 989 BGB.

a) Dazu müssten die Voraussetzungen des § 985 BGB vorliegen. Das ist der Fall.

Da der Sinn des Leasingvertrages die Gebrauchsüberlassung ist, ist S nach wie vor Eigentümer des Wagens geblieben, den er als Vertragshändler vom Produzenten im Rahmen eines Anschaffungsgeschäfts zu Eigentum erworben hat.

R ist unmittelbarer Fremdbesitzer geworden. Ihm ist die tatsächliche Sachherrschaft (§ 854 I BGB) verschafft worden, aber er wollte den Wagen nicht als Eigentümer (vgl. § 872 BGB) besitzen, sondern eben als Leasingnehmer.

Ein Recht zum Besitz (§ 986 I BGB) stand ihm nicht zu, weil der vermeintliche Leasingvertrag (zumindest derzeit noch), wenn auch schwebend, so doch unwirksam war (s. zuvor).

b) R hätte zusätzlich zu den allgemeinen Voraussetzungen des § 985 BGB bösgläubig hinsichtlich seines fehlenden Besitzrechts sein müssen. Die Bösgläubigkeit orientiert sich weitgehend an § 932 II BGB.[3] Es käme hier auf eine positive Kenntnis des Fehlen des Besitzrechts oder eine grob fahrlässige Unkenntnis in dieser Hinsicht an (vgl. § 932 II BGB).

Daran fehlt es hier jedoch. R hat nämlich erst nach dem Unfall Kenntnis von der fehlenden Vollmacht des T erhalten, damit tritt eine mögliche Haftungssituation erst von diesem Zeitpunkt der Kenntniserlangung an (s. § 990 I Satz 2 BGB).

c) Damit entfällt ein Anspruch aus den §§ 990 I, 989 BGB.

2. Fraglich ist weiterhin ein Anspruch aus § 823 I BGB.

a) Fraglich ist allerdings schon, ob das Deliktsrecht neben den Vorschriften des Eigentümer-Besitzer-Verhältnisses mit seinen eigenen Haftungsregelungen (eben den §§ 989, 990 I BGB) überhaupt anwendbar ist.

aa) Nach h. M. ist das regelmäßig nicht der Fall.[4] Das Haftungssystem des Eigentümer-Besitzer-Verhältnisses ist ein wesentlich ausdifferenzierteres als dasjenige des Deliktsrechts; es soll nur bei Vorliegen bestimmter Voraussetzungen gehaftet werden – Voraussetzungen, die eine Haftung dann auch als gerechtfertigt erscheinen lassen. Das ist eben der Fall des Prozessbesitzers (§ 989 BGB), der ab Klagezustellung (§ 253 II ZPO) gewarnt wird, dass etwas mit seinem Besitz in rechtlicher Hinsicht „nicht stimmen könnte", oder der Bösgläubigkeit (§ 990 I BGB), die die Schutzwürdigkeit ohnehin ausschließt. Jeder andere Besitzer (ausgenommen im Fall des § 992 BGB, dazu sogleich) kann nicht ohne weiteres davon ausgehen, dass er gegenüber einem Eigentümer aus einer rei vindicatio heraus verantwortlich ist, was sich auch auf die Haftung bzw. deren Fehlen auswirkt.

Des Weiteren wird auf den sog. deliktischen Besitzer nach § 992 BGB verwiesen, der nur bei bestimmten Voraussetzungen auch[5] nach Deliktsrecht haftet.[6] Aus einem Umkehrschluss hieraus wird die grundsätzlich Unanwendbarkeit des Deliktsrechts für den sonstigen Anwendungsbereich des rei-vindicatio-Haftungssystems gefolgert.

Nicht zuletzt kann man insoweit auch § 993 I BGB a. E. angeführt werden, wonach der gutgläubige unverklagte Besitzer nicht zum Schadensersatz verpflichtet ist.

---

[3]   Vgl. insoweit schon den Fall „Ein gutes Geschäft und wie man an ein solches herankommt".

[4]   Wilhelm Rd. Nr. 1341; Wieling § 12.III.; s. a. Brehm/Berger § 8 Rd. Nr. 44.

[5]   Neben der Haftung aus verbotener Eigenmacht, die nach h. M. aber entgegen § 858 I BGB verschuldet sein muss, s. insoweit die einschlägigen Ausführungen zum Fall „Ein gutes Geschäft und wie man an ein solches herankommt".

[6]   Es handelt sich insoweit um einen Rechtsgrundverweis; Brehm/Berger § 8 Rd. Nr. 51; Westermann, § 32.IV.2.d).

bb) Ein anderer anerkannter Fall, den das Gesetz nicht ausdrücklich regelt ist der sog. Fremdbesitzerexzess.[7] Ein solcher könnte hier vorliegen.

R ist in der Tat Fremdbesitzer an dem nunmehr beschädigten Wagen gewesen.

(1) Der Fremdbesitzer begeht einen Exzess, wenn er sein gedachtes Recht zum Besitz überschreitet und deswegen die Sache schädigt. Nun hat R gerade kein Recht zum Besitz gehabt (s. zuvor, der Leasingvertrag ist bis jetzt jedenfalls schwebend unwirksam, § 177 I BGB, und kann demnach – noch – kein Recht zum Besitz verschaffen). Daher kommt es auf ein gedachtes Recht zum Besitz an.

(2) Diese Konstruktion ergibt sich aus einem Vergleich mit der Rechtslage, die bestünde, wenn der Leasingvertrag – allgemein gesprochen: das Recht zum Besitz – eben doch bestanden hätte (Hier kann infolge einer immer noch möglichen Genehmigung diese Rechtslage sogar noch eintreten, § 184 I BGB). Wäre dem so, bestünden aus der daraus resultierenden Pflichtverletzung (vgl. zuvor bei A.) Schadensersatzansprüche.[8] Die Pflichtverletzung bestünde dann darin, dass die mit dem Recht zum Besitz verbundene Sorgfaltspflicht nicht hinreichend gewahrt wurde.

(3) Hier aber kann ein solches (noch) nicht in Betracht kommen, da der Vertrag eben (schwebend) unwirksam ist. Auf der anderen Seite kann Schadensersatz aber auch nicht über die § 990 I, 989 BGB verlangt werden.

(4) Dieser Lösung fehlt indessen der Gerechtigkeitsgehalt. Sie führt nämlich bis zu dem geschilderten Befund dazu, dass R allein deswegen nicht haftet, weil er kein Recht zum Besitz hatte. Auf der anderen Seite aber hatte er doch an ein solches geglaubt – eben deswegen war er ja gutgläubig im Sinne eines Haftungsausschlusses nach den §§ 990 I, 932 II BGB gewesen. Nach dieser Vorstellung aber hätte er auch die entsprechenden Sorgfaltspflichten gehabt, die er jedoch infolge des riskanten Fahrverhaltens eben nicht beachtet hätte. Nach seiner eigenen Vorstellung hätte er also haften müssen. Er hat ein vermeintliches Besitzrecht überschritten, als Fremdbesitzer also ein insoweit gedachtes Recht zum Besitz exzessiv gebraucht. Die Interessenlage entspricht derjenigen, als wenn das Recht zum Besitz kein gedachtes, vermeintliches, sondern ein reales gewesen wäre.

---

[7]   S. dazu etwa Westerman § 31.III.2.; Baur/Stürner § 11 Rd. Nr. 32; Erman/Ebbing, Vor. zu §§ 987 – 993 Rd. Nr. 46 f.; insoweit auf § 991 II BGB abstellend Wilhelm Rd. Nr.1298 ff.; für eine Analogie zu § 991 II BGB Wieling § 12.III.4.b); s. insoweit auch für eine Analogie zu §§ 990,989 BGB Brehm/Berger § 8 Rd. Nr. 46; die Verjährung ist mittlerweile aber eine einheitliche (§ 195 BGB – in den seinerzeitigen Unterschieden vor der Schuldrechtsreform lag die praktische Konsequenz der unterschiedlichen Lösungsansätze).

[8]   In diesem Fall wäre das Eigentümer-Besitzer-Verhältnis ausgeschlossen, da die Besitzrechtsüberschreitung in Gestalt der Beschädigungshandlung (Wenn man so will, kann man hier vom „nicht so berechtigten Besitzer" sprechen) bereits durch das Vertragsverhältnis geregelt würde, s. dazu Roth JuS 2003,939.

Da aber weder vertragliche Haftungsansprüche noch §§ 990 I 989 BGB eingreifen, wird die Haftungslücke hier durch eine Anwendung des Deliktsrechts geschlossen. Angesprochen wird diese Konstellation partiell auch in § 991 II BGB für die besondere Fallkonstellation, dass dieser Fremdbesitzerexzess nicht gegenüber dem Eigentümer direkt, sondern einem dazwischen geschalteten Besitzmittler verübt wird. Daraus kann man ersehen, dass dieses Phänomen dem Gesetz keineswegs unbekannt ist[9].

cc) Es müssten die Voraussetzungen des § 823 I BGB vorliegen.

(1) R hat durch sein Fahrverhalten den Wagen beschädigt und damit das Eigentum des S verletzt (Ein Schutz des mittelbaren Besitzes des S, § 868 BGB, vermittelt durch R als Fremdbesitzer scheidet hier aus).[10] Es liegt also die sog. haftungsbegründenden Kausalität zwischen einer Handlung und einer Rechtsgutsverletzung vor.

(2) Rechtfertigungsgründe sind nicht ersichtlich. Die erforderliche Rechtswidrigkeit liegt also vor.

(3) R handelte laut Sachverhalt wenigstens fahrlässig (§ 276 II BGB, Vorsatz kann aus dem Sachverhalt nicht ohne weiteres entnommen werden – sofern man ein solches vertritt, käme noch ein weiterer Anspruch aus § 823 II BGB, 303 StGB in Betracht).

(4) Die Rechtsgutsverletzung führte zu entsprechenden Reparaturkosten. Die sog. haftungsausfüllende Kausalität, d. h. diejenige zwischen Rechtsgutsverletzung und Schaden, liegt ebenfalls vor.[11]

(5) Damit können die Reparaturkosten von R ersetzt verlangt werden (§ 249 II Satz 1 BGB).

B. Zusatzfrage: Was ist S zu raten?

I. S könnte das von T getätigte Rechtsgeschäft, den Leasingvertrag, nach § 177 I BGB genehmigen. Damit würde das schwebend unwirksame Geschäft rückwirkend wirksam werden (§ 184 I BGB).

---

[9]   Daher die in der vorigen Fußn. a. E. erwähnte Analogie oder gar direkte Anwendung dieser Norm. Indessen setzt § 991 II BGB die Haftung sowie das Besitzrecht voraus, regelt sie aber selbst nicht oder jedenfalls nicht abschließend. Insoweit würde die Prüfung im Folgenden jedenfalls ebenso am (hier: vermeintlichen) Besitzrecht orientiert sein wie diejenige nach allgemeinem Deliktsrecht, wie sie anhand der h. M. im Text fortgeführt wird.

[10]   Das deshalb, weil insoweit Rudi zum Besitz berechtigt war und/oder insoweit auch Schorsch keine aus dem Besitz folgenden Ausschlussrechte gegenüber Rudi geltend machen konnte (s. § 869 BGB), s. zum deliktischen Schutz des Besitzes auch den Fall „Die Rache des Leasingnehmers".

[11]   Die Prüfungsreihenfolge zeigt auf, dass sich das Verschulden hier nicht auf den Schaden zu erstrecken braucht (anders z.B. bei § 826 BGB).

1. Die Rechtsfolge wäre diejenige, dass nachträglich ein Besitzrecht zustande käme. Zugleich käme, da ja ein Vertrag nun wirksam vorliegt, auch eine Grundlage für eine Pflichtverletzung in Betracht (§ 280 I BGB).

2. Nun kann man hier Bedenken entgegenhalten, ob es denn gerechtfertigt ist, neben der Wirksamkeit des Rechtsgeschäfts als solchem zugleich auch nachträglich eine Haftungsgrundlage zum Entstehen zu bringen. Jedoch entstehen hier lediglich die Sorgfaltspflichten, von denen R von Anfang an ausgegangen ist und deren Missachtung doch gerade eine Haftung nach dem sog. Fremdbesitzerexzess über § 823 I BGB begründeten (s. o.). Diese Haftung jedenfalls aus diesem Grund heraus ist durch die vertragliche lediglich ersetzt worden.

II. Eine Haftung nach den §§ 990 I, 989 BGB entfiele im Fall der Genehmigung nach § 177 I BGB schon wegen des Bestehens eines Besitzrechts nach § 986 I BGB, bestehend in dem nun vollgültigen Leasingvertrag. Es fehlte dann schon an den allgemeinen Voraussetzungen der rei vindicatio nach § 985 BGB. Im Ergebnis ändert sich zum Ausgangsfall nichts, denn dort entfiel die Haftung wegen R's fehlender Bösgläubigkeit bezüglich des fehlenden Besitzrechts im Zeitpunkt des schädigenden Ereignisses (s. o.).

III. Dagegen wäre nach wie vor § 823 I BGB anwendbar. Ein Konkurrenzverhältnis zu den Vorschriften des Eigentümer-Besitzer-Verhältnisses gäbe es hier nicht, da ein solches schon von seinen Tatbestandsvoraussetzungen eben nicht gegeben wäre (s. soeben II.). Ein Fremdbesitzerexzess braucht hier erst gar nicht bemüht zu werden.

Ansonsten liegen die Voraussetzungen dieser Norm vor. Die Prüfung mitsamt dem Ergebnis ist hier dieselbe wie in der Ausgangsfrage (s. o.).

IV. S hätte durch die Genehmigung einen Beweisvorteil. Nach § 280 I Satz 2 BGB besteht hinsichtlich des Verschuldensnachweises eine Beweislastumkehr; nicht S muss R das Verschulden nachweisen, sondern R muss darlegen und beweisen, dass ihn ein Verschulden an der Pflichtverletzung nicht trifft. Die Rechtslage ist insoweit günstiger als bei § 823 I BGB, bei dem die Beweislast hinsichtlich des Verschuldens dem Anspruchsinhaber obliegt.[12]

Unter dem Beweisaspekt ist S also durchaus zu einer Genehmigung des von T getätigten Geschäfts zu raten. Jedenfalls ändert sich hinsichtlich des Resultats nichts. R haftet in jedem Fall aus Delikt, im Ausgangsfall nach den Grundsätzen des Fremdbesitzerexzesses, hier auf Grund einer bloßen Gesetzessubsumtion. Im Fall der Genehmigung tritt die vertragliche Haftungsgrundlage hinzu.

---

[12]   S. insoweit jeweils Palandt/Grüneberg, § 280 Rd. Nr. 40 sowie Palandt/Sprau § 823 Rd. Nr. 80.

Fall 14: Die gutgemeinte Reparatur

Sachverhalt

Ingo Insolvent (I) kauft von der Fix-GmbH einen PKW unter Eigentumsvorbehalt. Schon bald kommt er jedoch mit der Zahlung der zu jedem ersten des auf den Kauf (1.8.) folgenden Monats fälligen Kaufpreisraten in Rückstand; schon bald ist er mit fünf Raten überfällig.

Der Geschäftsführer der Fix-GmbH (GmbH) kündigt nach erfolgloser Setzung einer Monatsfrist zur Begleichung des ausstehenden Betrages und Ankündigung, ansonsten den Gesamtbetrag fällig zu stellen, den Kaufvertrag und verlangt den Wagen zurück. Ingo hatte jedoch zwischenzeitlich den Wagen zur Ausbesserung eines von ihm verursachten Blechschadens bei der einen KFZ-Mechanikbetrieb unterhaltenden Müller & Sohn-oHG (oHG) in Reparatur gegeben. Als die GmbH sich an die oHG wendet, weigert sich diese zur Auslieferung des PKW, solange sie den Preis für die von ihr durchgeführten Ausbesserungsarbeiten nicht erhalten hat. Die GmbH stellt sich auf den Standpunkt, das sei nicht ihr Problem, schließlich habe sie mit der Beauftragung der oHG doch gar nichts zu tun gehabt. Die oHG erwidert, schließlich sei sie doch auch zum Wohle der GmbH tätig geworden, und im Übrigen habe doch Ingo „eigentlich doch nur als deren, der GmbH, Hilfsperson tätig geworden", so dass die GmbH schon deswegen die Reparaturkosten zu bezahlen habe.

Frage 1:
1) Hat die GmbH gegen die oHG einen Anspruch auf Herausgabe des PKW?
2) Könnte die oHG gegebenenfalls in dinglicher Hinsicht ihre Situation durch vertragliche Absprachen verbessern?

Lösung

Frage 1:

Die GmbH könnte einen Anspruch gegen die oHG auf Herausgabe des PKW haben.

I. Vertragliche Ansprüche kommen nicht in Frage, denn zwischen den beiden genannten Gesellschaften hat es schon keine geschäftlichen Kontakte gegeben.

I. Czeguhn, C. Ahrens, *Fallsammlung zum Sachenrecht*, Juristische ExamensKlausuren, DOI 10.1007/978-3-642-13139-4_14, © Springer-Verlag Berlin Heidelberg 2011

II. In Betracht kommt ein Anspruch aus § 985 BGB.

1. Hierzu müsste die oHG Besitzer des PKW sein. Das ist der Fall. Die Gesellschaft übt den Besitz selbst aus[1] (Eventuelle Angestellte, die den Wagen im faktischen Gewahrsam haben, sind keine Besitzer, sondern Besitzdiener, § 855 BGB).

2. Die GmbH müsste Eigentümerin sein. Ihre Fähigkeit dazu folgt schon aus ihrem Charakter als juristische Person (s. a. §§ 11 I, 13 I GmbHG).

a) Ursprünglich war die GmbH Eigentümerin.

b) Anders könnte es durch die Veräußerung an I geworden sein. Zwar geht infolge des Trennungsprinzips das Eigentum nicht wegen des geschlossenen Kaufvertrages auf I über, aber zugleich wurde der Wagen durch Eigentumsvorbehalt übereignet.

> Der Eigentumsvorbehalt (vgl. auch § 449 I BGB) stellt eine bedingte Übereignung dar. Eine Übergabe als Realakt, die Besitzverschaffung, erfolgt wie sonst auch, aber die dingliche Einigung wird unter eine Bedingung gestellt. Diese Bedingung besteht darin, dass der Vorbehaltserwerber erst mit der endgültigen Zahlung des Kaufpreises das Eigentum erhält; bis dahin verbleibt es beim Veräußerer. Die Zahlung des kompletten Kaufpreises ist also die aufschiebende Bedingung (§ 158 I BGB) für den Eigentumserwerb durch den Vorbehaltskäufer. Spiegelbildlich dazu ist sie die auflösende Bedingung für den Eigentumsverlust (§ 158 II BGB) beim Vorbehaltsverkäufer.

Der Kaufpreis wurde jedoch niemals endgültig gezahlt, so dass der Eigentumsvorbehalt niemals zum Eigentum I's erstarkte.

c) Auch durch die weiteren Ereignisse hat die GmbH ihr Eigentum niemals verloren. Sämtliche Vorgänge hatten niemals eine Übereignung zum Gegenstand, so dass ein Eigentumserwerb verbunden mit einem Eigentumsverlust auf Seiten der GmbH zu keinem Zeitpunkt stattfand.
Folglich ist die GmbH Eigentümer des PKW geblieben.

3. Fraglich ist, ob die oHG ein Recht zum Besitz hatte (§ 986 I BGB).
Ein solches Recht könnte sich aus vertraglichen Beziehungen ergeben. Der oHG wurde von I der Besitz im Rahmen eines Werkvertrages eingeräumt, es bestand insoweit ein Besitzmittlungsverhältnis (§ 868 BGB).[2]

---

[1] S. insoweit auch die Übersicht über die Besitzverhältnisse bei Gesellschaften zum Fall „Die Odyssee eines Grundpfandbriefes".

[2] Man kann nun schon die Frage aufwerfen, ob statt Ingo nicht die GmbH im Rahmen einer sog. Verpflichtungsermächtigung Werkvertragspartei geworden ist. Dann würde die oHG ein Recht zum Besitz gegenüber der GmbH schon aus ihren vertraglichen Beziehungen zu dieser haben und zugleich sich auf ein Werkunternehmerpfandrecht (§ 647 BGB) als ein weiteres Recht i. S. v. § 986 I

a) Allerdings hätte I nun seinerseits gegenüber der GmbH zum Besitz berechtigt sein müssen (vgl. § 986 I Satz 2 BGB). Es müsste insoweit eine „Besitzrechtsbrücke" von der oHG ausgehend über Ingo zur GmbH bestehen müssen.[3]
Nun war I ursprünglich gegenüber der GmbH zum Besitz berechtigt. Mit dem Eigentumsvorbehalt war zugleich ein Besitzmittlungsverhältnis verbunden (§ 868 BGB), kraft dessen I den Wagen benutzen durfte. Er war unmittelbarer Fremdbesitzer (§ 854 I BGB), die GmbH war mittelbarer Eigenbesitzer (§§ 868, 872 BGB).

> Bei Vereinbarung eines Eigentumsvorbehalts erfolgt die Übergabe regelmäßig nach § 929 Satz 1 BGB. Zugleich wird aber das soeben beschriebene Besitzmittlungsverhältnis begründet. Dieser Fall ist nicht zu verwechseln mit § 930 BGB, denn hier ist umgekehrt der Veräußerer unmittelbarer Besitzer und der Erwerber mittelbarer Besitzer.

Dieses Recht zum Besitz ist jedoch erloschen. Die GmbH (insoweit vertreten durch ihren Geschäftsführer, § 35 I GmbHG) ist nämlich wirksam vom Kaufvertrag zurückgetreten. Ein solches Recht stand ihr nach § 323 I BGB zu. Die an sich erforderliche Fristsetzung ist nach § 323 II Nr. 2 BGB entbehrlich, da die Leistungszeit für die jeweiligen Raten auf bestimmte Termine fixiert wurde. Der Rücktritt, wenn auch als Kündigung bezeichnet (insoweit ist die Kündigung als Rücktritt auszulegen, §§ 133, 157 BGB), wurde auch erklärt (§ 349 BGB). Als Folge erlosch das Recht zum Besitz, und die GmbH konnte den Wagen von Ingo gem. § 985 BGB herausverlangen (s. a. § 449 II BGB).[4]
Damit scheidet ein Recht zum Besitz kraft vertraglicher Beziehungen seitens der oHG gegenüber der GmbH aus.

b) Ebensolches geschah in Bezug auf das Anwartschaftsrecht von I. Ein solches entsteht als dingliches Recht mit Vereinbarung des Eigentumsvorbehalts[5], wobei allerdings fraglich ist, ob es auch ein absolutes Recht gegenüber dem Eigentümer

---

Satz 1 BGB berufen können. Diese Fragen werden nach nahezu klassischer Vorgehensweise erst im Rahmen des Bestehens eines Werkunternehmerpfandrechts diskutiert, s. dazu im Anschluss. Daher wird sich die hiesige Lösung dem insoweit anschließen. Nichtsdestotrotz bleibt festzuhalten, dass die dort erörterten Aspekte durchaus auch schon hier erörtert werden können.

[3]   S. insoweit die einschlägigen Erläuterungen zum Fall „Ein gutes Geschäft und wie man an ein solches herankommt".

[4]   Man könnte hier ein Teilzahlungsgeschäft (§§ 499 I, III, 501 ff. BGB) zwischen einem Unternehmer (GmbH, § 14 BGB) und einem Verbraucher (Ingo, § 13 BGB) annehmen (Der Sachverhalt ist insoweit offen). Insoweit ist der Rücktritt nur erschwerten Bedingungen möglich (§§ 503 II Satz 1, 498 I BGB), die aber hier erfüllt sind. Vgl. insoweit für die Ausübung von Herausgaberechten auch die Rücktrittsfiktion des § 503 II Satz 4 BGB, der vor allem den Anspruch aus § 985 BGB betrifft.

[5]   S. dazu auch Wilhelm Rd. Nr. 2443.

begründet.[6] Das ließe sich grundsätzlich auf die Frage, ob insoweit überhaupt auch ein Besitzrecht i. S. v. § 986 I BGB in Betracht kommt, erstrecken. Wie dem aber auch sei, jedenfalls ist durch den Rücktritt vom Kaufvertrag durch die GmbH mit den vertraglichen Beziehungen in ihrer ursprünglichen Ausgestaltung[7] zugleich das Anwartschaftsrecht erloschen.[8]

c) In Betracht kommen jedoch eigene Besitzrechte der oHG, welche von den Beziehungen zwischen I und der GmbH unabhängig sind.

aa) So könnte die oHG ein Pfandrecht innehaben, welches sie zum Besitz gegenüber der GmbH berechtigt. Das Pfandrecht als ein ausschließliches, beschränkt dingliches Recht ist von schuldrechtlichen Vertragsbeziehungen nicht abhängig, es kann direkt als ein Recht zum Besitz i. S. v. § 986 I Satz 1 BGB gegenüber dem Eigentümer wirken.[9]

   (1) Ein solches Pfandrecht entsteht auf rechtsgeschäftlichem Wege durch die entsprechende dingliche Einigung und Übergabe (vgl. § 1205 BGB). Eine solche rechtsgeschäftliche Bestellung hat aber zu keinem Zeitpunkt stattgefunden, scheidet somit also aus.

   (2) Jedoch könnte ein gesetzliches Pfandrecht entstanden sein. Gem. § 647 BGB hat der Unternehmer für seine Forderung aus einem Werkvertrag (Ein solcher liegt seitens der oHG unproblematisch vor) ein Pfandrecht u. a. an den von ihm ausgebesserten Sachen des Bestellers, wenn sie bei der Werkerstellung in seinen Besitz gelangt sind. Hinsichtlich des Wagens ist das ja der Fall gewesen.

   Allerdings muss es sich um eine Sache des Bestellers gehandelt haben, diesem muss die Sache also gehören. Die GmbH müsste also Besteller und damit Vertragspartner der oHG geworden sein.

   (a) Sie hat in keinem Fall selbst (d. h. vertreten durch den Geschäftsführer, § 25 I GmbHG) an dem Vertragsschluss mitgewirkt. Die maßgebliche vertragliche Einigungserklärung wurde von I abgegeben. Dieser fungierte nicht als Stellvertreter (§ 164 I BGB). Er gab zwar eine eigene Erklärung ab (womit eine Botenschaft von vornherein aus-

---

[6]   Der Grund für Vorbehalte liegt darin, dass das Anwartschaftsrecht eben so abhängig von den schuldrechtlichen Vereinbarungen ist. Insoweit kann man vertreten, dass das eigentliche Recht zum Besitz in Wirklichkeit eben nur aus diesen Vereinbarungen resultiert. Das Anwartschaftsrecht ist von dem Kausalgeschäft, wenn man so will, „nicht hinreichend emanzipiert";s. MüKo/Baldus, § 986 Rd. Nr. 9; Staudinger/Gursky § 986 Rd. Nr. 13; a. A. Baur/Stürner § 59 Rd. Nr. 47; Erman/Ebbing § 983 Rd. Nr. 36.

[7]   Stattdessen liegt insoweit ein Rückgewährschuldverhältnis vor, der Vertrag hat sich insoweit umgewandelt, §§ 346 ff. BGB. Die ursprünglichen Primäransprüche (§ 433 BGB) sind freilich erloschen und durch die Rückgewährsansprüche ersetzt worden.

[8]   Erman/Ebbing § 986 Rd. Nr. 37.

[9]   S. allgemein etwa Erman/Ebbing § 986 Rd. Nr. 3; s. a. BGH NJW 1999,3716 f.

cheidet), nicht aber im Namen der GmbH. Auf eine mögliche Vollmacht kommt es daher schon gar nicht mehr an.

Jedoch könnte die GmbH Vertragspartei/Besteller im Rahmen einer sog. Verpflichtungsermächtigung geworden sein.

Eine solche Verpflichtungsermächtigung unterscheidet sich in dogmatischer Hinsicht von der Stellvertretung und ist von dieser strikt zu trennen. Sie basiert auf der Überlegung, dass man § 185 I, II Satz 1, 1. Alt. BGB analog auch auf Verpflichtungsgeschäfte anwenden könne.[10] Eine entsprechende Zustimmung/Ermächtigung könnte also ein Verpflichtungsgeschäft, welches mit Wirkung für einen Anderen abgeschlossen wurde, wirksam sein bzw. rückwirkend werden lassen (§ 184 I BGB).

Eine solche (konkludente) Zustimmung durch die GmbH könnte man hier deswegen vermuten, weil es in ihrem Interesse läge, dass der Vorbehaltskäufer die betreffende Sache in ihrem einwandfreien Zustand erhält und damit ihr unversehrtes Eigentum bewahrt. Nimmt man das an, ist ein Vertrag zwischen der GmbH und der oHG (nicht also mit Ingo) zustande gekommen, so dass das Recht zum Besitz der oHG direkt zwischen diesen beiden existiert (§ 986 I Satz 1 BGB).[11] Damit würde ein Anspruch aus § 985 BGB scheitern.

Die einhellige Meinung lehnt eine solche Verpflichtungsermächtigung aber ab.[12] Begründet wird dies mit dem ansonsten drohenden Konkurrenzverhältnis zur Stellvertretung, welche an sich ja zur Verpflichtung Dritter vorgesehen ist. Zudem verlangt diese die Wahrung eines Offenkundigkeitsprinzips (s. § 164 I Satz 2 BGB), welches die Verpflichtungsermächtigung nicht kennen würde; die damit verbundene Schutzintention des Rechtsverkehrs, welcher damit vor klare Verhältnisse gestellt wird, könnte somit unterminiert werden. Nicht zuletzt stellt sich ohnehin die ganz grundsätzliche Frage, ob hier angesichts der §§ 164 ff. BGB überhaupt eine planwidrige Gesetzeslücke als Voraussetzung für eine Analogie als solcher vorliegt.

Schließlich könnte man anhand der systematischen Auslegung damit argumentieren, dass das Gesetz Verpflichtungsermächtigungen oder dieser nahekommende Erscheinungsformen nur in Ausnahmefällen statuiert, so etwa bei der sog. ehelichen Schlüsselgewalt des § 1357 BGB.[13]

---

[10]   S. dazu Larenz/Wolf § 46 Rd. Nr. 27 sowie § 51 Rd. Nr. 26 (dort jeweils ablehnend, s. dazu auch sogleich im Text); Medicus, Bürgerliches Recht, Rd. Nr. 29, 594.

[11]   Vgl. insoweit zur darstellerischen Vorgehensweise o. Rd. Nr..

[12]   S. Larenz/Wolf sowie Medicus, Bürgerliches Recht, jeweils a. a. O.

[13]   Larenz/Wolf a. a. O. Deren Charakter als (gesetzlicher) Verpflichtungsermächtigung wird aller Ähnlichkeit zum Trotz aber wieder damit bestritten, dass sie nicht nur zu einer Fremdverpflichtung

Demzufolge ist nach allgemeiner Ansicht die GmbH nicht Besteller i. S. v. § 647 BGB geworden.[14] Besteller, d. h. Vertragspartei des Werkvertrages, war hier Ingo als Nichteigentümer.

(b) Allenfalls könnte hier ein gutgläubiger Erwerb vom Nichtberechtigten in Frage kommen. Ein solcher ist im Pfandrecht grundsätzlich ja auch vorgesehen (§ 1207 BGB). Wohl betrifft § 1207 BGB das rechtsgeschäftliche Pfandrecht, aber für gesetzliche Pfandrechte, von denen das Werkunternehmerpfandrecht eines ist, gelten die Regelungen für das erstgenannte grundsätzlich entsprechend (§ 1257 BGB). Jedoch ist umstritten, ob ein solcher Erwerb für das Werkunternehmerpfandrecht nicht in Betracht kommt.

Zum einen kann man mit dem Wortlaut des § 1257 BGB selbst argumen-tieren:[15] Hiernach greifen die Vorschriften für das rechtsge-schäftliche Pfandrecht nämlich nur für ein kraft Gesetz *entstandenes* – und man sollte hier ergänzend sagen: bereits entstandenes! – Pfandrecht entsprechend ein. Das gesetzliche Pfandrecht muss also bereits existent sein. Daran würde es hier fehlen, denn das Werkunternehmerpfandrecht würde seine Existenz doch gerade einem Entstehungstatbestand aus einer Vorschrift beziehen, welche eben diese Existenz aber bereits voraussetzt, anders gewendet: § 1257 BGB kann sich nicht auf § 1207 BGB beziehen!

Diese wortlautorientierte, grammatikalische, Auslegung wird durch grundlegende Überlegungen zum gutgläubigen Erwerb an sich noch gestützt. Ein solcher bedarf nämlich eines Ansatzpunktes, an dem der gutgläubige Erwerb anknüpfen kann. Das ist im Fahrnisrecht grundsätzlich der Besitz (vgl. § 1006 BGB), und so ist es auch beim Pfandrecht. Das ist aber allein deswegen so, weil der Besitz bzw. dessen Verschaffung einen Rechtserwerb zustande bringen kann. Die Besitzverschaffung als solche aber setzt an der rechtsgeschäftlichen Rechtseinräumung (s. wieder § 1205 BGB) an. Die Erfüllung eines gesetzlichen Tatbestandes aber ist entweder eingetreten oder nicht. Eine diesbezügliche Fehleinschätzung führt allenfalls zu einem Rechtsirrtum und damit zu einer gegebenenfalls fehlerhaften rechtlichen Wür-

---

(des anderen Ehegatten) führt, sondern daneben auch die Eigenverpflichtung des rechtsgeschäftlich agierenden Ehegatten bestehen lässt.

[14] Nach a. A. liegt hier eine Einwilligung des Eigentümers (der GmbH) vor, die analog § 185 I BGB zu einer Entstehung des Werkunternehmerpfandrechts führt, so Medicus, Bürgerliches Recht, Rd. Nr. 594. Da eine Verpflichtung der GmbH nicht entstünde, handele es sich auch insoweit nicht um eine Verpflichtungsermächtigung, a. a. O. gegen BGHZ 34,125.

[15] BGHZ 34,153 ff.; BGHZ 87,280; BGHZ 100,101; BGH NJW 1992,2574; (dort auch zum Pfändungspfandrecht, s. dazu auch § 898 ZPO); a. A. (arg. § 366 III HGB) Baur/Stürner § 55 Rd. Nr. 40; Wieling § 15.VIII.b); Wilhelm Rd. Nr. 1862 ff.

digung. Auf einer solchen aber kann ein Vertrauensschutz unmöglich aufbauen. Nach a. A. – gestützt auf § 366 III HGB – kann der Rechtsschein hier gleichwohl bestehen.[16]

Schließlich findet sich ein weiteres Argument in § 366 III HGB, welcher im Rahmen eines Umkehrschlusses herangezogen werden kann. Hier – ausnahmsweise! – ist ein gutgläubiger Erwerb kraft Gesetzes entstehender Pfandrechte (des Kommissionärs, Spediteurs, Lagerhalters und Frachtführers) vorgesehen. Der Grund hierfür liegt darin, dass die genannten Personen in einem besonderen Maße schutzwürdig sind. Erhalten sie nämlich Waren von einem Kaufmann (§§ 1 ff. HGB), sind die Eigentumsverhältnisse oft nicht hinreichend transparent, ja oft wird der Kaufmann nämlich nicht in seinem Eigentum stehende Waren überreichen.[17] Aus Gründen der Sicherheit und Leichtigkeit des Rechtsverkehrs im kaufmännischen Verkehr und dem damit korrespondierenden Sicherheitsbedürfnis von Kommissionär, Spediteur etc. erweitert besagter § 366 III HGB die Möglichkeiten eines gutgläubigen Erwerbs.[18] Es handelt sich aber eben um eine Ausnahme von der Regel. Daher kann man von § 366 III HGB auf die Regel schließen, die einen Gutglaubenserwerb gesetzlicher Pfandrechte also nicht kennt. Aber auch hier wird besagte Norm von gegensätzlichen Auffassungen herangezogen, so dass sie anders als soeben geschildert gleichsam als Regelfall angesehen wird.[19]

Damit hängt es von der jeweils vertretenen Ansicht ab, ob ein Pfandrecht hier gutgläubig erworben wurde.

d) Es könnten aber weitere Rechte zum Besitz in Frage kommen. Das könnte daraus, dass die oHG einen Verwendungsersatzanspruch gegen die GmbH innehat. Anspruchsgrundlage könnte § 994 I BGB sein. Ist dem so, kann die oHG Zurückbehaltungsrechte aus § 1000 Satz 1 BGB bzw. § 273 II BGB (der als solcher selbst keine Anspruchsgrundlage für einen Verwendungsersatzanspruch darstellt, sondern eine solche voraussetzt) geltend machen.

Das setzt voraus, dass die genannten Zurückbehaltungsrechte Rechte zum Besitz i. S. v. § 986 I BGB erzeugen. Dies wurde von der Rechtsprechung so angenom-

---

[16] Wilhelm Rd. Nr. 1867 sowie in den folgenden Rd. Nr. – dort auch zu rechtshistorischen Argumenten.

[17] Etwa dergestalt, dass ansonsten aber eine Verfügungsermächtigung (§ 185 I BGB) vorliegt. Aus diesem Grunde schützt § 366 I HGB hier sogar den guten Glauben an eine solche Verfügungsermächtigung.

[18] S. Canaris, § 27 Rd. Nr. 34.

[19] S. dazu auch die in den vorigen Fußnoten genannten Fundstellen hinsichtlich der Befürwortung eines gutgläubigen Erwerbs.

men[20] und ließe sich damit begründen, dass die Zurückbehaltung als solche die Befugnis zur Aufrechterhaltung des Besitzes enthält.

Dagegen lassen sich denklogische Argumente ins Feld führen. Der Verwendungsersatzanspruch aus § 994 I BGB setzt nämlich ein Eigentümer-Besitzer-Verhältnis voraus, und jedenfalls nach h. M. gehört es zu dessen Tatbestand, dass kein Recht zum Besitz (§ 986 I BGB) gegeben ist.[21] Ist aber eines gegeben, entfällt das Eigentümer-Besitzer-Verhältnis; damit kommt aber auch § 994 I BGB als ein Bestandteil desselben nicht in Betracht. Entfällt nun aber diese Anspruchsgrundlage, entfallen auch die sich darauf begründenden Zurückbehaltungsrechte (Für § 1000 BGB würde das schon infolge des Wegfalls der rei vindicatio an sich gelten). Damit entfällt zugleich aber wieder das Recht zum Besitz – und damit entsteht wiederum ein Eigentümer-Besitzer-Verhältnis. Dieses würde aber sogleich wieder entfallen, da jetzt wieder der Verwendungsersatzanspruch und damit auch die genannten Zurückbehaltungsrechte wieder aufleben, um sodann aus den geschilderten Gründen – Neuentstehung eines Rechts zum Besitz (§ 986 I BGB) – die rei vindicatio tatbestandsmäßig wieder entfallen zu lassen. Hieraus folgend würden die Zurückbehaltungsrechte wieder entfallen, um somit eine rei vindication entstehen zu lassen, die aber infolge des damit verbundenen Wiederentstehens der Zurückbehaltungsrechte fortfallen würde, verbunden mit einem Fortfall der Zurückbehaltungsrechte. Diese gedankliche Endlosschleife ließe sich bis in alle Unendlichkeit fortführen.[22]

Die einsichtigeren Gründe sprechen also dafür, auf Verwendungsersatzansprüche gestützte Zurückbehaltungsrechte nicht als Recht zum Besitz anzuerkennen. Damit liegt eine rei vindicatio vor, ein Anspruch aus § 985 BGB ist also gegeben.

4. Allerdings könnte der Anspruch aus § 985 BGB einredebehaftet sein. Hier könnten die Zurückbehaltungsrechte (§§ 273 II, 1000 Satz 1 BGB) in Betracht kommen. Die vorangegangenen Ausführungen wandten sich schließlich allein gegen ihre Anerkennung als Recht zum Besitz (und damit als rechtsvernichtende Einwendung, was unter der Fragestellung: Ist der Anspruch überhaupt entstanden? erörtert werden musste). Davon zu trennen ist die Frage, ob sie als eigenständige Einrede außerhalb der Vorschriften der rei vindicatio dem Herausgabeanspruch entgegengesetzt werden können. Es geht also nicht mehr um die Frage der Anspruchsentstehung, sondern um die Frage der Durchsetzbarkeit des Anspruchs.

a) Es wurden Verwendungen auf die Sache, den PKW geleistet, da die Reparatur der Instandhaltung desselben diente.[23]

---

[20]   BGH NJW 1995,1628; BGH NJW-RR 1991,283; BGHZ 64,124; s. a. etwa Keller JuS 1982,668.

[21]   S. BGH NJW 1999,3717; Soergel/Mühl § 986 Rd. Nr. 2; MüKo/Baldus, § 986 Rd. Nr. 37; Erman/Ebbing § 986 Rd. Nr. 41; Baur/Stürner § 11 Rd. Nr. 26; a. A. RGRK-Pikart § 986 Rd. Nr. 24.

[22]   s. dazu Ahrens Rd. Nr. 228; Seidl JZ 1993,180 ff.

[23]   Zum Verwendungsbegriff s. näher den Fall „Die übereifrige Häuslebauerin". Nach allen Ansichten aber läge hier eine Verwendung vor. Fraglich könnte aber sein, ob man wirklich in der oHG den-

Die oHG war gutgläubiger Besitzer, da sie entsprechend § 932 II BGB weder um das Eigentum der GmbH und somit zugleich von der fehlenden Berechtigung des Ingo wusste, noch um dieses hätte wissen müssen.

b) Problematisch erscheint hier jedoch, dass die Verwendungen zu einer Zeit getätigt wurden, als ein Eigentümer-Besitzer-Verhältnis noch nicht bestand. Die GmbH war damals nämlich noch nicht von dem Kaufvertrag zurückgetreten, so dass eine „Besitzrechtsbrücke" von der oHG über Ingo bis hin zur GmbH noch bestanden hatte. Entsprechend bestand damals noch kein Anspruch der GmbH gegenüber der oHG aus § 985 BGB.

aa) Hieraus könnte man folgern, dass ein Verwendungsersatzanspruch aus § 994 I BGB entfiele. Eine solche Möglichkeit hätte erst mit Eingreifen der Tatbestandsvoraussetzungen der rei vindicatio bestehen können. Damit verbunden wäre das Entfallen des Zurückbehaltungsrechts aus § 1000 Satz 1 BGB (aus demselben Grund, aus dem auch der Anspruch aus § 994 I BGB entfiele, denn auch diese Norm ist in das Eigentümer-Besitzer-Verhältnis integriert) bzw. aus § 273 II BGB (Die eben geschilderte notwendige Integration fehlt hier zwar, aber es würde an der von § 273 II BGB vorausgesetzten Verwendungsersatzanspruchsgrundlage – § 994 I BGB – fehlen). Die oHG wäre demgegenüber nicht gänzlich schutzlos, aber sie würde allein auf ihre vertraglichen Ansprüche gegen I (§ 631 I BGB) verwiesen werden. Gegenüber der GmbH (die aber schließlich an der Betrauung der oHG mit der Reparatur auch nicht beteiligt war) würden keinerlei Rechte bestehen.[24]

bb) Anders wäre es, wenn man das Eigentümer-Besitzer-Verhältnis, wenn sein Tatbestand vorliegt, auch mit rückwirkender Kraft, also ex tunc, entstehen lassen würde.[25]

Tatsächlich wird ein solches vertreten. Begründet wird dies mit einer vergleichenden Betrachtung. Ein Besitzer, welcher von Anfang an nicht zum Besitz berechtigt war, wenn also ein Eigentümer-Besitzer-Verhältnis von Anfang an bestünde, hätte bei Vorliegen der jeweiligen Voraussetzungen von Anfang an einen Verwendungsersatzanspruch gehabt. Nach dem bisher Gesagten wäre das nicht der Fall, wenn das Eigentümer-Besitzer-Verhältnis erst später einträte für den davor liegenden Zeitraum; insoweit stünde der Besitzer schlechter als derjenige in der zuerst genannten Konstellation. Im Ergebnis würde also der von Anfang an nicht zum Besitz berechtigte Besitzer demjenigen, der sein Recht zum Besitz erst später verliert, bevorteilt sein, das Besitzrecht würde also – obgleich wer-

---

jenigen sieht, der die Verwendungen tätigt. Dies könnte auch Ingo als derjenige, der die Reparatur veranlasst hat, sein, so Medicus, Bürgerliches Recht, Rd. Nr. 591. Danach müsste man einen Anspruch der oHG verneinen.

[24] S. Medicus, Bürgerliches Recht, Rd. Nr. 590.

[25] So BGHZ 34,122 ff.; s. aber auch die Einschränkung in Orientierung an § 1002 BGB bei BGHZ 51,250 ff.; s. dazu auch Ranieri JuS 2004,54.

tungsmäßig doch wünschenswerter als sein Fehlen – sich geradezu gegen seinen Besitzer kehren. Das verhindert man dadurch, dass man eine rei vindicatio, tritt sie denn ein, jedenfalls hinsichtlich des Verwendungsersatzanspruchs rückwirkend entstehen lässt.

Dagegen ließe sich wiederum einwenden, dass jedenfalls im vorliegenden Fall die oHG durch den vertraglichen Anspruch kompensiert werden könnte.[26] Auch sonst, wenn ein solcher nicht bestünde, würde der Besitzer anders als ein nicht berechtigter Besitzer zugleich auch nicht durch die aus den §§ 985 ff. BGB folgenden Pflichten betroffen sein.

c) Je nachdem, welcher Ansicht man zuneigt, ist ein Anspruch aus § 994 I BGB also zu bejahen oder nicht. Konsequent aus der persönlichen Stellungnahme heraus sind die jeweiligen Zurückbehaltungsrechte anzuerkennen oder abzulehnen. Werden sie bejaht, liegt eine Einrede vor, kraft derer die oHG die Herausgabe des PKW Zug um Zug gegen Erstattung der Reparaturkosten verlangen kann (§ 274 BGB).

Frage 2:

Die oHG könnte ihre rechtliche Situation dadurch verbessern, dass sie sich über vertragliche Absprachen neben der Möglichkeit des Werkunternehmerpfandrechts (§ 647 BGB) ein rechtsgeschäftliches Pfandrecht bestellen lässt (§§ 1204 ff. BGB). Im konkreten Fall hätte die Möglichkeit eines gutgläubigen Erwerbs in Bezug auf dieses bestanden (§ 1207 BGB, nicht hingegen in Bezug auf das gesetzliche Pfandrecht aus § 647 BGB). Dieser wäre hier, Gutgläubigkeit vorausgesetzt, über §§ 1207, 932 BGB vonstatten gegangen.

Derartige Klauseln sind keineswegs selten und finden sich demzufolge auch in Allgemeinen Geschäftsbedingungen (§ 305 I BGB). Damit müssen sie sich an den Maßstäben des § 307 BGB messen lassen.[27]

Mittlerweile werden solche Klauseln auch in AGB durchaus zugelassen, um die Lücke zu schließen, die die Ablehnung eines gutgläubigen Erwerbs eines Werkunternehmerpfandrechts im Vergleich etwa zu den in § 366 III HGB Genannten offenbar hinterlassen wird. Kritisiert wird dies unter dem Aspekt, dass diese Klausel gerade wegen dieser Intention einer Aufforderung gleichkommt, Verpfändungserklärungen gerade in Bezug auf Sachen, die einem nicht gehören, abzugeben.[28] Dies sei eben der Fall, wenn man in AGB dingliche Erklärungen über die Verpfändung integriere. Gestützt darauf ist jedenfalls für jeden Fall individuell zu prüfen, ob ein gutgläubiger Pfandrechtserwerb stattgefunden hat. Die Gutgläubigkeit jedenfalls kann man als solche nicht per AGB pauschal etablieren.

---

[26]   S. dazu auch etwa Roth JuS 2003,939.
[27]   S. dazu den Überblick bei Wilhelm Rd. Nr. 1862 ff.; s. a. BGHZ 68,323 ff.; BGHZ 101,315.
[28]   S. Picker NJW 1978,1417 f.; s. a. Tiedtke, S. 73 ff., dort insbesondere S. 75; Wilhelm Rd. Nr. 1865.

Fall 15: Die Übereifrige Häuslebauerin

Sachverhalt

Adolf Alt verstirbt in dem gesegneten Alter von 95 Jahren. Es findet sich ein notarielles Testament, in dem er seine Tochter Adolphia Alt zur Alleinerbin einsetzt. Zu dem Nachlass gehört ein Grundstück, auf welchem sich ein mittlerweile in die Jahre gekommenes Herrenhaus befindet. Adolphia lässt es wieder herrichten und lässt obendrein noch einen Golfplatz sowie ein separates Teehaus einrichten. Kurz nachdem diese Arbeiten ausgeführt worden sind, findet sich ein weiteres handschriftliches Testament jüngeren Datums, in dem Adolf seinen Enkel Adolphius Alt zum alleinigen Erben einsetzt. Adolphius verlangt von Adolphia die Herausgabe sämtlicher Nachlassgegenstände, insbesondere des Grundstücks. Mittlerweile hat Adolphia aber das Anwesen an Diethelm Dritt (D) verkauft, auch die Auflassung wurde bereits beiderseits erklärt. Umgehend erwirkt Adolphius die Eintragung eines Widerspruchs in das Grundbuch und verlangt das Grundstück von Diethelm, der dieses bereits in Besitz genommen hat, heraus. Dieser ist durchaus bereit sich zu fügen, verlangt aber zuerst Ersatz der Renovierungsarbeiten an dem Anwesen sowie der sonstigen darauf verwendeten Kosten. Adolphius weigert sich zu einer Begleichung der Kosten, denn zum einen habe er sie nicht verursacht, und vor allem hätte er als leidenschaftlicher Sporthasser und Biertrinker niemals einen Golfplatz und einen Teehaus haben wollen. Schließlich rückt auch Adolphia auf den Plan, sie will, falls dies ansonsten keine Berücksichtigung findet, ihrerseits Begleichung der Kosten.

Frage:
Wie ist die Rechtslage?

Lösung

A. Ein Anspruch aus § 2018 BGB scheidet aus, weil Adolphius nicht gegen D als Erbschaftsbesitzer vorgeht. D beruft sich nämlich nicht auf ein vermeintliches Erbrecht, sondern allenfalls auf eine Einzelrechtsnachfolge unter Lebenden bzw. aus Gegenrechten, die er trotz deren vermutlichem Fehlschlagen noch hat (Kostenersatz).

I. Czeguhn, C. Ahrens, *Fallsammlung zum Sachenrecht,* Juristische ExamensKlausuren,   101
DOI 10.1007/978-3-642-13139-4_15, © Springer-Verlag Berlin Heidelberg 2011

> § 2018 BGB ist bezogen auf den gesamten Nachlass das, was § 985 BGB bezogen auf ein konkretes Eigentum ist. Er gibt einen Anspruch auf Herausgabe der Gesamterbschaft mitsamt Surrogaten (§ 2019 BGB) und gezogenen Nutzungen, daneben bestehen Haftungsregelungen. Dem stehen Verwendungsersatzansprüche gegenüber. Das System ist demjenigen der rei vindicatio nicht unähnlich. Letztere wird durch den Erbschaftsanspruch teilweise modifiziert (s. § 2029 BGB, dazu auch sogleich in der Falllösung).
>
> Der Erbe hat insoweit also mehrere Möglichkeiten: Er kann sowohl den Herausgabeanspruch in Bezug auf den Gesamtnachlass geltend machen. Ebenso möglich ist es, auf einzelne Nachlassgegenstände bezogen die Einzelansprüche (etwa aus § 985 BGB) zu erheben.

B. Adolphius könnte gegen D einen Anspruch auf Herausgabe des Grundstücks aus § 985 BGB haben.

I. D ist laut Sachverhalt Besitzer des Grundstücks.

II. Adolphius müsste Eigentümer des Grundstücks sein.

1. Ursprünglich war Adolf der Eigentümer.

2. Durch seinen Tod fiel das Eigentum im Rahmen der erbrechtlichen Gesamtnachfolge (§ 1922 BGB) an Adolphius. Er ist testamentarischer Erbe seins Großvaters. Zwar hatte dieser zunächst Adolphia zur Alleinerbin bestimmt, dies aber durch ein späteres Testament widerrufen (s. §§ 2258 BGB). Adolphia war zu keinem Zeitpunkt die Eigentümerin.

3. Ein gutgläubiger Erwerb durch D kommt nicht in Betracht. Zum einen spricht der Sachverhalt mit keiner Silbe davon, dass D überhaupt in das Grundbuch eingetragen wurde. Des Weiteren würde infolge des Widerspruchs im Grundbuch ein gutgläubiger Erwerb gem. § 982 I BGB scheitern.

III. D könnte ein Recht zum Besitz haben (§ 986 I BGB).[1]

Ein solches Recht könnte auf Grund eines Verwendungsersatzanspruchs oder ähnlicher Ansprüche bestehen, was entsprechende Zurückbehaltungsrechte nach sich zieht (§§ 1000, 273 I, II BGB). Jedoch ist umstritten, ob diese ein Recht zum Besitz darstellen können.[2]

Überzeugender ist es, dieses abzulehnen (andere Ansicht vertretbar).

---

[1]   Zu diesem Merkmal als Tatbestandsvoraussetzung s. BGH NJW 1999,3717; Soergel/Mühl § 986 Rd. Nr. 2; MüKo/Medicus § 986 Rd. Nr. 25; Erman/Ebbing § 986 Rd. Nr. 41; Baur/Stürner § 11 Rd. Nr. 26; a. A. RGRK-Pikart § 986 Rd. Nr. 24.

[2]   S. dazu den Fall "Die gutgemeinte Reparatur".

IV. In diesem Fall sind Zurückbehaltungsrechte als eigene Einreden gegen den Anspruch aus § 985 BGB, der als solcher besteht, zu prüfen.

1. Zurückbehaltungsrechte könnten auf §§ 2022 Satz 2 (s. dazu sogleich im Anschluss) i. V. m. 1000 BGB beruhen. Daneben kommt noch § 273 II BGB in Betracht. Beide geben keine Rechte aus sich selbst heraus, sondern sie setzen einen Verwendungsersatzanspruch voraus.[3]

2. Hier ist nach den Beteiligten zu unterscheiden und insoweit chronologisch vorzugehen.

a) Da Adolphia hinsichtlich ihres Erbrechts und damit verbunden auch hinsichtlich ihres Besitzes gutgläubig war, hätten Verwendungsersatzansprüche aus den §§ 994 I, 996 BGB in Betracht kommen können. Diese Vorschriften wären jedoch verdrängt, durch die Vorschriften des Erbschaftsanspruchs (§§ 2018 ff. BGB). Diese gehen hinsichtlich der geleisteten Verwendungen denjenigen des Eigentümer-Besitzer-Verhältnisses vor (§ 2029 BGB). Hier gibt es einen Verwendungsersatzanspruch nach § 2022 I BGB. Dieser reicht weiter als die Vorschriften des Eigentümer-Besitzer-Verhältnisses, denn hiernach sind sogar alle Verwendungen zu ersetzen (s. des weiteren die Erweiterung des Verwendungsbegriffs in § 2022 II BGB; weitere Ansprüche können daneben bestehen, s. § 2022 III BGB).[4]

> Es ist also zu beachten, dass immer dann, wenn ein Anspruch aus § 2018 BGB möglich ist, die Vorschriften der §§ 987 ff. BGB durch die §§ 2020 ff. BGB ersetzt werden – das ist etwa auch im vorliegenden Fall zu berücksichtigen, der zunächst einen „sachenrechtlichen Einstieg" hat, der aber gleichwohl schon wegen der das Grundstück betreffenden Vorgeschichte auch hinsichtlich Diethelm erbrechtlich beeinflusst ist. Der Anspruch aus § 985 BGB wird insoweit also modifiziert.
>
> Das Gesetz verhindert mit seinem § 2029 BGB, dass je nach Wahl des Anspruchs (§ 2018 BGB in Bezug auf die Erbschaft als Ganzes oder § 985 BGB in Bezug auf die einzelnen Nachlasssachen) für die weiteren Ansprüche und sonstigen Rechte unterschiedliche Maßstäbe zum Tragen kommen.

b) Nun beruft sich aber nicht mehr Adolphia auf den Anspruch, sondern D, der seinerseits eigentlich gar keine Kosten auf das Anwesen aufgewendet hat.
Jedoch kann insoweit D den Verwendungsersatzanspruch geltend machen, den auch Adolphia für sich in Anspruch hätte nehmen können (§ 999 I BGB). Gemeint sind zunächst zwar diejenigen aus dem Eigentümer-Besitzer-Verhältnis

---

[3]   S. Ahrens Rd. Nr. 195.

[4]   S. insoweit auch Werner JuS 2000, 781 f.

(§§ 994 ff. BGB). Diese wurden aber hier durch § 2022 BGB verdrängt. Das gilt aber nicht für § 999 I BGB, dessen ratio auch hier nach wie vor eingreift.

> § 999 BGB bewirkt also hinsichtlich des Verwendungsersatzanspruchs einen Rechtsübergang. Damit wird sichergestellt, dass die Gegenrechte zu § 985 BGB auch stets eben diesem Herausgabeanspruch entgegengehalten werden können; ansonsten würden sie sich auf mehrere Personen aufteilen und insoweit den Eigentümer in seiner Position gegenüber dem jeweiligen nichtberechtigten Besitzer stärken.

3. Die Renovierungsarbeiten an dem Anwesen sind sicherlich Verwendungen (Tabelle 3). Darüber hinaus könnte es sich bei dem Anlegen eines Golfplatzes sowie dem Bau des Teehauses um eine Verwendung gehandelt haben. Diese Frage stellt sich für das Eigentümer-Besitzer-Verhältnis wie für den Erbschaftsanspruch

Tabelle 3: Schadensersatz, Nutzungen und Verwendungen

	Schadensersatz	Nutzungen	Verwendungen
1. Unverklagter, redlicher Besitzer	– grds. § 993 I a. E. – 1. Ausn.: § 991 II – 2. Ausn.: § 823 I bei Fremdbesitzerexzess	– grds.: keine Herausgabepflicht – 1. Ausn.: § 988 (unentgeltliche) Besitzerlangung (Rechtsfolgenverweisung auf §§ 818 ff.) – 2. Ausn.: § 993 I 1. HS, (Übermaßfrüchte) RFV auf §§ 818 ff. – 3. Ausn.: § 812 I 1, 1. Alt., wenn rechtsgrundlose Besitzerlangung (str., a. A. § 988 analog)	§§ 994 I, 995 ff.
2. Verklagter oder unredlicher Besitzer	– §§ 989, 990 I – §§ 990 II, 280 I, II, 286	– §§ 987, 990 I, 991 I – §§ 990 II, 280 I, II, 286, 252	– § 994 II (beschr. Rechtsgrundverweisung – kein fremdes Geschäft und kein FGW erforderlich, dafür aber Berechtigung) – §§ 995, 997 ff.
3. Besitzerlangung durch verbotene Eigenmacht oder Straftat	– Wie oben – Zusätzlich: §§ 992, 823 I, 848, 849 (nach h. M.)	– Wie oben – Zusätzlich: §§ 992, 823 I, 249, 252	– §§ 992, 850, 994 ff.

gleichermaßen. Das Vorliegen von Verwendungen ist für Fälle wie vorliegend umstritten.

a) Vor allem die Rechtsprechung vertritt insoweit einen engen Verwendungsbegriff.[5] Sie stellt darauf ab, ob die Aufwendung dem Erhalt, der Wiederherstellung oder der Verbesserung einer Sache dient. Umgestaltungsmaßnahmen aber würden aus diesem Begriff herausfallen. Um solche wird es sich vorliegend aber handeln, denn es werden Einrichtungen geschaffen, welche zuvor auf dem Grundstück überhaupt nicht vorhanden waren.

b) Die Literatur verlangt demgegenüber allein, dass die getätigte Aufwendung einer Sache zugute kommt.[6] Umgestaltungsmaßnahmen lassen sich ohne weiteres darunter subsumieren. Die Rechtsprechung wird insoweit als zu eng kritisiert. Dafür könnte auch durchaus § 996 BGB sprechen, wonach es auch nützliche, d. h. andere als notwendige (§ 994 I BGB), Verwendungen geben kann – dies aber können auch solche sein, die allein der Sache wie geschildert zugute kommen.[7] Danach würde die enge Auffassung also eine Differenzierung schon beim Verwendungsbegriff vornehmen, die an sich erst bei der Beurteilung der Nützlichkeit bzw. der Notwendigkeit angezeigt wäre.

4. Damit fallen die Renovierungsarbeiten nach jeder Ansicht unter den gesetzlichen Verwendungsbegriff; insoweit besteht auch ein Zurückbehaltungsrecht (§§ 2022 Satz 2, 1000 BGB). Die weitere Lösung, d. h. was die Kosten für den Golfplatz und das Teehaus anbelangt, hängt von der jeweils vertretenen Ansicht ab:

a) Folgt man der Rechtsprechung, kommt jedenfalls § 1000 BGB (gegebenenfalls i. V. m. § 2022 Satz 2 BGB[8]) nicht in Frage, denn er setzt einen Verwendungsersatzanspruch aus dem Eigentümer-Besitzer-Verhältnis voraus.

b) Nach der Literaturmeinung besteht ein Verwendungsersatzanspruch. Es wird sich um sog. nützliche Verwendungen halten. Auch dafür könnte Adolphia Ersatz verlangen, denn bei Tätigung der Verwendungen wusste sie noch nichts von der Erben- und Eigentümerstellung des Adolphius und war daher gutgläubig (§ 996 BGB). Fraglich kann allenfalls die noch vorhandene Wertsteigerung, die noch vorhanden sein muss,sein, von der hier aber ausgegangen werden soll.[9]

---

[5]   S. etwa BGHZ 41,160; s. a. BGHZ 131,220 ff.

[6]   Westermann § 33 I.2. b).

[7]   Vgl. Roth, JuS 2003, 942.

[8]   Über die Anwendung von § 2022 Satz 2 BGB könnte man insoweit streiten, weil es nicht mehr um einen Anspruch gegen den Erben geht. Man könnte hier auf § 1000 BGB direkt Zugriff nehmen, ohne dass sich im Ergebnis etwas änderte. Dagegen könnte eingewendet werden, dass ebenso wie der Satz 1 des § 2022 BGB Anwendung findet (§ 2029 BGB i. V. m. § 999 I BGB), dies auch für dessen Satz 2 so sein müsste.

[9]   Sog. Luxusverwendungen werden also nicht ersetzt, Palandt/Bassenge, § 996 Rd. Nr. 3; zur Bemessungsgrundlage für den Ersatzanspruch anhand der konkreten Aufwendungen s. BGHZ 75,295.

Hiernach könnte sie ein Zurückbehaltungsrecht aus § 1000 BGB (i. V. m. § 2202 Satz 2 BGB) geltend machen, ebenso ein solches aus § 273 II BGB.

> Die Rechte aus § 273 II BGB sowie aus § 1000 BGB können nebeneinander bestehen. Beide unterscheiden sich aber voneinander sowohl in Tatbestand als auch in den Rechtsfolgen.
>
> Das Recht aus § 273 II BGB setzt einen fälligen Verwendungsersatzanspruch voraus. Da diese erst nach § 1001 Satz 1 BGB eintritt, bedurfte es einer Lücken-schließung, welche eben durch § 1000 BGB bewirkt wird.[10]
>
> Auch die Rechtsfolgen sind verschieden. Beide Rechte gewähren eine Einrede, aber dasjenige aus § 1000 BGB räumt zusätzlich eine pfandrechtsähnliche Be-friedigungsmöglichkeit ein (s. i. e. § 1003 BGB).

V. Im Einzelfall kann man daran denken, einen Ausgleichsanspruch nach § 242 BGB zu gewähren.[11] Dies kann dann sein, wenn es gegen Treu und Glauben ver-stieße, demjenigen, welcher die Aufwendungen, welche keine Verwendungen im gesetzlichen Sinne sein sollen, ohne Ausgleichsmöglichkeit tragen zu lassen (Man kann hier freilich wieder einen Ansatzpunkt für die Kritik an der BGH-Rechtspre-chung finden: Wozu die Negierung von Verwendungsersatzansprüchen, um dann eben das gegenteilige Ergebnis über § 242 BGB zu erzielen? Immerhin sind Unter-schiede gleichwohl denkbar, denn § 242 BGB ermöglicht eine einzelfallbezogene Betrachtung, die sich insoweit von dem pauschalisierenden System des Eigentü-mer-Besitzer-Verhältnisses abhebt).

Sollte man das vorliegend annehmen (wofür man aber besondere Gründe anfüh-ren müsste), könnte man ein Zurückbehaltungsrecht nach § 273 I BGB annehmen. Auch wenn das vertretbar ist, ist das nicht unbedingt nötig, denn grundsätzlich wür-de ein Leistungsverweigerungsrecht auch schon aus § 242 BGB konstruiert werden können.[12] Beides dürfte aber letztendlich auf eine Einrede hinauslaufen. In keinem Fall kann ja § 985 BGB ausgeschlossen werden, denn dass der Herausgabeanspruch besteht, ist als solches unzweifelhaft.

VI. Die Rechtsprechung hat demjenigen, der Umgestaltungsaufwendungen vorge-nommen hat, ein Wegnahmerecht analog § 1001 Satz 2 BGB (hier gegebenenfalls wieder i. V. m. § 2202 Satz 2 BGB) eingeräumt.[13] Damit sollte sichergestellt wer-den, dass der Vindikationsgläubiger auch nur dasjenige zurückerhält, was ihm kraft

---

[10]   Jauernig/Jauernig § 1000 Rd. Nr. 1.

[11]   So i. E. auch BGHZ 41,157; s. a Baur/Stürner § 11 Rd. Nr. 55.

[12]   Vgl. insoweit auch zum Verhältnis von § 273 BGB und § 242 BGB Ahrens Rd. Nr. 169; s. a. BGHZ 110,103; EGZ 152,73; BGHZ 91,83.

[13]   BGHZ 23,64 f.; s. a. RGRK-Pikart § 951 Rd. Nr. 38.

seines Eigentums zukommt (s. insoweit auch § 258 BGB). Diese Analogie kann man durchaus bezweifeln, denn § 1001 BGB spricht von einer Wegnahme gar nicht, sondern von einer kompletten Herausgabe zur Verwertung.[14]

Zwar spricht innerhalb der rei vindicatio § 997 BGB von einem Wegnahmerecht, wenn es um die Verbindung von Sachen miteinander als wesentliche Bestandteile (§ 93 BGB) geht, aber es ist doch fraglich, ob eine Wegnahme hier dem Berechtigten (D) von Nutzen wäre (§ 997 II, 2. Alt. BGB).

Sofern man die Analogie zu § 1001 Satz 2 BGB bejaht, könnte man insoweit ein Zurückbehaltungsrecht bejahen. § 997 BGB beinhaltet ein solches aber nicht, so dass die Herausgabe gem. § 985 BGB in keiner Weise behindert würde.[15]

VII. Darüber hinaus könnte eine weitere Einrede eingreifen, dann nämlich, wenn Adolphius ungerechtfertigt bereichert wäre. Dies könnte D eben im Wege einer solchen geltend machen, sei es aus § 273 I BGB, sei es aus einer Analogie zu § 821 BGB.[16]

1. Das wirft zunächst wieder die Frage auf, ob das Recht der §§ 812 ff. BGB neben dem Eigentümer-Besitzer-Verhältnis überhaupt anwendbar ist.

Grundsätzlich wird, was die Ansprüche der §§ 987 ff. BGB betrifft, von einem Exklusivitätsverhältnis ausgegangen, welches einen Rückgriff auf das Bereicherungsrecht ausschließt.[17] Man kann insoweit etwa anführen, dass der pauschale Wertersatzanspruch des § 818 II BGB mit dem abgestuften System der jeweiligen Ausgleichspflichten, wie sie das Eigentümer-Besitzer-Verhältnis aufweist, nicht vereinbar ist. Jedoch könnte man hier infolge des Einstiegs über § 951 I BGB (dazu sogleich im Anschluss)[18] anderer Auffassung sein. Man könnte insoweit argumentieren, dass § 951 BGB eine Entschädigung für einen Substanzverlust parat hält, der als solcher gar nicht Regelungsgegenstand des Eigentümer-Besitzer-Verhältnisses ist; wo dieses aber nichts regelt, kann es auch nichts verdrängen.[19] Sofern man (s. insoweit die zuvor dargestellte Auffassung des BGH) die Umgestaltungsaufwendungen als gerade nicht von dem Verwendungsbegriff des Eigentümer-Besitzer-Verhältnisses bzw. demjenigen des § 2022 BGB erfasst sieht, läge auch die Schluss-

---

[14]   Westermann § 54.5.

[15]   Erman/Ebbing § 997 Rd. Nr. 16.

[16]   S. zur Möglichkeit der einredeweisen Geltendmachung einer ungerechtfertigten Bereicherung Erman/Westerman/Buck-Heeb, Vor. zu § 812 Rd. Nr. 22.

[17]   S. insoweit schon den Fall „Die entgangenen Mieteinnahmen"; s. a. BGHZ 41,162 f.; BGH NJW 1996,52; Jauernig/Jauernig, Vor. zu § 994 Rd. Nr. 7; aber sehr str., s. dazu auch MüKo/Baldus, § 994 Rd. Nr. 32; Staudinger/Gursky Vor §§ 994 – 1003 Rd. Nr. 43 ff.; s. gerade für die aufgedrängte Bereicherung auch Westermann § 54.5. a. E.

[18]   S. insoweit auch den Fall „Streit um das Gartenhäuschen"; anders aber BGHZ 41,162; vgl. insoweit aber auch bereits allgemein Larenz, S. 286.

[19]   S. dazu auch Singer/Klußmann JuS 2000,566; Stürner/Hegger JuS 2003,330; s. dazu auch Medicus, Bürgerliches Recht, Rd. Nr. 896 ff.

folgerung nahe, es läge von Anfang an gar kein Konflikt mit dem Bereicherungsrecht vor; letzteres sei folglich unproblematisch dem Grunde nach anwendbar.[20]

2. Es ist aber fraglich, ob gerade D diesen Anspruch bzw. die damit verbundene
Einrede erheben kann.

Er ist nämlich nicht der ursprüngliche Anspruchsinhaber gewesen, sondern
Adolphia. Der Bereicherungsanspruch ist auch kein Anspruch aus den §§ 985 ff.
BGB, so dass § 999 I BGB nicht eingreift.[21] Ein Übergang der Einrede gem. bzw.
analog § 404 BGB kommt ebenfalls nicht in Betracht. Die Einrede aus § 821 BGB
(gegebenenfalls analog) bzw. § 273 I BGB verlangt nach einer Abtretung des Anspruchs, aus dem sie ihre Existenz bezieht.[22] Eine Abtretung eines möglichen Bereicherungsanspruchs hat aber nicht stattgefunden.

VIII. Damit ist ein Anspruch aus § 985 BGB zu bejahen. Zu unterscheiden davon
ist die Frage, ob der Anspruch einredebehaftet ist, was bezüglich der sog. Umgestaltungsaufwendungen von der jeweiligen Ansicht des Bearbeiters abhängt. Hier
sind verschiedene Lösungen denkbar und vertretbar, wobei aber jeweils eine Begründung erforderlich ist. Jedenfalls besteht hinsichtlich der Renovierungskosten
ein Zurückbehaltungsrecht aus §§ 2022 I, 1000 BGB bzw. aus §§ 2022 I, 273 II
BGB. Das Zurückbehaltungsrecht aus § 1000 BGB i. V. m. § 2022 I Satz 2 BGB
kann entsprechend § 999 II BGB geltend gemacht werden, dasjenige aus § 273 II
BGB ist entsprechend § 404 BGB mit auf Diethelm übergegangen.

B. Laut Sachverhalt will nun auch Adolphia, sofern sie entsprechend unberücksich-
tigt bleiben, Ersatzansprüche gegen Adolphius erheben.

I. Ansprüche aus § 2022 I BGB kommen hier durchaus in Betracht.

Es liegt eine Erbschaftsbesitzersituation i. S. v. § 2018 BGB durchaus vor. Adolphia
hat – gutgläubig und unverklagt – das Grundstück als vermeintlichen Nachlass-
gegenstand unter Berufung auf ein vermeintliches Erbrecht besessen.[23] Eine Vorschrift, die einen Übergang auf einen Anderen als Rechtsnachfolger bewirkt wie
§ 999 BGB, gibt es hier gerade nicht.[24]

---

[20]   Dieses Argument ist freilich wieder zweischneidig. Man könnte ebenso schlussfolgern, aus dem
       Eigentümer-Besitzer-Verhältnis bzw. § 2022 BGB sollten eben nur und allein Verwendungen ersetzt
       verlangt werden können und nichts anderes sonst.

[21]   Man könnte hier sicherlich eine Analogie in Erwägung ziehen. Letztendlich sprechen aber gewich-
       tige Gründe für eine Ablehnung einer solchen. Bei § 999 BGB geht es um einen Erhalt des überaus
       komplexen Schuldverhältnisses der rei vindicatio. Damit bleibt das Bereicherungsrecht insoweit
       außen vor. Der Substanzverlust, den § 951 BGB regeln will, ist insoweit personengebunden.

[22]   S. dazu auch Ahrens Rd. Nr. 192 f.; s. zur Möglichkeit einer Ausübungsermächtigung aber auch
       BGH NJW 2002, 278.

[23]   S. dazu MüKo/Frank § 2018 Rd. Nr. 19; Erman/Schlüter § 2018 Rd. Nr. 2; Soergel/Dieckmann §
       2018 Rd. Nr. 8; teilweise anders RGRK-Kregel § 2018 Rd. Nr. 32.

[24]   Auch hier wäre durchaus über eine Analogie nachzudenken.

Hier stellt sich wieder die Frage, was unter Verwendungen zu verstehen ist. Insoweit ist auf die vorhergehende Prüfung zu verweisen.

Gegebenenfalls würde eine Aufrechnung in Betracht kommen. Denn gem. § 2019 BGB[25] hätte Adolphius seinerseits einen Anspruch auf Auszahlung des Kaufpreises, so dass insoweit die Aufrechnung erklärt werden könnte (§§ 387 ff. BGB).

II. Nicht hingegen würden Ansprüche aus dem Eigentümer-Besitzer-Verhältnis (Insoweit wäre wieder § 2029 BGB zu beachten gewesen!) in Betracht. Dem steht hier nun eindeutig § 999 I BGB entgegen.[26]

III. In Betracht kommt ein Anspruch aus §§ 951 I Satz 1, 812 I ff. BGB.

1. Hier taucht wieder die Frage auf, ob das Bereicherungsrecht durch die Vorschriften des Eigentümer-Besitzer-Verhältnisses verdrängt wird. Insoweit kann auf die vorangegangenen Ausführungen verwiesen werden.

Zu beachten ist, dass dem nicht entgegengehalten werden kann, dass doch in Bezug auf Adolphia keine Situation der rei vindicatio mehr bestünde (§ 999 I BGB). Ursprünglich hatte sie ja bestanden. Allein durch die Rechtsnachfolge durch D wird dieses Konkurrenzverhältnis, hat es einmal bestanden, nicht aufgelöst.

Die weitere Prüfung hängt nun wieder von der vertretenen Ansicht ab (Gegebenenfalls, vor allem auf die Fallfrage hin, ist ein Hilfsgutachten zu fertigen). Für den Fall der Zulassung des Bereicherungsrechts in diesem Fall wäre wie folgt fortzufahren:

2. Es müsste der Tatbestand der §§ 951 I Satz 1, 812 ff. BGB erfüllt sein.

a) Durch die Einfügung der Baumaterialien in das Grundstück von Adolphius sind diese Materialien wesentliche Bestandteile eben jenen Grundstücks geworden (§ 93 BGB). Adolphius wurde gem. § 946 BGB kraft Gesetzes deren Eigentümer. Soweit Adolphia Eigentümerin der Materialien war,[27] ging mit diesem Erwerb ein entsprechender Rechtsverlust auf ihrer Seite einher.

b) Es müssten zusätzlich die Voraussetzungen der §§ 812 ff. BGB vorliegen, denn bei § 951 I Satz 1 BGB handelt es sich um einen Rechtsgrundverweis und als

---

[25] Man kann hier weiterhin eine Surrogation schon dahingehend annehmen, dass bereits die Kaufpreisforderung gegen Diethelm an die Stelle des Grundstücks getreten ist. Falls dem so ist, könnte Diethelm an Adolphia mit befreiender Wirkung gegenüber Adolphius geleistet haben (§§ 412, 407 I BGB). In diesem Fall würde alternativ zu dem im Text Gesagten ein Anspruch aus § 816 II BGB bestehen. Aber auch dann wäre die Aufrechnungslage wie beschrieben vorhanden.

[26] Eine kurze Anmerkung zum Innenverhältnis, d.h. demjenigen zwischen Adolphia und Diethelm: Beide hätten einen Anspruch auf Ersatz der Renovierungskosten, denn diese sind unzweifelhaft Verwendungen. Insoweit läge eine Gesamtschuldnerschaft vor (§§ 421 ff. BGB). Die Leistung an den einen wäre leistungsbefreiend gegenüber dem anderen, ebenso die zuvor im Text beschriebe Aufrechnung (§ 422 I BGB). Im Innenverhältnis spräche manches für eine Abänderung des Halbausgleichs nach § 426 BGB. Maßgeblich wäre insoweit, ob und in welchem Umfang die getätigten Aufwendungen in der Kaufpreisbemessung zwischen Adolphia und Diethelm berücksichtigt worden wären.

[27] Hier ist der Sachverhalt zugegebenermaßen offen. Im Folgenden wird von dieser Eigentumslage ausgegangen.

solcher um einen speziellen Fall der Eingriffskondiktion (§ 812 I Satz 1, 2. Alt. BGB).[28]

Durch den Einbau der Materialien in das Anwesen wurde in den Zuweisungs-gehalt von Adolphia eingegriffen. Dies geschah ohne Rechtsgrund, insbesondere liegt ein solcher nicht in dem Erwerbstatbestand des § 946 BGB. Das folgt schon aus § 951 I Satz 1 BGB, der ansonsten völlig leer laufen würde.

c) Damit ist das Erlangte herauszugeben oder, falls dies nicht möglich ist, der Wert zu ersetzen (§ 818 I, II BGB). Hier kommt ein Ersatz nach § 818 II BGB in Betracht.

aa) Zu ersetzen ist der objektive Wert. Es kommt hierbei allein auf die Bereicherung an. Ob diese durch Verwendungen oder sonstige Aufwendungen eingetreten ist, spielt keine Rolle.[29]

bb) Problematisch ist dabei, dass dann aber auch dasjenige ersetzt werden kann, was an sich gar keine Bereicherung darstellt, weil es nämlich buchstäblich „aufgedrängt wurde". Eben das ist laut Sachverhalt hinsichtlich des Teehäuschens sowie des Golfplatzes der Fall. § 818 II BGB stellt grundsätzlich ja nur auf objektive Maßstäbe ab.

Dies will man für die sog. aufgedrängte Bereicherung korrigieren. In diesem Fall wird vertreten, dass die Bereicherung subjektiv zu interpretieren ist.[30] Gem. § 818 II BGB ersetzt werden kann danach nur das, was auch aus der Sicht des Empfängers Adolphius eine Bereicherung darstellt.[31] In diesem Zusammenhang wird auch § 818 III BGB herangezogen.[32]

Schließlich wird der Bereicherungsgläubiger in Anlehnung an die Vorschriften des Eigentümer-Besitzer-Verhältnisses einer differenzierten Betrachtung unterworfen. Der bösgläubige Kondiktionsgläubiger hat aus dem Gedanken des § 996

---

[28]   Insoweit den sogleich zu besprechenden Problemkreis der aufgedrängten Bereicherung für den Fall des Vorliegens einer vorrangigen Leistungskondiktion (§ 812 I Satz 1, 1. Alt., BGB – s. insoweit auch den Fall „Die entgangenen Mieteinnahmen", Abwandlung 3) offenbar ausschließend Wieling § 11.II.5.a) bb).

[29]   Nochmals sei daran erinnert, dass gerade in dieser Undifferenziertheit der Grund liegt, weswegen man schließlich die §§ 987 ff. BGB für vorrangig erachtet. Die dortige Differenzierung könnte durch das Bereicherungsrecht unterminiert werden.

[30]   So etwa Fikentscher Rd. Nr. 1521; Müko/Schwab, § 812 Rd. Nr. 336; s. a. Larenz, S. 286.

[31]   Auch dazu eine Anmerkung: Hier erweist sich das Bereicherungsrecht wiederum als flexibler als die rei vindicatio. Diese ist durch die Beschränkung auf Verwendungen einigermaßen festgelegt. Fragen eines „Aufdrängens" können hier nur schwerlich oder allenfalls über aufwendige Konstruktionen eine Rolle spielen. Das Bereicherungsrecht andererseits kann kraft einer teleologischen Auslegung flexibler reagieren. Nicht zuletzt aus diesem Grunde hat man – gerade, was die aufgedrängte Bereicherung betrifft – die Anwendbarkeit des Bereicherungsrechts neben der rei vindicatio aufrecht erhalten wollen, s. insoweit noch Larenz, S. 286 (dort vor allem mit dem Hinweis, dass die aufgedrängte Bereicherung ein allgemeines Problem sei, welches auch außerhalb von Konkurrenzfragen mit der rei vindicatio existiere und somit mit deren Vorrang nicht hinreichend erklärt werden könne). Wenn man so will, hat hier der Zweck die Mittel geheiligt!

[32]   Staudinger/Gursky § 951 Rd. Nr. 49; Medicus, Schuldrecht Besonderer Teil, Rd. Nr. 681; Baur/Stürner § 53 Rd. Nr. 33 (dort für den Fall der Beseitigung der aufgedrängten Bereicherung bzw. des Bestehen eines Beseitigungsrechts, s. insoweit auch sogleich im Text).

BGB[33] heraus schon keinen Anspruch, gegenüber dem gutgläubigen (entsprechend § 990 I BGB, daher § 932 II BGB analog – auf Adolphia träfe das zu) hat der Schuldner (Adolphius) eine grundsätzliche Obliegenheit der Vermögensrealisierung (§ 242 oder analog § 254 II Satz 1, 2. Alt, BGB; diese kann dazu führen, dass er auch das „Aufgedrängte" entsprechend zu verwerten hat und soweit das möglich ist, spiegelbildlich dazu den Ausgleich zu leisten hat.[34]

cc) Hier sind je nach Argumentationsmuster wieder unterschiedliche Ergebnisse möglich. Die „Subjektivierung" des Bereicherungsbegriffs oder das Argument aus § 818 III BGB sprächen eher gegen, die Obliegenheit zur Vermögensrealisierung nicht jedenfalls in derselben Intensität gegen einen Ausgleich der Umgestaltungsaufwendungen. Soweit man hier gegen einen Ausgleich votieren möchte, wird hier wieder Adolphia ein Wegnahmerecht analog § 997 BGB zugestanden (s. a. § 951 II BGB).[35]

3. Schließlich wird dem Eigentümer (Adolphius) gegenüber dem Bereicherungsanspruch eine Einrede aus § 1004 BGB zugestanden.[36] Die Aufdrängung wird insoweit wie eine Eigentumsbeeinträchtigung behandelt.

IV. Als Gesamtergebnis ist daher festzuhalten, dass Adolphia Verwendungsersatz nach § 2022 I BGB verlangen kann. Ob daneben ein Anspruch aus Bereicherungsrecht eingreift, hängt zunächst davon ab, ob man dieses überhaupt für anwendbar erklärt. Tut man dieses, stellt auch hier die Frage nach einem Ausgleich auch einer sog. aufgedrängten Bereicherung. Auch hier könnte wieder eine Aufrechnung wegen des von Adolphius zustehenden Kaufpreises (arg. § 2019 BGB) in Betracht kommen.

Zur Vertiefung des Eigentümer-Besitzer-Verhältnisses[37]

I. Anwendungsbereich

Der direkte Anwendungsbereich des EBV ist die Vindikationslage, d. h. die §§ 985 ff. BGB sind nur bei Bestehen einer Vindikationslage (§§ 985, 986 BGB),

---

33 Wieling § 11.II.5.a) aa) lehnt für Luxusverwendungen insoweit schon in jedem Fall einen Anspruch auf Ausgleich ab.

34 So Larenz/Canaris § 72.IV.3.

35 S. insoweit schon die Ausführungen zu dem Verwendungsersatzanspruch nach rei vindicatio bzw. § 2022 BGB; .s. a. Westermann § 54.5.

36 Baur/Stürner § 53 Rd. Nr. 33; Westermann § 54.5 (Ersterer nur referierend, letzterer aber dagegen, da ein Rechtsverlust nach § 946 BGB keine Einwirkung i. S. v. § 1004 I darstellen kann).

37 Weitere Literatur: Schwerdtner, Der Verwendungsanspruch des Werkunternehmers bei Reparatur einer bestellerfremden Sache, JuS 1970, 67; Schiemann, Das Eigentümer-Besitzer-Verhältnis, Jura 1981, Ebel, Die verschärfte Haftung des Minderjährigen im Eigentümer-Besitzer-Verhältnis, JA 1983,; Medicus, Ansprüche auf Herausgabe, JuS 1985, 657; Schwung, Die Zusendung unbestellter Waren, JuS 1985, 449 - 451; Hager, Grundfälle zur Systematik des Eigentümer-Besitzer-Verhält-

d. h. auf nichtberechtigte Besitzer anwendbar. Dabei ist die Art des Besitzes unerheblich.

Beispiel: V verkauft an K eine Ausgabe des Palandt, der dem E gestohlen worden war. K benutzt den Kommentar während des zweiten Staatsexamens und reist einige Seiten infolge seiner Aufregung ein.

II. Sonderfälle

„Nicht mehr berechtigter Besitzer":

Umstritten ist die Anwendbarkeit der §§ 985, 986 BGB und der §§ 987 ff. BGB nach Beendigung eines Besitzrechtsverhältnisses.[38] Nach der sog. Subsidiaritätslehre sind in dieser Konstellation sowohl § 985 BGB als auch §§ 987 ff. BGB gegenüber anderen vertraglichen oder gesetzlichen Rückabwicklungsansprüchen subsidiär. Die ganz h. M. und Rechtsprechung geht von einer Anspruchskonkurrenz zwischen der Vindikation und ihren Nebenfolgen und konkurrierenden Ansprüchen aus. Sie argumentiert, dass andernfalls für § 985 BGB nur bei unfreiwilligem Besitzverlust Raum bliebe. Für solche Fallkonstellationen würde aber schon § 1007 II BGB ohne Rücksicht auf das Eigentum greifen.

Beispiel: E verleiht seinen Palandt an D, nach Ablauf der Leihzeit gibt D den Palandt nicht zurück.

„Nicht so berechtigter Besitzer":

Nach einer älteren Lehre sollten §§ 987 ff. BGB auch auf einen berechtigten Besitzer anwendbar sein, der die inhaltlichen Grenzen seines Besitzrechts überschreitet. Dies wird heute überwiegend abgelehnt. Argument ist, dass die durch §§ 987 ff. BGB beabsichtigte Privilegierung des gutgläubigen unrechtmäßigen Be-

---

nisses und der bereicherungsrechtlichen Kondiktionen, JuS 1987, 877 - 882; Hanau, Übersicht und Grundfälle zu § 985 BGB, JA 1987, 113; Roussos, Zurückbehaltungseinrede und Besitzrecht nach § 986 BGB, JuS 1987, 606; Hönn, Nutzungsherausgabe und Verwendungsersatz im Eigentümer-Besitzer-Verhältnis, JA 1988, 529 - 539; Früh, Die Anspruchsprüfung im Zivilrecht, JuS 1991, 656, 742; Waltermann, § 986 Abs. 2 BGB als Ausdruck einer Verdinglichung schuldrechtlicher Rechtspositionen durch das Gesetz?, Jura 1993, 521 - 532; Kindl, Das Eigentümer-Besitzer-Verhältnis - Vindikationslage und Herausgabeanspruch, Jura 1996, 23 - 29; Schreiber, Das Eigentümer-Besitzer-Verhältnis, Jura 1992, 356 - 364, 533 - 539;; Kindl, Das Eigentümer-Besitzer-Verhältnis - Schadensersatz und Nutzungen, Jura 1996, 115 - 121; ders., Verwendungsansprüche, JA 1996, 201 - 208; Roth, Grundfälle zum Eigentümer-Besitzer-Verhältnis, JuS 1997, 518 - 522, 710 - 714, 897 - 901, 1087 - 1091; Schnee-Gronauer, Ansprüche des Werkunternehmers bei Reparaturen bestellerfremder Sachen und deren Durchsetzung, JA 1998, 642 - 646; Ebenroth/Zeppernick, Nutzungs- und Schadensersatzansprüche im Eigentümer-Besitzer-Verhältnis, JuS 1999, 209-216; Petersen, Sonderfragen zum Recht des Besitzes, Jura 2002, 255 – 259; Roth, Das Eigentümer-Besitzer-Verhältnis, JuS 2003, 937-943; Völzmann, Der Eigentumsherausgabeanspruch gegen den gutgläubigen Werkunternehmer bei Verarbeitung bestellerfremder Sachen, JA 2005, 264 – 268.

[38]   Vgl. Staudinger/Gursky, § 985 Rd. Nr.. 22 ff., vor §§ 987-993 Rd. Nr.. 13 ff.

sitzers schon für den unrechtmäßigen Fremdbesitzer nicht uneingeschränkt passt, daher erst recht nicht für den berechtigten Fremdbesitzer. Darüber hinaus dürfen Haftungsprivilegien des berechtigten Besitzers (z. B. §§ 558 I, 606 BGB) durch §§ 987 ff. BGB nicht unterlaufen werden.[39]

Beispiel: E verleiht seinen Palandt an D, D zerstört vorsätzlich den Palandt.

Indirekter Anwendungsbereich infolge Legalverweisung, insbesondere:
*   Auf § 985 BGB und §§ 987 ff. BGB erfolgt zum Teil bei beschränkt dinglichen Rechten eine Verweisung: vgl. u. a. §§ 1065 BGB (Nießbrauch), 1227 BGB (Mobiliarpfandrecht), 13 I WEG (Wohnungseigentum).
*   Auf §§ 986–1003 BGB in § 1007 III 2 BGB.[40]
*   Auf §§ 987 ff. BGB bei schuldrechtlichen Rückabwicklungsverhältnissen: Verweisung u. a. durch §§ 820, 819, 818 IV, 292 BGB; §§ 462, 467, 347; §§ 327 S.1, 347 BGB.

Entsprechende Anwendung:
§§ 987 ff. BGB, 994 ff. BGB sind nach h. M. auf den Anspruch aus § 894 BGB analog anwendbar.

III. Normzweck

Der Zweck der §§ 987 ff. BGB besteht im Schutz des redlichen und unverklagten Besitzers. Dies wird aus § 993 I 2. HS BGB gefolgert. Diesem wird als Ausgleich dafür, dass er die Sache an den Eigentümer herausgeben muss und zugleich das Risiko des Rückerhalts der für die Sache erbrachten Gegenleistung trägt, ein Recht auf Behalten der Nutzungen und die Freiheit von Schadensersatzansprüchen des Eigentümers gewährt.[41]

IV. Ansprüche des Eigentümers gegen den Besitzer

Dem Eigentümer steht zunächst der Herausgabeanspruch gemäß § 985 BGB zu.
Voraussetzungen
*   Eigentum des Anspruchstellers:
    Geschützt ist das Eigentum, auch Sicherungseigentum, an beweglichen und unbeweglichen Sachen.
*   Besitz des Anspruchsgegners:
    Verpflichtet zur Herausgabe ist der jeweilige Besitzer der Sache im Umfang seines Besitzes.
*   Kein Recht zum Besitz, § 986 BGB.

---

[39]   Medicus, BR Rd. Nr. 582. Zum Problem der Mietzinsherausgabe bei unberechtigter Untervermietung vgl. Gursky, JZ 1997, 1154, 1155.
[40]   Vgl. näher Gursky, JZ 1997, 1154, 1159.
[41]   Vgl. Staudinger/Gursky vor §§ 987-993 Rd. Nr. 4.

1. Ein Problem besteht in der dogmatischen Einordnung des § 986 BGB als Einwendung oder Einrede[42]: § 986 BGB ist nach h. M. trotz des missverständlichen Wortlauts („kann verweigern") eine von Amts wegen zu berücksichtigende Einwendung. Argument: Regelungszusammenhang mit den unstreitig Einwendungen enthaltenden §§ 1004 II BGB und 1007 III BGB.

Beispiel: E vermietet seinen Palandt an D. Noch bevor die Mietzeit endet klagt er gegen D auf Herausgabe gemäß § 985 BGB. Ein Versäumnisurteil kann hier nicht ergehen, wenn man § 986 BGB als Einwendung erachtet.

2. Mögliche Besitzrechte:
- Dingliche Besitzrechte:

  Insbesondere aus beschränkten dinglichen Rechten, z. B. des Nießbrauchers (§ 1036 I BGB) oder des Pfandgläubigers (§§ 1205, 1227, 1253 I BGB).

  Sehr umstritten ist, ob das Anwartschaftsrecht des Vorbehaltskäufers diesem ein dingliches Recht zum Besitz gibt. Verneinend ist die Rechtsprechung. Allerdings wird das Ergebnis dann durch § 242 BGB mit dem Argument korrigiert, dass das Anwartschaftsrecht noch keine unmittelbare Herrschaftsbeziehung zu der Sache begründe. Bejahend dagegen die herrschende Lehre, da der Anwartschaftsberechtigte bereits eine dem Eigentum angenäherte Position innehabe. Relevant wird das Problem im Wesentlichen nur beim gutgläubigen Zweiterwerb des Anwartschaftsrechts vom Nichteigentümer, da ansonsten der Schutz durch das obligatorische Besitzrecht aus dem Kaufvertrag eingreift.

- Relative Besitzrechte:

  Insbesondere aus Miete, Pacht, Leihe, Kauf. Relative Besitzrechte sind auch auf familien-, erb- oder gesellschaftsrechtlicher Grundlage möglich (Familienrecht: z. B. das Recht jedes Ehegatten auf Mitbesitz an dem anderen gehörendem Hausrat; Erbrecht: z. B. §§ 1985, 2205BGB).

- Kein Besitzrecht i. S. v. § 986 BGB begründen nach h. M. die Zurückbehaltungsrechte gemäß §§ 273, 1000 BGB. Diese sind selbständige Gegenrechte gegen den Anspruch aus § 985 BGB (a. A. BGH NJW 1995, 2627). Argumente: §§ 273, 1000 BGB stellen Einreden, nicht wie § 986 BGB eine Einwendung dar.

3. Die einzelnen Alternativen von § 986 BGB
- Eigenes Recht zum Besitz, § 986 I 1 1. Alt. BGB

  Das Recht zum Besitz muss gerade dem fordernden Eigentümer gegenüber bestehen. Bei dinglichen Besitzrechten ist das wegen deren absoluter Wirkung immer der Fall. Relative Besitzrechte wirken grundsätzlich gegenüber dem eigenen Vertragsgegner; ausnahmsweise Erstreckung auf Rechtsnachfolger: z. B. § 986 II BGB.

- Abgeleitetes Recht zum Besitz, § 986 I 1 2. Alt. BGB:

---

[42]   Vgl. Staudinger/Gursky § 986 Rd. Nr. 1.

Die Voraussetzungen sind im Einzelnen:

Der unmittelbare Besitzer muss gegenüber dem Mittelsmann zum Besitz berechtigt sein. Entgegen dem zu eng gefassten Wortlaut kommt es nicht darauf an, dass der Mittelsmann mittelbarer Besitzer ist.[43]

- Der Mittelsmann muss gegenüber dem Eigentümer zum Besitz berechtigt sein.
- Der Mittelsmann muss zur Weitergabe des Besitzes an den unmittelbaren Besitzer befugt gewesen sein.

- Besitzrecht gemäß § 986 II BGB:
  § 986 II BGB hat zum Inhalt, dass der Besitzer einer nach § 931 BGB veräußerten Sache sein relatives Besitzrecht auch dem neuen Eigentümer entgegenhalten kann. § 986 II BGB behandelt die Veräußerung gemäß § 931 BGB so, als ob sie durch Abtretung des Anspruchs aus § 985 BGB erfolgte und knüpft daran eine dem § 404 BGB ähnliche Rechtsfolge. § 986 II BGB gilt analog bei Veräußerung durch den mittelbar besitzenden Eigentümer nach §§ 930, 870 BGB, da auch in diesem Fall das Eigentum „über den Kopf des unmittelbaren Besitzers hinweg" übertragen wird.

Beispiel: E vermietet seinen Palandt für 1 Jahr an M. Kurze Zeit später veräußert E den Palandt gemäß §§ 929, 931 BGB an D. Gegenüber dem Herausgabeanspruch von D kann M ein Recht zum Besitz gemäß § 986 II BGB geltend machen.

V. Rechtsfolgen

Gemäß § 985 BGB wird die Herausgabe des jeweils vorhandenen Besitzes geschuldet.

1. Herausgabe bedeutet Auskehrung des gerade vorhandenen Besitzes, d. h. Herausgabe der Sache in ihrem jeweiligen Zustand und jeweils an dem Ort, an dem sie sich gerade befindet.

Umstritten ist, ob der mittelbare Besitzer über die Übertragung des mittelbaren Besitzes (durch Abtretung des Herausgabeanspruchs aus dem Besitzmittlungsverhältnis, § 870 BGB) hinaus auch die Herausgabe des unmittelbaren Besitzes schuldet, d. h. direkt zur Herausgabe der Sache verurteilt werden kann.

Die h. M. lässt dies zu, da ein lediglich auf Abtretung des Herausgabeanspruchs gerichtetes Urteil ins Leere ginge, wenn der mittelbare Besitzer die Sache von dem unmittelbaren Besitzer zurückerhält. Der mittelbare Besitzer darf nur dann zur Herausgabe verurteilt werden, wenn er (1) entweder imstande ist, die Sache von dem unmittelbaren Besitzer zurückzuerlangen, oder (2) er sein Herausgabeunvermögen gemäß §§ 989 ff. BGB zu vertreten hat.

Beispiel: E vermietet seinen Palandt an X, der es an Y weitervermietet.

---

[43]   Vgl. BGHZ 111, 142.

2. Herauszugeben ist die Sache grundsätzlich an den Eigentümer; ausnahmsweise jedoch gemäß § 986 I 2 BGB an den berechtigten Zwischenbesitzer. Auf den dinglichen Anspruch aus § 985 BGB sind die Regeln des allgemeinen Schuldrechts nicht unmittelbar, sondern allenfalls entsprechend anwendbar.

VI. Selbständige Gegenrechte (Einreden)

Als selbständige (nicht von § 986 BGB erfasste) Gegenrechte stehen dem Anspruch aus § 985 BGB insbesondere folgende Einreden entgegen:
* Zurückbehaltungsrechte, §§ 1000, 273 BGB
  Nach h. M. stellen die Zurückbehaltungsrechte selbständige Gegenrechte dar
* § 817 S. 2 BGB analog
  Sehr umstritten ist die analoge Anwendbarkeit von § 817 S. 2 BGB auf § 985.
  Die Rspr. lehnt die analoge Anwendung von § 817 S. 2 BGB wegen des Ausnahme- bzw. Strafcharakters der Vorschrift außerhalb des Bereicherungsrechts ab; die h. Lit. nimmt hingegen mit einem Erst-Recht-Schluss an, dass § 817 S. 2 BGB auch für den Fall gilt, dass neben dem schuldrechtlichen auch das dingliche Geschäft unwirksam ist.

VII. Konkurrenzverhältnis

Keine Verdrängung anderer Anspruchsgrundlagen durch § 985 BGB.

VIII. Anspruch auf Schadensersatz und Nutzungsherausgabe

1. Schadensersatzanspruch

a) Haftung des verklagten Besitzers gemäß § 989
  aa) Voraussetzungen:
    (1) Vindikationslage zur Zeit der schädigenden Handlung.
    (2) Rechtshängigkeit des Herausgabeanspruchs:
        Voraussetzung ist, dass die auf den Anspruch aus § 985 BGB (bzw. § 894 BGB) gestützte Klage bereits im Zeitpunkt des schadensbegründenden Verhaltens des Besitzers rechtshängig war (§ 261 ZPO).
    (3) Verschlechterung, Untergang oder sonstige Unmöglichkeit der Herausgabe
        * „Verschlechterung" ist jede körperliche Beschädigung der Sache und jede Beeinträchtigung ihrer Funktionstauglichkeit, die durch unsachgemäße Behandlung, nicht ordnungsgemäße Unterhaltung oder als Abnutzung durch normalen Gebrauch der Sache eingetreten ist. Nicht erfasst sind demnach insbesondere Beschädigungen der Sache durch bloßen Zeitablauf und bloße Vorenthaltungsschäden; diese sind nur durch §§ 992, 823 ff. BGB oder §§ 990 II, 286 BGB erfasst.

- „Untergang" der Sache ist der Verlust ihrer rechtlichen Selbständigkeit gemäß §§ 946 ff. BGB oder ihre physische Vernichtung durch Verbrauch oder Zerstörung.
- Die „sonstige Unfähigkeit des Besitzers zur Herausgabe der Sache" erfasst jeden die Vindikation vereitelnden Besitzverlust beim Anspruchsgegner, insbesondere die Besitzweitergabe zum Zweck der Veräußerung an einen Dritten.

(4) Verschulden:

- Verschuldensmaßstab: Nach h. M. ist der technische Verschuldensbegriff der §§ 276 ff. BGB einschlägig. Verschuldet ist damit insbesondere die freiwillige Veräußerung der Sache, aber auch ihre Abnutzung durch normalen Gebrauch. Nach a. A. bedeutet Verschulden i. S. d. § 989 BGB Verschulden gegen sich selbst.
- Verschuldensfähigkeit: §§ 276 I 3, 827 f. BGB. Das Verschulden gesetzlicher Vertreter und Bewahrgehilfen wird gemäß § 278 BGB zugerechnet.

bb) Rechtsfolge:

Schadensersatzanspruch nach §§ 249 ff. BGB.

Umfang: Gesamter auf der Verschlechterung oder dem Umgang beruhender Vermögensschaden des Eigentümers einschließlich entgangenen Gewinns, § 252.

Bei unwirksamer Veräußerung gilt § 255 BGB.

b) Haftung des bösgläubigen Besitzers gemäß § 990 I

aa) Voraussetzungen:

(1), (3), (4) wie oben bei a) aa)

(2) Bösgläubigkeit:

(a) Bösgläubigkeit bei Besitzerwerb, § 990 I 1

(aa) Begriff der Bösgläubigkeit: Vgl. die hier (auch für unbewegliche Sachen) geltende Legaldefinition des § 932 II BGB: Bösgläubig ist der Besitzer, wenn ihm bei Erwerb des Besitzes bekannt oder infolge grober Fahrlässigkeit unbekannt war, dass er zum Besitz nicht berechtigt ist.

(bb) Maßgeblicher Zeitpunkt der Bösgläubigkeit ist demnach in Abgrenzung zu § 990 I 2 BGB allein der des Besitzerwerbs; später schadet grobe Fahrlässigkeit nicht mehr.

(cc) Ein Sonderproblem des Zeitpunkts des Besitzerwerbs stellt die Frage dar, ob die Umwandlung von rechtmäßigem Fremd- in unrechtmäßigen Eigenbesitz als selbständiger Besitzerwerb angesehen werden kann. Dafür spricht die Wesensverschiedenheit von Fremd- und Eigenbesitz; allerdings stellt § 990 BGB nur auf den Erwerb des Besitzes schlechthin ab.

Beispiel: E verleiht seinen Palandt an D, der ihn später an X veräußert.

(b) Nachträgliche Bösgläubigkeit, § 990 I 2 BGB
War der Besitzer beim Besitzerwerb selbst noch gutgläubig, tritt die verschärfte Haftung gemäß § 990 I 2 BGB erst dann ein, wenn er nachträglich
von seiner fehlenden Besitzberechtigung positive Kenntnis erlangt. Dies
setzt über Kenntnis der die Nichtberechtigung begründenden Tatsachen hinaus Kenntnis der Rechtslage voraus.[44]

(c) Maßgebliche Person:
Grundsätzlich müssen die Voraussetzungen der Kenntnis oder grobfahrlässi-
gen Unkenntnis in der Person des Besitzers selbst erfüllt sein.
Sonderfälle:
- Bösgläubigkeit nicht voll Geschäftsfähiger: Unstreitig ist die Bösgläubigkeit des gesetzlichen Vertreters zuzurechnen, wenn dieser für den Minderjährigen Besitz erwirbt. Umstritten ist jedoch, ob dem Minderjährigen
  eigene Bösgläubigkeit schadet. Nach h. M. kommt es analog §§ 827,
  828 BGB bei Verschuldensfähigkeit auf die eigene Bösgläubigkeit des
  Minderjährigen an; nach a. A. ist analog § 166 BGB stets nur die Bösgläubigkeit des gesetzlichen Vertreters maßgeblich. Eine differenzierende
  Ansicht überträgt die zu § 819 BGB entwickelten Grundsätze auf § 990
  BGB: Bei Abwicklung eines fehlgeschlagenen Vertrags: § 166 BGB; bei
  deliktsähnlicher Haftung: § 827 f.
- Zurechnung bösen Glaubens des Gehilfen: Unmittelbar sind weder § 166
  BGB, § 278 BGB, noch § 831 BGB anwendbar. Nach einem Teil der Lit.
  gilt § 831 BGB analog. Argumente: deliktsähnlicher Tatbestand, Gleich-
  behandlung von Sachbeschädigungen vor und nach Besitzerwerb.
  Nach h. M. und st. Rspr. ist § 166 jedenfalls dann analog heranzuziehen,
  wenn die Hilfsperson selbständig und eigenverantwortlich tätig wird.[45]
  Argumente: § 166 BGB enthält den problemnächsten Rechtsgedanken
  und ermöglicht wertungsgleiche Entscheidung wie bei §§ 932 ff BGB.

c) Haftung des deliktischen Besitzers gemäß § 992 BGB
aa) Bedeutung:
Keine selbständige Anspruchsgrundlage, sondern Rechtsgrundverweisung auf
§§ 823 ff. BGB, die eine Sperrwirkung des EBV gegenüber dem Deliktsrecht
aufhebt.
bb) Besitzverschaffung durch schuldhafte verbotene Eigenmacht oder Straftat:
    (a) Besitzverschaffung durch schuldhafte verbotene Eigenmacht
    § 992 BGB ist insoweit teleologisch zu reduzieren, als die verbotene Ei-
    genmacht (§ 858 BGB) zusätzlich verschuldet sein muss. Dies ergibt sich
    zwar nicht aus der Verweisung auf §§ 823 ff. BGB, denn danach wäre ein
    Verschulden der schädigenden Handlung ausreichend. Es bestünde jedoch
    ein Wertungswiderspruch zwischen den beiden Alternativen des § 992

---

[44]   H.M. und st. Rspr.; vgl. Gursky, JZ 1997, 1154, 1157.
[45]   Gursky, JZ 1997, 1154, 1159.

BGB, wenn zum einen schuldlos begangene verbotene Eigenmacht, zum anderen jedoch nur eine i. d. R. vorsätzliche Straftat die Deliktshaftung auslösen würde.

Beispiel: E verwechselt schuldlos den Mantel an der Garderobe; anschließend bleibt er (durch Nachlässigkeit) an der Türklinke hängen und beschädigt dabei den Mantel.

(b) Besitzverschaffung durch Straftat
Vorausgesetzt ist die tatbestandliche Erfüllung einer Straftat, die sich gegen die Besitzverschaffung als solche oder das hierfür eingesetzte Mittel richtet und dem Schutz des Eigentümers dient (z. B. §§ 242 ff., 249 ff., 259, 263 StGB).

cc) Rechtsfolgen:
(1) Schadensersatzpflicht gemäß §§ 823 ff., 249 ff. BGB. Erfüllte schon die Besitzentziehung den Tatbestand der schuldhaften Eigentumsverletzung („Erwerbsdelikte"), haftet der Besitzer gemäß § 848 BGB für Zufall.
(2) Strittig ist, ob die Haftung gemäß § 992 BGB darüber hinaus Nutzungen umfasst, die der Besitzer gezogen oder gemäß § 987 II BGB versäumt hat zu ziehen, die der Eigentümer aber nicht gezogen hätte, da der „992-Besitzer" nicht besser stehen dürfe als ein unredlicher oder verklagter Besitzer gemäß §§ 987, 990 BGB. Dagegen spricht aber, dass insoweit kein Schaden des Eigentümers besteht; richtigerweise ist von Anspruchskonkurrenz zwischen § 992 BGB und §§ 987 ff. BGB auszugehen, so dass diese (die i. d. R. neben § 992 BGB erfüllt sind) direkt einschlägig sind.

d) Haftung des redlichen Besitzmittlers gemäß §§ 991 II, 989
aa) Bedeutung: Selbständiger Anspruch des Eigentümers gegen den redlichen unverklagten Besitzmittler im Dreipersonenverhältnis, der die Regelung des Fremdbesitzerexzesses im dreigliedrigen Verhältnis enthält und die Haftungsprivilegierung des redlichen unverklagten Besitzers (§ 993 I 2. HS BGB) durchbricht. § 991 II BGB beruht auf der Erwägung, dass die durch § 993 I 2. HS BGB bewirkte Privilegierung des redlichen unverklagten Besitzers bei einem Fremdbesitzer, der sein vermeintliches Besitzrecht überschreitet, unbillig ist, da dieser mit seiner Verantwortlichkeit gegenüber dem mittelbaren Besitzer rechnen muss. Er wird daher vom Gesetz einem Prozessbesitzer gleichgestellt (eingeschränkte Rechtsgrundverweisung auf § 989 BGB).
Beispiel: Der nichtberechtigte Besitzer B hat das Haus des E an den redlichen M vermietet; M zerstört fahrlässig eine Fensterscheibe.
bb) Voraussetzungen:
Hervorzuheben ist, dass der unmittelbare Besitzer bereits aus § 989 f. BGB haftet, wenn er nicht gutgläubig ist bzw. bereits verklagt wurde. Nach überwiegender Meinung umfasst die Verweisung auf § 989 BGB auch den Haftungsmaßstab, so dass ein Verschulden stets notwendig ist (Argumente: Wille des Gesetzgebers; sonst Schlechterstellung des gutgläubigen Fremdbesitzers im Vergleich zum bösgläubigen, der gemäß § 990 BGB nur für Verschulden haftet). Beachte im

übrigen § 851 BGB; bei unbeweglichen Sachen ist der Besitzer entsprechend
§ 993 I BGB zu schützen.

cc) Anspruch auf Nutzungsherausgabe
Haftung des verklagten oder unredlichen Besitzers gemäß §§ 987, 990 BGB
- Herausgabe gezogener Nutzungen, § 987 I
- Voraussetzungen:
    (a) Vindikationslage im Zeitpunkt der Nutzungsziehung
    (b) Nutzungen sind Früchte und Gebrauchsvorteile, § 100 BGB. Als
    Früchte kommen mittelbare und unmittelbare Sachfrüchte in Betracht,
    § 99 I, III BGB. Der Sachverbrauch ist keine Nutzung; insoweit gelten
    §§ 989, 990 BGB und daneben § 812 I 1 2. Alt. BGB.
    (c) Anfall nach Rechtshängigkeit (§ 987 BGB) oder Bösgläubigkeit
    (§ 990 I 1 BGB).
    Zu welchem Zeitpunkt Früchte als gezogen gelten, richtet sich gemäß
    § 993 II BGB nach § 101 BGB.
- **Rechtsfolge:** Herausgabe der Nutzungen
    (a) Herausgabe bedeutet Verschaffung von Eigentum und Besitz an
    körperlich noch vorhandenen Früchten. Hinsichtlich der Gebrauchs-
    vorteile bedeutet Herausgabe Wertersatz.
    (b) Der Wert der herauszugebenden Nutzungen ist objektiv zu bestimmen.
    Für Gebrauchsvorteile ist dies der objektive Mietwert.
    (c) Problematisch ist die Herausgabepflicht bei Nutzungssteigerung durch
    Verwendungen des Besitzers. Der BGH hat jede Herausgabepflicht ab-
    gelehnt.[46] Nach wohl h. Lit. ist nach Ersatzfähigkeit der Verwendun-
    gen gemäß §§ 994, 996 BGB zu differenzieren.

dd) Wertersatz für schuldhaft nicht gezogene Nutzungen, § 987 II BGB
Es gilt ein objektiver Maßstab; irrelevant ist, inwieweit der Eigentümer selbst
Nutzungen hätte ziehen können (§ 987 II BGB ist kein Schadensersatzanspruch).
Der Verschuldensmaßstab bemisst sich gemäß §§ 276, 278 BGB.
Rechtsfolge: Ersatz des objektiven Wertes der nicht gezogenen Nutzungen; in
der Regel kein Ersatz für nicht gezogene Gebrauchsvorteile.

ee) Das Haftungsprivileg des gemäß §§ 990 I 1, 987 BGB haftenden Besitzmittlers, § 991 I BGB.
- Bedeutung: § 991 I soll den gutgläubigen Oberbesitzer vor dem die Privi-
    legierung des § 993 I 2. HS entwertenden Regress des Besitzmittlers (z. B.
    gemäß §§ 541, 537, 538; beachte aber § 539 S.1) schützen, den dieser
    nehmen könnte, wenn er die Nutzungen gemäß § 990 an den Eigentümer
    herausgeben müsste. Aus diesem Grund wird die Haftung des bösgläu-
    bigen Besitzmittlers durch § 991 I eingeschränkt.[47]

---

[46] Vgl. Gursky, JZ 1997, 1154, 1156.
[47] Vgl. dazu Staudinger/Gursky § 991 Rd. Nr. 3; Medicus BR Rd. Nr. 584)

Beispiel: B ist unrechtmäßiger redlicher Eigenbesitzer eines Hauses; er vermietet das Haus an den unredlichen M.

- Voraussetzungen: § 991 I BGB ist als zusätzliche Tatbestandsvoraussetzung des Nutzungsherausgabeanspruchs gegen den bösgläubigen (nicht auch verklagten) unmittelbaren Besitzer gemäß §§ 990 I 1, 987 BGB zu prüfen. Haftung des deliktischen Besitzers gemäß § 992 BGB eröffnet auch hinsichtlich Nutzungsersatzes den Anwendungsbereich deliktischer Ansprüche, soweit ein Schaden des Eigentümers besteht.

e) Haftung des unentgeltlichen Besitzers gemäß § 988 BGB
aa) Bedeutung: § 988 BGB durchbricht die Regel des § 993 I 2. HS. BGB, dass der gutgläubige Besitzer die von ihm vor Rechtshängigkeit gezogenen Nutzungen behalten darf, da der Zweck dieses „Nutzungsbehaltungsrechts", nämlich dem Besitzer zumindest teilweisen Ersatz für die für die Sache aufgewandten Anschaffungskosten zu gewähren („Rückholrisiko der Gegenleistung"), im Falle unentgeltlichen Erwerbs nicht tragfähig ist. § 988 bewirkt damit ähnlich wie § 816 I 2 eine Schwächung des unentgeltlichen Erwerbs.
bb) Voraussetzungen:
(a) § 988 BGB gilt nur für die in der Zeit vor Rechtshängigkeit oder Bösgläubigkeit werden gezogenen Nutzungen. Danach bestimmt sich die Haftung des Besitzers nach §§ 987, 990 BGB; für die Annahme eines damit konkurrierenden Anspruchs aus § 988 BGB besteht kein Bedürfnis.
(b) Die Formulierung „an der Sache" stellt ein Redaktionsversehen dar. Erfasst sind daher entgegen dem Wortlaut des § 988 BGB neben Eigenbesitzern und Fremdbesitzern mit vermeintlich dinglichem auch solche mit vermeintlich obligatorischem Nutzungsrecht.
(c) Unentgeltlichkeit i. S. v. § 988 BGB setzt voraus, dass der Besitz nicht durch entgeltliches Rechtsgeschäft erlangt wurde. In Betracht kommt also insbesondere Erwerb durch unwirksames unentgeltliches Rechtsgeschäft (z. B. Schenkung, Leihe, Vermächtnis).
Problem: Sehr umstritten ist, ob § 988 BGB auf den rechtsgrundlosen Besitzerwerb (bei Bestehen einer Leistungsbeziehung zwischen Besitzer und Eigentümer oder einem Dritten) durch dessen Gleichstellung mit dem unentgeltlichen Erwerb analog anzuwenden ist. Nach vorzugswürdiger Auffassung der h. Lit.[48] ist dieses Problem durch Zulassung der Leistungskondiktion als Ausnahme zu § 993 I 2. HS BGB zu lösen.
Beispiel: D hat dem E sein Fahrrad gestohlen und an den redlichen B veräußert. Der Kaufvertrag zwischen D und B ist unerkannt nichtig.

---

[48] Vgl. Larenz/Canaris, Schuldrecht II/2, § 74 I 1 a; Staudinger/Gursky, vor §§ 987-993 Rd. Nr. 38; Medicus, BR Rd. Nr. 600.

cc) Rechtsfolge:

Pflicht zur Herausgabe aller bis zum Eintritt der verschärften Haftung gezogener Nutzungen nach Bereicherungsgrundsätzen. Dabei handelt es sich um eine
Rechtsfolgenverweisung auf §§ 818 f., 822 BGB, d. h.: grundsätzlich ist Herausgabe der Nutzungen in Natur oder aber Wertersatz geschuldet, § 818 II BGB;
Entreicherung ist in den Grenzen der §§ 818 III, IV, 819 BGB beachtlich.

f) Haftung für Übermaßfrüchte gemäß § 993 I 1. HS

aa) Voraussetzungen:

§ 993 I 1. HS BGB durchbricht die Regel des § 993 I 2. HS BGB, wonach der
gutgläubige Besitzer bei entgeltlichem Erwerb für vor Rechtshängigkeit gezogene Nutzungen keinen Ersatz schuldet, in sachgerechter Weise, da die Übermaßfrüchte zwar nach der Terminologie des BGB Nutzungen darstellen, materiell
aber auf Kosten der Sachsubstanz entnommen wurden. § 993 I 1. HS BGB erfasst
nur Übermaßfrüchte, nicht übermäßige Gebrauchsvorteile. Die Abgrenzung zwischen ordnungsgemäßen und Übermaßfrüchten entspricht der in §§ 1039, 2133
BGB. Keine Verpflichtung gemäß § 993 I 1. HS BGB in den Fällen der §§ 987,
988 BGB oder §§ 990, 987 BGB. Voraussetzung des § 993 I 1. HS BGB ist also,
dass der Besitzer im Zeitpunkt der Fruchtziehung gutgläubig und unverklagt ist
und den Besitz entgeltlich erworben hat.[49]

bb) Rechtsfolge:

Verpflichtung zu Herausgabe bzw. Wertersatz nach bereicherungsrechtlichen
Grundsätzen; hierbei handelt es sich ebenso wie bei § 988 BGB um eine Rechtsfolgenverweisung auf §§ 819 f., 822 BGB.

Bezüglich des Konkurrenzverhältnisses zu sonstigen Ansprüchen gilt folgender
allgemeiner Grundsatz:

§§ 987–993 BGB bezwecken eine Privilegierung des Besitzers und stellen daher
im Bereich von Schadensersatz- und Nutzungsherausgabeansprüchen eine alle
anderen Anspruchsgrundlagen verdrängende Sonderregelung dar, so ausdrücklich § 993 I 2. HS.[50]

Im Bereich vertraglicher Ansprüche:

aa) Grundsatz: Das Bestehen eines wirksamen Vertragsverhältnisses schließt schon
das Bestehen einer Vindikationslage aus; insoweit besteht kein Konkurrenzproblem.

bb) Ausnahme: „Nicht mehr berechtigter Besitzer": §§ 987 ff. BGB werden nach
h. M. nicht von vertraglichen Rückabwicklungsregelungen verdrängt. Da jedoch
z. B. der Vermieter oder Verpächter nicht allein deshalb schlechter stehen darf,
weil er zusätzlich Eigentümer ist, verdrängen auch nicht umgekehrt §§ 987 ff.
BGB die konkurrierenden vertraglichen Regeln, sondern es besteht freie Anspruchskonkurrenz zwischen §§ 987 ff. BGB und vertraglichen Rückabwicklungsansprüchen.

---

[49]   Zum Teil strittig, Staudinger/Gursky § 993 Rd. Nr.. 6.

[50]   Staudinger/Gursky vor §§ 987-993 Rd. Nr. 30.

Im Bereich deliktischer Ansprüche:

aa) Grundsatz: Ausschließlichkeitstheorie: Keine Anwendung allgemeinen Deliktsrechts wegen Zerstörung oder Entziehung der Sache neben §§ 987 ff. BGB.[51]

(1) Für den gutgläubigen unverklagten Besitzer ergibt sich dies bereits ausdrücklich aus § 993 I 2. HS BGB sowie aus dem Privilegierungszweck der §§ 987 ff. BGB.

(2) Der Ausschluss gilt aber nach h. M. auch für den verklagten und bösgläubigen Besitzer; Argumente: § 993 I 2. HS BGB und § 992 BGB e contrario (generelle Ausschließlichkeitstheorie). Der Ausschluss des Deliktsrechts auch für den bösgläubigen Besitzer wird zum Teil als rechtspolitisch fragwürdig angesehen, allerdings ist zu berücksichtigen, dass die §§ 989, 990 BGB den Eigentümer hinsichtlich der Haftung des bösgläubigen Besitzers kaum schlechter stellen als das Deliktsrecht.[52]

bb) Ausnahmen:

(1) § 992 BGB eröffnet im Bereich von Schadensersatz- und Nutzungsherausgabeansprüchen den Anwendungsbereich der §§ 823 ff. BGB.

(2) § 826 BGB wird weder durch §§ 987 ff. BGB noch jemals durch andere Regelungen verdrängt, da diese Vorschrift zu rechtsethisch gebotenem Schutz vor sittenwidrigem Handeln führt; der vorsätzlich sittenwidrig Handelnde verdient zudem keine Privilegierung.

(3) Fremdbesitzerexzess: Im Hinblick auf Schadensersatzansprüche gegen den Fremdbesitzer sind neben §§ 987 ff. BGB im Wege teleologischer Reduktion des § 993 I 2. HS BGB zusätzlich §§ 823 ff. BGB anwendbar[53]; im Hinblick auf Nutzungsherausgabeansprüche liegt das Konkurrenzproblem auf bereicherungsrechtlicher Ebene. Die Privilegierung des gutgläubig, unverklagten Besitzers ist nicht gerechtfertigt, wenn der Fremdbesitzer gegen sein vermeintliches Besitzrecht verstößt, so dass er bei dessen tatsächlichem Bestehen schadensersatzpflichtig wäre.

Hinsichtlich bereicherungsrechtlicher Ansprüche:

aa) Grundsatz: §§ 987 ff. BGB ist hinsichtlich Schadensersatz und Nutzungsherausgabe abschließend.

bb) Daraus folgt, dass Wertersatzansprüche (§ 818 II BGB) als Ersatz für die Einverleibung der Sachsubstanz in das eigene Vermögen neben §§ 987 ff. BGB anwendbar sind, da sie weder Schadensersatz- noch Nutzungsherausgabeansprüche darstellen.[54] Anwendbar neben §§ 989, 990 sind daher:

(1) § 816 I 1 BGB bei Sachveräußerung;

(2) § 812 I 1 2. Alt. BGB bei Sachverbrauch;

---

[51] Staudinger/Gursky vor §§ 987-993 Rd. Nr. 49 ff.

[52] Staudinger/Gursky vor §§ 987-993 Rd. Nr. 51 ff.

[53] H. M.; vgl. Staudinger/Gursky vor §§ 987 ff. Rd. Nr. 24 f.

[54] Staudinger/Gursky vor §§ 987-993 Rd. Nr.. 32, 34; Larenz/Canaris, Schuldrecht II/2, § 74 I 2 a.

(3) §§ 812 I 1 2. Alt., 951 I BGB bei Untergang der Sache durch Verbindung, Vermischung oder Verarbeitung (§§ 946 ff. BGB).

cc) Ausnahmsweise Anwendbarkeit der §§ 812 ff. BGB im Hinblick auf Nutzungsherausgabeansprüche:

(1) §§ 988 BGB und 993 I 1. HS BGB als Rechtsfolgeverweisungen auf §§ 818 ff. BGB.

(2) Nutzungsherausgabepflicht bei rechtsgrundlosem Erwerb.

(3) Nutzungsherausgabepflicht bei Fremdbesitzerexzess: In dem Fall, dass der Fremdbesitzer Nutzungen zieht, die er aufgrund seines vermeintlichen Besitzrechts nicht hätte ziehen dürfen, ist entweder aufgrund teleologischer Reduktion des § 993 I 2. HS BGB oder durch analoge Anwendung des § 993 I 1. HS BGB die Anwendung von Bereicherungsrecht neben §§ 987 ff. BGB möglich.

Im Bereich von Ansprüchen aus GoA:

aa) Grundsatz: Im Bereich der §§ 677 ff. BGB besteht grundsätzlich kein Konkurrenzproblem, da die berechtigte GoA ein Recht zum Besitz i. S. v. § 986 BGB verleiht und hinsichtlich unberechtigter GoA §§ 677 ff. BGB als lex specialis den §§ 987 ff. BGB vorgehen; Argument: §§ 677 ff. BGB enthalten spezielle Regelung altruistischen Tätigwerdens, der Besitz ist insoweit nur ein zufälliger Umstand, der keinen Einfluss auf die Interessenlage haben kann.[55]

bb) Ausnahme: § 687 II BGB ist stets neben §§ 987 ff. BGB anwendbar; Argument: ähnlich wie bei § 826 BGB verdient der angemaßte Eigengeschäftsführer keinerlei Privilegierung.

Verwendungsersatzansprüche des Besitzers:
Anwendungsbereich der §§ 994–1003 BGB

§§ 994–1003 BGB regeln die Verwendungsersatzansprüche des zur Herausgabe verpflichteten Besitzers als Gegenrechte gegen den Anspruch aus § 985 BGB.

Verwendungsbegriff:
Verwendungen sind alle willentlichen Vermögensaufwendungen des Besitzers, die einer Sache zugute kommen, indem sie sie wiederherstellen, erhalten oder verbessern.[56]

Umstritten ist, ob §§ 994 ff. BGB auch auf grundlegend umgestaltende Verwendungen Anwendung finden (so die h. Lit., sog. „weiter Verwendungsbegriff") oder ob diese aus dem bei §§ 994 ff. BGB zugrundezulegenden Verwendungsbegriff ausgeklammert bleiben.[57] Hinter dem engen Verwendungsbegriff des BGH steht das Bestreben, insbesondere den Grundstückseigentümer vor der Aufdrängung von in diesen Fällen meist besonders kostspieligen Umgestaltungen zu schützen; dies

---

[55]   Staudinger/Gursky vor §§ 987-993 Rd. Nr. 55.

[56]   Palandt/Bassenge, Vor. zu §§ 994 ff. Rd. Nr. 5.

[57]   St. Rspr. seit BGHZ 41, 157 sog. „enger Verwendungsbegriff".

erreicht der BGH, indem er die absolute Ausschlusswirkung der §§ 994 ff. gegenüber Ansprüchen aus § 812 I 1 2. Alt. BGB auch für den Bereich der „Umgestaltungsaufwendungen" postuliert. Überzeugendere Argumente sprechen jedoch für den weiten Verwendungsbegriff; insbesondere, dass der Eigentümer gemäß §§ 989, 990, 993 I 2. HS BGB sogar die Vernichtung der Sache durch den gutgläubigen unverklagten Besitzer hinnehmen muss, erst recht daher deren Umgestaltung.[58]

BGHZ 131, 206: Die eigene Arbeitsleistung des Verwenders ist als Verwendung ersatzfähig, wenn für sie ein Marktwert besteht. Argument: Parallele Behandlung im Schadensrecht.[59]

Person des Verwenders:
Umstritten ist, ob als Verwender auch der Werkunternehmer in Betracht kommt, durch den der Besitzer der Sache die Verwendungen durchführen lässt. Dies bejaht die Rspr. (seit BGH 34, 122) aus Gründen des Schutzes des Werkunternehmers; Folgeproblem jedoch: Anwendbarkeit der §§ 994 ff. BGB bei berechtigtem Besitz des Werkunternehmers zur Zeit der Verwendungsvornahme. Nach h. Lit. ist dagegen nur derjenige Verwender, der den Verwendungsvorgang auf eigene Rechnung veranlasst und steuert, d. h. nur der Werkbesteller; Argumente: Bewusste Entscheidung des BGB gegen die Zulassung eines Versionsanspruchs; Vergleich mit § 950 BGB; Risiko der doppelten Inanspruchnahme des Eigentümers; §§ 994 ff. BGB sind auf Aufwendungen infolge Besitzes, d. h. bei Aussicht auf künftige eigene Nutzung der Sache zugeschnitten.[60]

Vindikationslage im Zeitpunkt der Verwendungsvornahme:
Grundsatz: §§ 994 ff. BGB gelten für Verwendungen aller Arten von unrechtmäßigen Besitzern, d. h. im Zeitpunkt der Verwendungsvornahme muss eine Vindikationslage vorliegen.

Sonderprobleme:
aa) „Nicht mehr berechtigter Besitzer": §§ 994 ff. BGB gelten, soweit dieser die Verwendungen erst nach Erlöschen seines Besitzrechts vornimmt (h. Lit.); Argumente: Das Erfordernis der Gutgläubigkeit bei Verwendungsvornahme kann sich nur auf ein zu diesem Zeitpunkt fehlendes Besitzrecht beziehen; systematische Stellung der §§ 994 ff. BGB als Folgeansprüche der Vindikation. Anders die Rspr. so BGHZ 34, 122 für den Werkunternehmer im Dreipersonenverhältnis; des Weiteren für einen formnichtigen Kaufvertrag im Zweipersonenverhältnis bestätigt durch BGHZ 131, 206,[61] die das Wegfallen der Besitzberechtigung erst nach Verwendungsvornahme genügen lässt. Argument: Der noch berechtigte

---

[58]   Staudinger/Gursky vor §§ 994–1003 Rd. Nr. 5 ff.; Larenz/Canaris, Schuldrecht II/2 §§ 74 I 3, 72 IV 3b; Canaris, JZ 1996, 344, 347 f.

[59]   Sehr strittig; vgl. kritisch Gursky, JZ 1997, 1154, 1160 f.

[60]   Staudinger/Gursky vor §§ 994–1003 Rd. Nr. 17 ff.

[61]   Vgl. kritisch Gursky, JZ 1997, 1154, 1160.

Besitzer dürfe nicht schlechter stehen als der gutgläubige unberechtigte. Dieses Argument ist jedoch irreführend.[62]

bb) Berechtigter Besitzer: §§ 994 ff. BGB gelten nach zutreffender h. M. weder direkt noch i. d. R. analog (a. A. der BGH für den Fall, dass das besitzrechtsbegründende Rechtsverhältnis keine Regelung des Verwendungsersatzes enthält, mit demselben Argument wie beim „Nicht mehr berechtigten Besitzer". Argument: Keine Regelungslücke.[63]

cc) Fremdbesitzer: Die auf den Eigenbesitzer zugeschnittenen §§ 994 ff. BGB gelten zwar grundsätzlich auch für den Fremdbesitzer, führen aber zu dessen Überprivilegierung, wenn die Verwendungen gegen das vermeintliche Besitzrecht verstoßen. Die Ansprüche aus §§ 994 ff. BGB sind daher nur insoweit gegeben, als die Verwendungen auch bei Wirksamkeit des angenommen Besitzrechts ersatzfähig sind. Grundregel: Der Fremdbesitzer darf nicht besser stehen als bei Wirksamkeit seines angenommenen Besitzrechts.[64]

Anspruch des verklagten oder bösgläubigen Besitzers gemäß § 994 II BGB i. V. m. GoA.

Voraussetzungen:
- Vindikationslage im Zeitpunkt der Verwendungsvornahme
- Bösgläubigkeit oder Rechtshängigkeit
- Notwendig sind solche Verwendungen, die objektiv erforderlich sind, um die Sache in ihrem wirtschaftlichen Bestand einschließlich ihrer Nutzungsfähigkeit zu erhalten; Beispiel: Reparatur des Daches, das vom Winde abgedeckt wurde.[65] Hierzu gehören auch Aufwendungen zur Bestreitung von Lasten der Sache, § 995 S. 1 BGB, (z. B. Grundpfandrechte, Grundsteuer).

Rechtsfolge:
Verwendungsersatzanspruch nach den Vorschriften der G o A. Dabei handelt es sich nach h. M. um eine partielle Rechtsgrundverweisung auf die Voraussetzungen der G o A unter Ausschluss des Erfordernisses des Fremdgeschäftsführungswillens (bei Eigenbesitz unmöglich). Je nach Vorliegen der Voraussetzungen wird verwiesen auf berechtigte G o A; mögliche Anspruchsgrundlagen:
- §§ 683 S. 1, 670 BGB;
- §§ 683 S. 2, 679, 670 BGB;
- §§ 684 S. 2, 670 BGB.

---

[62]   Staudinger/Gursky vor §§ 994-1003 Rd. Nr. 27 ff.; Medicus BR Rd. Nr. 588, 591.

[63]   Vgl. Staudinger/Gursky vor §§ 994-1003 Rd. Nr. 28 ff.; vgl. aber zu Ausnahmekonstellationen Larenz/Canaris, Schuldrecht II/2 § 69 III 1 e und Canaris, JZ 1996, 344, 347.

[64]   Vgl. Staudinger/Gursky vor §§ 994-1003 Rd. Nr.. 32 ff. mit weiteren Details.

[65]   Zum Begriff: Gursky, JZ 1997, 1154, 1161; Staudinger/Gursky, § 994 Rd. Nr. 2.

unberechtigte G o A: Anspruchsgrundlage: § 684 S.1 BGB mit Rechtsfolgenverweisung auf §§ 818 ff. BGB.

Problem:
Aufgedrängte Bereicherung. Lösungsansätze: Subjektivierte Bestimmung des „Wertes" i. S. v. § 818 II BGB; Rückgriff auf Schadensersatz- oder Beseitigungsansprüche des Eigentümers aus § 1004 BGB; Kondiktionssperre nach dem Rechtsgedanken des § 818 III BGB bis zur Realisierung der Vermögensmehrung durch den Bereicherten.[66]

Einschränkung:
Gemäß § 994 I 2 BGB analog kein Ersatz für gewöhnliche Erhaltungskosten (d. h. die zur Erhaltung der Sache erforderlichen regelmäßig wiederkehrenden Ausgaben) und gemäß § 995 S. 2 BGB nur Ersatz für außerordentliche, auf den Stammwert der Sache gelegte Lasten (d. h. außergewöhnliche, einmalige Leistungen, die typischerweise nicht aus den Erträgen der Sache bestritten werden können), wenn dem Besitzer die Nutzungen verbleiben; für den bösgläubigen oder verklagten Besitzer gilt dies nur im Fall des § 991 I BGB.
Zweck: Die gewöhnlichen Erhaltungskosten und Lasten gelten als durch die behaltenen Nutzungen abgegolten.

Ansprüche des gutgläubigen und unverklagten Besitzers

Ersatz notwendiger Verwendungen gemäß § 994 I 1 BGB

Voraussetzungen:
aa) Vindikationslage im Zeitpunkt der Verwendungsvornahme
bb) Fehlen von Bösgläubigkeit oder Rechtshängigkeit
cc) Notwendige Verwendungen

Rechtsfolge:
aa) Ersatzanspruch in Höhe des vom Besitzer aufgewandten Vermögensopfers ohne Rücksicht auf fortbestehende Erhöhung des Sachwerts, § 994 I 1 BGB.
bb) Ausnahmen: Kein Ersatz gewöhnlicher Erhaltungskosten, § 994 I 2 BGB, und gewöhnlicher Lasten, § 995 S.2 BGB, wenn dem Besitzer die Nutzungen verbleiben. Für den gutgläubigen und unverklagten Besitzer ist dies gemäß § 993 I 2. HS BGB der Regelfall; §§ 994 I 2, 995 S.2 BGB sind danach nur in folgenden Fällen nicht einschlägig:
– § 988 BGB
– Leistungskondiktion auf Nutzungsherausgabe oder (nach Rspr.) § 988 BGB analog bei rechtsgrundlosem Erwerb.

---

[66]   Vgl. Larenz/Canaris, Schuldrecht II/2, § 72 IV; Canaris, JZ 1996, 344, 345 f.

Ersatz anderer Verwendungen gemäß § 996 BGB

Voraussetzungen:

aa) Vindikationslage im Zeitpunkt der Verwendungsvornahme

bb) Fehlen von Bösgläubigkeit oder Rechtshängigkeit

cc) Andere als notwendige (= „nützliche" oder „luxuriöse") Verwendungen

Rechtsfolge:

aa) Ersatzanspruch, soweit der Wert der Sache infolge der Verwendung im Zeitpunkt der Wiedererlangung noch erhöht ist. Zur Berechnung ist der tatsächliche Wert der Sache mit deren hypothetischem Wert ohne Verwendung im Zeitpunkt der Wiedererlangung zu vergleichen.

bb) Problem: Objektiver oder subjektiver Wertmaßstab.[67] Ein Teil der Literatur überträgt in dem Bestreben, den Eigentümer vor Aufdrängung zu schützen, die zum Problem der „aufgedrängten Bereicherung" vertretene subjektive Wertbestimmung des Verwendungserfolgs auf § 996 BGB. Dagegen jedoch die h. M. mit überzeugenden Argumenten, u. a.: Der Eigentümer wird gegenüber dem gutgläubigen unverklagten Besitzer nicht einmal vor der Zerstörung der Sache geschützt, §§ 989 ff. BGB; umso weniger verdient er Schutz gegen die Aufdrängung von Verbesserungen.

Rechtsnachfolge gemäß § 999 BGB:

Besitzerwechsel, § 999 I BGB

§ 999 I BGB bewirkt den Übergang der Verwendungsersatzansprüche auf den Rechtsnachfolger des Besitzers. Voraussetzung der Rechtsnachfolge i. S. v. § 999 I BGB ist entweder Gesamtrechtsnachfolge oder Einzelrechtsnachfolge durch Veräußerungsgeschäft, d. h. auf Eigentumsübertragung gerichtetes Rechtsgeschäft.

Eigentümerwechsel, § 999 II BGB

§ 999 II BGB bewirkt die Haftung des gegenwärtigen Eigentümers für alle Verwendungen ohne Rücksicht auf die Zeit der Vornahme. Die Haftung des früheren Eigentümers erlischt.[68]

Durchsetzung des Verwendungsersatzanspruchs:

- Zurückbehaltungsrecht, § 1000 S.1 BGB

  § 1000 BGB gewährt dem Besitzer über § 273 II BGB hinaus bereits vor Fälligkeit des Verwendungsersatzanspruchs (mit Genehmigung, § 1001 BGB) ein Zurückbehaltungsrecht als selbständiges Gegenrecht gegen den Anspruch aus § 985 BGB (bzw. § 894 BGB); Ausnahme: Besitzverschaffung durch vorsätzliche unerlaubte Handlung, § 1000 S.2. BGB.

- Klage auf Verwendungsersatz, § 1001 BGB

  Das selbständige Klagerecht aus den Ansprüchen aus §§ 994 ff. BGB ist durch § 1001 BGB durch die Genehmigung der Verwendungen oder Wiedererlangung

---

[67]   Staudinger/Gursky § 996 Rd. Nr. 5 ff.; Canaris, JZ 1996, 344, 349.

[68]   Ganz h. M.; vgl. NJW 1996, 52; Gursky, JZ 1997, 1154, 1161.

der Sache durch den Eigentümer (bei Herausgabe beachte die Ausschlussfristen des § 1002 BGB) aufschiebend bedingt; davor bestehen nur die Möglichkeiten der §§ 1000, 1003 BGB.

Ein Teil der Lit. befürwortet neuerdings die Gleichstellung von Veräußerung der Sache und Wiedererlangung durch den Eigentümer; Argument: In der Veräußerung liege eine Zueignung des Substanzwertes. Anders jedoch die h. M., da dann § 999 II BGB praktisch sinnentleert würde.[69]

- Befriedigungsrecht, § 1003 BGB
  § 1003 BGB enthält das Recht des Besitzers, sich nach fruchtlosem Verstreichen einer dem Eigentümer zur Genehmigung gesetzten Frist durch Verwertung der Sache zu befriedigen.

Konkurrenzverhältnis

Allgemeiner Grundsatz:

§§ 994 ff. BGB stellen eine abschließende Sonderregelung der Verwendungsersatzansprüche des Besitzers dar, da durch die Zulassung konkurrierender Anspruchsgrundlagen das differenzierte Regelungsgefüge der §§ 994, 996 BGB eingeebnet würde.

Im Bereich vertraglicher Ansprüche gilt der Grundsatz: §§ 994 ff. BGB gelten nur für Verwendungen des unrechtmäßigen Besitzers. Auf Verwendungen während Bestehens eines wirksamen Vertragsverhältnisses zwischen Eigentümer und Besitzer finden §§ 994 ff. BGB daher keine Anwendung.

Ausnahmen: Eine Konkurrenz mit vertraglichen Ansprüchen kommt nur in folgenden Konstellationen in Betracht.[70]

aa) Eigentümer und Besitzer nach Vertragsbeendigung („Nicht mehr berechtigter Besitzer"): Die hier grundsätzlich anwendbaren §§ 994 ff. BGB werden dann von vertraglichen Rückabwicklungsregeln des beendeten Vertragsverhältnisses verdrängt, wenn dieses spezielle Regelungen über den Verwendungsersatz vorsieht.

bb) Konkurrenz mit Gegenleistungsansprüchen für Vornahme der Verwendung im dreigliedrigen Verhältnis bei wirksamem Vertrag zwischen Besitzer und einem Dritten:

    (1) Verwendungen des ursprünglich berechtigten Fremdbesitzers (Bsp.: Werkunternehmer in BGHZ 34, 122. Falls hier mit Ansicht des BGH §§ 994 ff. BGB für anwendbar gehalten werden, besteht daneben unberührt der Werklohnanspruch des Besitzers gegen den Besteller. Nach vorzugswürdiger Ansicht ist jedoch schon die Anwendbarkeit der §§ 994 ff. BGB in dieser Konstellation abzulehnen.

---

[69]   Vgl. Gursky, JZ 1997, 1154, 1161.

[70]   Vgl. Müller, Sachenrecht Rd. Nr. 693 a ff.

(2) Verwendungen des ursprünglich nichtberechtigten Fremdbesitzers (Bsp.: Werkunternehmer, falls die Besitzberechtigung des Bestellers gegenüber dem Eigentümer von vornherein nicht bestand): Hier ist ebenso wie unter (1) zu entscheiden und der vertragliche Erfüllungsanspruch gegen den Besteller neben §§ 994 ff. BGB gegen den Eigentümer zuzulassen; nach vorzugswürdiger Ansicht ist jedoch auch in dieser Konstellation schon die Anwendbarkeit der §§ 994 ff. BGB abzulehnen, da der Werkunternehmer nicht Verwender ist.

Hinsichtlich bereicherungsrechtlicher Ansprüche:

Grundsatz: Ausschluss von Kondiktionsansprüchen des Besitzers gegen den Eigentümer durch die abschließende Sonderregelung der §§ 994 ff. BGB.

Ausnahmen:

aa) Leistungskondiktion des Fremdbesitzers (Bsp.: Verwendungen aufgrund unwirksamen Werkvertrags im zweigliedrigen Verhältnis zwischen Eigentümer und Besitzer): Stellt die Verwendung zugleich eine Leistung des Besitzers gegenüber dem Eigentümer dar, erfolgt die Rückabwicklung allein mittels der Leistungskondiktion (§ 812 I 1 1. Alt. BGB). §§ 994 ff. BGB sind nicht anwendbar, da der Werkunternehmer nach richtiger Ansicht schon nicht Verwender ist, zumindest aber die Leistungskondiktion als gegenüber §§ 994 ff. BGB vorrangige Abwicklungsregelung anzusehen ist, da der Besitz bei Abwicklung einer Leistung nur ein zufälliger Umstand ist, der keinen Einfluss auf die Interessenlage haben kann.[71]

bb) Problem: Aufwendungskondiktion des Besitzers (insbesondere §§ 951 I, 812 I 1 2. Alt. BGB). Umstritten ist, ob §§ 994 ff. BGB die Aufwendungskondiktion des Besitzers ausschließen.[72] Vordringend ist jedoch die Gegenansicht eines Teils der Lit., wonach die Aufwendungskondiktion insbesondere bei Realisierung der Bereicherung durch den Eigentümer stets neben §§ 994 ff. BGB anwendbar bleibt; Argumente: andernfalls Wertungswiderspruch zu §§ 687 II 2, 684 S.1 BGB, da sogar der wissentlich unbefugte Eigengeschäftsführer die durch Verwendungen eingetretene Werterhöhung nach Bereicherungsgrundsätzen vom herauszugebenden Erlös abziehen darf; Benachteiligung des besitzenden gegenüber dem nichtbesitzenden Verwender; Fehlen einer dem § 993 I 2. HS BGB entsprechenden ausdrücklichen Sperre bei §§ 994–1003 BGB; Wortlaut § 951 II 1 BGB.[73] Eine weitere Ansicht folgt dem „engen" Verwendungsbegriff,

---

[71] (vgl. Müller, Sachenrecht Rd. Nr.. 682; Staudinger/Gursky vor §§ 994-1003 Rd. Nr. 41; Gursky, JZ 1997, 1154, 1162)

[72] So die st. Rspr. und h. M., NJW 1996, 52; dazu Gursky, JZ 1997, 1154, 1162; Argument: Andernfalls Einebnung der Differenzierungen der §§ 994 ff.

[73] Vgl. Larenz/Canaris, Schuldrecht II/2, § 74 I 3, Canaris, JZ 1996, 344 ff.

lässt aber (anders als der BGH) außerhalb seines Anwendungsbereichs die Aufwendungskondiktion zu.[74]

Im Bereich von Ansprüchen aus G o A:

Grundsatz: In der Regel sind §§ 677 ff. BGB bei Verwendungen i. S. d. §§ 994 ff. BGB wegen Fehlens des Fremdgeschäftsführungswillens nicht einschlägig.[75] Soweit §§ 677 ff. BGB einschlägig sind, kommen daneben §§ 994 ff. BGB nicht in Betracht: Im Falle berechtigter G o A besteht ein Recht zum Besitz; im Falle unberechtigter G o A gehen §§ 677 ff. BGB als Spezialvorschrift vor.

Ausnahme: Im Falle des § 687 II 2 BGB ist gemäß § 684 S.1 BGB die Aufwendungskondiktion neben §§ 994 ff. BGB anwendbar, da der zufällig vorhandene Besitz keinen Einfluss auf die Interessenlage haben kann.[76]

---

[74]   Zur Kritik vgl. Staudinger/Gursky vor §§ 994-1003 Rd. Nr. 40.

[75]   Zu Ausnahmekonstellationen Müller, Sachenrecht Rd. Nr. 686 ff.

[76]   Müller, Sachenrecht Rd. Nr.. 693; z. T. anders Staudinger/Gursky vor §§ 994-1003 Rd. Nr. 48.

Fall 16: Streit um den Stellplatz

Sachverhalt

Hugo Heimelich (H) ist seit langem der Mieter eines Anwesens, zu dem auch ein Stellplatz mit Carport gehört, der allerdings separat von dem eigentlichen Wohngrundstück belegen ist. Als er schließlich heiratet, zieht seine Frau Agatha (A) mit in das Haus ein, wobei sich aber sich an dem bestehenden Mietvertrag nichts ändert. Jahre drauf verstirbt Hugo. Vermieter Ralf Raff (R) meint nun, den Carport, den Agatha – Alleinerbin Hugo's sowie eine notorische Autofeindin – ohnehin nicht braucht, günstig weiter zu vermieten. Er schließt einen Stellplatzmietvertrag mit Ulrich Unwissend (U). Dieser, völlig ahnungslos hinsichtlich der Vorgeschichte, lässt den Stellplatz durch das Anbringen eines Vorhängeschlosses sichern. Kurz darauf stellt er auch sein KFZ in dem Carport ab.

Das geht Agatha nun doch zu weit. Sie beseitigt das Vorhängeschloss, indem sie es mit einem Bolzenschneider „knackt" und lässt Ulrichs Wagen kurzerhand von ihrem Bruder, der ein entsprechendes Unternehmen betreibt, abschleppen.

Ulrich ist empört und verlangt von Agatha zum einen Schadensersatz sowohl für das Schloss wie auch für die Kosten für die Wiedererlangung seines Fahrzeugs. Agatha ihrerseits verlangt von Ulrich Unterlassung derartiger Park- und Absperraktionen für die Zukunft. Ulrich hält dem entgegen, er sei durch die Gestattung des Eigentümers Raff zur Stellplatzbenutzung berechtigt.

Frage:
Wie ist die Rechtslage?

Abwandlung:
Raff hat angesichts des Streits mit Agatha genug von diesem Mietvertrag. Er kündigt den Vertrag mit Agatha wirksam. Agatha bleibt, weil sie die Kündigung trotzdem für rechtswidrig hält, auf dem Anwesen wohnen und verwahrt sich auch Raff gegenüber irgendwelchen Benutzungen in Bezug auf den Stellplatz. Schließlich klagt sie gegen Raff auf Unterlassung des Zugriffs auf das Grundstück und insbesondere auf den Stellplatz. Raff seinerseits erhebt Widerklage auf Besitzeinräumung.

Wie ist die Rechtslage hier? Von den Zulässigkeitsvoraussetzungen der jeweiligen Klagen ist auszugehen.

I. Czeguhn, C. Ahrens, *Fallsammlung zum Sachenrecht*, Juristische ExamensKlausuren,   133
DOI 10.1007/978-3-642-13139-4_16, © Springer-Verlag Berlin Heidelberg 2011

Lösung

A. Ausgangsfall

I. Anspruch U's gegen Agatha auf Schadensersatz wegen der Zerstörung des Schlosses:

1. Vertragliche Ansprüche kommen mangels irgendwelcher rechtsgeschäftlicher Kontakte nicht in Betracht. Auch wenn sie – was der Sachverhalt offen lässt – gem. § 563 BGB das Mietverhältnis fortgesetzt haben sollte, würden die daraus entstandenen Rechtsbeziehungen nur gegenüber R bestehen, nicht aber gegenüber U.[1] Ebenso entfällt ein Schadensersatzanspruch aus §§ 989, 990 I BGB, da A keinen Besitz an dem Schloss ergriffen hatte.[2]

2. In Betracht kommt ein Anspruch aus § 823 I BGB.[3]

a) Haftungsbegründende Kausalität
Durch das Handeln der A wurde das Eigentum als ein ausdrücklich in § 823 I BGB genanntes ausschließliches Recht beeinträchtigt. Die erforderliche Kausalität anhand der im Zivilrecht vorherrschenden Adäquanztheorie liegt ganz ohne Zweifel vor.

b) Unter Umständen könnte Agathas Handeln gerechtfertigt sein. Grundsätzlich indiziert der Tatbestand der haftungsbegründenden Kausalität, d. h. derjenigen zwischen Handlung und Rechtsgutverletzung, die Rechtswidrigkeit, aber hier liegen besondere Umstände vor, die eine besondere Prüfung der Rechtswidrigkeit bzw. von deren Ausschluss erfordern.
aa) In Betracht kommt hier ein Recht der A aus Besitz.
   (1) Dazu müsste A Besitz an dem Stellplatz, d. h. die tatsächliche Herrschaftsmacht, erlangt haben.
      (a) Zunächst hatte allein H Besitz. Er hatte diesen als unmittelbaren Alleinbesitz (Fremdbesitz) kraft eines Mietverhältnisses mit R, der inso-

---

[1] In diesem Fall bestünden aber vertragliche Ansprüche gegenüber Raff wegen Pflichtverletzung.

[2] Hier kann man gegebenenfalls anderer Ansicht sein, indem man sagt, während der Zerstörungshandlung habe Agatha naturgemäß die tatsächliche Sachherrschaft ergriffen. Es hätte sich dann um unmittelbaren Fremdbesitz gehandelt. Nach hier vertretener Auffassung reicht das zeitgleiche Zusammentreffen von Sachherrschaft und Zerstörungshandlung für eine Besitzlage nicht aus. Die Folge wäre ansonsten, dass jede Sachbeschädigung schon kraft ihres Tatbestands zugleich ein Eigentümer-Besitzer-Verhältnis auslösen würde.

[3] Würde man ungeachtet der Einwände in der vorangegangenen Fußnote die Vorschriften des Eigentümer-Besitzer-Verhältnisses für einschlägig erklären, würde sich die Frage stellen, wie sich die dortigen Haftungsregelungen zum Deliktsrecht verhalten. Jedoch wäre Agatha dann eine sog. deliktische Besitzerin, so dass über § 992 BGB ein Rückgriff auf die §§ 823 ff. BGB zugelassen wäre.

weit mittelbarer Besitzer (Eigenbesitzer, § 872 BGB) war bzw. noch ist (§ 868 BGB).

(b) Die Besitzstellung endete gem. § 856 I, 2. Alt. BGB mit H's Tod (Die Veränderung der Besitzlage infolge des Zuzugs von Agatha in die Wohnung kann hier noch außer Betracht bleiben). Jedoch ist der Besitz, den H bis zum Zeitpunkt seines Versterbens noch innehatte (wie gesagt, ganz gleich, wie sich die Lage möglicherweise mittlerweile verändert haben mag, an einem Besitz H's ist bzw. war nicht zu zweifeln), gem. § 857 BGB auf übergegangen. Sie trat allein durch den Erbfall in die Besitzstellung A von H ein. Eine besondere Willensrichtung oder gar Kenntnis von der konkreten Besitzsituation erfordert § 857 BGB dabei nicht.[4]

> **Beachte:** Es geht bei dem Übergang der Besitzlage kraft Erbfalls nicht um einen Übergang von Rechten und auch nicht um denjenigen von Vermögen. § 1922 I BGB als Grundnorm des erbrechtlichen Vermögensübergangs (sic!) kann daher auf die Besitzlage keine Anwendung finden. Es bedurfte daher § 857 BGB als einer ergänzenden Norm, die insoweit auch wirklich konstitutiv ist. Hinzuzufügen ist, dass sich hier ein weiteres Moment findet, das sich ungeachtet der besitzrechtlichen Grundsätze nicht mehr an der tatsächlichen Sachherrschaft als eines Faktums orientiert.[5]

Damit kann A schon kraft der erbrechtlich ausgelösten Besitzlage die Besitzschutzrechte für sich in Anspruch nehmen, die auch H zugestanden hätten.

> **Hinweis:** In dem Erhalt der besitzschutzrechtlichen Lage – anderenfalls durch den Tod des Besitzers für den besitzbeeinträchtigend Handelnden doch eine Verbesserung der Rechtslage eintreten würde – liegt denn auch der eigentliche Sinn des § 857 BGB.[6]

(2) Daneben könnte A aber auch kraft eigener Sachherrschaft den Besitz an dem Stellplatz gehabt haben.[7] Somit könnte sie auch aus eigenem Recht gegen die Absperrmaßnahmen vorgehen können. Diese könnte sich aus ihrem Einzug in die nunmehr eheliche Wohnung ergeben haben.

---

[4]   MüKo/Joost § 857 Rd. Nr. 7; BGH JZ 1953,706.

[5]   Vgl. insoweit auch Baur/Stürner § 8 Rd. Nr. 2.

[6]   MüKo/Joost § 857 Rd. Nr. 1 f.; Bamberger/Roth/Fritzsche § 857 Rd. Nr. 1.

[7]   Damit würde dem zuvor geprüften § 857 BGB keine eigenständige Rolle zukommen (kraft Gutachtenstils ist er gleichwohl erwähnungsbedürftig). Man darf aber allgemein nicht vergessen, dass oft genug auch der Erblasser allein einen Besitz innehatte (S. etwa den Schulfall bei Baur/Stürner § 8 Rd. Nr. 3). In diesem Fall könnte sich ein Erbe nur auf eine ihm zustehende abgeleitete Besitzlage berufen können.

An der gemeinsamen Ehewohnung – und damit im vorliegenden Fall an dem Haus – entsteht durch den Zuzug des Ehegatten[8] Mitbesitz (§ 866 BGB).[9] Fraglich könnte hier sein, ob das auch hinsichtlich des Stellplatzes gilt, welcher laut Sachverhalt räumlich separiert von dem gemeinsam bewohnten Haus belegen und von A (einer notorischen Autofeindin!) offensichtlich nicht benutzt wurde.[10] Der Stellplatz stand damit im alleinigen faktischen Gebrauch durch H. Schließt man daraus, dass der Stellplatz zum alleinigen Gebrauch durch H bestimmt war, könnte man insoweit einen alleinigen Besitz durch diesen – H – annehmen[11] (der aber dann gem. § 857 BGB auf A übergegangen wäre).

(3) Man könnte des Weiteren überlegen, ob nicht ein Besitzmittlungsverhältnis (§ 868 BGB) zwischen den Eheleuten kraft der ehelichen Lebensgemeinschaft (§ 1353 BGB)[12] bestanden hätte. Ein solches wird dann angenommen, wenn ein Ehegatte eine Sache im Alleineigentum innehat hinsichtlich der Besitzerstellung des anderen Ehegatten.[13] Letzter vermittelt im Fall des Mitbesitzes (§ 866 BGB) zugleich dem anderen den mittelbaren Besitz.

Hier aber geht es um keine Eigentümerstellung eines Ehegatten, sondern nur um eine reine Besitzsituation. Selbst wenn man hier Analogien ziehen wollte, wäre dieses Besitzmittlungsverhältnis durch den Tod H's erloschen, denn Agatha könnte auch über § 857 BGB sich nicht den Besitz selbst vermitteln – eben das aber wäre erst einmal der Fall, denn A wäre ja bereits unmittelbare Besitzerin gewesen bzw. über § 857 BGB geworden (zu dem Zusammenfallen dieser Besitzpositionen s. auch sogleich im Text), so dass sie nicht daneben auch noch mittelbare Besitzerin sein kann.

(4) Will man hier (vertretbar, aber begründungsbedürftig) einen Mitbesitz annehmen, so ist dieser durch den Erbfall zu einem Alleinbesitz geworden. Das folgt schon daraus, dass ein Mitbesitzer fortgefallen ist und nur noch ein Besitzer übrig geblieben ist. § 857 BGB würde sich hier nicht mehr auswirken, denn das Zusammenfallen von zwei Besitzerstellungen (hier: eine von H eben über § 857 BGB, die andere kraft bereits vorhandenen Besitzes im Rahmen von § 866 BGB) in einer Person führt zum Wegfall

---

[8]   Grundsätzlich ist der Vermieter verpflichtet, einen solchen Zuzug zu dulden. Auf die besitzrechtliche Situation hat das jedoch keinen Einfluss, denn diese ist als eine rein tatsächliche getrennt davon zu würdigen.

[9]   BGH NJW 1979, 977.

[10]   Kein Argument dagegen kann es sein, dass der Stellplatz mit dem Hausgrundstück in einem einheitlichen Mietvertrag vermietet wurde! Die vertragsrechtliche Bestimmung des Leistungsgegenstands ist eine rechtliche, die Besitzlage eine faktische.

[11]   S. etwa Baur/Stürner § 7 Rd. Nr. 81.

[12]   S. BGH NJW 1979, 977; s. a. Tiedtke, S. 29 f.

[13]   S. BGH a. a. O.

der Eigenständigkeit beider, kurz gesagt: Es kann vom Faktischen her[14] auf gleicher Besitzstufe ohne zusätzliche besitzrechtliche Umstände[15] in einer Person nur eine einheitliche Besitzerstellung geben.

(5) Schließlich könnte eine eigene Besitzerstellung der A dann bejaht werden, wenn sie das Mietverhältnis mit Raff gem. § 563 BGB fortgesetzt hätte (was der Sachverhalt nicht eindeutig besagt, aber vertretbar vermutet werden könnte). In diesem Fall wäre ein neues Besitzmittlungsverhältnis kraft dieser neuen vertraglichen Beziehungen (neu wegen ihres Eintritts in den Vertrag anstelle von H) i. S. v. § 868 BGB entstanden.

In jedem Fall aber ist A eine Stellung als unmittelbare (Fremd-) Alleinbesitzerin zuzubilligen. Damit stehen ihr auch die vorgesehenen Besitzschutzrechte zu.

bb) Die einschlägigen Schutzmöglichkeiten ergeben sich hier aus § 859 BGB. Dieser regelt sowohl die sog. Besitzwehr (Absatz 1) als auch die sog. Besitzkehr (Absätze 2 und 3). Hier müsste ein Fall der Besitzkehr vorliegen, so dass § 859 III BGB erfüllt sein müsste.

(1) Es muss um einen Grundstücksbesitz gehen. Das ist hier der Fall. Dass nur ein Teil des vermieteten Liegenschaftsobjekts davon betroffen ist, kann zu keinem anderen Ergebnis führen.

(2) Es müsste sich bei der Absperrmaßnahem um eine verbotene Eigenmacht gehandelt haben. Das bestimmt sich nach § 858 I BGB.

Es liegt ganz unzweifelhaft eine Besitzstörung, wenn nicht gar eine Besitzentziehung, vor.

Dies muss ohne (nicht notwendig: gegen) den Willen des Besitzers (A) erfolgt sein.[16] Auch das ist unproblematisch der Fall.

Beachte: Es bedarf hier keiner subjektiven Momente seitens des Besitzentziehers bzw. -störers.[17] Das erklärt sich aus der ratio des Besitzschutzrechts. Anders als vor allem im Deliktsrecht geht es nicht um eine endgültige Kompensation einer Rechtsverletzung[18], zumal der Besitz als solcher ohnehin kein Recht ist. Es soll nur darum gehen, einen faktischen Zustand vorerst zu erhalten. Die Parteien sollen insoweit nämlich grundsätzlich auf den Rechtsweg verwiesen werden – dort soll die endgültige Kompensation oder sonstige Befriedung erfolgen. Hält sich einer von ihnen nicht daran, soll der faktische Zustand um dieser Verweisung willen einen Rechtsschutz

---

[14]   Hinsichtlich der subjektiven Merkmale ist das hingegen str., vgl. insoweit den Fall „Die Odyssee eines Grundpfandrechtsbriefs".

[15]   Solche können darin bestehen, dass der subjektive Wille entsprechend „aufgeteilt wird" (sehr str., s. insoweit den Hinweis vorige Fußn.). Hier will Agatha aber nur für sich selbst besitzen.

[16]   S. dazu Westermann § 22.II.

[17]   OLG Koblenz NJW-RR 2000,1608; Erman/Lorenz § 858 Rd. Nr. 10.

[18]   Vgl. a. Eckert JuS 1994,626 f.

> genießen – eben durch die §§ 858 ff. BGB. Der Erhalt des faktischen – also objektiven – Zustands fragt aber nicht nach subjektiven Gegebenheiten.

(3) Die Besitzstörung bzw. -entziehung darf durch das Gesetz nicht gestattet sein. Das ist vorliegend auch nicht der Fall. Ulrich kann sich lediglich auf seine vertragliche Stellung gegenüber Raff berufen, die aber nicht gegenüber A wirkt.[19] Ulrich könnte sich ebenso wenig darauf berufen, dass R der A „übergeordnete" Besitzer sei, denn insoweit könnte sich A auch gegenüber R auf Besitzschutzrechte berufen – dies auch dann, wenn man zwischen beiden ein eigenes Besitzmittlungsverhältnis[20] annehmen würde.[21]

Durch § 869 BGB, der den Besitzschutz des mittelbaren Besitzers im Fall einer verbotenen Eigenmacht betrifft, wird dieses nur noch bestätigt. § 869 BGB betrifft allein das Verhältnis des mittelbaren Besitzers gegenüber dem Besitzstörer, nicht aber gegenüber dem unmittelbaren Besitzer. Gegen diesen existieren keine Besitzschutzansprüche.[22] Ebenso wenig wie aber der mittelbare Besitzer seine besitzrechtliche Position gegen den unmittelbaren Besitzer verteidigen könnte, könnte dies insoweit jeder andere, der eine eigene besitzrechtliche Position von dem mittelbaren Besitzer ableitet.

(4) Die besagte Besitzbeeinträchtigung muss zeitnah erfolgt sein bzw. darf die Besitzkehr nur sofort nach der Beeinträchtigung erfolgen. Das ist hier fraglich.[23]

Der Begriff „sofort" i. S. v. § 859 III BGB[24] bestimmt sich nach objektiven Umständen, auf subjektive (etwa um eine Schuldhaftigkeit wie bei „unverzüglich" im Sinne des Gesetzes, s. § 121 BGB) kommt es dabei überhaupt nicht an.[25]

(5) Anhand der marginalen Angaben im Sachverhalt sind beide Möglichkeiten, d. h. Bejahung oder Ablehnung der Voraussetzungen des § 859 III BGB, denkbar. Die weitere Lösungsfindung hat sich an der jeweiligen Variante zu orientieren.

(a) Lehnt man das Recht zur Besitzwehr ab:

---

[19] Insoweit stehen ergänzend vertragliche Ansprüche oder sonstige Rechte von Agatha gegen Raff im Raum (s. §§ 536 ff. BGB).

[20] Das kann angenommen werden auf Grund der Annahme eines Eintritts in das Mietverhältnis sowie bzw. oder auf Grund der Besitznachfolge (§ 857 BGB).

[21] S. für den fehlenden Besitzschutz des unmittelbaren Besitzers gegenüber dem mittelbaren etwa Wieling AcP 184 (1984),464.

[22] Str. ist insoweit, ob dem mittelbaren Besitzer hier sämtliche Besitzschutzrechte zustehen.

[23] S. insoweit gerade für Stellplätze LG Frankfurt/M. NJW 1984,183; OVG Saarlouis NJW 1994,879; s. a. Schwarz/Ernst NJW 1997,2550.

[24] Sofern Besitzkehr und –wehr zusammenfallen, gelten die zeitlichen Begrenzungen der letzteren auch für die erstere, BGH NJW 1967,48.

[25] S. etwa Erman/Lorenz § 859 Rd. Nr. 4.

(aa) In diesem Fall ist die Rechtsgutsverletzung durch A rechtswidrig. Auch weitere Rechtfertigungsgründe kommen nicht in Betracht. § 904 BGB – der sog. aggressive Notstand – scheitert daran, dass nicht auf Sachen eingewirkt wurde, von denen die Störung nicht ausging. Allenfalls wäre der sog. defensive Notstand nach § 228 BGB in Betracht gekommen, aber es spricht doch auf Grund des Sachverhalts viel dafür, dass der entstandene Schaden außer Verhältnis zu der drohenden Gefahr stand, denn A als notorische Autofeindin hatte offensichtlich überhaupt keine Verwendung für den Stellplatz (wobei man hier auch ein anderes Ergebnis vertreten kann – in diesem Fall wäre die Rechtswidrigkeit nicht gegeben, und ein Anspruch aus § 823 I BGB würde entfallen).[26]

(bb) Man muss hier auch von einem entsprechenden Vorsatz seitens Agatha ausgehen.

(cc) Die haftungsausfüllende Kausalität, d. h. diejenige zwischen Verschulden und Schaden muss ebenfalls bejaht werden.

(dd) Nach alledem muss danach ein Anspruch von U gegen A bejaht werden.

(b) Bejaht man das Recht aus § 859 III BGB:

A konnte sich gegen die Absperrmaßnahmen zur Wehr setzen. Dazu konnte sie auch Dritte (hier: ihren Bruder mit seinem Abschleppunternehmen) einsetzen.[27]

Damit wären ihre Handlungen gerechtfertigt, und ein Anspruch seitens U würde ausscheiden.

II. Anspruch auf Ersatz der Kosten für die Wiederlangung des Fahrzeugs:

U könnte einen solchen Anspruch aus § 823 I BGB geltend machen, da die Besitzentziehung ihn sowohl in seinem Eigentum[28] als auch seinem Besitz[29] beeinträchtigt haben könnte.

---

[26] Dieses Ergebnis mag zunächst überraschend klingen, erklärt sich aber daraus, dass Agathe anstelle eines vermeintlichen Rechts aus § 859 III BGB Ansprüche aus § 861 BGB bzw. § 862 BGB hätte geltend machen können/müssen. Zugleich wären auch Ansprüche gegen Raff aus Vertrag (im Fall des § 563 BGB) oder wiederum aus §§ 861, 862 BGB in Betracht gekommen. Agatha war also nicht schutzlos, sondern sie hat schlicht und einfach zum falschen Mittel gegriffen.

[27] Staudinger/Bund § 859 Rd. Nr. 3.

[28] Dieser Fall ist nicht mit demjenigen zu verwechseln, in dem der PKW etwa nur in seiner Nutzung durch Absperrmaßnahmen beeinträchtigt würde, vgl. dazu BGHZ 55,153 ff.; s. kritisch zu der Problematik der Beeinträchtigung des Eigentums durch Einschränkung der Bewegungsfreiheit Medicus, Bürgerliches Recht, Rd. Nr. 613 ff. Hier geht es um eine echte Eigentumsentziehung durch das Fortschaffen des Wagens.

[29] Zum deliktischen Besitzschutz s. den Fall „Die Rache des Leasingnehmers"; s. a. allgemein Baldringer/Jordans NZV 2005,75 ff.

Auch hier rankt sich die Beantwortung der Frage darum, ob A's Handeln rechtswidrig war. Die Lösung ist mit derjenigen zu soeben I. gleich.

III. Ansprüche A's gegen U auf Unterlassung:

Zugleich verlangt A Unterlassungsansprüche für die Zukunft dergestalt, dass sie U nicht mehr wie bereits geschehen beeinträchtigt werde.

1. Vertragliche Ansprüche kommen hier mangels entsprechender Rechtsbeziehungen zwischen beiden nicht in Frage.

2. In Betracht kommt auch kein Anspruch aus § 1004 I Satz 2 BGB, da A insoweit keine Eigentümerstellung aufweist.

3. In Betracht kommt unter Umständen ein Anspruch aus § 861 I BGB.

a) A war an dem Stellplatz unmittelbare Fremdbesitzerin, entweder aus eigener Stellung heraus, jedenfalls aber als Erbin von H (§ 857 BGB).

b) Dieser Besitz müsste ihr entzogen worden sein. Das ist durch die seinerseitige Inbesitznahme des Stellplatzes durch U der Fall gewesen. Allerdings ist die Inbesitznahme durch Agathas Gegenmaßnahmen wieder beendet worden.

c) § 861 I BGB scheidet daher aus.

4. A könnte aber einen Anspruch aus § 862 I Satz 2 BGB gegen U haben.[30]

a) Sie ist, wie soeben gesagt, Besitzerin. Sie ist es durch die Beseitigung von Schloss und PKW wieder geworden.

b) Die Maßnahmen von U, d. h. die Absperrung und das Parken seines Wagens, stellten eine verbotene Eigenmacht dar. Hierdurch wurde A in ihrem Besitz gestört.[31] Zwar ist diese Störung beseitigt worden, aber § 862 I Satz 2 BGB gewährt auch für zukünftige Besitzstörungen einen Anspruch. Es muss eine Wiederholungsgefahr drohen, die aber angesichts der bereits erfolgten Störungen sowie des Beharrens durch U auf sein Recht zum Besitz durchaus angenommen werden kann.[32]

---

[30]   In einem Prozess könnte Agatha insoweit als Beklagte eine Widerklage erheben (§ 33 ZPO); s. zu den daraus entstehenden Fragen im Anschluss.

[31]   Das ist auch der Fall, wenn man in der Störung zugleich eine Entziehung i.S.v. § 861 I BGB sieht. § 861 und § 862 BGB schließen einander nicht aus, sondern sie ergänzen einander. Es bestünde also eine Schutzlücke in Bezug auf künftige Besitzbeeinträchtigungen, wenn man hier § 862 I Satz 2 BGB nicht zum Zuge kommen ließe.

[32]   Insoweit geltend dieselben Grundsätze wie für § 1004 BGB, s. Staudinger/Bund § 862 Rd. Nr. 6; Palandt/Bassenge, § 862 Rd. Nr. 11; Müko/Joost, § 862 Rd. Nr. 3; vgl. auch BGH NJW 1999,257 sowie BGH NJW 2003,2378.

c) Die Ausnahme gem. § 862 II BGB – fehlerhafter Besitz der A gegenüber Ulrich mit Erlangung dieses Besitz innerhalb eines Jahres vor der Störung[33] – kann schon deswegen nicht eingreifen, weil A keinen fehlerhaften Besitz gegenüber Ulrich hat.

d) U beruft sich gegenüber A darauf, dass er kraft des Vertrages mit R zu den besagten Handlungen berechtigt sei. Das trifft zwar nicht zu, weil sein Recht allein auf dem relativ wirkenden Vertragsverhältnis mit R beruht, aber darauf kommt es hier überhaupt nicht an. Gem. § 863 BGB kann sich U nämlich gegenüber den Besitzschutzansprüchen aus § 861, 862 BGB nur damit wehren, dass ein Handeln keine verbotene Eigenmacht darstelle. Das ist aber, wie bereits festgestellt, nicht der Fall. Auf sonstige Rechtspositionen (sog. petitorische Einwendungen, die nach § 863 BGB zugelassene nennt man dagegen possessorische Einwendung) kann sich U nicht berufen.

e) Auch die Gegennorm des § 864 BGB greift nicht ein.

f) Damit kann A von U die Unterlassung künftiger Besitzstörungen verlangen.

Beachte: In dieser Fallvariante zeigt sich die Funktion des Besitzschutzes als eines vorläufigen Schutzes (Das prozessuale Gegenstück wäre der vorläufige Rechtsschutz in Gestalt des Arrests bzw. der einstweiligen Verfügung).[34] Der Besitz als Faktum kann nur eine provisorische Lösung bieten. Die endgültige stellt das Recht, nicht das Faktum. Also kann der Sieg im Besitzschutzprozess mit dem Ausschluss der petitorischen Einwendungen nach § 863 BGB seinerseits nur provisorisch sein. Der Gegner kann nämlich, sofern ihm petitorische Einwendungen zur Seite stehen, in einem erneuten Prozess eine endgültige – endgültig deshalb, weil nun das Recht vollständig zu Anwendung kommt und nicht mehr das „Faktum Besitz" dominiert – Klärung erreichen.

B. Abwandlung:

I. Die Zulässigkeitsvoraussetzungen von Klage und Widerklage liegen laut Sachverhalt vor. Das gilt denn auch für die Voraussetzungen des § 33 ZPO, insbesondere

---

[33] Für den auf die Zukunft gerichteten Unterlassungsanspruch tritt an die Stelle der Störung die erstmalige Klagemöglichkeit, Müko/Joost § 862 Rd. Nr. 9.

[34] Es wäre darüber hinaus möglich, den materiellen vorläufigen Rechtsschutz mit dem prozessualen zu kombinieren, d.h. den Besitzschutzanspruch zunächst mit einer einstweiligen Verfügung zu sichern Allerdings kann man dem Gericht hier keine Vorschriften machen, welche Normen es zur Begründung eines Verfügungsanspruchs heranzieht. Sofern also eine Anspruchskonkurrenz besteht, kann das Gericht eben auch andere Anspruchsgrundlagen seiner Entscheidung zugrunde legen.

liegt ein Zusammenhang zwischen beiden Klagen vor (sofern es hierbei überhaupt um eine Zulässigkeitsvoraussetzung geht).[35]

II. Begründetheit von Klage und Widerklage

1. A hat einen Anspruch aus Besitzschutz gegen R auf Unterlassung (§ 862 I Satz 2 BGB). Mit dem Einwand der wirksamen Kündigung sowie seinem Eigentumsrecht ist R hier nach § 863 BGB ausgeschlossen.

2. Die Klage von R ist ihrerseits begründet. Er hat einen Anspruch gegen A auf Herausgabe des Mietobjekts, in dessen Rahmen diese auch keinen Zugriff mehr auf den Stellplatz nehmen kann (§ 546 I BGB). Er kann des Weiteren kraft seines Eigentums von A die Beeinträchtigung seines Grundeigentums verlangen (§ 1004 I Satz 1 BGB). Man spricht hier von einer „petitorischen Widerklage".

3. Die Problematik liegt hier in der Verknüpfung beider einander gegenüberstehender Ansprüche in einem einheitlichen Prozess. So könnte die petitorische Widerklage dazu führen, dass A letztendlich mit ihrem Besitzschutz ungeachtet des § 863 BGB nicht durchdringt, denn dieser Ausschluss bezieht sich nur auf ihre Klage, nicht auf die Widerklage.

a) Um dem entgegen zu wirken, wird in Analogie zu §§ 863, 864 II BGB über die eigentliche Begründetheit hinaus gefordert, dass die Besitzschutzklage nur dann scheitern soll, wenn die petitorische Widerklage endgültig rechtskräftig und vollstreckbar ist.[36] Damit soll dem Umstand Rechnung getragen werden, dass der Besitzschutz sich jedenfalls als „vorläufiger Rechtsschutz" zeitweise durchsetzen kann.

b) Dagegen lässt sich einwenden, dass die Widerklage[37] durch den Besitzschutz keine Modifikation erhält. Das Gesetz sieht nun einmal auch für das Besitzrecht die Möglichkeit eines solchen Konterns ohne Wenn und aber vor. Schließlich wird der Besitzer im Ergebnis auch nicht wirklich benachteiligt, denn „das letzte Wort" wird über seinen Besitzschutz nun einmal nicht gesprochen. Das Gesetz stellt insoweit auch nicht die Prämisse auf, dass der Besitzschutz auch stets zu einem zeitweisen Obsiegen führen soll, vielmehr können der Zeitpunkt des besitzschutzrechtliche Obsiegens und des Unterliegens auf Grund der materiellen

---

35   Zu dem Merkmal des Zusammenhangs i. S. v. § 33 ZPO existieren zwei Auffassungen: Nach einer Ansicht handelt es sich um eine besondere Zulässigkeitsvoraussetzung der Widerklage, so dass die Widerklage bei deren Fehlen abzuweisen wäre. Nach der anderen Auffassung handelt es sich bei § 33 ZPO nur um einen besonderen Gerichtsstand, so dass in diesem Fall nur eine Trennung nach § 148 ZPO zu erfolgen hätte, s. insoweit den Überblick bei Amend JuS 2001,126.

36   Baur/Stürner § 9 Rd. Nr. 18; vgl. insoweit auch BGH NJW 1999,425 (für Entscheidungsreife jedenfalls in letzter Instanz); insoweit noch offener BGH NJW 1979,1358 f.; s. dazu aber auch (krit.) Amend JuS 2001,124 ff.

37   S. zur Widerklage auch BGHZ 53,166; BGHZ 73,355; BGH NJW 1979,1359; Hagen JuS 1972,124.

Rechtslage auch durchaus zusammenfallen. Eine „gesetzlich garantierte Schonfrist" ist letztendlich nicht vorgesehen.

c) Schließlich begegnet die petitorische Widerklage insgesamt Bedenken, die ihre Zulässigkeit an sich in Frage stellen.[38]

So lässt sich einwenden, sie führe zu einer Unterminierung des Besitzschutzes, indem sie letztendlich faktisch erlaube, eine verbotene Eigenmacht zu begehen, weil man mit ihr den Schutzmechanismus des § 863 BGB unterminieren könnte.

d) Sämtliche Ergebnisse sind mit entsprechenden Stellungnahmen vertretbar.

Da hier jedoch beide Klagen entscheidungsreif wären, wäre bei Zulassung der petitorischen Widerklage durchaus die Möglichkeit gegeben, der Widerklage stattzugeben und die Besitzschutzklage abzuweisen.[39]

Sofern man Bedenken gegen die Widerklage hat, müsste sie als unzulässig abgewiesen werden (Anzumerken ist, dass im Endeffekt für A nicht viel gewonnen wäre, denn U könnte jederzeit in einem eigenen Prozess Klage gestützt auf sein materielles Recht erheben – dies könnte nur nicht mittels Widerklage in eben dem Besitzschutzprozess geschehen, so dass A's Obsiegen nur ein solches auf Zeit wäre. Eben dass soll nach der die petitorische Widerklage bestreitenden Ansicht aber auch der Zweck des Ganzen sein! Der Besitz schützt eben nicht endgültig, so dass es allein um die Bewahrung der Folgen aus § 863 BGB geht).

---

[38]   Westerman § 24.II.4.; es ist einzuräumen, dass dieser Aspekt unter der Zulässigkeit (o. I.) zu erörtern gewesen wäre. Der sachliche Zusammenhang mit der Gesamtproblematik lässt es aber vertretbar erscheinen, diese Frage in einem eigenen Unterpunkt innerhalb der Begründetheit zu prüfen. Die hier bestehende Frage setzt an § 863 BGB an, und diese Norm gehört eben hierher.

[39]   S. insoweit wieder BGH NJW 1979,1358 f.; BGH NJW 1999,425 (hier jedenfalls für letztinstanzliche Entscheidungen).

Fall 17: Die Rache des Leasingnehmers

Sachverhalt

Leo Leih (L) hat einen PKW von der Motorlei-GmbH (M-GmbH) geleast. Dieser Wagen wird jedoch von Karl Klau (K) gestohlen. Karl überlässt den Wagen Gustav Gutglaub (G) zum Gebrauch, der von der Vorgeschichte des Fahrzeugs keine Kenntnis hat. Kurz darauf gerät Gustav jedoch in einen Verkehrsunfall, hervorgerufen dadurch, dass ihm von Sam Sorglos (S) die Vorfahrt genommen wird. So kommt es, dass der Wagen eine längere Zeit in die Werkstatt, betrieben von der Fix-Fleißig-GmbH (F-GmbH), verbracht werden muss.

Als sich der Sachverhalt aufklärt, verlangt Leo die Herausgabe des von ihm immernoch geleasten Fahrzeugs von der GmbH. Zugleich verlangt er von Karl, Gustav und Sam Schadensersatz für den Entzug des Wagens bzw. dessen Beschädigung. In diesem Zusammenhang will er auch die Leasingraten ersetzt verlangt haben, die er laut Vertrag ungeachtet der Vorkommnisse an die Motorlei-GmbH zu entrichten hatte.

Frage:
Wie ist die Rechtslage? Könnte gegebenenfalls auch die Motorlei-GmbH Ansprüche geltend machen?

Lösung

Anspruch auf Herausgabe gegen die F-GmbH

L hat keine Ansprüche gegen die GmbH auf Herausgabe des PKW aus Vertrag, da zwischen beiden überhaupt keine rechtsgeschäftlichen Kontakte bestanden. Auch ein Anspruch aus § 985 BGB kommt nicht in Betracht, weil L schon kein Eigentümer des Wagens ist.

I. In Betracht kommt ein Anspruch aus § 861 BGB

1. L war ursprünglich Besitzer des Wagens. Er war insoweit unmittelbarer Fremdbesitzer.

I. Czeguhn, C. Ahrens, *Fallsammlung zum Sachenrecht,* Juristische ExamensKlausuren, 145
DOI 10.1007/978-3-642-13139-4_17, © Springer-Verlag Berlin Heidelberg 2011

2. Dieser Besitz müsste ihm durch verbotene Eigenmacht (§ 858 I BGB) entzogen worden sein.

a) Das ist der Fall, denn durch den Diebstahl wurde er ohne seinen Willen seiner tatsächlichen Sachherrschaft beraubt. Eine gesetzliche Gestattung ist nicht gegeben.

b) Allerdings wurde die verbotene Eigenmacht von K begangen. Hier wendet sich L an diesen aber nicht. Deren Besitzbegründung resultiert aber nicht aus einer Entziehung zu Lasten L's, sondern aus Besitzüberlassung durch G.

G selbst hatte gegenüber L keine verbotene Eigenmacht begangen. Als er selbst Besitzer des PKW wurde, war L der Besitz bereits entzogen worden.

3. Allerdings könnte der Besitz des G seinerseits fehlerhaft gewesen sein. Zunächst ist der durch verbotene Eigenmacht gewonnene Besitz fehlerhaft (§ 858 III Satz 1 BGB), aber diese Fehlerhaftigkeit kann sich auch auf die Besitznachfolge fortsetzen (§ 858 III Satz 2 BGB).

Beachte: Der Sinn der Fehlerhaftigkeit des Besitzes besteht darin, eine relative Schutzwirkung zugunsten desjenigen Besitzers, dem gegenüber eine verbotene Eigenmacht begründet wurde, zu begründen.[1] Zunächst hat nämlich jeder Besitzer die Besitzschutzrechte auf seiner Seite – sogar der unrechtmäßige, wie etwa ein Dieb! Das erklärt sich daraus, dass der Besitzschutz allein ein Provisorium darstellt und als solches nicht nach der materiellen Berechtigung fragt. Der Besitz als solcher erzeugt schon einen Schutz, es sei denn er ist fehlerhaft – dann entfällt der Schutz. Nun ist aber zunächst nur der durch verbotene Eigenmacht erlangte Besitz fehlerhaft – und nur dieser! Also besteht, so weit diese Fehlerhaftigkeit reicht, kein Besitzschutz – sonst aber eben doch! Damit entfällt der Schutz nur zwischen den Besitzern, zwischen denen § 858 I BGB zutrifft. Hierauf aufbauend erstreckt § 858 III Satz 2 BGB die Fehlerhaftigkeit noch auf die Besitznachfolge im Allgemeinen sowie diejenige nach § 857 BGB.

---

a) Damit müsste G Besitznachfolger von K sein. Das könnte man deswegen bezweifeln, weil eine Nachfolge im eigentlichen Sinne nicht stattgefunden hat. G hat nämlich den Besitz im Rahmen eines Besitzmittlungsverhältnisses erlangt (§ 868 BGB), so dass er als unmittelbarer Besitzer neben K als nunmehrigen mittelbaren Besitzer getreten ist. Eine Nachfolge im Sinne eines Übergangs liegt damit hier nicht vor.

b) Dagegen ließe sich einwenden, dass das daraus resultierende Ergebnis sinnwidrig wäre; es würde nämlich beinhalten, dass derjenige, der seinen unmittelbaren

---

[1]   Erman/Lorenz § 858 Rd. Nr. 11; MüKo/Joost § 858 Rd. Nr. 13 (wobei der rechtsgrundlose Besitz davon zu unterscheiden ist, a. a. O.); Bamberger/Roth/Fritzsche § 858 Rd. Nr. 25.

Besitz von einem fehlerhaften Besitzer ableitet, niemals fehlerhaften Besitz hätte und daher auch niemals zum Adressaten von Besitzschutzrechten werden könnte. Das könnte andererseits aber angesichts dessen, dass der Besitzschutz eben keine endgültige Rechtsklärung herbeiführen wollte, durchaus auch so gewollt sein.

c) Hier kann diese Problematik letztendlich offen bleiben, denn selbst, wenn man G dem § 858 III Satz 2, 2. Alt. BGB unterwerfen wollte, hätte er Kenntnis von der Fehlerhaftigkeit von Ks Besitz bei Erwerb seines eigenen Besitzes haben müssen. Daran fehlte es hier ausweislich des Sachverhalts.

4. Dieser Befund setzt sich hinsichtlich der F-GmbH fort. Man kann hier wie bei G streiten, ob sie unter § 858 III, 2. Alt. BGB fällt, aber zum einen hätte sie im Bejahensfall ihren Besitz von keinem fehlerhaft Besitzenden erlangt, des weiteren wäre sie auch gutgläubig im beschriebenen Sinne gewesen (§ 166 BGB analog).[2]

5. Damit scheiden Ansprüche aus § 861 I BGB in jedem Falle aus.

In Betracht kommt ein Anspruch auf Herausgabe nach § 1007 I BGB

Hinweis: Die Vorschrift des § 1007 BGB ist praktisch ohne Bedeutung geblieben, aber (zugegebenermaßen seltene) Fälle wie der vorliegende zeigen, dass es auf sie eben doch ankommen kann. Auch ihr Sinn erschließt sich nur schwer. Pauschal gesagt, schützt sie „das Recht des besseren Besitzes". Es geht gewissermaßen in Analogie zum Eigentümer-Besitzer-Verhältnis um ein „Besitzer-Besitzer-Verhältnis".

§ 1007 I BGB betrifft den Fall, dass ein früherer gutgläubiger Besitzer (s. § 1007 III Satz 1, 1. Alt. BGB) mit einem bösgläubigen jetzigen zusammentrifft. Hier ist der frühere gutgläubige Besitz der „bessere" gegenüber dem jetzigen bösgläubigen.

§ 1007 II BGB betrifft das Zusammentreffen eines früheren gutgläubigen Besitzer (§ 1007 III Satz 1, 1. Alt. BGB) mit einem jetzigen gutgläubigen, wobei aber dem früheren Besitzer, der zugleich Eigentümer ist, die Sache abhanden gekommen ist (§ 1007 II BGB, vgl. insoweit § 935 BGB, sowie hinsichtlich der Ausnahme für Geld[3] und Inhaberpapiere).[4] Das Abhandenkommen macht den früheren Besitz hier zum „besseren", weswegen dieser sich durchsetzt.

---

[2]   Vgl. Tiedtke, S. 38.

[3]   Grund: Geld als Zahlungsmittel soll in einem besonderen Maße verkehrsfähig sein. Das soll sogar für Fälle des Abhandenkommens gelten.

[4]   Grund: Inhaberpapiere als Wertpapiere verbriefen ein Recht, aber sie werden wie bewegliche Sachen übertragen. Das verbriefte Recht geht zusammen mit dem Papiereigentum über, ohne dass es insoweit einer eigenen Abtretung (§§ 398 ff. BGB, ggf. i. V. m. § 413 BGB) bedürfte (Schlagwort: „Das Recht aus dem Papier folgt dem Recht am Papier"), s. dazu etwa Baur/Stürner § 53 Rd. Nr. 37 ff.

> In keinem Fall ist der frühere Besitz „besser", wenn er von dem damaligen Besitzer aufgegeben wurde (§ 1007 III Satz 1, 2. Alt. BGB). Wenn dieser den Besitz offensichtlich selbst nicht wollte, kann der Besitz auch gegenüber anderen nicht „besser" sein.
>
> Ansonsten finden die Vorschriften der §§ 1007 III Satz 2 BGB entsprechende Anwendung, d. h. es darf kein Recht zum Besitz des jetzigen „schlechteren" Besitzers gegenüber dem früheren „besseren" geben (§ 986 BGB), es wird nach Maßgabe der §§ 989 ff. BGB gehaftet, Nutzungen sind nach den §§ 987 ff. BGB herauszugeben und Verwendungsersatz ist u. U. zu leisten (§§ 993 ff. BGB).

I. L hatte den PKW, natürlich eine bewegliche Sache, in Besitz gehabt. Allerdings war die F-GmbH, als sie Besitz an eben diesem Fahrzeug erlangte, gutgläubig.[5] Damit ist der Tatbestand des § 1007 I BGB nicht gegeben.

II. Gem. § 1007 II Satz 1 BGB kann aber auch von einem gutgläubigen Besitzer die Herausgabe verlangt werden, wenn nämlich die Sache dem vormaligen Besitzer abhanden gekommen ist, etwa gestohlen wurde. Das Abhandenkommen bestimmt sich hier ebenso wie bei § 935 I BGB[6] und meint demnach den unmittelbaren Besitzverlust ohne den Willen des betroffenen Besitzers.[7] Ausgenommen ist dieser Sonderfall, wenn der Besitzer, gegen den der Anspruch geltend gemacht wird, Eigentümer der Sache geworden ist.[8] Das ist schon deswegen nicht der Fall, weil der Wagen der GmbH überhaupt nicht übereignet wurde und auch niemand anders sonst. An sich wäre ein gutgläubiger Erwerb durchaus in Frage gekommen, denn der M-GmbH als mittelbarer Besitzerin ist der Wagen nicht abhanden gekommen.[9]

III. L war seinerseits kein bösgläubiger Besitzer[10], und er hatte auch den Besitz nicht aufgegeben (s. § 1007 III Satz 1 BGB).

IV. Damit besteht ein Anspruch auf Herausgabe des PKW nach § 1007 II Satz 1 BGB.

Also geht es auch hier um die Förderung der Verkehrsfähigkeit, welche nicht unter der Einschränkung des § 935 I BGB leiden soll.

[5]   Der gute Glaube orientiert sich hier wieder analog § 166 BGB an dem Wissensstand der Geschäftsführer als ihrer Vertreter (§§ 35 ff. GmbHG).

[6]   MüKo/Baldus, § 1007 Rd. Nr. 9.

[7]   MüKo/Quack § 35 Rd. Nr. 5, 8 ff.; Bamberger/Roth/Kindl § 935 Rd. Nr. 3; s. a. schon RGZ 101,225; s. a. für den Fall der Weggabe einer Sache durch einen Geschäftsunfähigen OLG München NJW 1991,2571.

[8]   Grund: In diesem Fall steht hinter dessen Besitz das „bessere Recht".

[9]   Sie hatte ihren unmittelbaren Besitz ja schließlich mit ihrem Willen an Leo weiter gegeben. Ein Abhandenkommen liegt erst bei ihm, Leo, vor.

[10] In diesem Fall hätte er selbst einen „schlechten" Besitz gehabt.

V. Jedoch könnte die F-GmbH ihrerseits dem Herausgabeanspruch eigene Rechte entgegenhalten. Wenn sie ihrerseits ein Recht zum Besitz hätte (§§ 1007 III Satz 2, 986 I BGB), könnte sie die Herausgabe verweigern.[11]

1. Vertragliche Rechte kommen hier nicht in Betracht. Es bestanden schließlich keine rechtsgeschäftlichen Kontakte zwischen L und der F-GmbH. Sie hatte lediglich einen Werkvertrag (§§ 631 ff. BGB) mit G abgeschlossen. Es ist auch unter keinerlei Aspekten denkbar, dass der Vertrag für L abgeschlossen werden sollte. Dem steht der erfolgte Diebstahl entgegen.[12]

2. Unter Umständen könnte sich die F-GmbH auf ein Werkunternehmerpfandrecht berufen (§ 647 BGB). Allerdings stand der PKW nicht im Eigentum des Partners des Werkvertrages. Man könnte hier an einen gutgläubigen Erwerb dieses Pfandrechts denken. Insoweit könnten §§ 1207, 1257 BGB herangezogen werden. Dies wird für gesetzliche Pfandrechte jedoch abgelehnt.[13]

3. In Betracht kommt jedoch ein Zurückbehaltungsrecht. Gem. § 1007 III Satz 2 BGB findet nämlich § 1000 BGB entsprechende Anwendung. Darüber hinaus könnte sich die F-GmbH auf § 273 II BGB berufen.[14]

a) Es ist streitig, ob Zurückbehaltungsrechte Rechte zum Besitz i. S. v. § 986 I BGB (hier i. V. m. § 1007 III Satz 2 BGB) sind.[15] Die Logik an sich spricht dagegen. In diesem Fall würden bestehende Zurückbehaltungsrechte aber gleichwohl bestehen; sie werden lediglich nicht im Rahmen der §§ 1007 III Satz 2, 986 I BGB geprüft, sondern als eigenständige Einreden.

b) Gem. §§ 1007 III Satz 2, 1000 BGB müsste die F-GmbH einen Verwendungsersatzanspruch aus den entsprechend anwendbaren Vorschriften des Eigentümer-Besitzer-Verhältnisses haben.
Das ist der Fall, da sie gutgläubig war (§ 994 I Satz 1 BGB) und es sich bei der Reparaturleistung um Verwendungen gehandelt hatte.[16] Dass daneben ein Anspruch auf Werklohn mit G besteht, steht einem solchen Verwendungsersatz

---

[11] Hier könnte man ebenso wie im Fall des § 985 BGB darüber sinnieren, ob ein Recht aus §§ 1007 III Satz 2, 986 I BGB den Anspruch aus § 1007 I BGB entfallen ließe oder nicht: ob es sich dabei um eine Einwendung oder eine Einrede handeln würde. Da sich hier der „bessere" Besitz durchsetzen soll, sprächen die besseren Gründe für eine Einwendung.

[12] Dieser Fall unterscheidet sich insoweit vom Fall „Die gutgemeinte Reparatur".

[13] S. dazu den Fall „Die gutgemeinte Reparatur". Anzumerken ist, dass das Abhandenkommen bei Leo hingegen kein Hinderungsgrund gewesen wäre, denn insoweit wäre wiederum auf den Eigentümer, die Motorlei-GmbH, abzustellen gewesen.

[14] S. dazu Ahrens Rd. Nr. 195.

[15] S. dazu näher den Fall „Die gutgemeinte Reparatur". An sich wäre die dortige Diskussion schon hier zu führen, aber da der spätere Fall insoweit der „Klassiker" ist, wird sie erst dort geführt werden.

[16] S. insoweit den Fall „Die übereifrige Häuslebauerin". Da diese Aspekte in dem das Eigentümer-Besitzer-Verhältnis betreffenden Abschnitts näher behandelt werden, wird hier auf eine eingehendere

nicht entgegen – hier schon deswegen nicht, weil es sich um einen Fall des Abhandenkommens des PKW bei L handelte, womit der Werkvertrag über die Reparatur, die erst nach diesem Abhandenkommen notwendig wurde, letztendlich auch nicht überhaupt in seinem Interesse geschlossen wurde.[17]

c) Damit stehen der F-GmbH Zurückbehaltungsrechte wegen eines Verwendungsersatzanspruchs zu.

> Damit ist die Ratio des § 1007 BGB – Bevorzugung des „Besitzers mit dem besseren Besitz" – mit den Wirkungen des Eigentümer-Besitzer-Verhältnisses vergleichbar. § 1007 nimmt die Rolle des § 985 BB ein. Ansonsten ist über § 1007 III Satz 2 BGB das hier bestehende Schuldverhältnis mit demjenigen des Eigentümer-Besitzer-Verhältnisses in jeder Hinsicht grundsätzlich deckungsgleich
>
> Auf Unterschiede im Detail ist zu achten, so etwa hinsichtlich der Ansicht, dass die Nutzungsherausgabe sich allein auf Besitzherausgaben beschränkt.[18] Das in § 1007 III Satz 2 BGB für analog anwendbar erklärte Rechtsverhältnis gem. §§ 986 ff. BGB ist also gegebenenfalls „besitzkonform" anzupassen.

Ansprüche von L auf Schadensersatz

Daneben macht L Schadensersatzansprüche gegen die übrigen Beteiligten geltend. Vertragliche Ansprüche scheiden hier auch naturgemäß aus. Letztendlich bleiben nur auf gesetzlichen Schuldverhältnissen herrührende Ansprüche übrig.

I. Ein Anspruch folgt aus §§ 1007 III Satz 2 i. V. m. §§ 990 I, 989 BGB. K war bereits bei Besitzerlangung auch hinsichtlich der Rechtstellung L's bösgläubig (vgl. § 932 II BGB).[19]

> Im Allgemeinen würde man hier – wie auch sogleich im Anschluss dann der Fall – auf den deliktischen Schutz des Besitzes eingehen. Dagegen neigt man oft dazu, § 1007 III Satz 2 BGB mit seiner eigenen Anspruchsgrundlage zu übersehen. Sie ist hingegen deswegen von Bedeutung, weil sie Streitigkeiten über das Ob und das Wieweit des Besitzschutzes überhaupt nicht

---

Darstellung verzichtet (In einer isolierten Fallbearbeitung müssten die a. a. O. genannten Aspekte freilich näher untersucht werden).

[17]   Zum naheliegenden Vergleich mit dem Fall „Die gutgemeinte Reparatur" ist im Ergebnis doch zu unterscheiden: Das ist dort anders, denn dort wird der Reparaturvertrag noch während einer Zeit des berechtigten Besitzes des Werkbestellers geschlossen.

[18]   S. dazu Müko/Baldus, § 1007 Rd. Nr. 12.

[19]   Vgl. insoweit auch die vergleichbare Situation in Fall, weswegen hier wiederum von einer detaillierten Darstellung abgesehen wird.

> aufkommen lässt. Die oftmals beschworene (und oft in der Falllösung auch entsprechend vorhandene) „Unwichtigkeit" des § 1007 BGB ist nun einmal nicht in jeder Fallkonstellation gegeben.

Der Schadensersatzanspruch richtet sich auf Naturalrestitution, hilfsweise auf Geld (§§ 249, 251 I BGB). L kann jedoch die von ihm gleichwohl zu zahlenden Leasingraten nicht ersetzt verlangen, denn diese ergeben sich nicht aus der Besitzbeeinträchtigung, sondern aus den mit der M-GmbH getroffenen schuldvertraglichen Absprachen.[20] In Betracht kommen sonstige Kosten, die allein auf der Besitzentziehung beruhen, wie etwa die Kosten für die Anschaffung eines Ersatzwagens[21] sowie auch der Ersatz des Nutzungsausfalls.[22]

II. So könnte L Ansprüche des Weiteren gegen K aus Delikt haben:

1. Ein Anspruch könnte sich aus § 823 I BGB ergeben.

a) Zunächst stellt sich hier die Frage, ob das Deliktsrecht neben den §§ 1007 III Satz 2, 989 ff. BGB überhaupt anwendbar ist.[23] Hier jedoch ist das der Fall, denn über die §§ 1007 III Satz 2, 992 BGB wird der Zugang in die §§ 823 ff. (Es handelt sich um einen Rechtsgrundverweis) unproblematisch eröffnet.[24] K ist deliktischer Besitzer, zumal er sich des Wagens mittels einer Straftat (§ 242 StGB) bemächtigt hatte.

b) Des Weiteren müsste L ein „sonstiges Recht", welches von dieser Norm geschützt wird, verletzt haben. Fraglich ist, ob ein solches überhaupt besteht.
aa) L bezog seine Position zur Innehabung und Nutzung des Wagens aus einem Leasingvertrag mit der M-GmbH. Diese rein obligatorische Position wird nicht von § 823 I BGB erfasst.[25]
bb) Eventuell könnte der Besitz an dem PKW von § 823 I BGB erfasst sein.

---

[20]   S. dazu BGH NJW 1992,554; BGH NJW-RR 1991,281; für weitergehende Kosten s. etwa Martinek, S. 213 (dagegen aber BGH a. a. O.).

[21]   BGH NJW 1992,554; OLG Hamm NJW-RR 2003,774.

[22]   S. a. BGH a. a. O.

[23]   Vgl. insoweit für das Eigentümer-Besitzer-Verhältnis die identische und vor allem dort diskutierte Problematik zum Fall „Der Fremdbesitzerexzess auf der Überholspur".

[24]   Vgl. auch OLG Karlsruhe NJW 1990,719; Medicus, Bürgerliches Recht, Rd. Nr. 596. Durch die nun einheitliche Verjährung (§ 195 BGB) ist die Frage eines Nebeneinander von § 992 und §§ 990,989 BGB in den Hintergrund getreten. Sie spielt noch eine Rolle, wenn es um die Haftung für zufälligen Untergang geht (s. § 992, 823 ff., 858 BGB einerseits – andererseits eine vergleichbare Haftung bei den §§ 990, 989 BGB allein im Fall von §§ 990 II, 287 Satz 2 BGB).

[25]   Für Versuche, auch obligatorische Rechte dem Schutz nach § 823 I BGB zu unterwerfen, s. heute noch Larenz/Canaris § 76.II.4.g).

(1) Dagegen scheint zunächst zu sprechen, dass der Besitz als ein faktisches Herrschaftsverhältnis überhaupt kein Recht darstellt. Er würde demnach schon vom Wortlaut des § 823 I BGB nicht erfasst sein.

(2) Grundsätzlich wird daher verlangt, dass der Besitz durch ein obligatorisches Recht oder jedenfalls durch eine Berechtigung zu eben jenem Besitz untermauert wird.[26] Diese rechtliche Untermauerung steuert das rechtliche Moment bei, dessen § 823 I BGB nun einmal ausweislich seines Wortlauts bedarf. Anders ausgedrückt, die Kombination von faktischem Herrschaftsverhältnis und Rechten, die als solche ihrerseits nicht stets von § 823 I BGB erfasst werden können[27], erhebt den Besitz zu einem „sonstigen Recht" im Sinne des Gesetzes.

(3) Daher wird oft der berechtigte Besitz als von § 823 I BGB geschützt gesehen.[28] Im vorliegenden Fall wäre dem so, denn die Berechtigung zum Besitz seitens L folgt aus dem Leasingvertrag. Demnach wäre hiernach § 823 I BGB in jedem Falle einschlägig (zum Vergleich: Wäre der Wagen nun seinerseits K entwendet worden, könnte sich dieser nicht auf § 823 I BGB berufen – er hatte als Dieb kein Recht zum Besitz).

(4) Ein anderer Ansatz ist derjenige, den Besitz dann zu schützen, wenn er einem Ausschließlichkeitsrecht entspricht oder jedenfalls nahe kommt. Ein Ausschließlichkeitsrecht, welches von § 823 I BGB unproblematisch erfasst wird, weist zwei Komponenten auf: Einmal bestehen Nutzungsbefugnisse (sog. Nutzungskomponente), daneben die Befugnis, Andere von dieser Nutzung auszuschließen (sog. Ausschließungskomponente). Findet sich beides nun auch beim Besitz, avanciert er zu einer von § 823 I BGB geschützten Position. Die Ausschlusskomponente stellt dabei der Besitzschutz (§§ 858 ff. BGB zur Verfügung),[29] jedoch fehlt dem Besitz als solchen zunächst die Nutzungskomponente. Diese kann aber durch das Recht zumindest in Ansätzen zur Verfügung gestellt werden. Das ist der Fall hinsichtlich des berechtigten Besitzes (Insoweit ist dieser Ansatz mit dem zuvor dargestellten kongruent). Aber auch, wenn das Gesetz den Besitzer in einer Nutzungskomponente nur begünstigt, ohne ihn zu berechtigen, findet sich ein hinreichender Ansatz. Das ist vor allem der Fall, wenn auch der nichtberechtigte Besitzer Nutzungen, die er gezogen hat, für sich behalten kann (s. insoweit insbesondere die abgestuften Verpfli-

---

[26]   S. aber auch Westermann § 8.4., dort auch zu der Frage des Schutzes von unrechtmäßigem Besitz, s. insoweit auch Wieser NJW 1971,598 f.; s. dazu auch Honsell JZ 1983,531 ff.

[27]   Ähnlich insoweit auf das Recht zum Besitz als das Schutzgut von § 823 I BGB abstellend Larenz/ Canaris § 76.II.4.f).

[28]   BGH NJW 1998,380.

[29]   Wegen § 869 BGB insoweit ablehnend für den Schutz des mittelbaren Besitzers gegenüber dem unmittelbaren aus Delikt BGZ 32,205; s. hingegen für den Schutz von Mitbesitzern gegeneinander (trotz § 866 BGB) BGH NJW 1974,1190 f.; a. A. insoweit Medicus AcP 165 (1965),139.

chtungen zur Nutzungsherausgabe bei den §§ 987 ff. BGB). Damit können auch unter den jeweiligen Umständen (also nicht generell!) über die Besitzberechtigung hinaus Besitzer, denen es also an einem Recht zum Besitz fehlt, sich auf § 823 I BGB berufen.[30] Anzumerken ist hier, dass man insoweit auch für einen Schutz eines Besitzers gegen den Anderen dann konsequenterweise eine Orientierung an § 1007 BGB anstrengen müsste – gegen den „Besitzer mit dem besseren Besitz" jedenfalls dürften deliktische Ansprüche kaum in Betracht kommen.

(5) Jedenfalls wäre L auch nach dieser Ansicht über § 823 I BGB geschützt, denn die beiden genannten Komponenten würden sich auch hier schon aus dem Leasingvertrag sowie aus den Besitzschutzvorschriften ergeben.

c) Die haftungsbegründende Kausalität wäre ebenfalls gegeben. In den Besitz als Schutzposition i. S. v. § 823 I BGB hätte K durch die Entwendung adäquat kausal eingegriffen.

d) Diese Handlung sowie Rechtsgutverletzung ist auch rechtswidrig gewesen.

e) Ein Verschulden des K – sicherlich Vorsatz (§ 276 I BGB) – ist sicherlich anzunehmen.

f) Es ist L auch ein Schaden entstanden. Dieser liegt in den Folgen, die sich aus der Entziehung des Besitzes ergeben begründet, betrifft also insbesondere irgendwelche Kosten für Ersatzbeschaffung oder auch den Nutzungsausfall als solchen, nicht aber die weiter bestehende Verpflichtung zur Entrichtung von Leasingraten[31].

2. Daneben kommen Ansprüche wegen Schutzgesetzverletzung i. S. v. § 823 II BGB in Betracht, wobei hier 242 StGB einschlägig ist. Diese Strafnorm schützt nicht nur das Eigentum, sondern auch den Gewahrsam.[32] Der Gewahrsam ist vom Besitz zwar zu unterscheiden, aber der unmittelbare Besitz deckt sich insoweit mit diesem.[33]

Die Voraussetzungen des Diebstahlstatbestandes liegen vor, des gleichen die Rechtswidrigkeit. Zudem handelte K schuldhaft, da man hier von einem Vorsatz auch im strafrechtlichen Sinne (s. insoweit auch für das Vorsatzerfordernis § 15 StGB) auszugehen ist.[34]

---

[30]   Medicus, Bürgerliches Recht, Rd. Nr. 607; dagegen Larenz/Canaris § 76.II.4.g).

[31]   S. insoweit wieder BGH NJW 1992,554; BGH NJW-RR 1991,281 – die dortigen Entscheidungen haben Fälle des § 823 I BGB betroffen.

[32]   S. dazu Schönke/Schröder/Eser, § 242 Rd. Nr. 1 f.

[33]   S. zu den Unterschieden Eser a. a. O. Rd. Nr. 31 (vorige Fußn.). Anders wäre es etwa für den mittelbaren Besitz oder denjenigem nach § 857 BGB gewesen. Der andere wesentliche Unterschied liegt darin, dass ein Besitzdiener (§ 855 BGB) sehr wohl Gewahrsamsinhaber sein kann.

[34]   Man beachte hier, dass es auf das Verschulden nach den Maßstäben des Schutzgesetzes ankommt; nur wenn dieses ein Verschulden verlangt, ist nach § 823 II BGB a. E. auf § 276 auszuweichen,

3. Als ein weiteres Schutzgesetz i. S. v. § 823 II BGB können auch die §§ 858 ff. BGB angesehen werden[35], deren Voraussetzungen hier, wie geprüft, vorliegen. Dasselbe könnte man durchaus auch für § 1007 BGB annehmen[36], wogegen man aber einwenden könnte, dass sich diese Norm nur auf die Kollision zweier Besitzlagen konzentriert, die gerade nicht anderweitig rechtlich berücksichtigt worden ist und insoweit auch nicht berücksichtigt werden sollte. Auch diese Norm ist hier tatbestandsmäßig erfüllt. Insoweit kann man auch durchaus Zweifel hegen, ob die Besitzschutzregeln generell Schutzgesetze sein können, denn schließlich steht hinter diesen als solche keine echte materielle Berechtigung.

Die Tatbestandserfüllungen der genannten Normen, so man sie also unter § 823 II BGB subsumiert, sind jeweils rechtswidrig gewesen.

Es liegt seitens K's ein Verschulden i. S. v. § 276 BGB vor. Der Besitzschutz als solcher ist zwar verschuldensunabhängig, aber in solchen Fällen rekurriert man auf § 823 II Satz 2 BGB auf § 276 BGB.

III. Gegen die übrigen Beteiligten scheiden Ansprüche aus Delikt aus. Das liegt daran, dass diese in keinerlei Besitzpositionen von L mehr eingegriffen haben, denn L hatte keinen Besitz mehr als die jeweiligen Akteure auf den Plan traten. In Bezug auf L waren sie auch gutgläubig, so dass insoweit kein fehlerhafter Besitz mehr vorhanden war (vgl. § 858 II Satz 2 BGB). Zwar streitet zugunsten L's insoweit noch § 1007 BGB, aber selbst wenn man sich diese Norm zunutze machen will, fehlt es sowohl an der Bösgläubigkeit (§§ 1007 III Satz 2, 990 I, 989) bzw. dem für das § 823 I BGB erforderlichen Verschulden.

---

anders gewendet: Man darf nicht über § 823 II BGB den fahrlässigen (s. § 15 StGB) Diebstahl ins Leben rufen!

[35]   BGHZ 20,171; BGHZ 114,314; s. a. jedenfalls für den berechtigten Besitz BGH NJW 1979,1359; a. A. Medicus AcP 165 (1965),118 f.; 137, 149; anders wieder Larenz/Canaris § 76.II.4.g) a. E.; s. a. Honsell JZ 1953,532.

[36]   Das könnte deswegen nahe liegen, weil § 1007 BGB durchaus auch bemüht wird, um eben die Ausschlussfunktion auszumachen, um deren Willen ein Schutz des § 823 I BGB möglich sein soll, Medicus, Bürgerliches Recht, Rd. Nr. 607.

Fall 18: Die Odyssee eines Grundpfandrechtsbriefs

Sachverhalt

Elmar Eifrig (E) will an das große Geld; zu diesem Zwecke schwebt ihm vor, ein Geschäftsgebäude in günstiger Lage zu errichten, um es dann gewinnbringend gewerblich zu vermieten. Alles ist bereits vorbereitet, insbesondere wurden die erforderlichen Genehmigungen eingeholt und ein Grundstück käuflich erworben. Nun geht es an die Finanzierung. Als Elmar deswegen zur Hypo-Gemeinschafts-Bank (Hypo) geht, zeigt sich der dortige Sachbearbeiter Karl Klever (K) auch durchaus aufgeschlossen. Allerdings ist er auch vorsichtig. So soll das gewünschte Darlehen nur in Teilbeträgen ausgezahlt werden. Auf Elmars Auszahlungsanspruch wird eine Anzahlung geleistet. Die übrige Auszahlung soll erst mit Abschluss im Einzelnen festgelegter Bauabschnitte (Bauaushub, Fundament, im Anschluss jeweils von Etage zu Etage) in Teilbeträgen erfolgen. Im Gegenzug will die Hypo des Weiteren grundpfandrechtlich abgesichert sein. Man ist sich bezüglich dieser Einzelheiten schnell einig. Es wird eine Briefhypothek für die Hypo wirksam bestellt.

Elmar steht nun vor der Frage, wie er bereits vor Erreichen der einzelnen Bauabschnitte zu Geld kommt, denn schließlich soll mit dem Darlehen die Bautätigkeit ja von Anfang an finanziert werden. Zu diesem Zweck wendet er sich an die ZK-Bank (ZK), welche sich auf sog. Zwischenkredite, die gerade zur Überbrückung von Zeiträumen bis zu einer Darlehensauszahlung dienen, spezialisiert hat. Auch sie ist bereit, will aber ihrerseits grundpfandrechtlich abgesichert sein, und zwar erstrangig. Die Hypo ihrerseits hat dem gegenüber keine Einwände, will aber auch von ihrer eigenen Position nicht lassen.

Frage:
Was kann Elmar tun?

Lösung

A. Es handelt sich hier um eine Frage aus dem Bereich der Vertragsgestaltung, wie sie aber zunehmend auch für die Prüfungspraxis von Bedeutung wird. Man muss sich hier zunächst die von den Parteien verfolgten Ziele verdeutlichen, den bisherigen Sachstand rechtlich würdigen und dann die möglichen vertraglichen Schritte

I. Czeguhn, C. Ahrens, *Fallsammlung zum Sachenrecht*, Juristische ExamensKlausuren,   155
DOI 10.1007/978-3-642-13139-4_18, © Springer-Verlag Berlin Heidelberg 2011

mitsamt ihrer rechtlichen Möglichkeiten erarbeiten (Wenn man so will, handelt es sich um das Gegenstück zum Anspruchsaufbau – Wer will was von wem woraus? Hier müsste es etwa heißen: Wer will was von wem womit/wodurch zu welchem Zweck?).

B. Das Ziel:

Gewollt ist eine Zwischenfinanzierung, welche E bereits vor der eigentlichen, ursprünglich anvisierten, Darlehenszahlung so stellt, als hätte er eben jenes Geld bereits bekommen. Die Hypo will hingegen ihren derzeitigen status quo erhalten. Die ZK will bereits jetzt Geld zur Verfügung stellen, aber dafür Sicherheiten haben, die denen der Hypo gleichwertig, d. h. erstrangig, sind.

C. Der Sachstand mit rechtlicher Würdigung

Es wurde der Hypo wirksam eine Hypothek bestellt, und diese hat ihrerseits einen Teilbetrag des Darlehens ausgezahlt.

Die Hypothek wird durch dingliche Einigung, Eintragung des Ersterwerbers im Grundbuch und Übergabe des Briefs bestellt. Das ist hier geschehen. Allerdings setzt sie eine entstandene Forderung voraus, anderenfalls sie beim Eigentümer verbleibt (§ 1163 I Satz 1 BGB). Da sie ohne Forderung keine Hypothek sein kann, muss sie eine Grundschuld sein (§ 1177 BGB), sie stellt also eine Eigentümergrundschuld dar. Da die Darlehensauszahlung aber noch möglich ist, handelt es sich um eine auflösend bedingte Eigentümergrundschuld und spiegelbildlich dazu um eine aufschiebend bedingte (wenn man so will: Fremd-) Hypothek. Teilweise steht das Grundpfandrecht zurzeit also der Hypo zu, teilweise noch E. Die ZK hat bislang noch kein dingliches Recht an dem Grundstück erworben. Die Sicherung ist da, aber sie sichert noch nicht den Zwischenkredit. Eine weitere Grundpfandrechtsbestellung würde der ZK nicht das geben, was sie haben will, denn dieses Recht würde kein erstrangiges sein, sondern der Hypothek der Hypo bzw. der (Noch-) Eigentümergrundschuld von E im Rang nachfolgen.

D. Die mögliche Vertragsstrategie

I. Es geht im Ergebnis darum, das erstrangige Grundpfandrecht zum Teil auf die ZK zu übertragen. Da es um den noch ausstehenden Betrag geht, geht es zugleich um das dingliche Recht, soweit es noch nicht als Fremdsicherungsmittel aktiviert worden ist, also um die Eigentümergrundschuld.

II. Diese Eigentümergrundschuld kann auf die ZK übertragen werden. Gem. §§ 1192 I, 1154 I Satz 1 BGB ist jedoch unter anderem die Übergabe des Grundpfandrechtsbriefes erforderlich. Dieser jedoch muss sich, da ihr das dingliche Recht ja überhaupt erstmalig bestellt wurde, bei der Hypo befinden (§§ 1192 I, 117 BGB). Sie hat ihn insoweit jedenfalls in ihrem Eigenbesitz (§ 872 BGB), mangels anderer Angaben kann hier von einem unmittelbaren Besitz ausgegangen werden (§ 854 BGB).

Es geht hier um keinen Besitz, der von einer natürlichen Person ausgeübt wird. Dazu ist folgendes zu sagen:[1]

Juristische Personen üben ihren Besitz durch ihre Organe aus (sog. Organbesitz). Diese Organe sind ihrerseits Personen oder jedenfalls rechtsfähig. Sie sind als Besitzer aber gleichsam nicht existent, d. h. wenn sie für ihre Juristische Person, in Organeigenschaft also, den Besitz ausüben; sie sind nicht einmal Besitzdiener (§ 855 BGB). Damit ist die Juristische Person selbst unmittelbarer Besitzerin.

Bei Personengesellschaften ist anerkannt, dass sie Besitzer sein können. Dies muss nach der Rechtsprechung des BGH jetzt auch bei der Gesellschaft bürgerlichen Rechts, die das Gericht nach langem Vertreten der Gegenauffassung für rechtsfähig erachtet[2], so sein.

1. Eine Möglichkeit bestünde darin, sich einen geteilten Grundpfandrechtsbrief nach § 61 GBO ausstellen zu lassen. Das wird in der Praxis für die hier bestehenden Bedürfnisse regelmäßig nicht gemacht.[3] Eine verfahrensrechtliche Lösung scheidet somit üblicherweise aus.

2. Alternativ könnte man daran denken, die Besitzverhältnisse neu zu strukturieren und zwar dergestalt, dass die Übergabe an die ZK erfolgt, ohne dass die Hypo ihrerseits den Besitz an dem von ihr besessenen Brief verliert. Sie würde ihre Hypothek dadurch behalten, die Eigentümergrundschuld Es würde sich jedoch zu einer Fremdhypothek der ZK umwandeln. Damit hätten beide Darlehensgeber aber jeweils ein erstrangiges Sicherungsrecht auf sie aufgeteilt erhalten (vorausgesetzt die ZK hat schon den Darlehensbetrag ihrerseits ausgezahlt, so dass eine von der Hypothek abgesicherte Forderung besteht, ansonsten würde es sich noch um eine Grundschuld handeln, aber auch hier wieder um ein Fremdgrundpfandrecht. Mit Auszahlung des Darlehens bliebe sie eine Grundschuld, denn als Hypothek sollte das Recht nur den Rückzahlungsanspruch der Hypo, nicht der ZK, sichern).

In diesem Zusammenhang ist zu bemerken, dass § 931 BGB mit § 870 BGB zu lesen ist[4] – tatsächlich geht es bei § 931 BGB um die Übertragung mittelbaren Besitzes![5]

---

[1]   S. dazu etwa Erman/Lorenz § 854 Rd. Nr. 5, 6.

[2]   Grundlegend BGH NJW 2001, 1056.

[3]   Baur/Stürner § 37 Rd. Nr. 44.

[4]   S. schon BGH NJW 1959, 1538.

[5]   Keinesfalls wird der Anspruch aus § 985 BGB abgetreten, denn dieser ist nicht selbständig abtretbar (§ 399, 1. Alt., BGB), Jauernig/Jauernig § 931 Rd. Nr. 10; s. allgemein auch Palandt/Grüneberg, § 399 Rd. Nr. 4 ff.

Wird ein solches Besitzmittlungsverhältnis bzw. eine solche Konstruktion überhaupt abgelehnt, entfällt auch § 870 BGB. In diesem Fall wird eine bloße Einigung
über den Eigentumsübergang zugelassen.[6]

a) Laut Sachverhalt will die Hypo ihre Position in keiner Weise beeinträchtigt sehen, so dass sie den Brief für sich in ihrem unmittelbaren Besitz halten will, aber
sie könnte eventuell den Mitbesitz im Rahmen eines Besitzmittlungsverhältnisses vermitteln (§§ 866, 868 BGB). Sie wäre partiell unmittelbarer Eigen- sowie
Fremdbesitzer; und soweit sie das letztere ist, wäre die ZK mittelbarer Eigenbesitzer. Der Mitbesitz wäre damit ein sog. ungleichstufiger, weil auf unterschiedlichen Ebenen vorhanden.

a) So könnte die Hypo der ZK den Mitbesitz an dem Brief einräumen (§ 866 BGB)
bzw. E könnte seinen Anspruch auf Herausgabe des Briefs, soweit ihm eine Eigentümergrundschuld zusteht, abtreten (§§ 1117 I Satz 2, 931 BGB).

aa) Anzumerken ist insoweit, dass gem. § 952 II BGB der Hypothekenbrief
nicht eigens übereignet wird, sondern er steht kraft Gesetzes demjenigen zu, der
auch Rechtsinhaber ist. Teilt sich das Grundpfandrecht in eine Eigentümergrundschuld und eine Fremdhypothek auf – wie hier – entsteht daher Miteigentum.

bb) E hätte also einen Anspruch auf Einräumung von Mitbesitz gegen die Hypo,
sofern er noch Inhaber einer Eigentümergrundschuld ist. Bereits hier könnte man
einen ungleichstufigen Mitbesitz annehmen, von dem gleich im Anschluss die
Rede sein wird – unter der Voraussetzung, dass man ihn auch zulässt (dazu ebenfalls im Anschluss). Den daraus folgenden Anspruch aus dem Besitzmittlungsverhältnis könnte er im Rahmen von §§ 1117 I Satz 2, 931 BGB abtreten (§ 870
BGB).[7]

cc) Die andere Möglichkeit wäre eben diejenige, dass die Hypo ihren Alleinbesitz (für den Fall, dass sie E überhaupt keinen Besitz vermittelt – eigentlich
müsse sie das, solange das Grundpfandrecht ihr nicht in voller Höhe zusteht,
aber es entscheidet hier die tatsächliche Willensrichtung) durch partielle Willensänderung dahingehend abändert, dass sie neben ihrem Alleinbesitz auch
mittelbaren Fremdbesitz für die ZK begründen will (m. a. W.: ein neues partiel-
les Besitzmittlungsverhältnis begründet, § 868 BGB). Die jeweilige Reichweite
bestimmt sich nach dem Anteil der jeweiligen Berechtigungen an dem Grundpfandrecht.

b) Damit würde die ZK mittelbare Eigenbesitzerin an dem Brief werden, die Hypo
bliebe unmittelbare Eigenbesitzerin und zugleich Fremdbesitzerin für die ZK in
dem jeweiligen Wertverhältnis ihrer Kreditvergabe. Hinsichtlich des Eigenbesitzes liegt die Annahme eines Mitbesitzes nahe (§ 866 BGB), der sich aber

---

6   Jauernig/Jauernig a. a. O.; Erman/Michalski § 931 Rd. Nr. 2 (str.).
7   S. insoweit auch Wilhelm Rd. Nr. 1599.

auf verschiedenen Besitzstufen (einmal mittelbar, einmal unmittelbar) abspielt. Fraglich ist, ob ein solcher sog. ungleichstufiger Mitbesitz möglich ist.

aa) Diese Möglichkeit wird teilweise anerkannt.[8] Sie lässt sich darauf stützen, dass § 866 BGB über die konkrete Art und Weise des Mitbesitzes keine besonderen Anforderungen aufstellt. Dass unterschiedliche Willensrichtungen in ein und demselben Mitbesitz vorkommen können, zeigt dem Grunde nach auch § 1206 BGB.

bb) Nach anderer Auffassung[9] ist ein solcher ungleichstufiger Mitbesitz nicht möglich. Dagegen ließe sich etwa einwenden, dass ein und derselbe Besitzer in seiner Person zwei unterschiedliche Willensrichtungen aufweisen müsste, nämlich zum Teil Eigenbesitz, zum Teil Fremdbesitz eben für einen anderen. Diese Willensaufteilung in einer Person erscheint denklogisch durchaus fraglich. Folgt man dieser Auffassung, ist das eben vorgeschlagene Finanzierungskonzept auf der Sicherungsebene fehlgeschlagen.

In diesem Zusammenhang wird auch in Frage gestellt, ob es sich hier überhaupt um einen Mitbesitz handeln kann. Dies kann man mit dem Argument ablehnen, innerhalb eines Besitzmittlungsverhältnisses kann es keinen solchen geben, anders gewendet verdrängt § 868 BGB damit § 866 BGB. Man kommt aber auch über diese Ansicht zu der Problematik, ob ein Besitzer bei einer einheitlichen Besitzausübung seinen Besitzwillen wie beschrieben aufteilen kann.[10]

Man stößt hier also auf das Problem des Besitzwillens. Er spielt insbesondere bei Besitzmittlungsverhältnissen eine Rolle (§ 868 BGB), denn allein der Wille des unmittelbaren Besitzers, für einen anderen zu besitzen und ihm insoweit Besitz zu vermitteln, lässt ein solches Verhältnis ent- und bestehen. Fehlt ein solcher Wille von Anfang an, entsteht das Besitzmittlungsverhältnis nicht, wird er später geändert, erlischt es.

Die Problematik, ob ein unmittelbarer Besitzer in einer Person verschiedene Besitzwillensrichtungen haben kann, ist im vorliegenden Fall das zentrale Problem. In den Bereich dieser Problematik fällt übrigens auch der sog. Nebenbesitz, welcher darin besteht, dass ein unmittelbarer Besitzer mehreren Personen den Besitz vermitteln will, ohne diesen aber mittelbaren Besitz einzuräumen.

Diese Frage spielt vor allem beim gutgläubigen Erwerb nach § 934, 2. Alt. BGB eine Rolle.[11] Solange der Berechtigte, zu dessen Lasten der gutgläubige Erwerb, noch seinen Besitz behält, scheidet ein gutgläubiger Erwerb eines Dritten aus.

---

[8]   So Baur/Stürner § 37 Rd. Nr. 47, § 7 Rd. Nr. 79 f.; Soergel/Stadler § 866 Rd. Nr. 4.

[9]   BGHZ 85,263 ff.; BGH NJW 1986,345; Erman/Lorenz § 866 Rd. Nr. 1 a. E.

[10]   S. insoweit MüKo/Joost § 866 Rd. Nr. 10 mit § 868 Rd. Nr. 10.

[11]   S. dazu den Überblick bei Medicus, Bürgerliches Recht, Rd. Nr. 558 ff.

> Erlangt der Dritte also den mittelbaren Besitz, muss der Berechtigte seinen verlieren, ansonsten behält er sein Eigentum. Er behält es aber, wenn ihm nach wie vor der Besitz vermittelt wird, auch wenn der unmittelbare Besitzer zugleich (also „daneben", daher Nebenbesitz) dem Dritten den Besitz vermittelt. Das setzt wiederum die Zulässigkeit einer entsprechenden Willensaufspaltung voraus.[12]

b) Damit bliebe noch die Möglichkeit, dass der Brief einem Treuhänder zu unmittelbarem Fremdbesitz überlassen würde.[13] Dieser würde der Hypo und der ZK jeweils deren Eigenbesitz vermitteln, welcher zugleich mittelbarer Fremdbesitz wäre (§§ 868, 866 BGB). Anders als in dem zuvor dargestellten Modell wäre die Willensrichtung jeweils dieselbe, nämlich auf Fremdbesitz gerichtet. Dass sie sich insoweit auf zwei Personen aufteilt, ist dabei unproblematisch.

E. Je nach der favorisierten Lösung wäre eine Zwischenfinanzierung möglich. Aus praktischen Gründen würde sich die Treuhandlösung anbieten, also der zuletzt beschriebene Weg, denn dieser ist nach einhelliger Auffassung unproblematisch.

Im Folgenden würde je nachdem, inwieweit die Darlehensrückzahlungs- und sonstigen gesicherten Ansprüche (Zinsen) entstehen, jeweils ein Fremdgrundpfandrecht entstehen und zwar jeweils als Hypothek. Mit den jeweiligen Rückzahlungen würde die Hypothek als Eigentümergrundschuld an E zurückfallen bis zur endgültigen Tilgung (§§ 1163 I Satz 2, 1177 BGB – Grund für diese Konstruktion: Es wird damit verhindert, dass nachrangige Sicherungsrechte auf den ersten Rang aufrücken). Insoweit würde das Briefeigentum kraft Gesetzes auf ihn übergehen (§ 952 II BGB).

> **Arten des Mitbesitzes:**
> – Schlichter Mitbesitz: Jeder ist in der Lage, die Sachherrschaft allein auszuüben (Hier sind Beschränkungen kraft Absprachen oder allgemeinem Rücksichtnahmegebot üblich); ein solcher wird für nichtrechtsfähige Gesamthandsgemeinschaften (etwa Erbengemeinschaften) angenommen.
> – Qualifizierter Mitbesitz: Die Besitzausübung ist nur durch alle Besitzer zusammen möglich (Man spricht hier auch missverständlich vom gesamthänderischen Mitbesitz; man beachte, dass Gesellschaften grundsätzlich selbst Besitzer sein können, damit sind sie Alleinbesitzer, und auf eine wie auch immer geartete Gesamthand kommt es nicht an!).
> – Mitbesitz mit unterschiedlichen Willensrichtungen, s. etwa § 1206 BGB, aber str. für sog. ungleichstufigen Mitbesitz, s. soeben im Fall.

---

[12] Die Rechtsprechung lehnt ein solches ab, s. Medicus a. a. O. wie soeben auch im Fall.
[13] Baur/Stürner § 37 Rd. Nr. 44 a. E.

Fall 19: Wer zuerst kommt, mahlt zuerst? – einmal zwangsvollstreckungsrechtlich gesehen[1]

Sachverhalt

Möbelhändler Theo Tüchtig (T) will in sein Unternehmen weiter investieren. Seine Hausbank, die Pecunia AG (Bank), ist bereit, ihm den gewünschten Darlehensbetrag zur Verfügung zu stellen, will aber Sicherheiten. Theo überträgt ihr diverse Unternehmensgegenstände zur Sicherheit, darunter auch den jeweiligen Bestand eines Möbellagers, den er aber absprachegemäß weiter nutzen kann. Was Theo der Bank aber verschwiegen hat, weil es ihm nicht wichtig vorkam, ist, dass besagter Lagerbestand in einer Halle eines Betriebsgrundstücks befindlich ist, welches er, Theo, von der Solid-GmbH (GmbH) gepachtet hat. Die Lieferung der Möbel erfolgt jeweils vom Hersteller direkt auf dieses Grundstück, wo sie sogleich eingelagert werden. Kurze Zeit später wird Theo von seinem Gläubiger Gundolf Gierig (G) wegen einer noch offen stehenden Geldforderung in Anspruch genommen. Gundolf erwirkt einen Titel gegen Theo und lässt den Möbellagerbestand pfänden.

Als die Bank von der Pfändung erfährt, erwägt sie rechtliche Schritte. Dasselbe tut auch die Solid-GmbH, die zudem meint, dass sie wegen auch bei ihr aufgelaufenen Pachtschulden auf den Möbellagerbestand Zugriff nehmen kann – dies auch vorrangig gegenüber der Bank. Gundolf sieht das wieder völlig anders, aus seiner Sicht habe er schließlich zuerst einen Titel gegen Theo erwirkt, und das müsse schließlich den Ausschlag geben.

Frage:
Wie ist die Rechtslage?

---

[1]   Zum Pfandrecht allgemein: Pickert, Formularmäßige Pfandrechtsbestellung - Enteignung vertragsunbeteiligter Dritter?, NJW 1978, 1417 f.; Reinicke/Tiedke, Der gutgläubige Erwerb eines Pfandrechts an beweglichen Sachen, JA 1984, 202; Schwerdtner, Die gesetzlichen Pfandrechte des Bürgerlichen Gesetzbuches, Jura 1988, 251; Spieß, Das vertragliche Pfandrecht an beweglichen Sachen, JuS 1990 L 33; Schanbacher, Grundfälle zum Pfandrecht, JuS 1993, 382 - 385, 475 - 479; Schnee-Gronauer, Ansprüche des Werkunternehmers bei Reparaturen bestellerfremder Sachen und deren Durchsetzung, JA 1998, 642 – 646; Schreiber, Der Erwerb des Werkunternehmerpfandrechts, Jura 1995, 497 - 499; ders., Vertragliche Pfandrechte an Mobilien, Jura 2004, 36-39; Völzmann, Der Eigentumsherausgabeanspruch gegen den gutgläubigen Werkunternehmer bei Verarbeitung bestellerfremder Sachen, JA 2005, 264 – 268.

Zusatzfrage:
Wie wäre es gewesen, wenn auf Betreiben Gundolf's die gepfändeten Möbel in freiem Verkauf, d. h. von einem gewerblichen Auktionator auf Betreiben des Gerichtsvollziehers, versteigert worden wären? Könnten die Bank sowie die GmbH von den jeweiligen Erwerbern die Herausgabe der Möbel verlangen? Könnte hilfsweise der Erlös von Gundolf heraus verlangt werden?

Lösung

A. Die Bank erwägt rechtliche Schritte. Von ihrem Ziel her wehrt sie sich gegen die von G eingeleitete Zwangsvollstreckung in den Lagerbestand. Hier kommt eine Drittwiderspruchsklage in Betracht.

I. Die Klage müsste zulässig sein.

1. Die Zulässigkeitsvoraussetzungen richten sich nach den allgemeinen Regeln.

2. Der Bank müsste „ein die Veräußerung hinderndes Recht" innehaben.

a) Ein solches Recht gibt es genau genommen gar nicht, denn spätestens mittels eine gutgläubigen Erwerbs könnte eine Veräußerung eben doch bewirkt werden. Gemeint ist in einer den Wortlaut korrigierenden Weise, dass es sich um ein Recht handeln muss, wonach eine Veräußerung, auch wenn sie wirksam wäre, als ein solches Recht verletzend zu beurteilen wäre.[2]
Anzumerken ist insoweit, dass, wenn die Vorschriften über eine Drittwiderspruchsklage eingreifen, § 985 BGB nicht einschlägig ist. Er wird insoweit durch § 771 ZPO ersetzt.[3]

b) Ein solches Recht könnte in dem Sicherungseigentum zugunsten der Bank zu sehen sein.
Das würde aber zunächst einmal voraussetzen, dass das Sicherungseigentum ein Recht i. S. v. § 771 ZPO wäre.[4]
aa) Dies wird bestritten. Stattdessen wird das Sicherungseigentum als ein Recht erachtet, welches lediglich zur vorzugsweisen Befriedigung berechtigt (§ 805 ZPO).[5] Begründet wird dies damit, dass die Sicherungsübereignung zwar eine Übereignung darstellt, aber der Sache nach einem Pfandrecht gleicht. Sie soll doch lediglich darüber hinweg helfen, dass eine Pfandrechtsbegründung mittels

---

[2]   Jauernig § 13.VI.

[3]   S. Wilhelm Rd. Nr. 1405 Fußn. 2324; vgl. auch a. a. O. Rd. Nr. 2213 (dort für §§ 1227, 985 BGB).

[4]   S. dazu auch Jauernig § 13 IV.1.a) sowie den Überblick bei Vieweg/Werner § 12 Rd. Nr. 36.

[5]   Wieling § 18.4.a) bb), s. dazu auch (i. E. aber ablehnend) Baur/Stürner § 57 Rd. Nr. 32; s. a. Ahrens AcP 200 (2000), 131.

eines Besitzkonstituts entsprechend § 930 BGB nicht möglich ist. Des Weiteren gewährt das Sicherungseigentum in der Insolvenz auch nur ein Recht auf abgesonderte Befriedigung (§ 51 Nr. 1 InsO), nicht aber auf Aussonderung (§ 47 InsO), womit es hier auch gleich einem Pfandrecht behandelt wird. Dass müsse in der Singularvollstreckung ebenfalls so sein.

bb) Dem wird entgegengehalten, dass die Sicherungsübereignung ungeachtet ihrer Zielsetzung eine vollwirksame Übereignung ohne jede dingliche Beschränkung darstellt.[6] Die rein schuldrechtlichen Bindungen auf Grund der flankierenden Sicherungsabrede[7] könne hier nicht in Ansatz gebracht werden. Der Hinweis auf die insolvenzrechtliche Situation verfange nicht, weil hier die Interessenlage eine andere ist. Dort geht es um eine Befriedigung sämtlicher Gläubiger, so dass das Sicherungseigentum allein unter diesem Aspekt zur Verfügung stehen soll, darüber hinaus gehende Rechte sind diesbezüglich nicht angebracht.

cc) Die weitere Fallbehandlung hängt davon ab, welcher Ansicht der Bearbeiter zuneigt. In jedem Fall muss er für seine Auffassung auch eine Begründung liefern. Wird die Drittwiderspruchsklage als unbegründet erachtet, ist eine Klage gem. § 805 ZPO zu erheben. Das Sicherungseigentum ist für die vorliegende Fallkonstellation jedenfalls relevant.

> **Beachte:** Die Nähe des Sicherungseigentums zum Pfandrecht ist also für eine umfassende rechtliche Würdigung durchaus von Bedeutung, die Losung vom „Pfandrechtsersatz" kein bloßes Schlagwort. Man muss die Sicherungsübereignung durchaus auch im Vergleich zum Pfandrecht verstehen.

II. Zur Begründetheit

Das Sicherungseigentum muss der Bank zustehen. Das ist laut Sachverhalt der Fall. T war der Eigentümer des Lagerbestands, und es liegen keine Anhaltspunkte vor, die gegen die Wirksamkeit der Sicherungsübereignung sprechen könnten. Man könnte sie an dem Bestimmtheitsgrundsatz scheitern lassen, geht es doch um die Besicherung eines Lagers mit ständig wechselndem Bestand, aber zumindest wird dieser Grundsatz hier noch als gewahrt erachtet.[8]

Die Sicherungsübereignung erfolgte auch vor der Pfändung. Insoweit gilt ein Prioritätsprinzip.

---

[6] Brehm/Berger § 33 Rd. Nr. 22; Westermann § 44.IV.2. (dort a) a. E. aber ablehnend für den Fall der Befriedigung des Sicherungsgebers, da nun nur noch eine formale Rechtsposition ausgeübt würde), s. insoweit auch BGHZ 100,105.

[7] S. insoweit zur der Gestaltung der Sicherungsübereignung Westermann § 115.II.

[8] S. dazu Westermann § 44.II.2.; s. a. für das Bestimmtheitserfordernis Wilhelm Rd. Nr. 863ff., gleichwohl kann diese Frage an anderer Stelle, nämlich derjenigen der verpächterpfandrechtlichen Lage sehr wohl virulent werden, s. dazu im Anschluss; s. insoweit auch Gnamm NJW 1992,2807.

Damit wäre eine Drittwiderspruchsklage begründet (Auf die Rechtslage in Bezug auf die GmbH kommt es hierbei noch nicht an). Lehnt man eine Anwendung des § 771 ZPO in Bezug auf das Sicherungseigentum ab, könnte die Bank jedenfalls eine vorzugsweise Befriedigung verlangen (§ 805 ZPO).

B. Die GmbH erwägt ihrerseits rechtliche Schritte. Hier könnte eine Klage auf vorzugsweise Befriedigung gem. § 805 ZPO in Betracht kommen.

I. Von den Zulässigkeitsvoraussetzungen einer solchen Klage ist auszugehen.[9]

II. Die Klage wäre begründet, wenn der GmbH ein dem Pfändungspfandrecht (§ 804 ZPO) des G im Range vorgehendes Pfandrecht zustünde.[10]

1. Eine Pfandrechtsbestellung (§§ 1205 ff. BGB) ist nicht erfolgt.

2. Jedoch könnte ein Verpächterpfandrecht bestehen. In seinen §§ 562 ff. sieht das Bürgerliche Gesetzbuch ein Vermieterpfandrecht vor; diese Normen gelten für Pachtverträge gem. § 581 II BGB entsprechend.

a) Es geht hier um Forderungen des Verpächters aus dem Pachtvertrag. Die Möbel wurden dadurch, dass er auf dem betroffenen Grundstück eingelagert wurde, eingebracht, ebenso erfolgte dies im Zusammenhang mit der verabredeten vertraglichen Nutzung.[11] Damit liegen die Voraussetzungen der §§ 562 I, 581 II BGB vor. Irgendwelche Besitzeinräumungen schreibt das Gesetz hier – ausnahmsweise – nicht vor.

b) Ausnahmen bzw. Erlöschensgründe (§§ 562 II, 562 a ff. BGB, jeweils i. V. m. § 581 II BGB) liegen nicht vor.

3. Damit ist zunächst ein Verpächterpfandrecht entstanden.

> Das Pfandrecht des Vermieters bzw. des Verpächters an den eingebrachten Sachen des Mieters bzw. Pächters ist ein besitzloses Pfandrecht, d. h. es entsteht weder durch einen Übergabeakt (anders § 1205 f. BGB), noch bedarf es eines wie auch immer gearteten Besitzes. Es handelt sich hier um eine eng begrenzte Ausnahme, nämlich ein besitzloses Pfandrecht!

---

[9]   S. dazu auch Huber JuS 2003,571.

[10]   Anzumerken ist, dass hier bereits fraglich ist, ob ein Pfändungspfandrecht überhaupt entstanden ist, s. dazu die Antwort auf die Zusatzfrage im Anschluss. Dies könnte auch hier schon erörtert werden. Da aber die Vorwegbefriedigung der GmbH hier das eigentliche Ziel ist, wird hier auch daran angeknüpft.

[11]   S. insoweit zur Anwendbarkeit der Regeln über das Vermieterpfandrecht auf Pachtverträge MüKo/Harke, § 581 Rd. Nr. 48.

Entsprechend kann es auch nicht gutgläubig erworben werden[12], denn im Mobiliarsachenrecht knüpft der gute Glaube, der einen solchen Erwerb erst möglich macht, nun einmal an einem Besitz an (vgl. § 1006 BGB).[13] Wo ein Besitz aber nicht vorgesehen ist, kann er auch kein Substrat für einen gutgläubigen Erwerb abgeben.

4. Dieses Verpächterpfandrecht könnte jedoch erloschen sein bzw. teilweise gar nicht entstanden sein. Als ein insoweit wesentlicher Umstand könnte die Sicherungsübereignung an die Bank gewesen sein.

a) Eine solche Übereignung lag, wie zuvor festgestellt wurde, vor.

b) Wird Eigentum übertragen, bleiben dingliche Belastungen an demselben, bestehen. Jedoch kann der Erwerber hier kraft guten Glaubens das Eigentum lastenfrei erwerben. Ein solcher Erwerb ist gem. § 936 BGB möglich.

Es ist also zu unterscheiden: Das Eigentum an beweglichen Sachen wird gutgläubig gem. §§ 932 ff. BGB erworben. Davon zu unterscheiden ist der Erwerb frei von dinglichen Belastungen, welcher sich nach § 936 BGB vollzieht. Beide Varianten können zusammenfallen (Der Nichtberechtigte bekommt das Eigentum an einer dinglich belasteten Sache übertragen), müssen es aber nicht (so wie im Fall: Der Eigentumserwerb erfolgte vom Berechtigten, nur hinsichtlich der Lastenfreiheit stellt sich die Frage einer Gutgläubigkeit).

Ansonsten ist § 936 BGB den §§ 932 ff. BGB aber nachempfunden. Der gutgläubige Erwerb setzt an Rechtsscheinstatbeständen an, dasselbe muss auch bei § 936 BGB der Fall sein. Man muss also im Rahmen des § 936 BGB fragen, ob der Erwerber das Eigentum erworben hätte, hätte er es von einem Nichtberechtigten erlangt. Wenn dem so ist, dann ist ein gutgläubiger Erwerb nach § 936 BGB möglich, sonst nicht.

Es müssten die Voraussetzungen eines solchen Erwerbs vorliegen:
aa) T war Eigentümer des Lagerbestands.[14] Die Sicherungsübereignung erfolgte durch Vereinbarung eines Besitzkonstituts nach § 930 BGB.

---

[12]   Dies selbst dann, wenn man für gesetzliche Pfandrechte (vgl. § 1257 BGB, s. dazu auch den Fall „Die gut gemeinte Reparatur") einen gutgläubigen Erwerb an sich zulässt, s. Wieling § 15.VIII.b); Vieweg/Werner, § 10 Rd. Nr. 32.

[13]   S. die einschlägigen Anmerkungen zum Fall „Ein gutes Geschäft und wie man an ein solches herankommt".

[14]   Oft wird freilich die Lieferung nur unter Eigentumsvorbehalt, verbunden mit einer Veräußerungsermächtigung (§ 185 BGB) und obendrein noch mit einer Vorauszession der künftigen Entgeltfor-

bb) Gem. § 936 III Satz 3 BGB müsste die Bank den Besitz erlangt haben, erst dann würden bestehende dingliche Belastungen erlöschen. Das ist hier jedoch nicht der Fall gewesen, da nicht jede Art von Besitz genügt, denn § 936 I Satz 2 BGB setzt insoweit an der Gutglaubensmodalität des § 933 BGB an.[15] Dort wird eine Übergabe verlangt, also eine Besitzverschaffung, wie man sie von § 929 Satz 1 BGB her kennt.[16] Hier erlangte die Bank aber nur den mittelbaren Besitz mit der Einigung über das Besitzmittlungsverhältnis, welches hier durch die Sicherungsabrede repräsentiert wird. Der Besitz, den sie insoweit hätte erlangen müssen, um gutgläubig lastenfrei zu erwerben, müsste aber ein unmittelbarer gewesen sein. Die ansonsten anzunehmende Gutgläubigkeit (§§ 936 II, 932 II BGB) hilft ihr dabei nicht, es kommt auf sie schon gar nicht mehr an.

cc) Damit hat die Bank an den Möbeln, die bereits eingelagert waren, als das Sicherungseigentum begründet wurde, nicht gutgläubig lastenfreien Erwerb erlangt. Das Verpächterpfandrecht bestand an diesen Möbeln weiter.

Wenn es um Pfandrechte geht, wird regelmäßig § 936 III BGB bedeutsam sein. Danach kommt ein gutgläubig lastenfreier Erwerb ungeachtet der sonst vorliegenden Voraussetzungen dann nicht in Frage, wenn die Übereignung nach § 931 BGB erfolgt, der Pfandgläubiger aber noch im Besitz der Sache ist. Der Besitz eben dieses Gläubigers verhindert einen ausreichenden Rechtsschein, der für einen gutgläubigen Erwerb nötig wäre – der Erwerber als mittelbarer Besitzer (s. § 870 BGB) kann nicht darauf vertrauen, dass der unmittelbare Besitzer keinerlei Rechte an der betreffenden Sache hat.

Vorliegend hat § 936 III BGB keine Rolle gespielt.

Das lag bereits daran, dass Vermieter- und Verpächterpfandrechte besitzlose Pfandrechte sind (was an sich ja eine Ausnahme ist, s. §§ 1205 ff. BGB), so dass es insoweit auf eine Besitzlage ohnehin nicht ankam!

---

dd) Fraglich ist insoweit jedoch die Rechtslage bezüglich der Möbel, welche erst nachträglich, d. h. nach der Sicherungsübereignung, geliefert und in das Lager (und damit auf das Pachtgrundstück) eingelagert wurden.

---

derungen aus der Weiterveräußerung (sog. verlängerter Eigentumsvorbehalt). In diesem Fall wäre aber ein Anwartschaftsrecht entstanden, und anstelle des Eigentums an den betreffenden Möbeln wäre analog § 930 BGB das Anwartschaftsrecht übertragen worden. Das Verpächterpfandrecht wäre analog § 562 BGB auch an diesem Anwartschaftsrecht entstanden, um sich dann gegebenenfalls an dem hieraus entstehenden Volleigentum fortzusetzen. Analog § 936 BGB könnte aber auch dieses gutgläubig lastenfrei erworben werden. Diese Variante würde also denselben Weg einnehmen wie der im Text dargestellte Fall, lediglich die Fragen des Eigentums würden durch diejenigen des Anwartschaftsrechts gewissermaßen ersetzt werden.

[15]   Tiedtke, S. 43 f.
[16]   S. Jauernig/Jauernig § 936 Rd. Nr. 3.

(1) Mit der Lieferung und damit mit der Einlagerung entstand bzw. entsteht an diesen Möbeln das Sicherungseigentum. Es ist nämlich davon auszugehen, dass insoweit ein antezipiertes Besitzkonstitut vereinbart wurde,[17] so dass sogleich mit Lieferung auf das Grundstück – diese verschafft T den unmittelbaren Besitz als Besitzmittler[18] – das Eigentum der Bank entsteht. Ein Durchgangserwerb, kraft dessen T zunächst das Eigentum erwirbt, welches erst anschließend auf die Bank übergeht, findet also nicht statt.[19]

(2) Diese Lieferung auf das Grundstück, die zu besagter Eigentumslage führt, stellt aber zugleich ein Einbringen i. S. v. §§ 581 II, 562 I BGB dar. Insofern wird ein maßgebliches Tatbestandsmerkmal mit der Begründung des geschilderten Besitzmittlungsverhältnisses zugleich erfüllt.

(3) Einer Entstehung eines Verpächterpfandrechts könnte aber der Umstand entgegenstehen, dass es sich nicht um eine Sache des Pächters handelt. Man könnte hier einwenden, dass es sich mit der Ablieferung der Möbel auf dem Grundstück aus den dargestellten Gründen um Sachen der Bank handelte.[20]

Demgegenüber wird jedoch eingewendet, dass die Rechtslage nicht mehr dem sachenrechtlichen Bestimmtheitsgrundsatz unterläge. Würde nämlich bei einem Lager mit ständig wechselndem Bestand die Rechtslage hinsichtlich der jeweiligen Waren je Stück unterschiedlich beurteilt werden, wäre eine exakte Zuordnung der jeweils bestehenden Rechte nicht mehr möglich. Im Endeffekt würde damit aber schon die Sicherungsübereignung selbst fehlschlagen, denn sie wäre ihrerseits schon nicht in Umfang und Reichweite nicht bestimmt genug. Im Interesse des Sicherungsverkehrs aber will man so weit nicht gehen. Gleichsam spiegelbildlich dazu müsse das aber auch für die Verpächterpfandrechte gelten, anders

---

[17]   S. Erman/Michalski § 930 Rd. Nr. 6 mit Anhang zu §§ 929 – 931 Rd. Nr. 6.

[18]   Eventuelle Mitarbeiter, die anstelle Theo's die Möbel entgegennehmen, sind allenfalls Besitzdiener (§ 855 BGB).

[19]   Vgl. insoweit auch Baur/Stürner § 52 Rd. Nr. 19; vgl. insoweit auch Fischer JuS 1993,542 (dort für den Fall, dass die Waren unter Eigentumsvorbehalt geliefert worden wären, wobei dann aber anstelle über das Eigentum dann eben über die daraus entstehenden Anwartschaftsrechte verfügt worden wäre – diese wären dann bei Kaufpreiszahlung in der Person des Sicherungsnehmers zum Vollrecht – also zum Eigentum – erstarkt, so das Ergebnis letztendlich gleich wäre). Damit geht das Sicherungseigentum der Bank späteren Belastungen, sofern kein gutgläubiger Erwerb vorliegt, in jedem Fall vor. Theo könnte nach der Lieferung und eigenen Besitzerlangung auch nicht mehr als Berechtigter verfügen; a. A. Fischer JuS 1993,544 f., wo von einer gleichzeitigen Entstehung von Pfandrecht und Sicherungseigentum ausgegangen wird – in jedem Fall aber gäbe es auch hier keine zeitliche Priorität.

[20]   Auch wenn man mit Fischer Jus 1993,544 f. (vertretbarerweise) eine gleichzeitige Entstehung von Pfandrecht und Sicherungseigentum annähme, würde man entsprechend dazu fragen, inwieweit beide Sicherungsrechte gegeneinander zu berücksichtigen wären. Die folgenden Ausführungen wären also auch bei dieser Vorgehensweise erforderlich.

gewendet: So wie eine Sicherungsübereignung sich hier auf eine Sachgesamtheit beziehen kann, so müsse das auch hinsichtlich der Verpächterpfandrechte sein; diese würden sich also auf eben diese Sachgesamtheit
erstrecken, und zwar ohne Rücksicht darauf, welche Einzelstücke vor
oder nach der Sicherungsübereignung eingebracht worden seien.[21] Es
würde demnach auch auf die Frage eines Durchgangserwerbs zugunsten
der Bank nicht ankommen.[22]

Man könnte hier freilich einwenden, dass ein gewünschtes Ziel (die Er-
möglichung der Sicherungsübereignung an ständig wechselnden La-
gerbeständen) als Zweck die Mittel heiligt. Das Mittel wäre die Außer-
achtlassung der sachenrechtlichen Dogmatik, mit der diese Betrachtung
eigentlich nicht verträglich ist. Insoweit ist es in einer Falllösung durchaus
vertretbar, hier einen Vorrang der Sicherungsübereignung anzunehmen.

Angesichts der hinsichtlich der jeweiligen Einzelstücke nun nicht mehr
hinreichend bestimmten Rechtslage kann man freilich nunmehr die Wirksamkeit der Sicherungsübereignung insgesamt in Frage stellen. Die Folge
wäre, dass diese also unwirksam wäre. Daraus würde sich aber wiederum
ergeben, dass dann die Pfandrechte des Verpächters nun doch wirksam
entstanden wären, denn nun wären die eingebrachten Sachen eben doch
solche des Pächters!

(4) Aber auch wenn man wie geschildert mit Verpächterpfandrechten belastetes Sicherungseigentum annimmt, sind die Folgen doch umstritten.

So wird vertreten, dass beide Rechte gleich zu behandeln sind, was auf
eine Aufteilung des Verwertungserlöses pro rata auf die jeweiligen Berechtigten nahe legt.[23]

Dies wird letztendlich aus wirtschaftlichen Gründen abgelehnt.[24]
Eingedenk des Umstandes, dass Sicherungseigentümer, namentlich
Banken, regelmäßig Großkredite absichern, würde bei einer quotalen
Aufteilung der insoweit summenmäßig wie auch gegenständlich beschränkte Vermieter oder Verpächter benachteiligt werden. Er sei daher
vorrangig zu berücksichtigen. Die Rechtslage entspricht insoweit derjenigen, wie sie bei einer Pfandrechtsverwertung ohnehin üblich ist und kann
sich insoweit auf den Gesetzeswortlaut berufen (vgl. § 1247 BGB).

Wie immer man diesen Aspekt aber auch beurteilen möchte, hinsichtlich
der Kollision des Verpächterpfandrechts mit dem Pfändungspfandrecht
G's ist die Rechtslage je nach der vom Bearbeiter vertretenen Ansicht

---

[21]   BGH NJW 1992,1157; s. aber dagegen auch Gnamm NJW 1992,2806 ff.

[22]   BGH a. a. O.; jedoch wird dabei stets vorausgesetzt, dass die Sicherungsübereignung und das Einbringen in einem zeitlichen Akt zusammenfallen; liegt erstere zeitlich vor der letzteren, greift der
Prioritätsgrundsatz, vgl. MüKo/Oechsler, § 936 Rd. Nr. 18.

[23]   Weber/Rauscher NJW 1988,1573.

[24]   BGH NJW 1992,1157.

eindeutig. Nimmt er den Bestand eines Verpächterpfandrechts an, geht dieses dem Pfändungspfandrecht vor, und die Klage aus § 805 ZPO ist begründet. Anderenfalls kommt eine vorzugsweise Befriedigung nicht in Betracht.[25]

Das Gesamtergebnis hängt zunächst hinsichtlich der nach der Sicherungsübereignung eingebrachten Möbel von der jeweils gewählten Lösungsvariante ab. Hinsichtlich der bereits zuvor eingebrachten Möbel sind entsprechende Pfandrechte entstanden und auch nicht infolge eines gutgläubigen Erwerbs der Bank erloschen.

Zusatzfrage:

A. Fraglich ist, ob die Bank oder die GmbH gegen die Erwerber der versteigerten Möbel Herausgabeansprüche haben.

I. Die Bank könnte einen Anspruch aus § 985 BGB haben.

1. Sie war Eigentümerin der Möbel. Ursprünglich gehörten die Möbel T, aber dieser hatte sie der Bank wirksam übereignet, wenn auch nur zur Sicherheit. Um eine vollgültige Übereignung handelt es sich nichtsdestotrotz, die Bank ist nur hinsichtlich ihrer Pflichten gebunden und darf insoweit das Eigentum derart nutzen, wie sie es eigentlich könnte (s. § 903 BGB).

Das Sicherungseigentum ist auch nicht erloschen. Jedenfalls nach bislang einhelliger Auffassung haben auch mögliche vorrangige Verpächterpfandrechte nicht dazu geführt. Diese genießen danach allenfalls einen Vorrang.

2. Die Bank könnte das Eigentum aber durch die Versteigerung der Möbel verloren haben. Hier wurde eine Versteigerung nach § 825 ZPO durchgeführt, also nicht von dem Gerichtsvollzieher selbst (s. dazu §§ 814 ff. ZPO).

a) Durch eine solche Versteigerung konnte eine Übereignung gemäß der §§ 929 ff. BGB nicht erfolgen. Es handelte schließlich kein Eigentümer, und eine Verfügungsbefugnis lag insoweit auch nicht vor. Es liegt auch keine Genehmigung (§ 185 II Satz 1, 1 Alt, BGB) vor.[26]

b) Auch ein gutgläubiger Erwerb kommt nicht in Betracht. § 932 BGB scheitert schon daran, dass im Rahmen einer Pfändungspfandrechtsverwertung dem Erwerber schon bewusst ist, dass eben kein Eigentümer als Initiator auftritt, sondern

---

[25] Hier könnte man freilich nun wieder die Frage aufwerfen, ob überhaupt ein Pfändungspfandrecht entstanden ist (s. dazu im Anschluss), aber darauf kommt es für die Entscheidung gar nicht an. Wenn nämlich Verpächterpfandrechte entstanden sind, gehen diese in jedem Fall der zeitlich nachfolgenden Pfändung und den damit entstehenden Pfändungspfandrechten vor, auch wenn diese entstanden sein sollten. Hier entscheidet schon der Vorrang als solcher.

[26] S. insoweit zur Ablehnung der Annahme einer solchen durch Nichterhebung einer Drittwiderspruchsklage BGH NJW 1992, 2573.

lediglich einer seiner Gläubiger. Ebenso kann man sich hier auch nicht auf § 366 I HGB berufen, denn diese Norm begründet sich darauf, dass der Verfügende seine Verfügungsmacht (vermutlich) vom Eigentümer bezogen hat. Das ist bei einer Versteigerung im Rahmen einer Zwangsvollstreckung aber kaum anzunehmen.[27]

c) Jedoch könnte ein gutgläubiger Erwerb nach § 1244 BGB in Frage kommen.

aa) Ein gutgläubiger Erwerb würde nicht in Betracht kommen, wenn das Eigentum kraft Hoheitsakt dem Erwerber zugewiesen worden wäre, denn dann fehlt es schon an einem Rechtsgeschäft.[28]

Hier jedoch wurde eine Versteigerung nach § 825 ZPO durchgeführt. Diese erfolgte nach materiellem Recht und bedurfte insoweit eines Rechtsgeschäfts, also eines Übereignungsvorganges (s. insoweit § 1242 I BGB).

bb) Fraglich ist aber, ob § 1244 BGB auf das Pfändungspfandrecht überhaupt Anwendung finden kann, ob also dieses Recht überhaupt ein Pfandrecht auch im Sinne des BGB darstellt.

(1) So wird vertreten, dass das Pfändungspfandrecht allein auf dem hoheitlichen Akt der Pfändung beruht und insoweit allein nach öffentlich-rechtlichen Grundsätzen zu beurteilen sei (sog. öffentlich-rechtliche Theorie).[29] Damit griffe das BGB insoweit nicht ein, und damit auch nicht § 1244 BGB.

Dagegen könnte man etwa einwenden, dass das Pfändungspfandrecht letztendlich mit der sog. Verstrickung (vgl. § 136 StGB) gleichzusetzen sei. Das Gesetz unterscheide aber zwischen beiden, und damit müssten beide auch von ihrem Gehalt her unterschiedlich sein.

(2) Nach anderer Ansicht finden grundsätzlich auch die Vorschriften des BGB Anwendung auf das Pfändungspfandrecht, welche allerdings durch spezielle Vorschriften der ZPO verdrängt werden können (sog. gemischt privat-öffentlich-rechtliche Theorie, die sog. reine privatrechtliche Theorie, wonach das Pfändungspfandrecht rein privatrechtlich zu beurteilen sei, ist aufgegeben worden).[30] Damit könnte § 1244 BGB insoweit Anwendung finden.[31]

cc) Nimmt man das an, so könnten die Voraussetzungen des § 1244 BGB durchaus gegeben sein.

---

[27]   S. a. BGH NJW 1992,2575.

[28]   Huber JuS 2003,571; BGH NJW 1992,2574; s. insoweit aber auch (ablehnend) für eine Analogie zu § 1244 BGB für den Fall einer Versteigerung nach den Vorschriften der ZPO Tiedtke, S. 293 f.

[29]   S. die Nachweise bei BGH NJW 1992,2572 f.; Jauernig § 16.A.3.; s. auch den allgemeinen Überblick bei Baur/Stürner § 55 Rd. Nr. 47.

[30]   S. die Nachweise bei BGH NJW 1992,2573 ff.; Jauernig § 16.A.1. u. 2., s. a. a. a. O. C. zu der abschließenden Bewertung.

[31]   S. a. Bamberger/Roth § 1244 Rd. Nr. 1.

Nach den privat-rechtlichen Theorien nämlich kann das Pfändungspfandrecht nicht an schuldnerfremden Sachen entstehen.[32] Dies wird mit § 1205 I Satz 1 BGB begründet, wonach es eben der Eigentümer ist, welcher das Pfandrecht bestellt. Ein gutgläubiger Erwerb wird (Ausnahme: § 898 ZPO) nicht angenommen, denn das Pfändungspfandrecht – das ist seine Besonderheit – entsteht nun einmal allein durch Pfändung (§§ 803, 804 I ZPO). Diese ist aber ein Hoheitsakt, auf den sich ein gutgläubiger Erwerb nicht begründen kann.[33]

Die Möbel wurden als Pfand veräußert, ohne dass danach dem Veräußerer infolge der Schuldnerfremdheit der Sachen ein (Pfändungs-) Pfandrecht zustand. Es wurde nach den Vorschriften der §§ 1233 II BGB, 825 ZPO verwertet.

Allerdings könnte man hiergegen einwenden, dass eine Gutgläubigkeit niemals vorliegen könnte, denn § 1244 BGB setzt doch daran an, dass überhaupt an den Bestand eines Pfandrechts geglaubt werden konnte. Das kann aber dann nicht so sein, wenn ein Pfandrecht – wie hier das Pfändungspfandrecht – niemals hätte entstehen können. Es läge damit keine Gutgläubigkeit vor, sondern allein ein Rechtsirrtum.[34]

Man muss hinsichtlich des gutgläubigen Erwerbs beim Mobiliarpfandrecht also unterscheiden:

– Zum Erwerb des Pfandrechts selbst: §§ 1207, 932, 934, 935 BGB (beachte hier das Fehlen von § 933 BGB – eine Konsequenz daraus, dass es kein Pfandrecht mittels Besitzkonstitut gibt, was schließlich zur der Ausweichlösung der Sicherungsübereignung geführt hat)

– Zum Erwerb des Vorrang eines Pfandrechts: § 1208 BGB

– Zum Erwerb der verpfändeten Sache zu Eigentum im Rahmen der Pfandverwertung: § 1244 BGB (beachte hier, dass § 935 BGB keine Anwendung findet!)

Dagegen könnte man sagen, dass der Irrtum sich nicht auf die Rechtslage beziehe, sondern letztendlich doch darauf, dass man das Schuldnereigentum an der gepfändeten Sache glaube. Bei genauer Betrachtung läge doch die ganz übliche Situation eines gutgläubigen Erwerbs vor, nämlich basierend auf einem Tatsachenirrtum. Man könnte auch erwägen, § 1248 BGB analog auf die Eigentümerstellung des Schuldners anzuwenden (wobei aber wiederum fraglich wäre, ob der hinreichende Rechtsschein gegeben wäre, denn der Verpfänder tritt

---

[32]   BGH NJW 1992,2573 mit umfangreichen Nachweisen.

[33]   BGH NJW 1992,2574; s. aber auch für kraft Gesetzes entstehende Pfandrechte den Fall "Die gut gemeinte Reparatur". Indessen unterscheidet sich die dortige Fallkonstellation von dieser doch dadurch, dass hier allein die Erfüllung der Tatbestandsvoraussetzung einer Norm nicht ankommt – es muss, wenn man so will, noch ein „Verwaltungsakt" hinzukommen.

[34]   Vgl. insoweit auch BGH NJW 1992,2574 f.

doch wesentlich aktiver auf als der Pfändungsschuldner, der letztendlich nur duldet – sollte das für einen Rechtsschein ausreichen?).

dd) Hier kann man wieder verschiedene Auffassungen vertreten. Je nachdem ist ein gutgläubiger Erwerb (§§ 1244, 1233 II BGB, 825 ZPO, 1233 II BGB) gegeben oder nicht.

3. Davon hängt ab, ob die Bank noch Eigentümerin der Möbel geblieben ist oder nicht. Auch nach der öffentlich-rechtlichen Theorie wäre wie im Fall der Ablehnung des § 1244 BGB ein Erwerb und damit ein Verlust des Eigentums der Bank vorhanden, denn das so eingeordnete Pfändungspfandrecht würde ja auch an schuldnerfremden Sachen existieren. Die nachfolgende Versteigerung wäre nur die Wahrnehmung der durch dieses Recht vermittelten Befugnisse gewesen.[35]

4. Sofern man ein Pfändungspfandrecht und auch einen gutgläubigen Erwerb nicht annimmt, würde § 985 BGB eingreifen. Ein Recht zum Besitz i. S. v. 986 I BGB läge auf Erwerberseite nicht vor. Der jeweilige Besitz könnte hier durchaus unterstellt werden (Der Sachverhalt ist insoweit offen).

II. Herausgabeansprüche der GmbH kommen als solche nicht in Betracht, weil es sich insoweit schon um ein besitzloses Pfandrecht handelte. Sowenig wie dieses also zum Besitz berechtigen konnte, so wenig können insoweit solche Ansprüche in Betracht (vgl. ansonsten §§ 1227, 985 BGB) kommen. Insoweit gewähren für den Fall der Entfernung der pfandrechtsbelasteten Möbel ohne Wissen oder unter Widerspruch des Verpächters §§ 581 II, 562 b II BGB vergleichbare Ansprüche (von dem Vorliegen der sonstigen Voraussetzungen wird ausgegangen, beachte insoweit auch die Einschränkung in § 562 d BGB).

1. Von dem Vorliegen entsprechender Verpächterpfandrechte ist auszugehen.

2. Fraglich ist das Rangverhältnis zu Pfändungspfandrechten, auch wenn sie zeitlich nachfolgen.

a) Lehnt man die Entstehung der Pfändungspfandrechte allgemein ab, weil es sich um eine Pfändung schuldnerfremder Sachen gehandelt hatte, so stellt sich diese Frage von Anfang an nicht (so nach den privatrechtlichen Theorien, arg. § 1205 I Satz 1 BGB).

b) Bejaht man deren Entstehung (so die rein öffentlich-rechtliche Theorie), so kann dem ansonsten geltenden Prioritätsprinzip § 804 II ZPO entgegenstehen. Hier wird das Pfändungspfandrecht für vorrangig gegenüber den einem Faustpfand (sprich: Besitzpfand) nicht gleichgestellten Pfandrechten erklärt. Das könnte gerade das Verpächterpfandrecht als besitzloses Pfandrecht betreffen. Der Verweis auf die Insolvenzordnung aber zeigt, dass dies nur in einem bestimmten Umfang der Fall ist (§ 50 II InsO, s. des weiteren § 562 d BGB).[36]

---

[35]   Vgl. Jauernig § 16.A.3.
[36]   S. a. Huber JuS 2003, 571.

3. Damit setzt sich das Verpächterpfandrecht im Ergebnis doch grundsätzlich (d. h. mit den genannten Einschränkungen kraft Gesetzes) gegenüber dem Pfändungspfandrecht durch.

B. Fraglich ist, ob – gegebenenfalls hilfsweise – Ansprüche auf den Erlös aus der Versteigerung bestehen.

I. Die Bank – könnte sich auf Bereicherungsrecht[37] stützen (§ 812 I Satz 1, 1. Alt. BGB).[38]

1. G hätte nach den Ansichten, die die Vorschriften des BGB für auf das Pfändungspfandrecht anwendbar erachten, tatsächlich in den Zuweisungsgehalt der Bank eingegriffen. Anwendbar wäre nämlich insoweit auch § 1247 BGB, wonach der Erlös, soweit er nicht von Pfandrechten abgedeckt wird, um deren Befriedigung es konkret ging, dem Eigentümer gebührt. Da aber G infolge der Schuldnerfremdheit der Möbel kein Pfändungspfandrecht erworben hätte, würde nach § 1247 Satz 2 BGB der Erlös nun vollumfänglich der Bank gebühren.

2. Zu demselben Ergebnis kommt – man muss insoweit direkt sagen: merkwürdigerweise[39] – auch die rein öffentlich-rechtliche Theorie. § 1247 BGB wäre demnach zwar nicht anwendbar, aber insoweit ist allgemein anerkannt, dass das Pfändungspfandrecht kein Recht zum Behaltendürfen auch des Versteigerungserlöses gewähre, sondern eben allein ein solches zur Pfandverwertung.[40]

II. Was für die Bank gilt, gilt letztendlich auch für die GmbH (in den Grenzen des § 562 d BGB). Soweit sein Recht vorgeht, setzt sich sein Pfandrecht an dem Erlös fort[41].

---

[37]   Man könnte auch an Haftungsansprüche wegen Eigentumsverletzung denken, s. dazu MüKo/Damrau § 1244 Rd. Nr. 16, aber dafür dürften die Sachverhaltsangaben zu wenig hergeben. Insbesondere wäre das Verschulden fraglich.

[38]   Man könnte hier auch an § 816 I Satz 1 BGB denken (vgl. insoweit Frage 2 zum Fall „Ein gutes Geschäft und wie man an ein solches herankommt"), aber für die Zwangsversteigerung wird dies gemeinhin abgelehnt, weil man kraft der hoheitlich fungierenden Vollstreckung eine Verfügung im Sinne dieser Norm ablehnt, s. MüKo/Damrau § 1244 Rd. Nr. 17; Huber JuS 2003,517. Freilich könnte man hier für die Fälle des § 825 ZPO insoweit wieder anders denken, denn im Rahmen eines solchen Verwertungsverfahrens könnte man eben doch wieder die rechtsgeschäftlichen Momente als hinreichend gegeben erachten.

[39]   Insoweit kann man auch wieder anderer Ansicht sein, aber dagegen wird eingewendet, dass der formale Akt der Pfändungspfandrechtsverwertung eben kein materielles Recht beinhalte (sonst könnte man ihn ja wieder dem BGB unterwerfen); s. insoweit auch BGH NJW 1992,2572 m. w. N.

[40]   Jauernig § 16.C.3.

[41]   S. dazu Jauernig/Jauernig § 1247 Rd. Nr. 5.

Fall 20: Gartenidylle[1]

Sachverhalt

Die Fix-GmbH (GmbH) handelt mit Baumaterialien. Einer ihrer Kunden ist die Holzwurm-KG (KG), die ein handwerkliches Unternehmen betreibt. Von der GmbH bezieht die KG Bretter, die unter Eigentumsvorbehalt geliefert werden. In den Vertragsbedingungen heißt es also: „Die von der Verkäuferin (der GmbH) unter Eigentumsvorbehalt gelieferten Materialien dürfen von der Käuferin (der KG) im Rahmen des üblichen Geschäftsbetriebs verwendet werden. Sofern die Materialien für Verarbeitungen und dergleichen verwendet werden, gilt die Verkäuferin als Verarbeiter. Eventuell entgegenstehende gesetzliche Vorschriften werden hiermit abbedungen. Bei Weiterveräußerungen bleibt der Eigentumsvorbehalt bestehen."

Otto Normalverbrauch (O) wendet sich an die KG mit dem Auftrag, diese solle ihm ein mobiles Gartenhäuschen erstellen, welches er auf seinem Privatgrundstück mit einer üppigen Grünanlage aufstellen möchte. Die KG kommt dem nach und benutzt dafür von der GmbH gelieferte Bretter. Das Häuschen wird wie geplant geliefert aufgestellt, wobei es auf einem Fundament steht, ansonsten aber nicht mit dem Boden fest verankert wird. Bei dem Grundstück handelt es sich um ein Gartengrundstück, das Häuschen dient der Lagerung von dazugehörigem Gartenwerkzeug. In dem Vertrag der KG mit Otto wurde ausdrücklich festgehalten, dass der bestehende Eigentumsvorbehalt der GmbH von dieser Lieferung unberührt bleibe.

Einige Monate später wendet sich Otto jedoch von seinem Interesse an dem Gartenbau ab. Er veräußert das in seinem Eigentum stehende Privatgrundstück an seinen Nachbarn Heinrich Herzlich (H). Über das Grundstückszubehör wie auch das Gartenhäuschen werden keine eigenen Absprachen getroffen, wobei sich aber beide

---

[1] Zur Verwertung, Verbindung und Verarbeitung vgl. ferner: Huber, Bereicherungsansprüche bei Bau auf fremdem Boden, JuS 1970, 342, 515; Wadle, Das Problem der fremdwirkenden Verarbeitung, JuS 1982, 477; Richard/Junker, Die zerstörte Fettecke – LG Düsseldorf, NJW 1988, 345, JuS 1988, 686; Schäfer, Noch einmal: Die zerstörte Fettecke – LG Düsseldorf, NJW 1988, 345, JuS 1989, 443; Nippe, Eigentum contra Eigentum: Kunst an der Berliner Mauer – BGHZ 129, 66, JuS 1997, 303–308 (insbes. zum UrhG); Stürner/Heggen, Der fehlgeschlagene Bau auf fremdem Boden – OLG Stuttgart, NJW-RR 1998, 1171, JuS 2000, 328–335; Kirschbaum, Der Ring im „Ring", NJW 2002, 557–562; Strohe, Anfechtung und Vindikation von Geld, JuS 2002, 859–861; Lorenz, Bereicherungsrechtliche Dreiecksbeziehungen, JuS 2003, 839–845; Hombrecher, Der Jungbullenfall, Jura 2003, 333–337.

I. Czeguhn, C. Ahrens, *Fallsammlung zum Sachenrecht*, Juristische ExamensKlausuren,   175
DOI 10.1007/978-3-642-13139-4_20, © Springer-Verlag Berlin Heidelberg 2011

Parteien einig sind, dass das Grundstück gerade als „Gartengrundstück" veräußert bzw. erworben werden soll. Nachdem er in das Grundbuch eingetragen ist, nimmt Heinrich das Grundstück in Besitz und richtet sich dort ein.

Heinrich lässt das Grundstück umgestalten. Dabei wird das Gartenhäuschen mit einem festen Fundament versehen und mit tief in die Erde reichenden Betonverstrebungen fest mit dem Grund und Boden des Gartenbaugrundstücks verankert.

Kurz darauf fällt die KG wegen akuter Zahlungsschwierigkeiten gegenüber der GmbH mit der Begleichung der nach wie vor offenen Kaufpreisrechnung aus. Die GmbH erklärt daraufhin wirksam den Rücktritt von dem Kaufvertrag und fordert das von ihr gelieferte Material heraus. Als sie von der Verwendung der von ihr gelieferten Bretter für das Gartenhäuschen erfährt, will sie auch diese zurück haben bzw. wenigstens einen wie auch immer gearteten Ersatz in Geld haben.

Frage:
Wie ist die Rechtslage?

Abwandlung:
Wie wäre es, wenn Heinrich von der Vorgeschichte der Baumaterialien gewusst hätte?

Lösung

A. Ausgangsfall:

Die GmbH könnte einen eventuellen Anspruch gegen H auf Herausgabe der Bretter haben.

I. Ein solcher Anspruch könnte auf § 985 BGB beruhen.

1. H ist Besitzer der Bretter. Es ist davon auszugehen, dass er unmittelbarer Eigenbesitzer ist (§§ 854 I, 872 BGB).

Fraglich ist die Eigentumslage.

a) Ursprünglich war die GmbH Eigentümerin der besagten Bretter.

b) Sie hat das Eigentum auch nicht infolge einer Veräußerung an die KG verloren. Die diesbezügliche Lieferung erfolgte unter Eigentumsvorbehalt (vgl. § 449 I BGB). Dieser ist mangels der endgültigen Begleichung des Kaufpreises auch nicht erloschen.

c) Das vorbehaltene Eigentum könnte aber dadurch erloschen sein, dass die Bretter von der KG für das von O bestellte Gartenhäuschen verwendet worden sind. Diese Verwendung ist als solche ein Realakt, so dass ein Verlust kraft Rechtsgeschäfts hier nicht in Betracht kommt. Jedoch könnte es hier um einen Verlust des Eigentums kraft gesetzlicher Regelungen gehen. In Betracht kommt insoweit ein Eigentumsverlust infolge einer Verarbeitung nach § 950 I Satz 1 BGB.

aa) Unter einer Verarbeitung versteht man eine bewusste menschliche Tätigkeit, die auf die Herstellung eines neuen Produkts abzielt.[2]

bb) Es müsste eine neue bewegliche Sache hergestellt worden sein. Das ist hier der Fall. Das Gartenhäuschen stellt eine solche bewegliche Sache dar, da es ausweislich des Sachverhalts als ein mobiles leicht zu transportierendes sowie zu verlegendes gefertigt wurde. Ob eine neue Sache entstanden ist, entscheidet sich nach der Verkehrsanschauung, nach der dies aber sicherlich zu bejahen ist (Als Faustregel kann man sich an dem Sprachgebrauch orientieren: Wenn der das Ergebnis der Verarbeitung eine andere Bezeichnung führt als der verarbeitete Stoff, wird man eine Verarbeitung gemeinhin bejahen können, hier also: Bretter + sonstige Materialien = Gartenhaus).[3]

cc) Der Wert der Verarbeitung darf nicht erheblich geringer sein als der Wert des Stoffs.[4] Auch ohne nähere Sachverhaltsangaben kann man nicht davon ausgehen, dass der Wert des Gartenhäuschens überhaupt unter demjenigen der Bretter liegt.

dd) Die Rechtsfolge besteht zunächst darin, dass der Verarbeiter das Eigentum an den Brettern erwirbt, der ursprüngliche Inhaber verliert es. Da es um einen gesetzlichen Erwerbstatbestand geht, kommt ein gutgläubiger Erwerb nicht in Betracht.[5]

Nun findet sich aber zwischen der GmbH und der KG die vertragliche Klausel, dass Vorschriften, die einem Eigentumsverlust der GmbH Vorschub leisten, abbedungen worden sind. Dies würde sich hier auf § 950 I BGB beziehen. Das wirft die Frage auf, ob diese Norm überhaupt abgeändert oder gar ausgeschlossen werden kann.

(1) Nach einer Ansicht ist das der Fall.[6] Das begründet sich darauf, dass § 950 BGB als eine konfliktregelnde Norm betrachtet wird. Der Konflikt, um den es hier geht, sei derjenige zwischen dem Eigentümer des verarbeiteten Stoffs und dem Verarbeiter. § 950 BGB entscheidet tendenziell zugunsten des letzteren. Nun spräche aber nichts dagegen, dass diese beiden Parteien ihren Konflikt privatautonom regeln. Da es nur um diese beiden gehe, spräche nichts gegen diese Möglichkeit.

(2) Hiergegen wird eingewendet, dass § 950 BGB keineswegs nur das Verhältnis zwischen Verarbeiter und Stoffeigentümer regele. Zugleich werde auch die Situation hinsichtlich des Rechtsverkehrs, namentlich möglicher Sicherungsnehmer, betroffen. Infolge dieser Drittwirkung aber könne

---

[2]   S. etwa Erman/Ebbing § 950 Rd. Nr. 5; MüKo/Füller, § 950 Rd. Nr. 5.

[3]   Baur/Stürner § 53 Rd. Nr. 18.

[4]   S. dazu BGH NJW 1995,2633 (so etwa, wenn von dem Endprodukt nur 40 % des verarbeiteten Stoffs erreicht werden).

[5]   Vgl. schon die möglichen Einwände gegen einen gutgläubigen Erwerb gesetzlicher Pfandrechte zum Fall „Die gut gemeinte Reparatur".

[6]   Baur/Stürner § 53 Rd. Nr. 15; Flume NJW 1950,843.

§ 950 BGB nicht der Disposition allein der beiden genannten Parteien überlassen werden.[7]

Des Weiteren kann auch die systematische Stellung des § 950 BGB sprechen. Die vorhergehenden Normen, §§ 946 ff. BGB, sind nämlich zwingendes Recht. Sie regeln keinen Interessenkonflikt, sondern sind lediglich eine Schlussfolgerung daraus, dass eine Sache als ein wesentlicher Bestandteil keiner eigenen Rechtsstellung fähig ist (§ 946 BGB) oder jedenfalls kein Alleineigentum mehr denkbar ist (§ 947 BGB); hinsichtlich der Vermischung wird sich daran orientiert (§ 948 BGB). Das Gesetz nimmt in dem Untertitel, der die Verbindung, Vermischung und Verarbeitung regelt, eine Güterzuordnung allgemeiner Art vor. Das könnte auch für die Verarbeitung gelten. So unabdingbar wie die §§ 946 BGB bis 949 BGB sind, so unabdingbar wäre dann auch § 950 BGB.[8]

(3) Die weitere Falllösung hängt von dem jeweils vertretenen Standpunkt ab: Wird eine Abdingbarkeit des § 950 BGB angenommen, wäre ein Eigentumserwerb der KG und damit verbunden ein Eigentumsverlust der GmbH nicht eingetreten. Letztere wäre nach wie vor Eigentümerin.

Anders, wenn man den zwingenden Charakter des § 950 BGB bejaht. In diesem Fall käme ein Eigentumserwerb der KG in Frage. Als Konsequenz hieraus hätte die GmbH ihr Eigentum verloren.

ee) Fraglich ist aber, wer Verarbeiter i. S. v. § 950 BGB ist. Auch wenn man in § 950 BGB zwingendes Recht sieht, kann man hier durchaus differenzieren. Es geht nicht um eine Abänderung, sondern um eine Definitionsmacht dahingehend, wer das Tatbestandsmerkmal des Verarbeitens des zwingenden Rechts erfüllt.

Insoweit haben die Absprachen zwischen der GmbH und der KG bestimmt, dass die GmbH als Verarbeiterin angesehen werden soll.

Derartige Verarbeiterklauseln werden durchweg als zulässig angesehen.[9] Man erkennt durchaus an, dass nicht allein derjenige, der den Verarbeitungsvorgang selbst auslöst, als Verarbeiter angesehen wird. Das folgt daraus, dass es hier oft oder gar regelmäßig zu Arbeitsteilungen kommen wird, die eine differenzierte Betrachtungsweise erfordern. Ansonsten würde stets derjenige das Eigentum erwerben, der an sich für jemand anderes die eigentliche Verarbeitungshandlung ausführt, etwa derart, dass ein Fließbandarbeiter an dem von ihm gefertigten Produkt das Eigentum erlangt und nicht der Unternehmer als sein Arbeitgeber, für den er das Produkt überhaupt erst fertigt und der diese Fertigung überhaupt erst initiiert hat. Arbeitsteilige wirtschaftliche Vorgänge erfordern also eine Ge-

---

[7] Erman/Ebbing § 905 Rd. Nr. 11.

[8] Westermann § 53.III.1.; Brehm/Berger § 28 Rd. Nr. 22 (dort auch zu den jeweiligen Verarbeitungsklauseln i. e.); Wieling § 11.II.4.e); s. insoweit auch den Überblick bei Staudinger/Wiegand § 950 Rd. Nr. 19 ff.

[9] BGHZ 14,117; BGHZ 20,163 f.; Erman/Ebbing § 950 Rd. Nr. 9, jeweils grundsätzlich ablehnend Wieling § 11.II.4.; s. insoweit auch Wilhelm Rd. Nr. 1075.

staltungsmöglichkeit dahingehend, wer ungeachtet der tatsächlichen Verarbeitungshandlung als Verarbeiter anzusehen ist.[10]

Das ist auch im vorliegenden Fall möglich. Wenn also bestimmt wird, dass die GmbH Verarbeiterin sein soll, dann ist ein Eigentumserwerb durch die KG ausgeschlossen, denn diese hat dann eben nicht verarbeitet i. S. v. § 950 BGB (Ganz abgesehen davon, dass sie als Organisationsform den Realakt ohnehin nicht selbst hätte ausführen können – wenn man also Bedenken gegenüber der Verarbeitungsklausel haben sollte, müsste man ihren Eigentumserwerb generell in Zweifel ziehen).

Damit hat die GmbH, auch wenn man in § 950 BGB zwingendes Recht sieht, infolge ihrer Eigenschaft als Verarbeiter das Eigentum nicht verloren. Grundsätzlich handelt es sich sogar um Alleineigentum an der Gartenhütte, denn § 950 BGB geht u. a. auch § 947 BGB vor.[11] Die in § 950 BGB angeordnete Wertrelation regelt die jeweiligen Interessen der Beteiligten weitgehend abschließend. Allein wenn der Wert des verarbeiteten Stoffs dazu führen würde, dass der Verarbeiter an Wert mehr bekommen würde, als ihm dem Wert des verarbeiteten Stoffs zukommen müsste, wird entsprechend § 947 I BGB Miteigentum angenommen.[12]

Man kann nun anhand der Angaben im Sachverhalt darüber mutmaßen, ob es sich bei dem Eigentum der GmbH um Alleineigentum oder um Miteigentum analog § 947 I BGB handelt (Im letzteren Fall würde eine Bruchteilsgemeinschaft nach §§ 741 ff. BGB entstehen. Die Folge wäre die, dass die GmbH nun kein Eigentum an konkreten Sachen oder Sachbestandteilen, den Brettern als solchen hätte, sondern dass dieses konkret-sachbezogene Eigentum surrogiert worden wäre durch einen Anteil an der Miteigentumsgemeinschaft; deswegen spricht man auch von ideellen Anteilen).

Es steht ihr zwar auch nicht mehr an den Brettern selbst zu, aber es hat sich umgewandelt in Miteigentum (vgl. § 947 I BGB).

Beachte: Vertragliche Absprachen über die Verarbeitereigenschaft sind von enormer Wichtigkeit, denn damit bleibt ein eventueller Eigentumsvorbehalt als Sicherung des Stofflieferanten bestehen. Man kompensiert damit zu weit reichende Wirkungen des § 950 BGB, den man nach h. M. (s. soeben im Text) eben nicht abbedingen kann.

Würde man derartige Verarbeiterklauseln ablehnen, wären alternative Hilfskonstruktionen zwar möglich, aber sie wären überaus kompliziert.

---

[10]   Anzumerken ist insoweit, dass es um einen stellvertretungsrechtlichen Vorgang, der hier vielleicht nahe liegend erscheinen könnte, nicht geht, ja nicht gehen kann. Die Stellvertretung setzt an rechtsgeschäftlichen Vorgängen an (s. §§ 164 ff. BGB), die Verarbeitung aber stellt einen Realakt dar!

[11]   RGZ 161,113; BGHZ 18,227.

[12]   Im Ergebnis strittig, s. Erman/Ebbing § 950 Rd. Nr. 18.

Man könnte etwa als Stofflieferant sich das Eigentum, welches der Hersteller mittels der Verarbeitung erwirbt, antezipiert zur Sicherung übereignen lassen.[13] Ein entscheidender Nachteil aber läge darin, dass zunächst eben doch ein Eigentumsverlust infolge § 950 BGB vorläge und in dieser Zeit das Herstellereigentum anderweitig übertragen, dinglich belastet oder gepfändet werden könnte, man also mit der Sicherungsübereignung belastetes Eigentum erhalten würde (vorbehaltlich § 936 BGB),[14] wenn nicht gar infolge eines gutgläubigen Erwerbs durch einen Dritten nicht ohnehin die Sicherungsübereignung fehlschlagen würde.[15]

Schließlich müsste man bei entsprechend enger Auslegung, pointiert gesagt, selbst mit jedem Fließbandarbeiter derartige Sicherungsübereignungsverträge schließen müssen.[16] Dies würde im Ergebnis zu mannigfaltigen, aber eben praktisch mühsamen und komplizierten, Vertragsabsprachen zwischen Hersteller und Stofflieferant einerseits sowie zu solchen in den Verträgen mit den jeweiligen Herstellern führen (um beim hier offerierten Beispiel zu bleiben: den Fließbandarbeitern, die antezipierte Sicherungsübereignungsklauseln zugunsten der Lieferanten in ihren Arbeitsverträgen etwa mit dem Hersteller vorfinden würden).

ff) Lehnt man hingegen sowohl die Abdingbarkeit des § 950 BGB als auch die Möglichkeit von Verarbeiterklauseln ab (die zweite Alternative etwa mit dem Argument, man würde damit die zwingend objektive Eigentumszuordnung mittelbar eben doch zur Disposition der Parteien stellen), hat die GmbH bereits jetzt ihr Eigentum verloren. Die sich jetzt anschließende Prüfung wäre jetzt nur noch eine hilfsweise.[17]

d) Die GmbH könnte ihr vorbehaltenes (gegebenenfalls: Mit-) Eigentum an dem Gartenhaus durch dessen Lieferung des an O verloren haben.
aa) Die Lieferung könnte eine Übereignung dargestellt haben. Diese hätte sich offenbar nach § 929 BGB vollzogen, denn da es sich bei dem Häuschen um ein mobiles handelte, stellte es eine bewegliche Sache dar.

---

[13] Wieling § 11.II.4.g).

[14] Wobei ein gutgläubiger Erwerb hier praktisch kaum möglich wäre. Vereinbart man nämlich ein (antezipiertes) Besitzkonstitut nach § 930 BGB, würde eine Besitzerlangung nach § 936 I Satz 3 BGB regelmäßig gar nicht erfolgen. Würde man – was ungewöhnlich wäre – das Sicherungseigentum nach § 931 BGB begründen, stünde neben § 936 I Satz 3 BGB unter Umständen auch § 936 III BGB entgegen, kurz: Der gutgläubig lastenfreie Erwerb käme üblicherweise nicht in Betracht, weil der Stofflieferant so gut wie nie den unmittelbaren Besitz an der neu hergestellten Sache erhalten würde.

[15] Freilich ist dieses Risiko niemals ausgeschlossen. Auch wenn Verarbeiterklauseln möglich sind, besteht stets die Möglichkeit, dass ein Dritter das Eigentum an der neu hergestellten Sache erwerben könnte.

[16] Vgl. insoweit das Fließbandarbeiterbeispiel soeben im Text.

[17] Im Folgenden kämen bei dieser Variante auch nur Ausgleichsansprüche gegen die KG aus §§ 951 I Satz 1, 812 I Satz 1, 1. Alt. BGB in Frage (vgl. insoweit die einschlägigen Prüfungen zu diesen Normen in der Abwandlung zu diesem Fall).

Jedoch fehlte es an der Berechtigung der KG, denn sie hatte kein Eigentum oder jedenfalls kein Alleineigentum. Zwar war sie zur Weiterveräußerung durchaus ermächtigt (§ 185 I BGB), aber sie hatte das vorbehaltene Eigentum der GmbH weiter zu geben. Das hatte sie getan, so dass sie im Ergebnis nur ihr infolge der Eigentumsvorbehaltsabrede bestehendes Anwartschaftsrecht analog § 929 BGB weiter übertragen hat.[18]

bb) Ein eventueller Erwerb des Eigentums nach 932 BGB scheitert an der fehlenden Gutgläubigkeit bei O (§ 932 II BGB), denn die Vertragsbedingungen gegenüber O waren ja so, dass der Eigentumsvorbehalt der GmbH an diesen weitergegeben wurde. O erhielt das Anwartschaftsrecht auf das vorbehaltene Eigentum der GmbH und – sofern man das annimmt – den Miteigentumsanteil der KG (beruhend auf § 947 I BGB analog, vgl. insoweit auch § 747 BGB), aber nicht das vollständige Eigentum.

e) Mit dem Aufstellen des Häuschens auf Os Grundstück könnte ein Eigentumsverlust seitens der GmbH eingetreten sein.

Aber auch das ist nicht der Fall. Das Gartenhaus wurde kein wesentlicher Bestandteil des Grundstücks, da es nicht hinreichend fest mit dem Grundstück verankert wurde (s. § 94 I Satz 2 BGB).[19] Damit greift § 946 BGB nicht ein.

f) Ein weiterer Grund, weswegen die GmbH ihr Eigentum verloren haben könnte, könnte darin bestehen, dass O das Grundstück an H veräußert hat.

aa) Diese Veräußerung war wirksam, da O ja auch Grundstückseigentümer war. An der Wirksamkeit des Übertragungsakts (§§ 873, 925 BGB) ist nicht zu zweifeln.

Fraglich ist, wie sich dieser Veräußerungsvorgang auf das Eigentum an dem Häuschen ausgewirkt hat.

bb) Mit dem Immobiliareigentum an dem Grundstück konnte das Eigentum an dem Gartenhaus nicht mit übergehen (vgl. § 93 BGB), denn dazu hätte es ein wesentlicher Bestandteil des Grundstücks sein müssen. Das war, wie zuvor festgestellt, nicht der Fall.

Eine Übereignung nach §§ 929 ff. BGB hat auch nicht stattgefunden, denn dazu fehlte es O in jedem Fall an der Berechtigung. Aber auch schon die sonstigen Voraussetzungen lagen nicht vor. Es fehlte sogar schon an der Einigung i. S. v. § 929 Satz 1 BGB, denn über das Gartenhaus wurden ja selbst überhaupt keine Absprachen getroffen. Auch eine eigene Übergabe hat offensichtlich gefehlt, vielmehr erfolgte lediglich eine Inbesitznahme des Grundstücks durch H. Diese aber war eine rein einseitige und erfüllt den Besitzverschaffungstatbestand des § 929 Satz 1 BGB (Besitzübergabe mit vollständigem Besitzverlust auf Veräußerseite) nicht.[20]

---

[18]   Man spricht deswegen bei einer solchen Gestaltung auch von einem weitergeleiteten Eigentumsvorbehalt, s. dazu auch Wilhelm Rd. Nr. 2453 mit Fußn. 98.

[19]   S. dazu allgemein etwa Jauernig/Jauernig § 93 Rd. Nr. 2.

[20]   S. dazu etwa Tiedtke, S. 9.

cc) Damit scheidet auch ein gutgläubiger Erwerb gem. §§ 932 ff. BGB aus. Auf die Frage der (fehlenden) Berechtigung des O kommt es erst gar nicht an, denn wie eben gesagt lag schon der allgemeine Übereignungstatbestand nicht vor.

dd) In Betracht käme ein Eigentumserwerb durch H nach § 926 I BGB. Hiernach geht das Eigentum an Zubehör eines Grundstücks (s. § 97 BGB) mitsamt dem Grundeigentum über, so dass das Grundstück als wirtschaftliche Einheit erhalten bleibt (vgl. insoweit auch für den schuldrechtlichen Vertrag § 311 c BGB, dessen Auslegungsregel die dingliche Ebene ergänzt und insoweit zu einem Gleichlauf zwischen Verpflichtungs- und Verfügungsgeschäft führt). Die Einigung gem. § 873 I, 925 BGB erstreckt sich also auf das Zubehör. Eines eigenen Übertragungsakts hinsichtlich desselben (etwa für bewegliche Sachen nach §§ 929 ff. BGB) bedarf es also nicht.

(1) Es müsste sich also bei dem Gartenhäuschen um Zubehör des Grundstücks handeln. Dies bestimmt sich nach § 97 BGB.

Das Gartenhaus stellt keinen (wesentlichen) Bestandteil des Grundstücks dar,[21] ist aber dazu bestimmt der Hauptsache (Gartengrundstück) zu dienen. Auch das vom Gesetz vorausgesetzte räumliche Verhältnis ist gegeben, da sich das Haus auf dem Grundstück selbst befindet. § 97 I BGB ist damit erfüllt.

(2) Da das Grundstück als Gartengrundstück veräußert bzw. erworben werden sollte, kann man davon ausgehen, dass sich die Veräußerung auch auf das Grundstückszubehör erstrecken sollte. Ergänzend kann die Vermutung des § 926 I Satz 2 BGB herangezogen werden, wonach im Zweifel anzunehmen ist, dass die Veräußerung sich auch auf das Grundstückszubehör erstrecken soll (Es ist dies das dingliche Pendant zur schuldrechtlichen Auslegungsregel des § 311 c BGB).

Will man analog § 947 I BGB Miteigentum der GmbH annehmen, wäre dieser Befund derselbe. Es hätte auch hier einer Mitwirkung oder jedenfalls einer Zustimmung seitens der GmbH bedurft (§ 185 I, II Satz 1, 1. Alt., BGB, welche freilich nicht die nötige Berechtigung verschafft hätte, aber die Verfügungsmacht verschafft hätte; die Zustimmung kann hier deswegen nicht angenommen werden, weil es hier um den Übergang des Eigentums ging, welches sich die GmbH aber gerade vorbehalten wollte).[22] Daran hat es hier gefehlt.

---

[21]   Vgl. insoweit auch Jauernig/Jauernig, Anm. zu §§ 97, 98 Rd. Nr. 1.

[22]   Man könnte angesichts des Wortlauts des § 926 I BGB Zweifel hegen, ob eine Zustimmung des Berechtigten hier überhaupt möglich sei. § 926 I BGB spricht nämlich nur davon, dass die Zubehörstücke dem Veräußerer gehören müssen. Von der Möglichkeit einer Zustimmung spricht er nicht. Jedoch sind keine Gründe ersichtlich, eine Analogie zu § 185 BGB hier in Betracht zu ziehen. Damit wird im Verbund mit der Möglichkeit eines gutgläubigen Erwerbs über § 932 ff. BGB entsprechend (§ 926 II BGB, dazu sogleich im Text) eben jene Rechtslage hergestellt, wie sie für den Erwerb von Mobiliareigentum generell gelten, gleich über welche Normen dieser nun auch vonstatten geht.

(3) Jedoch verlangt § 926 I BGB, dass die Zubehörstücke dem Veräußerer (hier: O) gehört haben müssen. Das ist hier nicht der Fall gewesen.

(4) In Betracht kommt ein gutgläubiger Erwerb. Gem. §§ 926 II, 932 ff. BGB wird veräußererfremdes Zubehör gutgläubig wie Fahrniseigentum sonst auch erworben (§ 892 BGB würde hier auch nicht passen, denn er setzt an § 891 BGB an, der über die Situation beweglicher Sachen überhaupt nichts aussagt – die hier passende Norm ist vielmehr § 1006 BGB).[23] Gem. § 926 II Satz 2 BGB kommt es auf den gutgläubigen Erwerb bei Besitzerlangung an.[24]

Ein solcher gutgläubiger Erwerb kann hier bejaht werden. Aus dem Sachverhalt ist mit keiner Silbe zu entnehmen, dass H von dem vorbehaltenen Eigentum der KG wusste. Mit der Inbesitznahme des Grundstücks erwarb er somit das Eigentum (falls man Miteigentum analog § 947 I BGB angenommen hat: Erwerb vom Berechtigten bezüglich seines Miteigentumsanteils, vgl. auch § 747 BGB, bezüglich des Miteigentumsanteils der GmbH gutgläubiger Erwerb, wobei das Zusammenfallen aller Miteigentumseigentumsanteile in einer Person zu dessen Alleineigentum führt).

Für § 926 BGB im Vergleich zu den §§ 929 ff., 932 ff. BGB ist also zu unterscheiden:

Hat man festgestellt, dass das Zubehör Gegenstand eines eigenen Übertragungsakts geworden ist, kommt es auf § 926 BGB nicht an. Die Übereignung folgt nach den §§ 929 ff. BGB, der gutgläubige Erwerb nach § 936 BGB.

§ 926 BGB kommt dort zur Anwendung, wo allein eine Disposition über Grundeigentum erfolgt, nicht aber über das Zubehör. Über § 926 wird das Zubehör von der Disposition über das Grundeigentum mit erfasst.

Davon zu unterscheiden ist § 311 c BGB. Hier geht es um das schuldrechtliche Kausalgeschäft. Danach wird das Verpflichtungsgeschäft derart ausgelegt, dass es sich auch auf das Zubehör erstreckt. Damit wird verhindert, das ansonsten das nach § 926 I BGB Erworbene, weil es ansonsten nicht Vertragsgegenstand geworden wäre, zurückgefordert werden könnte.

---

[23] S. dazu o. die Ausführungen zum Fall „Ein gutes Geschäft und wie man an ein solches herankommt".

[24] Ansonsten zählt regelmäßig der gute Glauben bei Vollendung des Rechtserwerbs. Dieser kann hier deswegen nicht relevant sein, weil ein eigenes Veräußerungsgeschäft in Bezug auf eine bewegliche Sache ja gar nicht erfolgt ist (s. o.). Dasjenige in Bezug auf das Grundstück kann wegen andersartiger Anknüpfungspunkte (§ 891 BGB statt § 1006 BGB) keine Aussagekraft für den Erwerb einer beweglichen Sache haben.

3. Damit kommen keine Ansprüche der GmbH aus § 985 BGB mehr in Betracht.

II. Auch sonstige auf Herausgabe gerichtete Ansprüche sind nicht gegeben.

Bereicherungsansprüche kommen von vornherein nicht in Betracht. Hier könnte man allenfalls an § 812 I Satz 1, 2. Alt. BGB denken. Das scheitert aber schon aus der ratio des gutgläubigen Erwerbs. Hat das Gesetz diesen erst einmal akzeptiert, soll es damit auch sein Bewenden haben. Man kann ihn über das Bereicherungsrecht nicht mehr rückgängig machen.[25]

Auch Haftungsansprüche (die an sich ja eine Naturalrestitution nahe legen könnten, § 249 I BGB) scheiden aus. Es ist schon nicht erkennbar, welche Norm hier verwirklicht worden sein sollte. Spätestens aber am jeweils fehlenden Verschulden seitens H würde eine Haftung scheitern.

III. In Betracht kommen Ausgleichsansprüche der GmbH:

1. Ausgleichsansprüche gegenüber der KG bestehen nicht, weil diese sich durch die Weiterleitung des Eigentumsvorbehalts absolut vertragsgemäß verhalten hatte.

a) Vertragliche Haftungsansprüche (§ 280 I BGB) könnten in Erwägung gezogen werden, wenn ein schuldrechtliches Sonderverhältnis zwischen O und der GmbH bestanden hätte.
Das kann nicht angenommen werden. Zwar wurde der Eigentumsvorbehalt weiter geleitet, aber die diesbezügliche Abrede kraft Vertrages wurde nicht übernommen (vgl. insoweit auch § 415 BGB).

b) Haftungsansprüche aus Eigentümer-Besitzer-Verhältnis scheiden aus.
Die §§ 990, 989 BGB kommen nicht in Betracht, weil es schon an der Voraussetzung des § 985 BGB gefehlt hat, denn O war jeweils zum Besitz berechtigt. Das folgt aus dem verlängerten Eigentumsvorbehalt, mit der zugleich aber auch eine Besitzabrede verbunden ist.[26] Darauf kann sich auch O berufen.

c) Auch ein Anspruch aus § 823 I BGB ist abzulehnen.
Zunächst könnte man auf das Konkurrenzverhältnis zu den §§ 990, 989 BGB verweisen.[27] Streitigkeiten zwischen Eigentümer und Besitzer werden hierüber gelöst, so dass von wenigen Ausnahmen abgesehen (§§ 992 BGB, Fremdbesitzerexzess) diese Regeln vorrangig und ausschließlich sind. Fehlt es an deren Tatbestand, so soll es auch eben keine Haftung geben. Dieser Befund darf nicht durch einen Rückgriff auf das allgemeine Deliktsrecht unterminiert werden.

---

[25]   Vgl. insoweit auch die Aussage des § 951 I Satz 2 BGB, die zwar nicht den gutgläubigen Erwerb betrifft, sondern denjenigen kraft Gesetzes nach §§ 946 ff. BGB, aber eben diese ratio ausdrückt.

[26]   Vgl. insoweit zur besitzrechtlichen Stellung die Darstellung des Eigentumsvorbehalts im Fall „Die gut gemeinte Reparatur".

[27]   Vgl. insoweit den Fall „Der Fremdbesitzerexzess auf der Überholspur".

Des Weiteren könnte man auch den Eingriff in das Eigentum in Frage stellen, denn der Verlust trat nicht durch O ein, sondern durch H als gutgläubigen Erwerber.

d) Jedoch kann die GmbH gegen O einen Anspruch aus § 816 I Satz 2 BGB geltend machen, da er als Nichtberechtigter der GmbH gegenüber wirksam (arg. §§ 926 II, 932 BGB) verfügt hat. Damit kann sie von O den erzielten Kaufpreis, nach h. M. gleich in welcher Höhe, herausverlangen.[28]

Sonstige Bereicherungsansprüche treten demgegenüber zurück.[29]

IV. Die GmbH könnte Ansprüche gegen H haben.

1. Haftungsansprüche scheiden aus.

Vertragliche oder ähnliche Ansprüche scheiden aus demselben Grund aus wie es bei O der Fall ist. Die Voraussetzungen der §§ 990, 989 lagen von Anfang an nicht vor, weil die GmbH gegenüber H infolge der §§ 926 II, 932 BGB nicht Eigentümerin war. Deliktische Ansprüche treten demgegenüber zurück, abgesehen davon, dass H auch gar kein Verschulden träfe (§ 276 BGB).

2. Ausgleichsansprüche aus Bereicherungsrecht kann die GmbH nicht erheben, weil vom Eigentum abgesehen H nichts erlangt hat. Einen Ausgleich für diesen Verlust seitens der GmbH sieht das Gesetz nicht vor. § 951 I Satz 1 BGB greift hier nicht ein, weil H nicht das Eigentum nach den §§ 946 ff. BGB erlangt hat. Die spätere Verankerung des Gartenhäuschens mit dem Grund und Boden des Anwesens ist hier ohne rechtlichen Belang.

Abwandlung

I. Die Lösung folgt zunächst derjenigen des Ausgangsfalls. Allein eine Gutgläubigkeit seitens H's ist abzulehnen, so dass er das Zubehörseigentum nicht gem. §§ 926 II, 932 BGB erwerben konnte.

Damit ist die GmbH noch Vorbehaltseigentümerin gewesen, auch wenn H das Gartengrundstück mitsamt dem Gartenhäuschen in Besitz nahm.

1. Schließlich aber könnte durch die feste Verankerung des Häuschens in das Grundstück ein Eigentumsverlust seitens der GmbH eingetreten sein.

a) Hierdurch könnte das Häuschen zu einem wesentlichen Bestandteil geworden sein (s. allgemein § 93 BGB). Gem. § 94 I Satz 1 BGB gehören dazu fest mit dem Boden eines Grundstücks verbundene Gebäude dazu. Eben das ist vorliegend nun der Fall.

---

[28] S. dazu den Fall „Ein gutes Geschäft und wie man an ein solches herankommt", Frage 2.

[29] Würde man insoweit anders als gesagt die allgemeinen Ansprüche für daneben anwendbar erklären, würde man zu einem objektiven Wertersatz gelangen (§ 818 II BGB).

b) Damit kann das Gartenhaus nicht mehr Gegenstand eigener Rechte sein (§ 93 BGB) – und damit auch nicht mehr eines vom Grundeigentum losgelösten Eigentums. Als Konsequenz hieraus erstreckt § 946 BGB das Grundeigentum nun auch auf das Häuschen. Die GmbH verliert ihr Eigentum. Auf eine Gutgläubigkeit seitens H's (die ja nicht vorlag) kommt es nicht an, denn es handelt sich hier um einen Erwerb kraft Gesetzes, nicht kraft Rechtsgeschäfts.[30]

2. Damit hat die GmbH ihr Eigentum verloren und kann demzufolge keinen Anspruch mehr aus § 985 BGB geltend machen.

II. Ebenso wenig kommen Ansprüche auf Herausgabe aus Bereicherungsrecht in Betracht. Auch eine Nichtleistungskondiktion (§ 812 I Satz 1, 2. Alt, BGB), gerichtet auf Herausgabe, scheidet aus. Dies folgt aus § 951 I Satz 2 BGB, der die einmal entstandene Eigentumslage perpetuiert. Es soll das, was das Gesetz durch einen seiner Erwerbstatbestände (§§ 946 ff. BGB) jemandem zugewiesen hat, nicht mehr rückgängig gemacht werden können.

III. In Betracht kommen Ausgleichsansprüche der GmbH.

1. Haftungsansprüche, gleich aus welchem Rechtsgrund, könnten in Frage kommen (vgl. insoweit auch § 951 II Satz 1 BGB).

a) Vertragliche Ansprüche setzen einen hier nicht vorhandenen Vertrag voraus.

b) Die §§ 990 I, 989 BGB könnten in Betracht kommen, da H bei Erfüllung des Erwerbstatbestands zwar noch unverklagter, aber bösgläubiger (§ 932 II BGB) Besitzer gewesen sein könnte. Jedoch bestand ein Besitzrecht aus dem weitergeleiteten Eigentumsvorbehalt. Auch wenn dieses Recht infolge des laut Sachverhalt wirksamen Rücktritts[31] ist dieses Recht jedenfalls nachträglich entfallen war, hat es bei Erwerb noch bestanden. H war also nur hinsichtlich der fehlenden Eigentümerstellung O's im Bilde, nicht aber zwingend hinsichtlich des nachträglichen Fortfalls der Besitzberechtigung.

c) Deliktische Ansprüche kommen infolge des Konkurrenzverhältnisses zu den §§ 990, 989 BGB nicht in Frage, und – wenn doch[32] – würde es jedenfalls an dem Verschulden (§ 276 BGB) fehlen.

---

[30]   Anzumerken ist noch, dass § 946 BGB in keinem Fall rechtsgeschäftlich abbedungen werden kann. Es besteht auch keine Möglichkeit der flexiblen Handhabe wie bei § 950 BGB mit den dortigen Verarbeitungsklauseln. § 946 BGB stellt ausweislich seines Wortlauts nicht auf eine Person ab, sondern allein auf den Realakt des Verbindens einer Sache mit einem Grundstück; Staudinger/Wiegand § 946 Rd. Nr. 10.

[31]   Hier ist gegebenenfalls wieder § 503 II Satz 1, 498 I BGB zu beachten. Der Sachverhalt stellt die Wirksamkeit des Rücktritts und damit dessen Voraussetzungen unstreitig.

[32]   Man könnte hier etwa für den ein oder anderen Fall annehmen, dass derjenige, der schuldhaft den Tatbestand des § 946 BGB erfüllt, insoweit sein Besitzrecht aus dem verlängerten Eigentumsvorbehalt überschreitet und insoweit eine dem Fremdbesitzerexzess (s. dazu Fall) ähnliche Konstellation

2. In Betracht kommen bereicherungsrechtliche Ansprüche.

a) Hierzu findet sich eine Sondernorm in § 951 I Satz 1 BGB.
Die GmbH hat durch die Vorschrift des § 946 BGB einen Rechtsverlust erlitten. § 951 I Satz 1 BGB verweist insoweit auf das Recht der ungerechtfertigten Bereicherung. Es handelt sich um einen Rechtsgrundverweis, so dass die Tatbestandsvoraussetzungen des Bereicherungsrechts ebenfalls zu prüfen sind.

b) Hier kommt eine Nichtleistungskondiktion in Betracht (§ 812 I Satz 1, 2. Alt. BGB).
Durch die Verbindung des Häuschens mit dem Grundstück und er damit verbundenen Schaffung eines wesentlichen Bestandteils hat H in den Zuweisungsgehalt des Eigentums der GmbH eingegriffen. Ein Rechtsgrund dafür lag nicht vor.

c) Somit kann eine Vergütung in Geld verlangt werden. Diese bemisst sich gem. §§ 951 I Satz 1, 818 II BGB in dem objektiven Wert des verlorenen Eigentums. Die GmbH hat also einen Anspruch auf die Zahlung eines entsprechenden Betrages.

3. Alternativ könnte hinsichtlich der Verfügung durch O § 816 I Satz 1 BGB eingreifen.
Jedoch ist die Verfügung des O an H keine Wirksamkeit eben dieser eingetreten, denn ein gutgläubiger Erwerb nach §§ 926 II, 932 BGB lag nicht vor. Allerdings könnte hier seitens der GmbH eine Genehmigung der Verfügung gem. § 185 II Satz 1, 2. Alt. BGB erklärt werden, mit der Folge, dass eben diese Wirksamkeit ex tunc (§ 184 I BGB) eintreten würde.[33]
Dann könnte die GmbH den Kaufpreis, den O von H erhält, herausverlangen. Diese Alternative könnte deswegen von Interesse sein, wenn der Kaufpreis höher ist als der nach § 818 II BGB (i. V. m. § 951 I Satz 1 BGB) zu ermittelnde Wert.[34]
Würde diese Genehmigung erklärt werden, würde ebenso rückwirkend der Anspruch aus §§ 946, 951 I Satz 1, 818 II BGB entfallen. Der Rechtsverlust seitens der GmbH würde nämlich mit ex-tunc-Wirkung in der nun wirksamen Verfügung zu Gunsten des H, sprich: in dessen Eigentumserwerb, zu sehen sein. Die nachträgliche Herstellung der Gartenhütte als eines wesentlichen Bestandteils würde also keinen Rechtsverlust der GmbH mehr darstellen können. Vielmehr würde das Sacheigentum von H entfallen und gleichsam über § 94 I Satz 1 BGB in dem Grundeigentum aufgehen.

---

kreiert. Könnte man darauf aufbauend vertreten, dass ein Ausschluss des Deliktsrechts hier zu einer nicht hinnehmbaren Haftungsprivilegierung führen würde.

[33]   S. schon den Fall „Ein gutes Geschäft und wie man an ein solches herankommt", Frage 2.

[34]   Wobei die Höhe des nach § 816 I Satz 1 BGB zu leistenden Erlangten str. ist, die Gesamtherausgabe entspricht aber der h. M., s. dazu die soeben (vorige Fußn. angegebene Fundstelle).

4. Die Ausgleichsansprüche hängen also von der weiteren Vorgehensweise der GmbH ab. Sie bestehen entweder gegenüber H (§§ 946, 951 I Satz 1, 812 I Satz 1, 2. Alt. 818 II BGB) oder gegenüber O (§ 816 I Satz 1 BGB). Aber um mehr als Ausgleichsansprüche geht es nicht. Die Wiederherstellung des ursprünglichen Zustands, also eine Herausgabe, kann unter keinem Gesichtspunkt verlangt werden (§ 951 I Satz 2 BGB bzw. § 816 I Satz 1 BGB, dessen Wortlaut insofern ebenfalls eindeutig ist).

Fall 21: Auf dem Holzweg

Sachverhalt

Der Holzgroßhändler Viktor aus Rostock unterhält im Gebiet der Bundesrepublik verschiedene Auslieferungslager für Holzpaneele, die er gegen Barzahlung erworben hat. Die Leiter dieser Lager haben mit den dort lagernden Holzpaneelen nur nach Anweisung der Rostocker Unternehmensleitung zu verfahren und sie auch nur auf Grund ausdrücklicher, detaillierter Anweisung an die Kunden zu übergeben. Abnehmer sind meist weiterverarbeitende Holzbetriebe, die die Paneele zu wertvollen Designermöbeln weiterverarbeiten.

Gustav, ein Angestellter des Viktor und Leiter des Auslieferungslagers in Berlin, ist seit längerer Zeit in finanziellen Schwierigkeiten. Als eines Tages wieder eine größere Sendung von Holzpaneelen des Viktor in Berlin eingetroffen ist, verständigt er davon seine Bekannten Ede und Max, die wegen Diebstahls mehrfach vorbestraft worden sind. Den Sicherheitsschlüssel zum Holzpaneelenlager, von dem es nur ein einziges Exemplar gibt, überlässt er den beiden für eine Nacht und schaltet die Hochsicherheitsalarmanlage aus, so dass Max und Ede ungehindert eine größere Anzahl wertvoller Mahagonipaneele aus dem Lager holen können. Die beiden sichern Gustav dafür die Beteiligung am zu erwartenden Verkaufserlös zu. Der Unternehmensleitung gegenüber behauptet Gustav, die Alarmanlage sei ausgefallen und die Holzpaneele seien mit einem raffinierten Nachschlüsseltrick entwendet worden.

Ede und Max holen eine größere Menge wertvoller Mahagonipaneele im Wert von ca. 50.000 € aus dem Lager und bringen sie zu Otto, der schon früher mehrmals ihnen entwendete Waren in Kenntnis ihrer Herkunft abgekauft hat. Bei seinen Geschäftsfreunden und Partnern gilt Otto als ein seriöser Kaufmann. Otto veräußert die Holzpaneele aus Mahagoni an den Holzverarbeiter Anton, der von deren Herkunft nichts erfährt. Als der Sachverhalt durch Zufall aufgeklärt wird, hat Anton die Paneele bereits einlackiert. Viktor verlangt nun von Anton die Herausgabe der Paneele.

Anton meint, man könne ihm nicht zumuten, die Paneele wieder herauszugeben. Schließlich habe er ja erhebliche Geldmittel für den Erwerb und das Einlackieren der Paneele aufgewendet, so dass sie jetzt wertvoller seien als vorher. Allein das Einlackieren habe ihn 4.000 € gekostet.

I. Czeguhn, C. Ahrens, *Fallsammlung zum Sachenrecht*, Juristische ExamensKlausuren,   189
DOI 10.1007/978-3-642-13139-4_21, © Springer-Verlag Berlin Heidelberg 2011

Bearbeitervermerk:
In einem Gutachten ist zu prüfen, ob Viktor die Paneele von Anton herausverlangen kann.

Lösung

A. Anspruch des V gegen A gem. § 985 BGB

V könnte gegen A einen Anspruch auf Herausgabe der Holzpaneele aus § 985 BGB haben. Hierfür müsste er deren Eigentümer geblieben sein und A sie besitzen, ohne ein Recht zum Besitz zu haben.

I. Eigentum des V

a) Zu **Beginn war V Eigentümer**, da er sie laut SV wirksam übereignet bekam.

b) Durch die **Entwendung durch E, M** unter Beihilfe des G kam es offensichtlich nicht zu einem Wechsel der Eigentümerstellung.

c) Auch ein grundsätzlich denkbarer **gutgläubiger Erwerb des O** nach §§ 929 S. 1, 932 BGB scheitert unabhängig von den anderen Voraussetzungen am offensichtlich fehlenden guten Glauben: O weiß vielmehr sicher, dass E und M nicht Eigentümer der Paneele sind.

d) A könnte allerdings Eigentümer geworden sein, als die Paneele von O veräußert wurden, § 929 S. 1 BGB
   (1) Einigung über den Eigentumsübergang lag vor.
   (2) **Übergabe** als völliger Besitzverlust des O und irgendein Besitzerwerb des O (hier: unmittelbarer Besitz nach § 854 BGB) lag ebenfalls vor.
   (3) A und O waren sich auch zum **Zeitpunkt der Übergabe einig**.
   (4) O als Übertragender war allerdings weder Eigentümer noch sonst wie **berechtigt**.
   (5) Die fehlende Eigentümerstellung könnte jedoch durch einen **gutgläubigen Erwerb** überwunden werden, § 932 BGB.
       (a) **Rechtsgeschäftlicher Erwerb** und **Verkehrsgeschäft** sind gegeben.
       (b) O, als Veräußerer, kommt der **Rechtsschein des** (unmittelbaren) **Besitzes** zugute.
       (c) A war auch **gutgläubig** i. S. d. § 932 II BGB, denn ihm war nicht bekannt oder nur aufgrund grober Fahrlässigkeit unbekannt, dass O nicht Eigentümer der Sache war: O war lt. SV allen Geschäftspartnern als „seriöser Kaufmann" bekannt, es gab auch keine konkreten Hinweise auf fehlendes Eigentum, die fehlende Nachforschungen zur grob fahrlässigen Unkenntnis werden lassen könnten.

(d) Problemschwerpunkt!

Fraglich ist aber, ob ein **Abhandenkommen** i. S. d. § 935 BGB vorliegt. Dieses Korrektiv schränkt den gutgläubigen Erwerb zugunsten des Alteigentümers ein, wenn diesem der (falsche) Rechtsschein des Besitzes beim Veräußerer nicht zum Vorwurf gemacht werden kann, weil er ihn nicht zurechenbar dadurch gesetzt hat, dass er die Sache aus der Hand gab. Abhandenkommen ist also der **unfreiwillige Verlust des unmittelbaren Besitzes beim Eigentümer**.

Im vorliegenden Fall hat G, der Angestellte des Eigentümers V, durch seine Zusammenarbeit mit E und M deren Besitzerlangung erst ermöglicht, die Paneele also quasi freiwillig aus der Hand gegeben.

Fraglich ist also, wie die freiwillige Herausgabe der Paneele durch G sich auf die Freiwilligkeit des Besitzverlusts beim Eigentümer V auswirkt.

Wäre G mittelbarer Besitzer für A i. S. d. § 868 BGB, ergibt sich bereits aus § 935 I 2 BGB, dass die freiwillige Herausgabe durch den Besitzmittler ein Abhandenkommen für den mittelbaren Besitzer ausschließt, auch wenn diese gegen oder ohne dessen Willen geschieht.

Aus dem Sachverhalt ergeben sich aber erdrückende Indizien, dass G vielmehr Besitzdiener i. S. d. § 855 BGB ist: G ist gegenüber V weisungsgebunden, er soll die Paneele „nur auf Grund ausdrücklicher, detaillierter Anweisung" an die Kunden übergeben. Eine solche hochgradige Weisungsgebundenheit schließt die Annahme von eigenem unmittelbaren Besitz des G aus; er besitzt nicht „für" V, sondern gar nicht.

Die Rechtslage bei Weggabe durch den Besitzdiener ist indes umstritten: Teilweise wird angenommen, bei der Weggabe durch den Besitzdiener liege ein Abhandenkommen nicht vor, wenn er sich nach außen durch nichts von einem unmittelbaren Besitzer unterscheide und tatsächlich auf die Sache einwirken könne. In diesem Fall gäbe es keinen relevanten Unterschied zum Besitzmittler.

Die h. M. weist dies zurück: in Fragen der wahren Besitzlage wird immer auf die objektive Rechtslage abgestellt, es gibt keinen ersichtlichen Grund, hiervon abzuweichen.

Wenn sich der Eigentümer gerade nicht des unmittelbaren Besitzes freiwillig entledigt (wie er es bei Besitzübergabe an den Besitzmittler tut) bleibt er schutzwürdig.

Vorliegend liegt also weiterhin ein Abhandenkommen i. S. d. § 935 BGB vor.

(6) A ist also nicht durch gutgläubigen Erwerb Eigentümer der Paneele geworden.

e) A könnte allerdings kraft gesetzlichen Erwerbs Eigentümer geworden sein, als er die Paneele lackierte. In Betracht kommen hier sowohl die Herstellung einer neuen Sache nach § 950 BGB als auch die Vermischung und Vermengung nach §§ 947, 948 BGB.

> **Hinweis:**   § 950 BGB ist lex specialis zu §§ 947, 948, sodass dieser aufbautechnisch zuerst geprüft werden muss!

(1) Um gemäß § 950 BGB Eigentümer zu werden, müsste A durch Verarbeitung eines oder mehrere Stoffe eine neue Sache hergestellt haben, und der Wert der Verarbeitung dürfte nicht erheblich geringer sein als der Wert der ursprünglichen Bestandteile.

Ob es sich bei der hergestellten Sache um eine neue Sache im Sinne der Vorschrift handelt, ist nach der Verkehrsanschauung unter Berücksichtigung wirtschaftlicher Gesichtspunkte zu entscheiden. Hierfür sind Indizien, ob die neue Sache unter einer anderen Bezeichnung in den Verkehr gebracht wird, der Ausgangsstoff völlig umgestaltet wird oder eine erhebliche Wesensveränderung erfährt oder die neue Sache eine gegenüber den Ausgangsstoffen weitergehende, eigenständige Funktion erfüllt.

All dies ist bei lackierten gegenüber unlackierten Holzpaneelen ersichtlich nicht gegeben, A hat daher keine neue Sache hergestellt.

> **Hinweis:**   Hier kommt es auf die Argumentation an! Die Bearbeiter sollten zumindest grundsätzlich überblicken, was die Anforderungen an eine neue Sache sind, und dies auf den Fall anwenden.

(2) A könnte auch gemäß §§ 947, 948 BGB durch Vermischung Eigentümer der lackierten Paneele geworden sein.

> **Hinweis:**   Wenn eine flüssige auf eine feste Sache aufgebracht wird, kann man grundsätzlich auch an eine Fahrnisverbindung nach § 947 BGB denken, da sich ja gerade nicht zwei Flüssigkeiten vermischen und man den Lack ggf. wieder von den Paneelen abkratzen etc. könnte. Die Unterscheidung ist jedoch aufgrund der Rechtsfolgenverweisung auf § 947 BGB letztlich irrelevant.

A hat den Lack und die Paneele vermischt (bzw. verbunden) und damit zu Bestandteilen einer einheitlichen Sache (den lackierten Paneelen) gemacht. Er wäre nach § 947 I Hs. 2 BGB Bruchteilseigentümer an den Paneelen, falls nicht einer der Sachen gemäß § 947 II BGB als Hauptsache anzusehen wäre.

Der Begriff der Hauptsache ist im BGB nicht definiert, muss daher nach der Verkehrsauffassung bestimmt werden. Die Rspr. stellt darauf ab, ob die übrigen Bestandteile fehlen könnten, ohne dass das Wesen der Sache hierdurch beeinträchtigt würde. Die Literatur will teilweise auch auf erhebliche Wertunterschiede oder die Wiederbeschaffungskosten abstellen.

Nach beiden Varianten sind die Holzpaneele beinahe offensichtlich Hauptsache: Holzpaneele sind auch ohne Lackierung solche, der massive Wertunterschied zwischen den Paneelen (50.000 €) und der Lackierung (4.000 € inkl. Arbeitsleistung, die hier nicht in Anschlag gebracht werden darf) deutet auch darauf hin.

A ist folglich auch nicht gemäß §§ 947, 948 BGB Eigentümer der Paneele geworden.

f) V blieb also Eigentümer der Holzpaneele.

II. A ist auch Besitzer der Paneele, da er gemäß § 854 I BGB die unmittelbare Sachherrschaft über diese ausübt.

III. Ein Recht zum Besitz – originär oder von O abgeleitet – ist nicht ersichtlich. Insbesondere stellt eine etwa bestehende Einrede nach § 1000 BGB kein Recht zum Besitz dar: ein Zurückbehaltungsrecht ist ein Recht zum „Zurückhalten", nicht jedoch eines zum „Behalten".

IV. Der Herausgabeanspruch ist zwar nicht untergegangen, aber möglicherweise nicht durchsetzbar, wenn A Einreden geltend machen kann. In Betracht kommt hier vor allem § 1000 BGB (*dieser ist im EBV lex specialis zum ansonsten in Betracht kommenden § 273!*), wenn A Verwendungsersatzansprüche zustehen.

> **Hinweis:**   Die inzidente Prüfung der Ansprüche des A gegen V wird durch die Fallfrage („Kann V die Paneele herausverlangen?") notwendig gemacht. Die isolierte Prüfung der Rechte des A ist ein mittelschwerer Aufbaufehler, der mit spürbarem Punktabzug geahndet werden sollte. Der Kunstgriff, auftauchende Gegenrechte in solchen Konstellationen als ZBR-Einreden zu prüfen, ist relativ einfach und sollte Bearbeitern einer Fortgeschrittenenübung bekannt sein. Im Übrigen würde eine isolierte Prüfung wohl auch an § 1001 BGB scheitern, da V die Verwendungen weder genehmigt hat noch die Sache zurückerlangte.

Verwendungsersatzansprüche können sich aus § 994 oder 996 BGB ergeben.

a) Zunächst könnte es sich um notwendige Verwendungen nach § 994 BGB handeln.
   (1) Zum Zeitpunkt der Lackierung durch A bestand jedenfalls ein EBV. (s. o.)
   (2) A war auch gutgläubiger (hinsichtlich seines Eigentums) und unverklagter Besitzer (Umkehrschluss aus § 994 II BGB), als er die Paneele lackierte.
   (3) Fraglich ist allerdings, ob die Lackierung eine Verwendung darstellt. Auch hier fehlt eine gesetzliche Definition des Begriffs.
      (a) Nach dem von der Rspr. vertretenen **engen Verwendungsbegriff** sind Verwendungen alle Maßnahmen, die darauf abzielen, den Bestand der

Sache zu erhalten oder zu verbessern, ohne die Sache dabei grundlegend zu verändern oder umzugestalten. Veränderungen, die zu einer Umgestaltung führten, seien bereits dem Sprachgebrauch keine Verwendungen „an" der Sache. Außerdem solle der Eigentümer vor aufgedrängten Aufwendungen geschützt werden.

Die Lackierung der Paneele verändert deren Erscheinungsbild sowie relevante Eigenschaften (Witterungsbeständigkeit etc.), sodass es sich zwar nicht um die Herstellung einer neuen (s. o.), wohl aber um die grundlegende Veränderung einer Sache handelt. Nach dem engen Verwendungsbegriff liegt folglich keine Verwendung vor.

(b) Die Literatur hingegen vertritt den **weiten Verwendungsbegriff**, nach der alle Vermögensaufwendungen, die der Sache zugute kommen, Verwendungen darstellen. Nur damit werde dem Ziel der Regelungen zum EBV, einen angemessenen Ausgleich zwischen Eigentümer und Besitzer zu schaffen, Genüge getan: Der unverklagte gutgläubige Besitzer sei auch bei grundlegenden Veränderungen schutzwürdig – so hafte er nicht einmal für die völlige Zerstörung der Sache. Der Eigentümer sei vor aufgedrängten Veränderungen durch die weitergehenden Anforderungen der Notwendigkeit bzw. (subjektiven!) Nützlichkeit der Verwendung hinreichend geschützt.

Hiernach wäre die Lackierung der Paneele eine Verwendung, da sie der Sache zugute kommt.

(c) Mit der Literatur ist hier von einer Verwendung auszugehen. (Sollten sich Bearbeiter anders entscheiden, und damit auch § 996 (s. u.) ablehnen, kommen sie zum Problem, inwieweit §§ 951, 812 BGB trotz eines bestehenden EBV anwendbar sind.)

(4) Weiter müsste die Verwendung notwendig sein. Notwendig sind solche Verwendungen, die objektiv erforderlich sind, um die Sache in ihrem wirtschaftlichen Bestand einschließlich ihrer Nutzungsmöglichkeiten zu sichern. Dies ist hier jedoch ersichtlich nicht der Fall.

Hinweis: Bearbeiter können § 994 BGB auch mit Verweis auf die offensichtlich fehlende Notwendigkeit der Verwendung ablehnen, müssen das Problem des Verwendungsbegriffs jedoch dann bei § 996 BGB lösen.

---

(5) A steht folglich keine Einrede aus §§ 1000, 994 BGB zu.

b) Allerdings könnte es sich um eine nützliche Verwendung nach §§ 1000, 996 BGB handeln.

(1) Es bestand ein EBV zum Zeitpunkt der Verwendung,

(2) A war gutgläubig und unverklagt,

(3) und es handelt sich um Verwendungen (s. o.).

(4) Diese müssten auch nützlich sein. Nützlich sind solche Verwendungen, die (nach h. M. aus der subjektiven Sicht des Eigentümers!) deren Wert steigern oder die Gebrauchsfähigkeit erhöhen. Dies kann bei einer normalerweise wertsteigernden Weiterverarbeitung, die fachmännisch ausgeführt wird, unterstellt werden: Lackierte Holzpaneele haben gegenüber unlackierten einen Mehrwert, der auch dem Wiederverkäufer V zugute kommt, da er einen höheren Preis erzielen kann.

(5) Schließlich ist der Wert der Paneele auch noch vorhanden.

(6) Fraglich ist der Umfang des Verwendungsersatzes.

    (a) Die Kosten für den Lack i. H. v. 1.000 € sind jedenfalls ersatzfähig.

    (b) Fraglich ist, ob die eigene Arbeitsleistung des A i. H. v. 3.000 € ebenfalls geltend gemacht werden kann.

    Teilweise wird darauf abgestellt, ob der eigenen Arbeit bei wertender Betrachtung ein Marktwert zukommt. Dies wird vereinzelt dahingehend eingeschränkt, dass dem Besitzer durch die Verwendung anderweitiger Verdienst entgangen sein muss. Andere Stimmen wollen § 1835 III BGB analog anwenden, die eigene Arbeitsleistung also nur dann anerkennen, wenn sie in den Beruf oder das Gewerbe des Besitzers fällt.

    Nach allen vertretenen Ansichten ist die Arbeitsleistung des A jedoch ersatzfähig.

> **Hinweis:** Falls die Bearbeiter dem engen Verwendungsbegriff gefolgt sind, und § 996 BGB damit abgelehnt haben, stoßen sie folgerichtig auf das Problem des Verhältnisses von EBV und Bereicherungsrecht. Gehen sie von einem weiten Verwendungsbegriff aus, ist ein Rückgriff auf das Bereicherungsrecht nach absolut h. M. ausgeschlossen, da das EBV eine abschließende Sonderregelung für den Verwendungsersatz darstellt, dessen fein austarierte Bestimmungen zur Beziehung zwischen Eigentümer und nicht berechtigtem Besitzer nicht unterlaufen werden dürfen.

  c) Es könnte A jedoch ein Zurückbehaltungsrecht aus §§ 273, 951, 812 BGB zustehen.

    Fraglich ist aber, ob die Regelungen des Bereicherungsrechts überhaupt neben den Verwendungsersatzansprüchen des EBV anwendbar sind. Dies wird wenigstens dann bezweifelt, wenn der Tatbestand der §§ 994 ff. nicht einmal berührt wird, weil es sich bei den Aufwendungen (mit der Auffassung der Rspr.) nicht um Verwendungen handelt.

    Hier werden §§ 951, 812 BGB teilweise für anwendbar gehalten: ein Konkurrenzverhältnis bestehe bei grundlegend verändernden Aufwendungen nicht, das EBV regele diese, nach der Ansicht der Rspr., eben nicht. Daher könnten die Regelungen des Bereicherungsrecht statt, und gerade nicht neben, denen des Verwendungsersatzes im EBV angewandt werden.

Die Rspr. hingegen schließt auf Aufwendungsersatz gerichtet Bereicherungsansprüche generell aus, wenn eine Vindikationslage besteht. Dies wird erneut über den Charakter der §§ 994 ff. als abschließende Sonderregelung (s. o.) begründet und gelte auch für den Fall, dass Aufwendungen gar keine Verwendung im Sinne der §§ 994 ff. darstellen. In Härtefällen könne eine Billigkeitsentschädigung aus § 242 BGB gewährt werden.

> Sollten sich die Bearbeiter für die Literaturmeinung entscheiden, müssen sie nach § 951 (Rechtsgrundverweisung!) die Verwendungskondiktion des § 812 I S. 1 Alt. 2 BGB prüfen. Dieser Anspruch besteht auch. Die Bearbeiter müssen weiterhin das Nützlichkeitserfordernis des § 996 BGB über das Institut der aufgedrängten Bereicherung diskutieren. Eine solche ist jedoch nicht gegeben, da V subjektiv nicht offensichtlich keine Verwendung für die Wertsteigerung hat.

V. Damit hat V gegen A einen Anspruch auf Herausgabe der Holzpaneele, Zug um Zug gegen Zahlung von 4.000 €.

B. V gegen A gem. § 861 BGB

V könnte gegen A einen Anspruch auf Herausgabe der Holzpaneele aus § 861 BGB haben.

> **Hinweis:**   Die petitorischen und possesorischen Herausgabeansprüche (§§ 985, 861, 1007 BGB stehen zueinander in Idealkonkurrenz.

I. V war jedenfalls anfangs (unmittelbarer) Besitzer, da G nur Besitzdiener gemäß § 855 BGB war. (s. o.)

II. A müsste fehlerhaft i. S. d. § 858 II BGB besitzen. Zwar hatte ein Rechtsvorgänger im Besitz (E und M) verbotene Eigenmacht gegen V verübt, dies war O auch bei seinem Besitzerweb klar, A jedoch kannte die Fehlerhaftigkeit des Besitzes zum Zeitpunkt des Besitzerwebs von O nicht, § 858 II 2. Hs. BGB.

III. Damit hat V gegen A keinen Anspruch auf Herausgabe der Paneele nach § 861 BGB.

C. V gegen A gem. § 1007 I BGB

Ein Anspruch auf Herausgabe der Paneele nach § 1007 I BGB scheidet jedoch aus, da A beim Besitzerwerb gutgläubig war.

D. V gegen A gem. § 1007 II BGB

Ein Anspruch auf Herausgabe der Paneele nach § 1007 II BGB besteht indes, da die Paneele dem V abhanden gekommen sind (s. o.).

Fall 22: Szenen aus der Nachbarschaft

Sachverhalt

Gustav Gütig (G) hat ein Wohngrundstück an Stefan Streit (S) verpachtet. An dieses Grundstück grenzt dasjenige von Detlef Destruktiv (D), der hier eine Villa hat. Schon kurz darauf entbrennt zwischen beiden eine heftige Nachbarschaftsfehde. Hierfür gibt es mehrere Anlässe.

1. Es liegt auf dem Grundstück von Detlef eine Dienstbarkeit zugunsten des Grundstücks von Gustav. Diese Dienstbarkeit war anno 1910 für das Gustav'sche Grundstück eingetragen und lapidar als „Wegerecht" bezeichnet worden. Damals ging es nämlich darum, dass die jeweiligen Nutzer des Gustav'schen Grundstücks eben dieses von der Straße aus überhaupt erreichen konnten, denn besagtes Grundstück lag und liegt von dieser aus gesehen hinter demjenigen, welches heute Detlef gehört. Stefan will nun auf einen Parkplatz auf dem gemieteten Grundstück über dasjenige von Detlef mit seinem Auto fahren. Detlef ist der Ansicht, zum einen sei das „Wegerecht" schon verjährt, des weiteren sei es damals nur für Fußgänger- und allenfalls für Kutschenverkehr konzipiert worden und schließlich habe Gustav das Grundstückseigentum erst 1999 käuflich erworben, wobei das „Wegerecht" aber allenfalls für die Eigentümer von 1910 und vielleicht noch für deren Erben gegolten habe. Detlef will Stefan das Befahren seines Grundstücks untersagen.

2. Auf dem Gustav'schen Grundstück hat sich ein Wasserrohrbruch ereignet, was zu Überschwemmungen und damit verbundenen Schäden auf demjenigen von Detlef führte. Die Rohrleitung erfolgte durch die Kommune, die ein entsprechendes Nutzungsrecht für eben diese eingeräumt bekommen hat. Detlef verlangt Ausgleich für die entstandenen Schäden.

3. Detlef lässt sein Villengrundstück durch Videokameras überwachen. Die Kameras schwenken automatisch über das Grundstück und nehmen dabei aber auch Teilausschnitte des Gartens des Gustav'schen Grundstücks auf. Stefan als auch Gustav wollen das nicht dulden.

4. Stefan ist ein begeisterter Hobbybildhauer. Er hat eine seiner Skulpturen, eine abstrakte Zusammenfügung von Altmetallteilen von 2 Metern Höhe in dem gemieteten Garten aufgestellt. Detlef findet diesen „Schrotthaufen" nur hässlich und ver-

I. Czeguhn, C. Ahrens, *Fallsammlung zum Sachenrecht*, Juristische ExamensKlausuren,   199
DOI 10.1007/978-3-642-13139-4_22, © Springer-Verlag Berlin Heidelberg 2011

langt dessen Beseitigung, weil er infolge der Größe auch von seiner Terrasse aus zu sehen ist und ihn in seinem ästhetischen Sinn stört.

Frage:
Wie ist jeweils die Rechtslage?

Lösung

Zu 1: Anspruch D's gegen S auf Unterlassung hinsichtlich des Befahrens seines Grundstücks

I. Vertragliche Ansprüche kommen nicht in Betracht. Ebensolches gilt für sonstige schuldrechtliche Sonderverbindungen. Zwar wird ein besonderes nachbarschaftliches Gemeinschaftsverhältnis anerkannt, aber dieses ist grundsätzlich subsidiär und regelt nur Ausnahmefälle.[1] Hier jedoch sieht das Gesetz schon andere Konfliktregelungen vor.

II. In Betracht kommt ein Anspruch aus dem Eigentum, nämlich ein solcher aus § 1004 I Satz 2 BGB.

> § 1004 I BGB regelt grundsätzlich zwei Anspruchsgruppen, von denen eine sich in zwei weitere unterteilen lässt. Dies bringt der Wortlaut des Gesetzes nur unvollkommen zum Ausdruck.[2]
>
> § 1004 I Satz 1 BGB regelt den Beseitigungsanspruch. Hier geht es um die Rückgängigmachung bereits eingetretener Störungen, sofern sie nicht von § 985 BGB abgedeckt werden.
>
> § 1004 I Satz 2 BGB betrifft Unterlassungsansprüche. Hier geht es also um die Abwehr von Störungen, die noch nicht eingetreten sind, also um künftige.
>
> Das Gesetz erwähnt ausdrücklich nur den Anspruch auf Unterlassung gegen künftige Störungen (s. den Wortlaut: „Sind *weitere* Beeinträchtigungen zu besorgen,…"). Ein solcher Anspruch muss aber auch drohen, ansonsten man nur wegen bloßer Verdächtigungen gegen Andere schon zu Felde (sprich: vor Gericht)

---

[1]   S. dazu Wilhelm Rd. Nr. 802 ff.

[2]   Die nachfolgende Darstellung kann in ihren Grundstrukturen auf alle sonstigen Unterlassungs- und Beseitigungsansprüche übertragen werden. Neuere Gesetzgebungen bringen diese Strukturen übrigens deutlich zum Ausdruck, wohingegen die älteren – zu denen eben auch das BGB gehört – insoweit unpräziser gefasst sind. Man kann also die neueren Vorschriften insoweit als „Eselsbrücke" für das Anspruchssystem insgesamt heranziehen. Insoweit sei auf die Neufassungen von § 8 I UWG zum 8.7.2004 und § 33 II GWB zum 1.7.2005 verwiesen.

ziehen könnte. Es bedarf also einer Wiederholungsgefahr, welche als solche ein ungeschriebenes Tatbestandsmerkmal darstellt. Diese Wiederholungsgefahr kann jedoch anhand vorangegangenen Tuns vermutet werden und somit mit den bereits eingetretenen Störungen belegt werden.[3]

Einhellig anerkannt und logisch auch vorgegeben ist der Anspruch auf Unterlassung aber auch gegen erstmalig drohende Beeinträchtigungen; insoweit ist § 1004 I BGB zu eng gefasst. Man muss also nicht erst eine tatsächliche Beeinträchtigung abwarten, ehe man Schutzansprüche geltend machen kann. Da es aber auch hier wieder um die Abwehr künftigen Verhaltens geht, bedarf es einer Gefahr, dass eine solche Beeinträchtigung überhaupt in der Luft liegt. Man spricht hier von einer Erstbegehungsgefahr, die freilich schwerer zu beweisen ist als die zuvor genannte Wiederholungsgefahr (Hier liegen immerhin aus den bereits vorhandenen Störungen ja Anhaltspunkte vor).

1. D ist Eigentümer des beeinträchtigten Grundstücks.

2. Die Beeinträchtigung liegt in dem Befahren des Grundstücks durch S. Sie kann nicht durch § 985 BGB abgewehrt werden. Von der erforderlichen Wiederholungs- bzw. Erstbegehungsgefahr ist anhand des ansonsten nicht eindeutigen Sachverhalts durchaus auszugehen.

3. Allerdings kommt der Anspruch dann nicht in Betracht, wenn der beeinträchtigte Eigentümer zur Duldung verpflichtet ist (§ 1004 II BGB).

Man kann hier darüber streiten, ob § 1004 II BGB noch eine Tatbestandsvoraussetzung der Ansprüche aus § 1004 I BGB ist oder eine rechtshindernde Einwendung. Die Situation (§ 1004 II BGB im Verhältnis zu § 1004 I BGB) entspricht derjenigen beim Eigentümer-Besitzer-Verhältnis, wenn es um das Verhältnis von § 986 BGB zu § 985 BGB geht.[4] Hier wie dort geht es bei den jeweiligen Formulierungen um die Beweislast – für § 1004 I BGB liegt sie beim Eigentümer, für § 1004 II BGB liegt sie beim Störer.[5]

Eine solche Duldungspflicht könnte auf dem Wegerecht von 1910 beruhen.

a) Zunächst ist zu klären, um was für eine Art von Recht es hier gehen kann.
aa) Ein Nießbrauch kommt hier nicht in Frage. Er würde nämlich gem. § 1030 BGB wesentlich weiter reichen als es das Recht zur Wegenutzung tut. Zwar können gem. § 1030 II BGB einzelne Nutzungen dem Nießbrauchsrecht vorenthal-

---

[3] BGH NJW 1999,257 sowie BGH NJW 2003,2378.

[4] Zugleich wird über die vom Gesetz gewählte Formulierung erreicht, dass die fehlende Duldungspflicht zunächst einmal indiziert wird, s. dazu Erman/Ebbing § 1004 Rd. Nr. 36.

[5] S. dazu auch Baur/Stürner § 12 Rd. Nr. 11.

ten werden, aber für den vorliegenden Fall reicht das nicht aus. Hier wird von Anfang an nur eine einzige Nutzungsmöglichkeit eingeräumt.[6]

Auch eine beschränkte persönliche Dienstbarkeit (§§ 1090 ff. BGB) liegt offensichtlich nicht vor. Sie ist dadurch gekennzeichnet, dass eine bestimmte Nutzung (insoweit könnte sie hier noch vorliegen, vgl. § 1090 I BGB mit § 1010 BGB[7]) einem bestimmten Begünstigten eingeräumt wird.[8] Laut Sachverhalt aber wurde das Wegerecht jedem eingeräumt, der das G'sche Grundstück benutzt.

bb) Damit kommt eine Grunddienstbarkeit in Frage (§ 1018 BGB). Sie wird durch dingliche Einigung und Eintragung in das Grundstück erworben (§ 873 BGB), wovon hier auszugehen ist.

Die Benutzung bezieht sich nicht auf eine konkrete Person, sondern um grundsätzlich jede Person, sofern sie nur Eigentümer eines anderen, des sog. herrschenden, Grundstücks ist. Es geht also um ein sog. subjektiv-dingliches Recht (subjektiv, weil es bei dem Berechtigten immer noch um eine Person geht, dinglich aber, weil dieser Berechtigte anhand seiner dinglichen Rechtstellung, derjenigen als Eigentümer nämlich, ermittelt wird).

Auch von dem Inhalt her kann eine Grunddienstbarkeit in Frage kommen (§§ 1018 ff. BGB). Sie bezieht sich allein auf einzelne Nutzungsarten, u. a. kann sie zum Inhalt haben, dass das belastete Grundstück „in einzelnen Beziehungen benutzt werden darf" (§ 1018, 1. Alt. BGB).[9] Die Benutzung zum Erreichen des anderen, herrschenden, Grundstücks wäre eine solche Benutzung.

Die Dienstbarkeiten enthalten drei Möglichkeiten der Nutzungseinräumungen:

− Die Benutzung des Grundstücks in einzelnen Beziehungen (§ 1018, 1.Alt. BGB, s. soeben im Fall, s. a. gleichlautend für die beschränkte persönliche Dienstbarkeit § 1090 I, 1. Alt. BGB).

− Das Verbot, dass auf dem dienenden Grundstück gewisse Handlungen nicht vorgenommen werden dürfen (§ 1018, 2. Alt. BGB; s. a. § 1090 I, 2. Alt., BGB). Ein Beispiel ist etwa das Verbot, auf dem Grundstück einen Gewerbebetrieb zu unterhalten.[10]

---

[6]   S. a. Ahrens, Dingliche Nutzungsrechte, Rd. Nr. 67; BayObLGZ 79,361; LG Aachen RNotZ 2001,587.

[7]   Der Nutzungsrahmen als solcher entspricht derjenigen der Grunddienstbarkeit, s. dazu sogleich im Anschluss.

[8]   S. dazu Ahrens, Dingliche Nutzungsrechte, Rd. Nr. 219 f.

[9]   Darin liegt der wesentliche Unterschied zum Nießbrauch, s. dazu auch Staudinger/Ring § 1018 Rd. Nr. 144; Baur/Stürner § 32 Rd. Nr. 12 f.; BayObLGZ 1986,622; BayObLG NJW 1990,208; OLG Zweibrücken DNotZ 1982,444; OLG Köln DNotZ 1982,242.

[10]   Ahrens, Dingliche Nutzungsrechte, Rd. Nr. 175 ff.

> – Den Ausschluss der Ausübung eines Rechts, dass sich aus dem Eigentum an dem belasteten Grundstück dem anderen Grundstück gegenüber ergibt (§ 1018, 3. Alt. BGB, s. a. § 1090 I, 3. Alt., BGB). Hier geht es darum, gerade die Ansprüche aus § 1004 BGB zu beschränken, darüber hinaus aber nicht mehr, also insbesondere nicht positive Nutzungshandlungen vorzunehmen.[11]
>
> Kurz sei noch einmal auf den Unterschied zum Nießbrauch eingegangen: Hier werden grundsätzlich alle Befugnisse an einer Sache (zum Rechtsnießbrauch s. §§ 1068 ff. BGB) eingeräumt (§ 1030 I BGB). Es ist hinsichtlich einzelner Befugnisse keine Einräumung, sondern lediglich ein Ausschluss möglich (vgl. § 1030 I BGB).

Damit ist von einer Grunddienstbarkeit auszugehen (§ 1018, 1. Alt. BGB).

b) Der Inhalt des Nutzungsrechts war ein Wegerecht.

Jedoch könnte die Benutzung des Grundstücks mittels eines PKW den Rahmen des Rechts überschreiten, war es D's Vortrag zufolge ursprünglich doch allein für Fußgänger- und allenfalls für Kutschenverkehr vorgesehen.

Jedoch kommt es hier allein auf die Bezeichnung als „Wegerecht" allein an. Es ist insoweit anerkannt, dass der Nutzungsrahmen bei derart allgemein gehaltenen Bezeichnungen[12] sich durchaus verändern kann.[13] Das dingliche Recht kann sich insoweit noch nachträglich in seinem Nutzungsrahmen verändern, sofern die Veränderung nicht gänzlich unvorhersehbar war.[14] Die Erweiterung eines Wegerechts auch auf einen KFZ-Betrieb ist insoweit aber unproblematisch.

Damit deckt der Inhalt der Grunddienstbarkeit die Benutzung des Grundstücksübergangs durch S ab.

c) Fraglich ist aber, ob S selbst überhaupt Berechtigter sein kann.

aa) Insoweit macht D geltend, es sei schon G nicht berechtigt. Die Dienstbarkeit sollte nur den ursprünglichen Eigentümern mitsamt deren Erben zustehen, nicht aber späteren käuflichen Erwerbern.

> Die Erfassung der Erben der ursprünglichen Eigentümern machte eine Grunddienstbarkeit erforderlich, denn diese wird mit dem Grundstückseigentums zusammen vererbt (dazu sogleich im Anschluss). Eine beschränkte persönliche Dienstbarkeit schied insoweit aus, denn eine solche ist unvererblich (§ 1090 II, 1061 BGB). Das hat sie mit dem Nießbrauch

---

[11]   Ahrens, Dingliche Nutzungsrechte, Rd. Nr. 182 ff.

[12]   Vgl. insoweit auch BayObLGZ 1996,294 ff.; OLG Karlsruhe OLGZ 78,81.

[13]   S. dazu BGHZ 44,172 f.; BGHZ 106,350 f.; BGH NJW-RR 1995,15 f.

[14]   S. dazu auch BGH NJW 2003,3207.

gemein, der gem. § 1061 BGB direkt unvererblich ist (der aber schon wegen seines Umfangs, s. § 1030 I BGB, hier nicht in Frage kam).

Damit eignen sich beschränkte persönliche Dienstbarkeit und Nießbrauch für Fälle, in denen jemand ein Nutzungsrecht erhalten soll, aber eben nur dieser jemand und niemand anders sonst.[15] Man denke etwa an den Fall, dass man ein Grundstück in vorweggenommener Erbfolge von einem Elternteil erhält, diesem aber zu dessen Eigenversorgung ein Wohnrecht nach § 1093 BGB einräumt (Dieses ist ebenfalls eine beschränkte persönliche Dienstbarkeit, so dass gem. § 1090 II, 1061 BGB auch nur dieser Elternteil sich an diesem Recht erfreuen kann).

Der Inhalt einer Grunddienstbarkeit ist aber eben doch ein anderer. Sie begünstigt jeden Eigentümer des herrschenden Grundstücks, sie ist eben ein subjektiv-dingliches Recht. G als eben solcher Eigentümer fällt mit in diese Kategorie.
Dies ist er auch unter dem Blickwinkel der rechtsgeschäftlichen Nachfolge. Die Grunddienstbarkeit an dem dienenden Grundstück ist nämlich ein wesentlicher Bestandteil des herrschenden Grundstücks (§ 96 BGB).[16] Das bedeutet, dass sie das Schicksal des diesbezüglichen Eigentums teilt. Wenn also das Eigentum an dem herrschenden Grundstück auf jemand anders übergeht, geschieht das auch mit der Dienstbarkeit. Auf die Art und Weise der Rechtsnachfolge kommt es dabei nicht an. Damit ist G als käuflicher Erwerber auch Inhaber der Dienstbarkeit geworden.

Eine Grunddienstbarkeit ist also als wesentlicher Bestandteil eines herrschenden Grundstücks verkehrsfähig. Das unterscheidet sie wiederum von der beschränkten persönlichen Dienstbarkeit und dem Nießbrauch (§§ 1092 I II bzw. § 1059 BGB direkt; s. aber auch §§ 1059 a f. BGB für gesellschaftsrechtliche Umwandlungsfälle – für die beschränkte persönliche Dienstbarkeit entsprechend anwendbar, § 1092 II BGB).

bb) Damit stellt sich nun die endgültige Frage, ob S wie G zur Wahrnehmung der Rechte aus der Grunddienstbarkeit berechtigt ist. Dem ist durchaus so. Zwar konnte S die Berechtigung aus der Dienstbarkeit nicht übertragen werden, da dem ihr Charakter als wesentlicher Grundstücksbestandteil entgegensteht. Mit der schuldrechtlichen Überlassung, der Miete, des Grundstücks aber wurden ihm ebenso auch die dinglichen Nutzungsrechte obligatorisch eingeräumt.

---

[15]   S. insoweit – vor allem für Versorgungskonzepte zugunsten einer bestimmten Person – Ahrens, Dingliche Nutzungsrechte.

[16]   BayObLG NJW-RR 1990,1044.

> Zum Vergleich: Im Fall einer beschränkten persönlichen Dienstbarkeit wäre das im Ergebnis ebenso gewesen. Diese ist unübertragbar (§§ 1092 I Satz 1 BGB), aber sie kann schuldrechtlich einem anderen zum Gebrauch überlassen werden, sprich: verpachtet werden (§ 1092 Satz 2 BGB). Anzumerken ist, dass dies für einen Nießbrauch ebenso ist (§ 1059 BGB).

d) Schlussendlich beruft sich D auf Verjährung (§ 214 I BGB). Dem steht jedoch § 902 I Satz 1 BGB entgegen. Eingetragene Rechte sind unverjährbar. Das gilt auch für die Dienstbarkeit (§ 873 BGB) eben mit ihrem Inhalt einer Duldungspflicht nach § 1004 II BGB.

> Bei genauer Betrachtung stellt die Aussage des § 902 I Satz 1 BGB keine Besonderheit dar. Es geht hier um die dinglichen Rechte an sich und nicht um Ansprüche, die aus ihnen resultieren. Nur Ansprüche verjähren (§ 194 I BGB, vgl. insoweit auch § 902 I Satz 2 BGB)[17]. Das dingliche Recht an sich tut dies nicht. So würde man auch nicht auf den Gedanken kommen, dass Eigentum als solches (§ 903 BGB) könnte einer Verjährung unterliegen. Dasselbe gilt für die sonstigen dinglichen Rechte.

4. Damit besteht kein Anspruch bei D gegen das Befahren seines Grundstücks aus § 1004 I BGB (Allenfalls könnte, was der Sachverhalt aber offen lässt, eine Ausübungsverlegung nach § 1023 BGB in Betracht kommen).

5. Darüber hinaus käme noch ein Notwegerecht nach § 917 BGB in Betracht. Dies könnte hier durchaus angenommen werden, denn es fehlt laut Sachverhalt dem G'schen Grundstück die zur ordnungsgemäßen Benutzung notwendige Verbindung zur öffentlichen Straße. Als Folge kann der Eigentümer, G, verlangen, dass die Benutzung der nachbarlichen Grundstücke als Verbindung zu seinem eigenen geduldet wird. Auch dies schränkt § 1004 I BGB insoweit ein.

S hingegen als Mieter und somit nur schuldrechtlich Berechtigter hat dieses Recht nicht.[18] Insoweit könnte aber G verlangen, dass auch seine Benutzung geduldet wird, denn auch dies gehört zur ordnungsgemäßen Bewirtschaftung des Grundstücks.[19]

Dieses Recht ist auch, obwohl es nicht eingetragen ist (s. ansonsten § 902 BGB), unverjährbar. Dies statuiert § 924 BGB ausdrücklich.

---

[17] Das kann freilich zu bizarren Befunden führen, so etwa, wenn der Herausgabeanspruch eines Eigentümers gegen einen Anderen verjährt ist. Hier können im Ergebnis Eigentum und Besitz mit rechtlicher Billigung auf ewig getrennt bleiben!

[18] Staudinger/Roth § 917 Rd. Nr. 32.

[19] Vgl. Erman/Lorenz § 917 Rd. Nr. 5.

Letztendlich aber kommt es angesichts der bestehenden Dienstbarkeit auf dieses Notwegerecht hier nicht an. Daher kann etwa D auch kein Zurückbehaltungsrecht (§ 273 I BGB) geltend machen, Zug um Zug (§ 274 BGB) gegen die gem. § 917 II BGB eventuell noch zu leistende Geldrente. Dies würde nur eine Einrede gegen das Recht aus § 917 I BGB schaffen, nicht aber gegen die Grunddienstbarkeit.

III. Damit ist ein Anspruch von D gegen S aus § 1004 I BGB ausgeschlossen.

Zu 2: Anspruch von D aus Ausgleich wegen der Schäden, verursacht durch den Wasserrohrbruch

Hier kommen mehrere Passivlegitimierte in Betracht.

I. Anspruch gegen G als Grundstückseigentümer

Da der Wasserrohrbruch sich auf G's Grundstück ereignete, könnte dieser infolge seiner Eigentümerstellung in Anspruch genommen werden.

1. Vertragliche Ansprüche wie sonstige aus einer schuldrechtlichen Sonderbeziehung scheiden aus. Insbesondere kann insoweit das sog. nachbarschaftliche Gemeinschaftsverhältnis nicht in Betracht gezogen werden.

2. D könnte einen Anspruch aus § 906 II Satz 2 BGB haben.

> Bei § 906 BGB handelt es sich zunächst um eine Einschränkung des Anspruchs aus § 1004 I BGB. Einwirkungen, die an sich dieser Anspruchsgrundlage unterfallen, bleiben danach unbeachtlich. Im Einzelfall bestehen Pflichten zum Ausgleich. Dieser Ausgleich hat mit Schadensersatz nichts zu tun, sondern er basiert darauf, dass es zu hart wäre, den betroffenen Eigentümer ohne Entschädigung für die zu duldenden Beeinträchtigung zu lassen.
>
> Das Gesetz unterscheidet wie folgt.
>
> § 906 I BGB betrifft Immissionen. Deren Zufuhr auf ein Grundstück kann nicht untersagt werden, wenn sie unwesentlich sind. Unwesentlichkeit liegt im Regelfall vor, wenn gesetzliche Immissionsschutzwerte eingehalten worden sind. In keinem Fall aber ist die Zuführung durch eine besondere Leitung zulässig (§ 906 III BGB).
>
> § 906 II BGB betrifft wesentliche Beeinträchtigungen durch Immissionen (die wegen ihrer Wesentlichkeit also niemals § 906 I BGB unterfallen können). Diese können dann zulässig sein, wenn sie Folge einer ortsüblichen Benutzung sind und nicht wirtschaftlich zumutbar abgewendet werden können. In diesem Fall aber kann der duldungspflichtige Eigentümer, dann, wenn eine ortsübliche Benutzung seines Grundstücks oder dessen Ertrag über das zumutbare Maß hinaus

beeinträchtigt wird, einen angemessenen Ausgleich in Geld verlangen (§ 906 II Satz 2 BGB).

Zu beachten sind hier öffentlich-rechtliche Einflüsse. Oft sind besagte eigentumsbeeinträchtigende Benutzungshandlungen verwaltungsrechtlich genehmigungspflichtig. Nun soll man außerhalb verwaltungsrechtlicher Rechtsbehelfe und –mittel die Verwaltungsentscheidungen nicht durch die Hintertür des § 1004 I BGB unterlaufen können. Daher ist regelmäßig vorgeschrieben, dass im Fall unanfechtbarer Genehmigungen eine Duldungspflicht in jedem Fall besteht. Man kann allenfalls Vorkehrungen verlangt werden, die die Beeinträchtigung ausschließen und, wenn diese nach dem Stand der Technik nicht durchführbar oder wirtschaftlich nicht vertretbar sind, allenfalls Schadensersatz.[20] So bestimmt es vor allem der für Klausurfragen sicherlich wichtige § 14 BImSchG.

Nicht zuletzt können sich aus den Nachbargesetzen der Länder Einschränkungen des § 1004 I BGB ergeben.

a) G müsste ein sog. Störer sein. Dies bestimmt sich nach § 1004 I BGB, denn an diesem setzt 906 BGB ja an.
Man unterscheidet generell in Handlungsstörer und Zustandsstörer.[21] Hier geht die Beeinträchtigung von G's Grundstück aus, ohne dass G aber selbst gehandelt hätte. Damit kann man ihn als Zustandsstörer klassifizieren.

b) Bei den Immissionen i. S. v. § 906 BGB muss es sich jedoch um Gase, Dämpfe, Gerüche, Rauch, Russ, Wärme, Geräusch, Erschütterungen „und ähnliche von einem anderen Grundstück ausgehende Einwirkungen" handeln. Die Überschrift[22] des § 906 BGB spricht insoweit von unwägbaren Stoffen (sog. Imponderabilien).
Sowohl anhand der aufgezählten Beispiele wie auch der Überschrift der Vorschrift ergibt sich, dass Wasser nicht zu derartigen Immissionen gehört. Die genannten Imponderabilien sind nämlich alle unkörperlich. Wasser ist, wenn auch flüssig, aber eben doch körperlich.[23]

---

[20]   Der Schadensersatz setzt wieder ein Verschulden voraus. Es geht also nicht um eine angemessene Entschädigung, von der etwa § 906 II Satz 2 BGB spricht.

[21]   S. dazu Neuner JuS 2005,488, s. zu der Begründung einer Störerhaftung Neuner JuS 2005,387 f.; s. aber hinsichtlich der Begrenzung der Störerhaftung auch BVerfG NJW 2000,25757 f.

[22]   Mit der Reform zum 1.1.2002 sind die Überschriften über den BGB-Vorschriften in den Gesetzeswortlaut selbst integriert worden. Verwendet man Textausgaben der Verlage, erkennt man anhand folgender Umstände, ob es sich bei der Überschrift über die Vorschriften um den Gesetzestext selbst handelt oder nur um Formulierungen der Verlage zur besseren Auffindbarkeit der Vorschriften: Reine Verlagsformulierungen werden in Klammern gesetzt, Vorschriften, die zum Gesetzeswortlaut selbst gehören, nicht.

[23]   Für Wasser s. a. OLG Düsseldorf NJW-RR 2002,306; auch BGH NJW 2003,2377 ff. geht davon aus; allgemein s. a. Neuner JuS 2005,437; Erman/Lorenz § 906 Rd. Nr. 12.

3. D könnte aber einen Anspruch aus § 906 II Satz 2 BGB analog haben.

a) Fraglich ist die Zulässigkeit einer solchen Analogie.

   aa) Von der Rechtsprechung wird sie anerkannt. Es geht um Fälle sonstiger Immissionen, denen der beeinträchtigte Eigentümer nicht mehr mit einem Unterlassungsanspruch begegnen kann, die aber dennoch nach einem Ausgleich verlangen. Dieser Ausgleich basiert darauf, dass dem Grunde nach ein solcher Anspruch zwar gegeben wäre, aus besonderen Gründen dieser aber für den konkreten Fall ausgeschlossen ist.[24] Hier käme ein Unterlassungsanspruch einfach zu spät. Auch Beseitigungsansprüche greifen insoweit zu kurz, denn einen Ausgleich gewähren sie nicht. Sie sind auf reales Tun gerichtet, nicht auf Geld.

Damit lässt sich das Ausmaß der Duldungen von Immissionen wie folgt konturieren:

Für unwägbare Stoffe trifft § 906 BGB eine Regelung.

Für sonstige Immissionen in Form von „wägbaren Stoffen" greift grundsätzlich § 1004 I BGB.

Aber auch hier gibt es Ausnahmen. Entweder greift der Anspruch schon aus faktischen Gründen nicht (wie im Fall). Man spricht hier von einem faktischen Duldungszwang.

Daneben werden auch andere Fälle, die ausnahmsweise einen Anspruch aus § 1004 I BGB ausschließen, anerkannt.[25] Beispielsweise werden Fälle angeführt, in denen sich die Tatbestandsvoraussetzungen eines Anspruchs aus § 1004 I BGB erst nachträglich herausstellen.[26] Auch rechtliche Duldungspflichten gehören dazu.[27]

Wenn die genannten Beeinträchtigungen aber das zumutbare Maß einer entschädigungslosen Enteignung übersteigen, bedarf es eines Ausgleichs.[28] Diesen führt die Analogie zu § 906 II Satz 2 BGB herbei.

Grundsätzlich also gilt:

---

[24]   Neuner JuS 2005,491; s gerade für Schäden, die von Nachbargrundstücken herrühren BGH NJW 2003,2377; BGH NJW 1999,1896 (BGHZ 142,66); BGH NJW 1999,1029; s. a. BGH NJW 2004,3701 sowie die Anmerkung dazu bei Schmidt JuS 2005,182.

[25]   S. dazu Larenz/Canaris § 85.III.; Neuner JuS 2005,491; Westermann § 62.III.2. (i. e. aber str.).

[26]   So Larenz/Canaris a. a. O.

[27]   Vgl. Neuner a. a. O.

[28]   S. insoweit mit umfassenden Nachweisen BGH NJW 2003,2378.

> Zunächst bestehen Unterlassungs- und Beseitigungsansprüche, die man gegebenenfalls auch wahrnehmen muss. Damit sind Ausgleichsansprüche grundsätzlich subsidiär!
>
> Wenn dieses nicht möglich ist (etwa wegen der Begrenzungen in § 906 I, II Satz 1 BGB oder sonstiger – gegebenenfalls auch ungeschriebener – Fälle), greifen im Fall der Unzumutbarkeit einer entschädigungslosen Duldungspflicht Ausgleichsansprüche (Für den Fall des § 906 II Satz 2 BGB in seiner direkten Anwendbarkeit wird die Unzumutbarkeit in Satz 1 legaldefiniert).
>
> Für Immissionen sind zudem öffentlich-rechtliche Beschränkungen zu beachten (s. vor allem § 14 BImSchG, der aber wiederum einen Ausgleich in Geld offeriert).

bb) Diese Analogie ist aber nicht unbestritten.[29]
Vorgetragen ließe sich insoweit, dass damit das deliktische Haftungssystem unterlaufen werde, denn allein dieses solle zu einem (kompensatorischen) Ausgleich führen. Der verschuldensunabhängige (s. § 906 II Satz 2 BGB) Ausgleich außerhalb des Gesetzes liefe dem aber zuwider. Man würde einen gesetzlichen Haftungstatbestand in Form einer reinen Gefährdungshaftung etablieren. Schließlich würde jedenfalls für den Fall des sog. faktischen Duldungszwangs ein vom geltenden Recht nicht vorgesehener Fall des „Dulde und liquidiere" eingeführt. Grundsätzlich aber ist jedermann aufgerufen, seine Eigentumsrechte zu wahren anstatt sich von vornherein bei faktischer Duldung auf den Ausgleich in Geld zu beschränken.[30] Ganz schutzlos bliebe D im Übrigen auch nicht, denn er hätte in jedem Fall die Beseitigungsansprüche nach § 1004 I Satz 2 BGB.
cc) Beide Argumentationen sind mit entsprechender Begründung vertretbar. Das bedeutet, dass die weitere Lösung vom jeweils angenommenen Befund abhängt. Bejaht man hier die Analogie zu § 906 II Satz 2 BGB, ist weiter zu prüfen, lehnt man sie ab, kann es sich im Folgenden allenfalls um ein Hilfsgutachten handeln.

b) Die Voraussetzungen für eine Analogie des § 906 II Satz 2 BGB liegen vor.
Ansprüche aus § 1004 I BGB kämen infolge der bereits erfolgten Beeinträchtigung zu spät oder könnten jedenfalls keine volle Kompensation erzielen. Die Duldung der Beeinträchtigung wäre für D auch unzumutbar, denn sie geht in jedem Fall über das Ortsübliche (vgl. insoweit als Richtschnur § 906 II Satz 1 BGB) hinaus.
Damit wäre ein Anspruch aus § 906 II Satz 2 BGB analog, so man ihn denn dem Grunde nach annimmt, zu bejahen.

---

[29] S. etwa Neuner JuS 2005,491; Wilhelm Rd. Nr. 781; hiergegen aber wieder beharrend BGH NJW 2003,2378.

[30] Vgl. insoweit auch für Art. 14 GG den sog. Nassauskiesungsbeschluss BVerfGE 58,300 ff.

4. Grundsätzlich kämen auch deliktische Ansprüche in Betracht (Eigentumsverletzung, § 823 I BGB). Aber man kann jedenfalls kein Verschulden bei G erkennen. Zudem ist auch fraglich, ob G den Rohrbruch überhaupt verursacht, sprich: überhaupt gehandelt, hat.

> Hier offenbart sich noch einmal der Unterschied zwischen deliktischem Schadensersatz und Ausgleich wegen einer Eigentumsbeeinträchtigung – beide sind peinlichst auseinander zu halten!
>
> Die Ausgleichsleistung folgt aus einer Inanspruchnahme fremden Eigentums trotz bestehenden Duldungszwangs über gesetzliche Duldungszumutbarkeiten hinaus. Man zahlt also einen Ausgleich für diese überobligatorische Duldung. Auf ein Verschulden kommt es nicht an.
>
> Deliktischer Schadensersatz basiert auf einer Rechtsgutsverletzung (bzw. sonstiger Gesetzesverletzungen, was hier aber außer Betracht bleiben kann). Ein gesetzlicher Duldungszwang spielt hier keine Rolle, so dass es um einen echten Schadensausgleich geht, weil man das fremde Eigentum unter überhaupt keinem Aspekt hätte in Anspruch nehmen dürfen. Der daraus entstehende kompensatorische Anspruch ist grundsätzlich verschuldensabhängig (§ 276 BGB).

5. Ein Anspruch gegen G kommt also allenfalls aus einer Analogie zu § 906 II Satz 2 BGB in Frage.

II. Anspruch gegen den Mieter S

Die Ansprüche gegen S sind grundsätzlich ebenso zu beurteilen wie diejenigen gegenüber G.

Vertragliche Ansprüche fehlen, ebenso solche aus sonstigen schuldrechtlichen Sonderverbindungen.

In Betracht käme ein Anspruch aus § 906 II Satz 2 BGB. Wie bei G auch könnte es sich hier nur um eine Analogie handeln, da das eingebrochene Wasser kein unwägbarer Stoff im Sinne des Gesetzes ist. Die Analogie ist wie beschrieben zu würdigen. Das Ergebnis hängt von der begründungsbedürftigen Auffassung des Bearbeiters ab. Bejaht man die Analogie, wäre noch zu diskutieren, ob der daraus entspringende Ausgleichsanspruch auch gegenüber anderen Personen als dem Eigentümer erhoben werden kann (wofür spräche, dass es letztendlich allein um die entschädigungslos nicht hinzunehmende Beeinträchtigung von Eigentum durch einen Störer geht – es kann aber auch der bloße Besitzer ein Zustandsstörer sein).[31]

---

[31]   S. insoweit auch bejahend BGH NJW 2003, 2377.

Deliktische Ansprüche sind wie bei G abzulehnen. Aus dem Sachverhalt lässt sich keine rechtsverletzende Handlung durch S und schon gar kein Verschulden entnehmen.

III. Anspruch gegen die Kommune als den Betreiber der Wasserversorgung über das Leitungsnetz

Als „Praktikertipp" ist zu bemerken, dass Ansprüche gegen öffentlich-rechtliche Träger stets von besonderem Interesse sind. Ungeachtet desolater Haushaltssituationen sind sie angesichts der Beträge, um die es hier geht, als Schuldner nach wie vor interessant und oft noch interessanter als reine Privatpersonen.

1. Auch hier kommt ein Anspruch aus § 906 II Satz 2 BGB analog in Frage.[32] Die Situation entspricht der zuvor geschilderten.

2. Deliktische Ansprüche

a) Hier greift als Besonderheit § 2 HPflG ein.[33]
Es handelt sich hierbei um eine Gefährdungshaftung, die also kein Verschulden voraussetzt (vgl. insoweit auch § 276 I BGB a. E.).
Des Weiteren ist zu beachten, dass die Haftung summenmäßig begrenzt ist (§ 7 HPflG).

b) Für eine Verschuldenshaftung (§ 823 I BGB bzw. § 839 BGB, Art. 34 GG) fehlt es an den Voraussetzungen. Es sind weder eine Handlung noch ein Verschulden erkennbar.

Zu 3: Ansprüche auf Unterlassung der Videoaufnahmen

I. Ansprüche von G

1. Ein Anspruch aus Vertrag oder sonstiger schuldrechtlicher Sonderverbindung[34] besteht nicht.

2. In Betracht kommt ein Unterlassungsanspruch aus § 1004 I Satz 2 BGB.

a) G ist der Eigentümer des von der Videokamera mit abgedeckten Grundstücks.

b) Es müsste sich bei den Videoaufnahmen um eine Beeinträchtigung des Eigentums des Grundstücks handeln. Dies ist fraglich. Schon der Schutzbereich des Eigentums ist hier nicht einfach zu bestimmen.

---

[32] S. insoweit wieder BGH NJW 2003,2377 ff.

[33] Vgl. insoweit im Verhältnis zum Ausgleichsanspruch analog § 906 II Satz 2 BGB BGH NJW 2003, 2379; für die Fälle höherer Gewalt (Jahrhundertregen) s. BGHZ 159,19.

[34] Das im Anschluss anzusprechende nachbarschaftliche Gemeinschaftsverhältnis impliziert nur Duldungspflichten und allenfalls noch Ausgleichspflichten, aber keine sonstigen Leistungspflichten.

aa) Man könnte zum einen darauf abstellen, ob der Gebrauch des Eigentums (s. § 903 BGB) durch die Aufnahmen beeinträchtigt wird. Wäre dem so, könnte ein hinreichender Bezug zum Eigentum hergestellt werden. Das könnte man bei privat genutzten Immobilien deswegen annehmen, weil man sich in der durch das Eigentum vermittelten Privatsphäre nicht mehr ungezwungen verhält, steht man doch unter Beobachtung.[35]

Hier käme noch eine zusätzliche Komponente ins Spiel: G selbst nutzt das Grundstück nicht, er hat es lediglich vermietet. Wenn aber die Mieter nun durch die Kameraüberwachung des Nachbargrundstücks belästigt oder gar beeinträchtigt werden, schlägt das letztendlich auch auf die Vermietbarkeit des Grundstücks zurück. Diese aber ist ganz sicher eine Komponente des § 903 BGB.

bb) Dem könnte man entgegenhalten, es gehe hier nicht (mehr) um das Eigentum, dieses sei vielmehr zufällig betroffen. Die Nutzungs- oder Verfügungsbefugnisse, die das Eigentum vermittelt, seien als solche nicht beeinträchtigt worden. In Wahrheit ginge es um die persönliche Selbstentfaltung, die durch die Videoüberwachung gestört wird. Dass sie auf einem bestimmten Grundstück vonstatten ginge, sei rechtlich belangloses Beiwerk.

Ergänzend könnte man hinzufügen, dass außerhalb besonderer Schutzrechte (etwa des Urheberrechts, vgl. insoweit § 97 UrhG) kein „Recht am Bildnis des Eigentums" existiere. Man könne also grundsätzlich Aufnahmen eines Grundstücks machen (jedenfalls solange man dieses nicht widerrechtlich dazu betreten muss).[36]

Folgt man dem, müsste man die Vermietungsoption des G lediglich als Option eben erachten, die als solche nicht § 903 BGB unterfällt.

c) Die Beeinträchtigung ist unter der Prämisse der Annahme einer Einschränkung des § 903 BGB zu bejahen, denn ansonsten würde man den eröffneten eigentumsrechtlichen Schutzbereich sogleich im Anschluss wieder für vogelfrei erklären, ansonsten zu verneinen. Eine entsprechende Wiederholungsgefahr wäre infolge der bereits erfolgten Videoüberwachung ohne weiteres zu vermuten.[37]

d) Man könnte jedoch im Einzelfall Duldungspflichten annehmen.
aa) Gesetzliche Regelungen existieren hierzu nicht.[38]
bb) Anderes könnte sich nur unter Annahme eines sog. nachbarschaftlichen Gemeinschaftsverhältnisses ergeben.[39]

---

[35]   Vgl. insoweit AG Münster NJW 1983,389; s. a. für § 1004 BGB im Fall von Persönlichkeitsrechtsverletzungen Staudinger/Gursky § 1004 Rd. Nr. 78; MüKo/Baldus, § 1004 Rd. Nr. 52.

[36]   So BGH NJW 1989,2253; s. a. BGH NJW 1971,1359; vgl. insoweit auch allgemein für ideelle oder immaterielle Immissionen Ahrens, S. 72 f.

[37]   S. insoweit BGH NJW 1999,257 sowie BGH NJW 2003,2378.

[38]   S. insoweit für die eine Anwendung des § 906 BGB ablehnende h. M., MüKo/Säcker, § 906 Rd. Nr. 27 ff.

[39]   S. dazu Wilhelm Rd. Nr. 802 ff.

Bei einem solchen handelt es sich um ein gesetzlich nicht geregeltes gesetzliches Schuldverhältnis, geboren aus dem allgemeinen nachbarschaftlichen Rücksichtnahmegebot.

Dieses kann im Einzelfall zu besonderen Duldungspflichten führen, die sich aus dem jeweiligen Einzelfall ergeben. Jedoch kann im vorliegenden Fall eine solche gesteigerte Pflicht nicht bejaht werden. Zum einen ist der Eingriff in die nachbarschaftliche Privatsphäre zu massiv, zum anderen ist die Videoaufnahme des Nachbarschaftsgrundstücks von einem sachlichen Zweck nicht gedeckt, denn sie geht doch über die eigentliche Überwachungsintention hinaus.

> Das nachbarschaftliche Gemeinschaftsverhältnis tritt also ergänzend zu den vorbeschriebenen Duldungspflichten. Selbst wenn diese nicht vorliegen, kann sich aus eben diesem für den konkreten Fall doch ein anderes ergeben. Man tut also gut daran, entgegen aller sonstigen Gewohnheiten, diese schuldrechtliche Sonderverbindung erst nach allen anderen gesetzlichen Tatbeständen zu prüfen (Im allseits üblichen Anspruchsaufbau verfährt man ja eigentlich gerade anders herum).

3. Ansonsten bzw. darüber hinaus müsste man auf andere Rechte Zugriff nehmen. Der Ansatz, der zu einer Ablehnung eigentumsrechtlicher Ansprüche führen würde, würde zu dem zivilrechtlichen Persönlichkeitsrecht führen. Dieses zeitigt ebenso wie jedes andere Ausschließlichkeitsrecht auch, Unterlassungsansprüche. Man rekurriert insoweit auf eine Gesamtanalogie zu den §§ 12, 823, 826, 249, 861, 862, 1004 BGB.[40]

Aus den zuvor geschilderten Umständen wäre eine Persönlichkeitsrechtsverletzung in Gestalt der Beeinträchtigung der Privatsphäre zu bejahen.[41] Jedoch würde dem hier entgegenstehen, dass es nicht um die Privatsphäre von G geht. Auch ansonsten wäre eine Persönlichkeitsrechtsverletzung gerade bei ihm fraglich (Man beachte also die Konsequenz: Verneint man hier den Eigentumsschutz, ist der das Eigentum nicht selbst nutzende Eigentümer dann auch vollständig schutzlos!).

4. Ob Unterlassungsansprüche bestehen, hängt also von der jeweils vertretenen Ansicht ab.

II. Ansprüche von S

1. Ansprüche aus schuldrechtlicher Sonderbeziehung scheiden wie zuvor bei den übrigen Beteiligten auch aus.

---

[40]   Vgl. dazu etwa Erman/Ebbing § 1004 Rd. Nr. 5 ff., 9.

[41]   Vgl. dazu Ahrens FS 600 Jahre Würzburger Juristenfakultät, S. 599 ff.

Ein Anspruch aus § 1004 I BGB scheitert schon deswegen, weil S nicht Eigentümer ist.

2. In Betracht kommt ein Anspruch aus § 862 I Satz 2 BGB, da S als Mieter (unmittelbarer Fremd-) Besitzer ist.

Jedoch würde ein solcher Anspruch eine verbotene Eigenmacht nach § 858 I BGB erfordern. Hier wird der Besitz nicht entzogen, und es liegt auch keine sonstige Besitzstörung vor. Die zum Eigentum angestrengten Überlegungen können hier nicht herangezogen werden, weil der Besitz in seinem Schutzbereich insoweit enger gefasst wird. In seiner Schutzfunktion bezieht er sich allein auf die Bewahrung der tatsächlichen Sachherrschaft. Diese wird nicht angetastet. Die Nutzungsoptionen, die damit verbunden sein mögen, werden nicht erfasst.

3. In Betracht kommt allein Anspruch aus dem Persönlichkeitsrecht (Gesamtanalogie zu §§ 12, 823, 826, 249, 861, 862, 1004 BGB:

Hier liegt zweifellos eine Beeinträchtigung der Privatsphäre vor. Da die mit der Videoaufzeichung verbundenen Bildnisaufnahmen nur der Auslöser dazu wären, könnte man das sog. Besondere Persönlichkeitsrecht des Rechts am eigenen Bildnis (§§ 22 ff. KUG) demgegenüber zurücktreten lassen.[42] Besondere Duldungspflichten (An sich müsste man hier inzident auf die Grundsätze des nachbarschaftlichen Gemeinschaftsverhältnisses eingehen, was man bezogen auf das Persönlichkeitsrecht inzident und unter anderen Bezeichnungen im Rahmen einer Abwägung auf Rechtswidrigkeitsebene tut) bestehen hier ebenso wenig wie sie gegenüber G (würde man bei diesem einen Eigentumsschutz bejahen) bestünden.[43]

Ein Unterlassungsanspruch aus Persönlichkeitsrecht ist damit zu bejahen.[44]

4. S kann daher die Unterlassung der Mitaufnahmen des von ihm genutzten Grundstücks untersagen (Sein persönlichkeitsrechtlicher Schutz würde demzufolge weiter reichen als derjenige von G, aber das lässt sich damit begründen, dass er an dem Geschehen auch „näher dran ist").

Anspruch auf Beseitigung der Skulptur

I. Ansprüche aus einer schuldrechtlichen Sonderverbindung kommen wie zuvor auch nicht in Betracht.

---

[42] S. Helle, S. 72 Fußn. 36.

[43] S. insoweit auch für die Abwägungsfrage aus persönlichkeitsrechtlicher Sicht BGH NJW 1995, 1957; LG Berlin NZM 2001, 207; vgl. auch KG FGPrax 2002, 212 (Grundsätzlich tendiert man dazu, nur bei besonders schwerwiegenden Eingriffen eine Videoüberwachung zuzulassen); s. a. für die Bildnisverwertungen von Gebäuden aber mit Bezug auf persönliche Beeinträchtigungen KG NJW 2005, 2320 f.

[44] Anzumerken ist, dass angesichts der Konzentration der Fallbehandlung auf das Sachenrecht die persönlichkeitsrechtliche Prüfung nur kursorisch angesprochen wird. Insoweit sei auf die Literatur namentlich zu der Rubrik des sonstigen Rechts i. S. v. § 823 I BGB verwiesen.

II. Gegebenenfalls könnte sich D auf § 1004 I Satz 1 BGB berufen.

1. D ist Eigentümer des betroffenen Grundstücks.

2. Da er die Skulptur aufgestellt hat, kann S Handlungsstörer sein.

3. Jedoch müsste es sich bei der Beeinträchtigung um eine solche handeln, die auch § 1004 I BGB unterliegt. Die Beeinträchtigung bestünde hier gleichsam in einer „ästhetischen Immission".

a) Die h. M. lehnt es ab, in solchen „ästhetischen Immissionen" eine vom Eigentumsschutz erfasste Beeinträchtigung zu sehen.[45] Dafür lässt sich anführen, dass unter Immissionen nur stoffliche gemeint sind, immaterielle oder ideelle Beeinträchtigungen also insoweit herausfallen. Im Übrigen hängt des jeweilige ästhetische Empfinden vom jeweiligen Betrachter statt – über Geschmack lässt sich bekanntlich streiten. Damit kommt es also auf die Person und deren Ansicht an, nicht aber auf das Grundstück bzw. das Eigentum daran.
Demzufolge würde keine Beeinträchtigung, der man mit dem Eigentumsschutz begegnen könnte.

b) Die Beschränkung der rechtlich unterbindungsfähigen Einwirkungen auf das Grundstück auf physische Beeinträchtigungen kann durchaus bezweifelt werden.[46] In diesem Zusammenhang wird betont, dass das Beeinträchtigungspotential hier nicht minder intensiv ist bzw. sein kann wie im Fall physischer Einwirkungen. Es lässt sich auch hier mit § 903 BGB argumentieren, wonach der hier weit gefasste Rahmen es auch durchaus erlaubt, den Schutz von immateriellen Immissionen mit einzubeziehen.

4. Auch hier hängt die weitere Vorgehensweise von der vertretenen Auffassung ab.

a) Nach h. M. ist ein Beseitigungsanspruch gestützt auf das Eigentum abzulehnen.

b) Nach der M. M. wäre weiter zu prüfen. Es würde sich die Frage nach Duldungspflichten stellen (§ 1004 II BGB).
§ 906 BGB in seiner direkten Anwendung wird allgemein abgelehnt, weil man ihn auf physische Beeinträchtigungen bzw. Immissionen reduziert.[47] Allerdings könnte man auch das in Frage stellen ebenso wie man es zuvor hinsichtlich der Anwendung des § 1004 I BGB getan hat. Die Lösung wäre damit über das Wesentlichkeitskriterium zu lösen (vgl. § 906 I BGB), ansonsten über die Ortsüblichkeit (vgl. § 906 II Satz 1 BGB) mitsamt der wirtschaftlichen Zumutbarkeit

---

[45]   Erman/Ebbing, § 1004 Rd. Nr. 22; Wilhelm Rd. Nr. 752; s. a. die Hinweise bei Ahrens, S. 72 f.; s. aber auch OLG Hamburg NJW 1988,2052.

[46]   S. etwa OLG Hamburg a. a. O., s. a. für weitere Lösungsansätze (dort aber für eine Unzumutbarkeit i. S. v. § 906 II Satz 2 BGB auch über § 1004 BGB) Wilhelm a. a. O. Fußn. 1348.

[47]   MüKo/Säcker § 906 Rd. Nr. 29 (dort für eine Präferenz des Persönlichkeitsrechts), s. auch Staudinger/Roth § 906 Rd. Nr. 132.

einer Beseitigung; ansonsten würde man zu einem Ausgleich gelangen (§ 906 II Satz 2 BGB).

Konsequent müsste[48] man aber dann fragen, ob die ästhetischen Immissionen nicht ihrerseits Ausfluss einer Betätigung des Nachbarn aus § 903 BGB sind (bzw., falls dieser nicht Eigentümer ist, jedenfalls dieser im Rahmen einer Gebrauchsüberlassung solche Immissionen nicht aus § 903 BGB heraus durch seinen Mieter, Pächter etc. veranlassen könnte). Damit stünde § 1004 I wiederum § 1004 I BGB entgegen. Dieser Konflikt liefe auf eine Abwägung der widerstreitenden Interessen hinaus.

Ähnlich wäre der Rückgriff auf das nachbarschaftliche Gemeinschaftsverhältnis. In dessen Rahmen wäre eine Berücksichtigung der Interessen der anderen Seite möglich, was auf die eben genannte Abwägung hinausliefe.

III. In Betracht könnte des Weiteren wieder ein Anspruch aus dem Persönlichkeitsrecht kommen. Im Rahmen einer Gesamtanalogie zu §§ 12, 823, 826, 249, 861, 862, 1004 BGB könnte insoweit tatsächlich auch ein Beseitigungsanspruch im Raume stehen.

1. Das ist jedoch fraglich. Zum einen könnte man für den Fall, dass man hier schon § 1004 I BGB für anwendbar hält, fragen, ob das Persönlichkeitsrecht daneben für dieselbe Konstellation überhaupt noch anwendbar sein kann (Dafür spräche, dass es jeweils um zwei verschiedene Schutzgüter geht, die sich als solche nicht gegenseitig ausschließen).[49] Zum anderen könnte man es schon an der Tatbestandserfüllung einer Rechtsverletzung scheitern lassen, da es ein Persönlichkeitsrecht auf Ästhetik nicht gibt.[50]

2. Würde man eine Persönlichkeitsrechtsverletzung annehmen, käme man spätestens auf der Ebene der Rechtswidrigkeit zu einer Abwägung der widerstreitenden Interessen, wie man es für das Allgemeine Persönlichkeitsrecht gemeinhin vertritt.[51] M. a. W.: Die Abwägung, die soeben für die Eigentumsprüfung (sofern man freilich § 1004 I BGB für einschlägig erachtet) angedacht wurde, würde für das

---

[48]   Der Konjunktiv erklärt sich daraus, dass derartige Fälle infolge der von Anfang an angenommenen Negierung des § 1004 I BGB durch die h. M. nicht einheitlich und oft auch nicht konsequent durchgespielt worden sind. Es ist durchaus möglich, hier mehrere Lösungsvarianten in Betracht zu ziehen, so dass die hier vorgestellte nicht den Anspruch erhebt, die einzige und absolute zu sein.

[49]   Daraus könnte sich freilich auch wieder ein Umkehrschluss ergeben: Gerade weil das Persönlichkeitsrecht einschlägig ist, bedarf es insoweit des § 1004 I BGB nicht mehr. Wenn man die bisherige Diskussion verfolgt, stellt man fest, dass das Resultat der h. M. letztendlich, wenn auch offenbar unbewusst, eben darauf hinausläuft.

[50]   Vgl. aber auch OLG Hamburg NJW 1988,2052 für mögliche kommerzielle Einbußen (dort aber auf den Eigentumsschutz bezogen).

[51]   S. insoweit Fiktentscher Rd. Nr. 1251; Helle, S. 38; s. aber für Bestrebungen, die Abwägung wenigstens für Teilbereiche entfallen zu lassen etwa Larenz/Canaris § 80.II.1.b).

Persönlichkeitsrecht (sofern man hier den Schutzbereich desselben für eröffnet erachtet) ebenso von Bedeutung werden.

3. Die Möglichkeiten sind variantenreich, ebenso ist es auch das Ergebnis, welches jeweils von der begründungsbedürftigen Auffassung des Bearbeiters abhängt.

IV. Ob also ein Anspruch besteht, ist meinungsabhängig. Die h. M. würde einen solchen ablehnen, weil man insoweit schon weder § 1004 I BGB noch das Persönlichkeitsrecht von ihren Tatbeständen her annehmen würde. Anzumerken ist, dass es für die Darstellung möglicher Falllösungen gerade hier, wo es extrem auch auf Wertungsfragen ankommt, es nicht Sinn und Zweck kann, „die" richtige Lösung zu präsentieren. Hier muss man sich didaktisch gesehen darauf beschränken, den gedanklichen Weg aufzuzeigen und dem Bearbeiter die endgültige Lösungsfindung zu überlassen.

Man kann also für die Abwehr immaterieller bzw. ideeller Immissionen vom Anwendungsbereich der jeweils in Frage kommenden Rechte her folgendes in Betracht ziehen:

Zunächst können dingliche Rechte, namentlich das Eigentum, Nutzungs- und Ausschließungsbefugnisse aufweisen, die auch immaterielle bzw. ideelle Komponenten mit einschließt. So ist es bei § 903 BGB der Fall. Wenn dem so ist, könnte man diesbezügliche Streitfälle noch in den Radius dieser Rechte mit einbeziehen. Es würde sich dann noch um eine Frage des Sachenrechts handeln.

Lehnt man das ab, verlässt man den Bereich des Sachenrechts, weil man nun eben nicht mehr an dingliche Rechte anknüpft. Man kann bzw. muss dann auf das Persönlichkeitsrecht rekurrieren. Pointiert gesagt, bräuchte man gegen ideelle bzw. immaterielle Immissionen dann offenbar auch ein ideelles bzw. immaterielles Schutzrecht.

In allen Fällen wird man um eine Abwägung der widerstreitenden Interessen kaum herumkommen.

Zum Abschluss sei nochmals bemerkt, dass die Fragestellung keineswegs neu ist:

Die Abwägung widerstreitender im Wesentlichen gleichwertiger Interessen kennt man vor allem aus dem öffentlichen Recht sowie den Rahmenrechten des § 823 I BGB, nämlich dem Recht am Unternehmen und dem Persönlichkeitsrecht.

Bei hinreichendem Bezug zu Rechten an Sachen (§ 90 BGB) lässt sie sich ohne weiteres auch auf sachenrechtliche Konstellationen übertragen. Letzteres ist das eigentlich Ungewohnte, nicht hingegen der erforderliche Wertungs- und Abwägungsmechanismus an sich.

Immobiliarsachenrecht

Erwerb von Grundstücken[1]

I) Grundbuchrechtliche Voraussetzungen der Eintragung

1) Der Eintragungsantrag: Grundbuchverfahren grundsätzlich. Antragsverfahren, § 13 I GBO

   - Verschiedene Ausnahmen, wonach GBA von Amts wegen tätig wird (z. B. §§ 9 I, II, 18, 48, 51, 52, 53 GBO). Antragsberechtigung, § 13 I 2 GBO

2) Bewilligung des Betroffenen:

   - § 19 GBO (formelles Konsensprinzip): Eintragung erfordert die Einwilligung desjenigen, dessen Recht von ihr betroffen ist.

   - § 20 GBO (materielles Konsensprinzip): Erforderlichkeit der Einigung in den Fällen der Auflassung von Grundstücken sowie Bestellung, Inhaltsänderung oder Übertragung eines Erbbaurechts

3) Nachweis der Bewilligung bzw. der Einigung gemäß § 29 GBO

4) Voreintragung des Betroffenen gemäß § 39 GBO (Ausnahme § 40 bei der Erbschaft)

Besonderheit: Behandlung mehrerer Anträge: Prioritätsgrundsatz gemäß §§ 17, 45 GBO

II) Voraussetzungen einer Eigentumsübertragung gemäß §§ 873, 925 BGB

1) Einigung zwischen Veräußerer und Erwerber gemäß § 873 BGB in der Form des § 925 BGB (Auflassung), d. h., Erklärung der Auflassung bei gleichzeitiger Anwesenheit von Veräußerer und Erwerber.

---

[1] Westermann, Allgemeine Lehren des Grundstücksrechts, Jura 1979, 225; Kollhosser, Grundprobleme des Grundbuchverfahrens, JA 1984, 714; Schwintowski, Einführung in das Liegenschaftsrecht, JA 1989, 223; Schmitz, Wegweiser durch das Grundbuchverfahren, JuS 1994, 962 - 965, 1054 - 1062; 1995, 53 - 59, 245 249, 333 - 337, 438 - 442; Weirich, Grundstücksrecht (2. Aufl. 1996); Haegele/Schöner/Stöber, Grundbuchrecht (13. Aufl. 2004); Medicus, Besitz, Grundbuch und Erbschein als Rechtsscheinträger, Jura 2001, 294 – 299.

I. Czeguhn, C. Ahrens, *Fallsammlung zum Sachenrecht*, Juristische ExamensKlausuren,   219
DOI 10.1007/978-3-642-13139-4, © Springer-Verlag Berlin Heidelberg 2011

– Widerruf der Einigung nach herrschender Meinung aufgrund § 873 Abs. 2 BGB möglich.

– Verfügungsbeschränkung (wie in § 80 Abs. 1 InsO) unter den Voraussetzungen von § 878 BGB (i. V. m. § 91 Abs. 2 InsO) unschädlich.

2) Eintragung der Rechtsänderung im Grundbuch

3) Einigsein im Zeitpunkt der Eintragung

III) Gutglaubenserwerb nach § 892 BGB[2]

1) Rechtsgeschäftlicher Erwerb eines dinglichen Rechts im Sinne eines Verkehrsgeschäfts

2) Unrichtigkeit des Grundbuchs

3) Legitimationswirkung zugunsten des Veräußerers

   a) Legitimationswirkung zugunsten des Verfügenden als Berechtigter, wenn er im Grundbuch eingetragen ist.

   b) Legitimationswirkung zugunsten des Verfügenden auch ohne Eintragung im Grundbuch, wenn er einem im Grundbuch eingetragenen gleichzustellen ist (zum Beispiel wenn der nichtberechtigte Erblasser im Grundbuch eingetragen ist, schützt § 892 BGB den vom wahren Erben Erwerbenden.)[3]

4) Guter Glaube des Erwerbers

   a) Ausschluss des gutgläubigen Erwerbs bei positiver Kenntnis der Unrichtigkeit des Grundbuchs

   b) Zeitpunkt der Gutgläubigkeit:

   Grundsatz: Vollendung des Rechtserwerbs

   Ausnahme unter den Voraussetzungen des § 892 II BGB:

   – Zeitpunkt der Stellung des Eintragungsantrags, § 892 II, 1. Hs. BGB oder

   – Zeitpunkt der Einigung, wenn nur noch Eintragung erforderlich ist, § 892 II, 2. Hs. BGB

5) Keine Eintragung eines Widerspruchs im Grundbuch im Zeitpunkt des Rechtserwerbs, § 899 BGB

   Zweck: Sicherung eines Rechts gegen die Gefahr eines Erwerbs vom Nichtberechtigten

   a) Der Betroffene muss den Widerspruch bewilligen oder der Widerspruch muss aufgrund einer einstweiligen Verfügung eingetragen werden:

   – Bewilligung des Betroffenen, d. h. des zur Grundbuchberichtigung Verpflichteten (im Gegensatz zur Vormerkung keine materiellrechtliche Wirksamkeitsvoraussetzung, sondern Verfahrenserfordernis, str.)

---

[2] Weiterführend: Wiegand, Der öffentliche Glaube des Grundbuchs, JuS 1975, 205; ders., Rechtsableitung vom Nichtberechtigten, JuS 1978, 145; Tiedtke, Erwerb unbeweglicher Sachen kraft guten Glaubens, Jura 1983, 518; Schreiber, Der Widerspruch gegen die Richtigkeit des Grundbuchs, Jura 2005, 241 – 243.

[3] Palandt/Bassenge, § 892 Rd. Nr. 14.

– Einstweilige Verfügung: An die Stelle der Bewilligung kann eine einstweilige Verfügung treten gemäß §§ 935 ff. ZPO.
Besonderheit: Abweichend von § 935 ZPO bedarf es gemäß § 899 I 2 BGB keines Nachweises einer besonderen Eilbedürftigkeit; notwendig ist lediglich die Glaubhaftmachung des zu sichernden Anspruchs.

b) Eintragung im Grundbuch: Zeitpunkt der Gutgläubigkeit

Beispielsfall: Nachdem der A dem B notariell ein Grundstück verkauft, die Auflassung erklärt und der Notar den Eintragungsantrag gestellt hat, verkauft B das Grundstück an C und lässt es auf. Im Zeitpunkt der Antragstellung weiß C, dass A noch als Eigentümer eingetragen ist. Noch vor der Eintragung des B, ficht A die Einigung mit B wirksam an. Als B dennoch als Eigentümer eingetragen wird, geht C die Mitteilung von der Anfechtung der Einigung seitens des A zu. Nach der Eintragung des C als Eigentümer verlangt A vom C die Grundbuchberichtigung mit dem Hinweis darauf, dass C im Zeitpunkt der Eintragung und der Antragstellung von der Nichtberechtigung des B gewusst habe.

Dem A steht gegen den C ein Grundbuchberichtigungsanspruch nach § 894 zu, wenn C zu Unrecht im Grundbuch als Eigentümer eingetragen und A der wahre Eigentümer ist. Durch die wirksame Anfechtung seiner Einigungserklärungen mit B hat A das Eigentum nicht gemäß §§ 873, 925 an B verloren. Indes kann A sein Eigentum durch die Übertragung von B an C gemäß §§ 873, 925, 892 verloren haben. B und C haben sich in der Form des § 925 über den Eigentumsübergang geeinigt, und C ist als neuer Eigentümer im Grundbuch eingetragen worden. Da jedoch B nicht Eigentümer war, kann C das Eigentum nur unter den Voraussetzungen des § 892 erworben haben.

Problematisch ist hier nur auf welchen Zeitpunkt es für die Gutgläubigkeit des B ankommt. Im Zeitpunkt der Vollendung des Rechtserwerbs, nämlich im Zeitpunkt der Eintragung, wusste C, dass A Eigentümer geblieben war. Im Zeitpunkt der Antragstellung glaubte C zwar, dass B das Eigentum erlangen werde, doch B war noch nicht im Grundbuch eingetragen und nicht als Berechtigter legitimiert. Zu diesem Zeitpunkt war das Grundbuch noch richtig, weil der eingetragene A auch Eigentümer war.

Es stellt sich somit die Frage, ob ein gutgläubiger Erwerb nach § 892 BGB möglich ist, wenn der Erwerber im Zeitpunkt der Eintragung von der Unrichtigkeit des Grundbuchs Kenntnis hat, er aber im Zeitpunkt der Antragstellung, als das Grundbuch noch richtig war, den gesamten Umständen nach davon ausgehen durfte, dass sein Veräußerer Eigentümer sein werde.

Eine Auffassung will die Möglichkeit eines gutgläubigen Erwerbs nach § 892 BGB mit der Begründung ablehnen, dass der Zeitpunkt der Antragstellung gemäß § 892 Abs. 1 BGB nicht maßgeblich sein könne, weil zu diesem Zeitpunkt das Grundbuch richtig gewesen sei. Für eine andere Vorverlegung des für die Kenntnis maßgeblichen Zeitpunktes biete das Gesetz keine Anhaltspunkte, so dass nach § 892 Abs. 1 BGB der Zeitpunkt der Vollendung des Rechtserwerbs, also der Zeitpunkt der Eintragung maßgeblich sei.[4]

Die Gegenansicht wendet § 892 Abs. 1 BGB mit der Maßgabe an, dass die Gutgläubigkeit noch in dem Zeitpunkt bestehen muss, in dem das Grundbuch unrichtig wird, so dass es für den gutgläubigen Erwerber (falls er in das Grundbuch sähe) ersichtlich wäre, dass das Grundbuch den Inhalt hat, von dem er gutgläubig ausgegangen ist. Allerdings brauche eine Kausalität zwischen der Legitimation und der Gutgläubigkeit nicht zu bestehen, weil der Erwerb unabhängig davon eintrete, ob der Erwerber das Grundbuch eingesehen habe oder nicht. Danach hätte C das Eigentum nach §§ 873, 925, 892 BGB erworben, weil er im Zeitpunkt der unrichtigen Eintragung des B als Eigentümer noch gutgläubig war.[5]

Es ist nicht einzusehen, warum es dem Erwerber schaden sollte, dass er den Eintragungsantrag verfrüht – nämlich vor der Eintragung seines eigenen Rechtsvorgängers und nicht gleichzeitig mit dieser gestellt hat. Von daher wird der letzten Auffassung gefolgt. C hat das Eigentum erworben. Ein Anspruch des A aus § 894 BGB scheidet aus.

IV) Weitere Probleme beim Erwerb von Grundstücken

1) Nach Auflassung in notarieller Form und der Stellung eines Antrags auf Eintragung als Eigentümer beim Grundbuchamt kann der Erwerber, ohne sich selbst eintragen zu lassen, das Grundstück weiterveräußern.

   1. Möglichkeit: Auflassungserklärung des Veräußerers enthält regelmäßig eine konkludente Einwilligung in einer Weiterveräußerung durch den Erwerber gemäß § 185 BGB.

   2. Möglichkeit: Übertragung des Anwartschaftsrechts: Ein Anwartschaftsrecht liegt vor, wenn von einem mehraktigen Entstehungstatbestand eines Rechts schon so viele Erfordernisse erfüllt sind, dass von einer gesicherten Rechtsposition des Erwerbers gesprochen werden kann, die der andere an der Entstehung des Rechts nicht mehr einseitig zu zerstören vermag.[6] Der Veräußerer eines Grundstücks kann die Rechtsposition des Erwerbers jedenfalls dann nicht mehr beeinträchtigen, wenn der Erwerber nach einer notariell beurkun-

---

[4]   Vgl. RGZ 116, 351, 353 ff.

[5]   Westermann H § 101 H 4 a. E.; Palandt/Bassenge § 892 Rd. Nr. 30; Soergel/Stümer § 892 Rd. Nr. 41; Staudinger/Gursky § 892 Rd. Nr. 168 m. w. N.

[6]   BGH NJW 1982, 1639.

deten Auflassung selbst einen Antrag auf Umschreibung des Grundbuchs gestellt hat.[7]

2) Unschädlichkeit der falsa demonstratio non nocet bei formgebundenen Rechtsgeschäften im Rahmen von Grundstücksveräußerungen sowohl für Form des § 313 BGB als auch Form des § 925 BGB für den Fall der notariellen Beurkundung der falschen Grundstücksparzelle[8]; keine Einschränkung des Grundsatzes falsa demonstratio beim Grundstückskaufvertrag durch Andeutungstheorie.[9]

Aber: Keine „Überbrückung einer fehlenden Eintragung mit Hilfe des Grundsatzes der falsa demonstratio non nocet, denn für die Auslegung von Grundbucheintragungen ist der Wortlaut und der Sinn der Eintragung maßgebend. Berücksichtigung von Umständen außerhalb der Grundbucheintragungen nur, wenn sie wie das Grundbuch zugänglich und für jedermann leicht erkennbar sind.[10]

Zeitlicher Ablauf des Eigentumserwerbs bei Grundstücken

1. Notartermin, Beurkundung des Kaufvertrages, Bewilligung einer Vormerkung.
2. Eintragung der Vormerkung für den Käufer (und ggf. Eintragung von Grundpfandrechten bei Vorwegbeleihung).
3. Eingang erforderlicher Bescheinigungen und Genehmigungen beim Notar.
4. Kaufpreisfälligstellung durch den Notar (bei Altbaugrundstück i. d. R. gesamter Kaufpreis sofort, bei Neu- und Umbauten gestaffelt nach Baufortschritt).
5. Auflassung in neuer notarieller Urkunde durch Parteien oder Bevollmächtigten [Varianten 1 + 2] Vorlage der Eintragungsbewilligung bzw. der kompletten ursprünglichen Urkunde beim Grundbuchamt [Varianten 3 + 4].
6. Eintragung des Käufers als Eigentümer.

---

[7]   H.M.: BGHZ 49, 197, 201; Wolf, Sachenrecht, 15. Aufl., Rd. Nr. 344.

[8]   BGHZ 87, 150; Baur/Stürner, Sachenrecht, 17. Aufl., § 21 Rd. Nr. 8; Palandt/Ellenberger, §133 Rd. Nr. 8 sowie Palandt/Bassenge, § 925 Rd. Nr. 14.

[9]   Vgl. BGHZ 87, 150; ausführlich, Der Bundesgerichtshof und die Andeutungstheorie, Brox, Hans, JA 1984, 549 ff.

[10] BGHZ 60, 230 ff.; BGH NJW 1965, 393.

Fall 23: Übertragung der Vormerkung[1]

Sachverhalt

Viktor Vorndran (V) ist in finanzielle Schwierigkeiten geraten. Daher verkauft er
sein Hausgrundstück in notariell beurkundeter Form an Knut Kiesewetter (K) und
bewilligt die Eintragung einer Auflassungsvormerkung, die auch im Grundbuch
eingetragen wird. K beabsichtigt selbst nicht das Grundstück zu behalten. Daher
tritt er seine Ansprüche aus dem Kaufvertrag an Friedrich Fusel (F) ab. Kurze Zeit
später veräußert V das Grundstück unter Beachtung der Formvorschriften an Da-
gobert Dussel (D). D wird als Eigentümer im Grundbuch eingetragen. Nun ficht V
den mit K geschlossenen Kaufvertrag wirksam an. F verlangt von D Zustimmung
zu seiner Eintragung als Eigentümer. Mit Aussicht auf Erfolg?

Abwandlung:
Der Kaufvertrag zwischen V und K ist wirksam; V steht kein Anfechtungsgrund
zur Seite. Es stellt sich aber heraus, dass die durch V erklärte Bewilligung der Vormerkung des K unwirksam ist.

Lösung

I. Anspruch des F gegen D auf Grundbuchberichtigung gemäß § 894 BGB

F könnte gegen D einen Anspruch aus § 894 auf Berichtigung des Grundbuches
haben. Hierzu müsste der Grundbuchinhalt mit der wahren Rechtslage nicht im
Einklang stehen.

---

[1]   Aldejohann, Vormerkung, JA 1989, 33; Ebel, Gutgläubiger Erwerb einer Auflassungsvormerkung
von eingetragenen Scheineigentümern und Erbfall, NJW 1982, 724-728; Görmer, Gutglaubensschutz beim Erwerb einer Auflassungsvormerkung, JuS 1991, 1011 - 1015; Hager, Die Vormerkung,
JuS 1990, 429 - 439; Hepting, Der Gutglaubensschutz bei Vormerkungen für künftige Ansprüche,
NJW 1987, 865-873; Knöpfle, Die Vormerkung, JuS 1981, 157 - 168; Rimmelspacher, Kreditsicherungsrecht (2.A.), § 10; Schreiber, Gutgläubiger Vormerkungserwerb, Jura 1994, 493 - 495; ders.,
Die Auflassungsvormerkung, Jura 2004, 676-679; Schwerdtner, Die Auflassungsvormerkung, Jura
1985, 316; Stadler, Die Vormerkungsfähigkeit bedingter und künftiger Rückübertragungsansprüche
- BGH NJW 1997, 861, Jura 1998, 189 - 197; Stamm, Die examensrelevanten Probleme der Vormerkung in der Falllösung, JuS 2003, 48-52; Tiedtke, Die Auflassungsvormerkung, Jura 1985, 316.

I. Czeguhn, C. Ahrens, *Fallsammlung zum Sachenrecht*, Juristische ExamensKlausuren,   225
DOI 10.1007/978-3-642-13139-4_23, © Springer-Verlag Berlin Heidelberg 2011

Unabhängig vom Bestehen einer Vormerkung zugunsten des F hat D von V gemäß §§ 873, 925 BGB wirksam Eigentum an dem Grundstück erworben, so dass der Inhalt des Grundbuches (Eintragung des D) der materiellrechtlichen Eigentumslage entspricht. Ein Anspruch aus § 894 BGB besteht daher nicht.

II. Anspruch des F gegen D auf Zustimmung zu seiner Eintragung als Eigentümer aus § 888 BGB

F könnte gegen D einen Anspruch auf Zustimmung zu seiner Eintragung als Eigentümer haben.

Voraussetzungen:

1. Relative Unwirksamkeit des Erwerbs eines dinglichen Rechts gegenüber einem Vormerkungsberechtigten

a) Erwerb des Eigentums am Grundstück gemäß §§ 873, 925 BGB durch D
Es erfolgte eine wirksame Übertragung des Grundstückeigentums durch V an D gemäß §§ 873, 925 BGB, insbesondere war V im Zeitpunkt der Vollendung des Rechtserwerbs noch verfügungsbefugter Eigentümer des Grundstücks, da die Veräußerung an K noch nicht vollzogen war.

b) Relative Unwirksamkeit des Erwerbs durch D gegenüber F gemäß §§ 883 II BGB

Voraussetzung: F müsste im Zeitpunkt des Rechtserwerbs des D Inhaber einer wirksamen Vormerkung gewesen sein.

2. Zugunsten des F könnte eine wirksame Vormerkung entstanden sein

a) V hat dem F keine Vormerkung bewilligt.

b) F könnte die Rechte an einer Vormerkung nur von K erworben haben.
Eine selbständige Übertragung der Vormerkung ist aufgrund der strengen Akzessorietät der Vormerkung nicht möglich.
Möglich ist aber die Abtretung der gesicherten Forderung gemäß § 398 BGB, der die Vormerkung dann in analoger Anwendung des § 401 BGB kraft Gesetzes nachfolgt.[2]
Erfolgte ein Übergang der Rechte aus der Vormerkung durch Abtretung der gesicherten Forderung gemäß §§ 398, 401 BGB auf F?
Voraussetzungen einer wirksamen Abtretung der gesicherten Forderung durch K an F gemäß § 398 BGB:
aa) Einigung zwischen K und F über die Abtretung der Ansprüche des K gegen V aus § 433 I BGB
bb) Abtretung bedarf keiner Form, auch wenn (wie hier) die abgetretene Forderung auf einem formpflichtigen Rechtsgeschäft beruht.[3]

---

[2]   Wolf, Sachenrecht, 15. Aufl., Rd. Nr. 363.

[3]   Palandt/Grüneberg, § 398 Rd. Nr. 6.

cc) Hier ging aber die Abtretung wegen der Nichtigkeit des Kaufvertrages (§ 142 BGB) ins Leere.

=> Daher keine Abtretung eines Anspruchs auf Übereignung des Grundstücks durch F.

dd) „Gutgläubiger Erwerb einer nicht existenten Forderung" ist nur unter den engen – hier nicht in Betracht kommenden – Voraussetzungen des § 405 BGB möglich.

ee) Gutgläubiger Erwerb der Vormerkung durch F gemäß § 892 BGB?

Ganz h. M.: Kein gutgläubiger Erwerb einer Vormerkung, wenn zwar die Vormerkung im Grundbuch eingetragen ist, die zu sichernde Forderung aber nicht besteht.[4]

Argument: Vermutung der Richtigkeit des Grundbuchs bezieht sich nur auf den Grundbuchinhalt hinsichtlich dinglicher Rechte => kein Gutglaubensschutz hinsichtlich des Bestehens der zu sichernden Forderung.

Vormerkung bezweckt den Schutz eines schuldrechtlichen Anspruchs und dieser Anspruch kann nicht gutgläubig erworben werden.

=> Kein gutgläubiger Erwerb der Vormerkung durch F gemäß § 892 BGB

=> F war im Zeitpunkt des Eigentumserwerbs nicht Inhaber einer wirksamen Vormerkung

=> Keine relative Unwirksamkeit des Rechtserwerbs des D gegenüber F gemäß § 883 II BGB

Ergebnis: Kein Anspruch des F gegen D auf Zustimmung zu seiner Eintragung als Eigentümer aus § 888 BGB

Abwandlung

Anspruch des F gegen D auf Zustimmung zu seiner Eintragung als Eigentümer aus § 888 BGB

F könnte gegen D einen Anspruch auf Zustimmung zu seiner Eintragung als Eigentümer aus § 888 BGB haben

Voraussetzungen: Relative Unwirksamkeit des Erwerbs eines dinglichen Rechts gegenüber einem Vormerkungsberechtigten

1. Erwerb des Eigentums am Grundstück gemäß §§ 873, 925 BGB durch D.

2. Relative Unwirksamkeit des Erwerbs durch D gegenüber F gemäß §§ 883 II BGB
Voraussetzung: F müsste im Zeitpunkt des Rechtserwerbs des D Inhaber einer wirksamen Vormerkung gewesen sein.

Entstehen einer wirksamen Vormerkung zugunsten des F:

a) V hat dem F keine Vormerkung bewilligt.

---

[4]   BGHZ 25, 16, 23; Erman/Hagen, 8. Aufl., § 883 Rd. Nr. 28; Müller, Sachenrecht, 3. Aufl., Rd. Nr. 1163; Münchener Kommentar/Wacke, 2. Aufl., § 883 Rd. Nr. 64.

b) F könnte die Rechte an einer Vormerkung nur von K erworben haben.
Eine selbständige Übertragung der Vormerkung ist wegen der strengen Akzessorietät der Vormerkung nicht möglich.
Möglich ist die Abtretung der gesicherten Forderung gemäß § 398 BGB, der die Vormerkung in analoger Anwendung des § 401 BGB kraft Gesetzes nachfolgt.[5]
Übergang der Rechte aus der Vormerkung auf F durch Abtretung der gesicherten Forderung gemäß §§ 398, 401 BGB?

aa) Voraussetzungen einer wirksamen Abtretung der gesicherten Forderung durch K an F gemäß § 398 BGB:
Einigung zwischen K und F über die Abtretung der Ansprüche des K gegen V aus § 433 I BGB
Abtretung bedarf keiner Form, auch wenn (wie hier) die abgetretene Forderung auf einem formpflichtigen Rechtsgeschäft beruht.[6]
=> Wirksame Abtretung des Übereignungsanspruchs durch K an F gemäß § 398 BGB

bb) Gesetzlicher Übergang der Vormerkung durch K an F gemäß § 401 BGB?
Voraussetzung: Bestehen einer Vormerkung zugunsten des K, die gemäß § 401 BGB mit der Abtretung des gesicherten Anspruchs auf F übergehen konnte.
Entstehen einer wirksamen Vormerkung zugunsten des K
Voraussetzungen einer wirksamen Vormerkung gemäß §§ 883, 885 BGB:

cc) Schuldrechtlicher Anspruch auf dingliche Rechtsänderung von Grundstücksrechten, § 883 I BGB
Hier: Anspruch des K gegen V aus § 433 I BGB ist mit Abschluss des Kaufvertrags entstanden.

dd) Bewilligung des Betroffenen oder einstweilige Verfügung, § 885 I BGB
Hier nicht gegeben, da die durch V erklärte Bewilligung der Vormerkung unwirksam ist.
=> Keine wirksame Vormerkung zugunsten des K entstanden.

ee) Gutgläubiger Erwerb der Rechte aus der Vormerkung durch F gemäß § 892 BGB?
Voraussetzungen des § 892 BGB:
   (1) Rechtsgeschäftlicher Erwerb eines dinglichen Rechts i. S. eines Verkehrsgeschäfts
       Teilweise vertretene Argumentation: Der Erwerb der Vormerkung erfolgt kraft Gesetzes (§ 401 BGB) und nicht aufgrund eines Rechtsgeschäfts.
       Die wohl h. M. lehnt dieses Argument mit einer funktionellen Betrachtung ab: Erwerb der Vormerkung beruht auf einem Rechtsgeschäft – nämlich der Abtretung der gesicherten Forderung gemäß § 398 BGB[7]

---

5   Wolf, Sachenrecht, 15. Aufl., Rd. Nr. 363.

6   Palandt/Grüneberg, § 398 Rd. Nr. 6.

7   Vgl. Westermann, Immobiliarsachenrecht, 6. Aufl., § 101 IV 4.

Gegen die Anwendung des § 892 BGB spricht des Weiteren, dass sich der Erwerb einer Vormerkung nicht in sachenrechtlichen Formen und deshalb auch nicht den für sachenrechtliche Vorgänge geschaffenen Schutz erfahren könne.[8]

Die Rechtsprechung und vereinzelte Stimmen bejahen Möglichkeit des gutgläubigen Erwerbs einer Vormerkung in den Fällen, in denen der schuldrechtliche Anspruch besteht, die Vormerkung jedoch zu Unrecht eingetragen ist.[9]

(2) Konsequenz:

Nach dem Standpunkt der h. L.: Kein gutgläubiger Erwerb durch F möglich, daher kein gutgläubiger Erwerb der Rechte aus der Vormerkung durch F.

Nach der Gegenauffassung, insbesondere der Rspr.: Gutgläubiger Erwerb der Rechte aus der Vormerkung durch F möglich.

Konsequenz dieser Auffassung ist, dass F die Rechte aus § 888 BGB gegen den Erwerber D geltend machen kann.

Ergebnis: Mit entsprechender Begründung sind beide Auffassungen vertretbar.

---

[8]   So die wohl h. L.: etwa Medicus, Bürgerliches Recht, Rd. Nr. 557; Wiegand, JuS 1975, 205 ff.; 212 f.

[9]   BGHZ 25, 16, 23 f.; ebenso Westermann, Immobiliarsachenrecht, 6. Aufl., § 101 IV 4.

Fall 24: Die Auflassungsvormerkung

Sachverhalt

Emil Echse (E) ist Eigentümer eines großen Grundstücks in bester Stadtrandlage. Unklar ist, ob dieses Grundstück in nächster Zeit als Bauland ausgewiesen werden soll. Die Entscheidung hierüber soll im nächsten halben Jahr fallen.

Der Bauunternehmer Karl Kies (K) kauft in notariell beurkundeter Form das Grundstück von E. Wegen der noch nicht feststehenden Nutzungsmöglichkeit des Grundstücks als Bauland hat sich K ein Rücktrittsrecht vorbehalten. E bewilligt dem K die Bestellung einer Auflassungsvormerkung, die kurze Zeit später im Grundbuch eingetragen wird.

Einen Monat später bietet Drago Donevic (D) dem E einen höheren Kaufpreis; daraufhin verkauft E das Grundstück unter Einhaltung der Formvorschriften an D. E lässt das Grundstück sogleich an D auf und D wird als Eigentümer ins Grundbuch eingetragen. Nunmehr wird das Grundstück als Bauland ausgewiesen. K macht seine Rechte aus dem Kaufvertrag gegen E geltend.

Frage:
Mit Aussicht auf Erfolg?

Lösung

I. Anspruch des K gegen E auf Übergabe und Eigentumsverschaffung des Grundstücks gemäß § 433 I BGB

1. Entstehen des Anspruchs

Zwischen E und K müsste gemäß §§ 433, 313 BGB ein wirksamer Kaufvertrag zustande gekommen sein. Laut Sachverhalt ist dies der Fall.

2. Untergang des Anspruchs infolge der Veräußerung des Grundstücks durch E an D?

Der Anspruch des K auf Übergabe und Eigentumsverschaffung des Grundstücks gemäß § 433 I BGB könnte durch eine wirksame Übereignung von E an D gemäß §§ 873, 925 BGB untergegangen sein.

I. Czeguhn, C. Ahrens, *Fallsammlung zum Sachenrecht*, Juristische ExamensKlausuren,   231
DOI 10.1007/978-3-642-13139-4_24, © Springer-Verlag Berlin Heidelberg 2011

a) Eine Einigung zwischen E und D in der Form des § 925 BGB liegt vor.

b) Es bestehen jedoch Bedenken gegen die Wirksamkeit infolge der zugunsten des K eingetragenen Auflassungsvormerkung, wenn diese wirksam ist.

   aa) Voraussetzungen einer wirksamen Auflassungsvormerkung gemäß §§ 883, 885 BGB

   (1) Es muss ein schuldrechtlicher Anspruch auf dingliche Rechtsänderung von Grundstücksrechten bestehen, vgl. § 883 I BGB.

Exkurs: Sicherung eines Anspruchs

Die Vormerkung ist streng akzessorisch:
Besteht der zu sichernde schuldrechtliche Anspruch nicht, so kann auch keine Vormerkung entstehen; geht der schuldrechtliche Anspruch auf dingliche Rechtsänderung unter (etwa durch Anfechtung eines Grundstückkaufvertrages), so erlischt automatisch auch die Vormerkung.

Sicherungsfähige Ansprüche:
– Vertragliche und gesetzliche Ansprüche auf dingliche Rechtsänderung

Beispiele:
Anspruch auf Übertragung des Grundeigentums, insbesondere aus einem Kaufvertrag (sog. Auflassungsvormerkung);
– Anspruch auf Belastung des Grundstücks mit einem dinglichen Recht
– Gemäß § 883 I 2 BGB: auch bedingte oder künftige Ansprüche
Vormerkungsfähigkeit künftiger Ansprüche erfordert, dass bereits der Rechtsboden für die Entstehung des Anspruchs so weit vorbereitet ist, dass dessen Entstehung nur noch vom Willen des demnächst Berechtigten abhängt.[1]

Nicht ausreichend:
z. B. Vorvertrag, von dem sich der Schuldner jederzeit lösen kann;
erbrechtliche Ansprüche (z. B. des Vermächtnisnehmers aufgrund eines Testaments).

   Hier: Ein Anspruch des K gegen E aus § 433 I BGB ist mit Abschluss des Kaufvertrags entstanden.
   Das Bestehen des Rücktrittsrechts zugunsten des K steht der Vormerkungsfähigkeit nicht entgegen.[2] Die Vormerkungsfähigkeit des Anspruchs des K gegen E aus § 433 I BGB ist daher gegeben.

   (2) Bewilligung des Betroffenen oder einstweilige Verfügung, § 885 I BGB

---

[1]   BGHZ 12, 115, 118; BGH NJW 1981, 446; im Einzelnen strittig vgl. Palandt/Bassenge, § 883 Rd. Nr. 15.

[2]   Vgl. Palandt/Bassenge, § 883 Rd. Nr. 16.

Exkurs: Voraussetzungen des § 885 I BGB

Der Betroffene muss die Vormerkung bewilligen oder die Vormerkung muss aufgrund einer einstweiligen Verfügung eingetragen werden:

Bewilligung des Betroffenen (materiellrechtliche Wirksamkeitsvoraussetzung)

Bewilligung = einseitige empfangsbedürftige materiellrechtliche Willenserklärung, die gegenüber dem Gläubiger oder dem Grundbuchamt abgegeben werden kann (analog §§ 875 I 2, 876 S. 2 BGB). Materiellrechtlich an keine Form gebun- den;[3] formellrechtlich gilt § 29 GBO (=> in der Praxis fällt Bewilligung gemäß § 885 I BGB i. d. R. mit der Eintragungsbewilligung gemäß § 19 I GBO zusammen).

Einstweilige Verfügung

An die Stelle der Bewilligung kann eine einstweilige Verfügung treten gemäß §§ 935 ff. ZPO. Besonderheit: Abweichend von § 935 ZPO bedarf es gemäß § 885 I 2 BGB keines Nachweises einer besonderen Eilbedürftigkeit; notwendig ist lediglich die Glaubhaftmachung des zu sichernden Anspruchs.

Umstritten ist, ob der Gläubiger einen Anspruch auf Bestellung der Vormerkung hat:

Wegen der Möglichkeit gemäß § 885 I BGB, Bewilligung durch einstweilige Verfügung zu ersetzen, bedarf es an sich keines auf Eintragung einer Vormerkung gerichteten materiellrechtlichen Anspruchs. Gleichwohl bejaht die h. M. einen Anspruch, den sie als eine aus dem anerkennenswerten Sicherungsbedürfnis abgeleitete Nebenfolge des vorzumerkenden Anspruchs charakterisiert.

Im Sachverhalt erfolgte die Bewilligung der Vormerkung durch E.

(3) Eintragung der Vormerkung im Grundbuch, vgl. § 885 I BGB, ist hier laut Sachverhalt unproblematisch.

(4) Berechtigung des Bewilligenden im Zeitpunkt der Eintragung der Vormerkung im Grundbuch

Derjenige, der die Eintragung der Vormerkung bewilligt, muss hinsichtlich des dinglichen Rechts verfügungsberechtigter Rechtsinhaber sein.

Hinweise: Im Falle nachträglicher Verfügungsbeschränkungen des Bewilligenden findet § 878 BGB entsprechend Anwendung. Im Falle fehlender Verfügungsberechtigung des Bewilligenden kommt gutgläubiger Erwerb der Vormerkung in Betracht.

---

[3] Vgl. Schwab/Prütting, § 18 V m. w. N.

Vorliegend lag die Berechtigung des E als verfügungsberechtigter Eigentümer vor.

Daher liegt eine wirksame Vormerkung zugunsten des K gemäß §§ 883, 885 BGB vor.

bb) Rechtswirkungen der Vormerkung:

Exkurs: Rechtswirkungen der Vormerkung

− Sicherungswirkung

Relative Unwirksamkeit gemäß § 883 II BGB

Unwirksamkeit reicht nur soweit, als dies zur Sicherung des Anspruchs erforderlich ist:

Vormerkungswidrige Verfügungen sind nur relativ unwirksam, d. h. sie unwirksam nur gegenüber dem Vormerkungsberechtigten; für alle anderen sind sie wirksam.

Eintragung des Vormerkungsberechtigten nach vormerkungswidriger Verfügung gemäß §§ 888 BGB

§ 888 BGB betrifft das Rechtsverhältnis zwischen Vormerkungsberechtigtem und Dritterwerber:

Im Falle einer vormerkungswidrigen Verfügung des Schuldners steht die Eintragung des Vormerkungsberechtigten die mangelnde Voreintragung des Schuldners entgegen. Infolge der vormerkungswidrigen Verfügung ist der Dritterwerber im Grundbuch eingetragen.

=> Anspruch des Vormerkungsberechtigten gegen Dritterwerber auf Zustimmung gemäß § 19 GBO

− Rangwirkung gemäß § 883 III BGB
Gemäß § 883 III BGB nimmt das künftige Recht den Rang der Vormerkung ein.

− Vollwirkung
In der Insolvenz des Schuldners (§ 106 InsO) und in der Zwangsversteigerung (§ 48 ZVG) wird die Vormerkung so behandelt, als bestünde bereits das künftige Recht.

Hier liegt eine relative Unwirksamkeit der Verfügung des E an D gemäß § 883 II BGB vor, d. h. nur gegenüber K ist die Übereignung durch E an D unwirksam.

Folglich liegt keine Unmöglichkeit der Leistung des E gemäß § 433 I BGB vor.

Der Anspruchs des K aus § 433 I BGB infolge der Veräußerung des Grundstücks durch E an D ging folglich nicht unter.

Anspruch des K gegen E auf Verschaffung des Eigentums gemäß § 433 I BGB ist gegeben. K hat gegen E einen Anspruch auf Abgabe einer Auflassungserklärung gemäß § 925 BGB.

II. Möglichkeit der Eintragung des K als Eigentümer im Grundbuch

Im Falle der Abgabe der Auflassungserklärung durch E gegenüber K (notfalls im Wege der Klage und der Zwangsvollstreckung gemäß § 894 ZPO) bedarf es für den Eigentumserwerb des K gemäß §§ 873, 925 BGB noch der Eintragung in das Grundbuch.
Vornahme der Eintragung durch das Grundbuchamt?
Grundbuchrechtliche Voraussetzungen der Eintragung

1. Eintragungsantrag
Grundbuchverfahren ist grundsätzlich ein Antragsverfahren, § 13 I GBO.
Verschiedene Ausnahmen, wonach GBA von Amts wegen tätig wird (z. B. §§ 9 I, II, 18, 48, 51, 52, 53 GBO).
Antragsberechtigung, § 13 I 2 GBO
Hier liegt die Antragsberechtigung des K vor.

2. Erforderlichkeit der Einigung des Berechtigten und des Erwerbers in den Fällen der Auflassung von Grundstücken, § 20 GBO
Hier gegeben, K kann – nach Durchsetzung seines Anspruchs aus § 433 I BGB – dem Grundbuchamt die nach § 20 GBO erforderliche Auflassung vorlegen.

3. Nachweis der Einigung gemäß § 29 GBO

4. Voreintragung des Betroffenen gemäß § 39 GBO
Hier: E, der Auflassung gegenüber K erklärt hat, ist nicht voreingetragen; eingetragen als Betroffener ist vielmehr D.
Überwindung der Voreintragung des D: Anspruch des Vormerkungsberechtigten (K) gegen die vormerkungswidrig Eingetragenen (D) gemäß § 888 I BGB auf Zustimmung zur Eintragung des Vormerkungsberechtigten.
Aufgrund dieser Bewilligung des D kann K als Eigentümer in das Grundbuch eingetragen werden.

Zur Vertiefung

1. Funktion und Rechtsnatur der Vormerkung

Das Trennungsprinzip führt dazu, dass der Erwerber eines Rechts bis zur Vollendung des Verfügungsgeschäftes nicht dagegen gesichert ist, dass der Veräußerer das Recht, zu dessen Übertragung er sich verpflichtet hat, vertragswidrig auf einen anderen überträgt, und somit die Erfüllung seiner schuldrechtlichen Verpflichtung

unmöglich macht. Bei Grundstücksgeschäften ist dieses Risiko wegen des langwierigen Grundbuchverfahrens besonders hoch.
- Gesetzgeberische Lösung: Vormerkung (§§ 883–888). Gemäß § 883 II S. 1 entfaltet die Vormerkung Sicherungswirkung zugunsten des Anspruchsgläubigers.
- Die Vormerkung setzt das Bestehen eines schuldrechtlichen Anspruchs voraus (z. B. Kaufvertrag), sie ist also ein akzessorisches Recht.
- Bestellung der Vormerkung erfolgt durch den Schuldner des zu sichernden Anspruchs.

2. Rechtsnatur: Sicherungsmittel eigener Art (h. M.)

Ist die Vormerkung ein dingliches Recht? Das dingliche Recht wird durch drei Kriterien charakterisiert: Verfügungsschutz, Schutz in der Insolvenz bzw. Zwangsvollstreckung und Anspruchs- und Klageschutz. Bei der Vormerkung fehlt es im Gegensatz zur Hypothek und Pfandrecht am dinglichen Anspruch. Denn der Anspruch des Vormerkungsberechtigten basiert nicht auf der Vormerkung als solcher, sondern auf der gesicherten Forderung gegen den Schuldner. § 888 I BGB ist lediglich ein unselbständiger Hilfsanspruch, notwendig wegen des formellen Konsensprinzips im Grundbuchrecht. Daher kann man die Vormerkung als dingliches Recht meines Erachtens nicht einordnen.

Analogie zu bedingten Verfügungen?
Diese scheitert schon daran, dass die Bewilligung der Vormerkung nicht aussagt, dass die Erfüllung der gesicherten Forderung wie bei der bedingten Verfügung zumindest eingeleitet wird. Mit Eintritt der Bedingung wird nämlich der bisherige Anwärter des Rechts Inhaber desselben (z. B. bei Kaufpreiszahlung). Bei Beschädigungen der Sache durch Dritte ist er gemäß § 823 I BGB geschützt. Daran fehlt es aber beim Vormerkungsberechtigten. Denn dieser ist, auch wenn zu seinen Gunsten eine Vormerkung eingetragen war, dem Anspruch des § 823 I BGB ausgesetzt, den der Dritterwerber innehat.

Sicherungsmittel eigener Art (h. M.)
Die h. M. ordnet die Vormerkung als Sicherungsmittel eigener Art ein. Sie ist ein besonders geartetes, vorläufiges Sicherungsinstrument mit der Eigenschaft, dem geschützten Anspruch in gewissem Umfang dingliche Wirkungen zu verleihen.

Zeitschiene
Vertrag beurkundete Auflassung Vormerkung Antrag auf Eintragung Eintragung

3. Entstehung und Übertragung

a) Entstehung (§§ 883, 885 BGB)
   aa) Anspruch des Vormerkungsberechtigten auf dingliche Rechtsänderung
   Anspruch muss wirksam entstanden sein und auch noch im Augenblick der Entstehung der Vormerkung fortbestehen (Akzessorietät); Rechtsgrund beliebig

bb) Bewilligung desjenigen, dessen Recht von der Vormerkung betroffen wird oder einstweilige Verfügung

einseitige materiell- rechtliche Bewilligung gemäß § 885 I S. 1, 2. Alt. BGB oder einstweilige Verfügung (§ 885 I S. 1, 1. Alt. BGB)

cc) Eintragung der Vormerkung in das Grundbuch

Eintragung im Grundbuch gemäß § 13 ff. GBO

dd) Berechtigung des Bewilligenden bzw. Vorliegen der Voraussetzungen des gutgläubigen Erwerbs

– derjenige, von dem die Vormerkung erworben wird, muss Berechtigter sein (derjenige, dessen Recht durch die Vormerkung betroffen wird)

– war der Vertragspartner zwar im Zeitpunkt der Auflassung verfügungsbefugter Eigentümer, war er aber im Zeitpunkt der Eintragung in seiner Verfügungsmacht beschränkt, so kommt ein Erwerb unter analoger Anwendung der Voraussetzungen des § 878 BGB in Betracht

Direkt ist § 878 BGB deshalb nicht anwendbar, weil die Vormerkung kein dingliches Recht ist.

b) Übertragung

– die Vormerkung kann nicht selbstständig übertragen werden (Akzessorietät der Vormerkung)

– Übertragung vielmehr bei Abtretung des durch sie gesicherten Anspruchs, indem die Vormerkung diesem folgt. Die Abtretung erfolgt gemäß § 398 BGB formlos, der Übergang der Vormerkung auf den Zessionar ergibt sich aus § 401 BGB.

4. Wirkung

a) Die Sicherungswirkung

– Hauptzweck der Vormerkung: Erfüllung des Anspruchs des Vormerkungsberechtigten sichern

– §§ 883 II, 888 BGB: relative Unwirksamkeit der vormerkungswidrigen Verfügung, d. h. dass dem Vormerkungsberechtigten gegenüber der Schuldner des durch die Vormerkung geschützten Anspruchs weiterhin Inhaber des betreffenden Rechts bleibt. Allen anderen gegenüber ist derjenige Rechtsinhaber, der aufgrund der vormerkungswidrigen Verfügung das Recht erworben hat.

– Schuldrechtliche Wirkung: Dem Schuldner des Anspruchs auf dingliche Rechtsänderung ist die Erfüllung trotz vormerkungswidrigem Geschäft mit einem Dritten gegenüber dem Vormerkungsberechtigten noch möglich (§ 275 I BGB nicht einschlägig)

– § 888 BGB gibt dem Vormerkungsberechtigten einen Anspruch auf Erteilung der Bewilligung des Betroffenen gemäß § 19 GBO (Dritter)

– Geschützt ist der Vormerkungsberechtigte bzgl. Verfügungen über das Recht, auf das sich die Vormerkung bezieht (vgl. § 883 II S. 1 BGB). In § 883 II S. 2 BGB ist die Verfügung im Wege der Zwangsvollstreckung, der Arrestvollziehung und durch den Insolvenzverwalter gleichgestellt.

- Zwangsversteigerung: Vormerkungsberechtigter ist Beteiligter nach § 9 ZVG. Durch Vormerkung gesichertes Recht ist bei der Feststellung des geringsten Gebots wie eingetragenes Recht in der Rangstelle des § 10 ZVG Nr. 4 zu berücksichtigen. Es ist wie ein bedingtes Recht zu behandeln.
- Umstritten, ob § 883 II S. 1 BGB auch bei der Vermietung von Grundstücken greift (Verhinderung der Wirkung von §§ 578, 566; die h. L. bejaht dies, der BGH verneint es).[4]
- wenn der vormerkungswidrige Erwerber auf das Grundstück eingewirkt oder Verwendungen darauf gemacht hat:
- Beeinträchtigungen und Schäden: §§ 1004, 823 I BGB (Vormerkung als „sonstiges Recht")
- Verwendungen: §§ 994 ff. analog.

b) Die Vollwirkung
bei Insolvenz des Schuldners: § 106 InsO; Sicherungswirkung nur, wenn Vormerkung vor Insolvenzeröffnung eingetragen war.

c) Die Rangwirkung
§ 883 III BGB: Kommt es zur Eintragung des dinglichen Rechts, auf dessen Begründung sich die Vormerkung bezieht, so hat dieses Recht nicht den Rang, der ihm an sich nach dem Zeitpunkt seiner Eintragung zukäme. Der Rang richtet sich vielmehr nach dem Zeitpunkt der Eintragung der Vormerkung.

5. Gutgläubiger Erwerb

War der Vertragspartner nicht verfügungsbefugter Eigentümer, so kommt ein gutgläubiger Erwerb unter analoger Anwendung der Voraussetzungen der §§ 893 Var. 2, 892 BGB in Betracht, wenn er aus dem Grundbuch als Eigentümer hervorging.

Eine direkte Anwendung des § 892 BGB scheidet aus, da die Vormerkung kein dingliches Recht ist. § 893 Var. 2 BGB ist ebenfalls nicht direkt anwendbar, weil die Vormerkung keine Verfügung über ein dingliches Recht ist und nicht aufgrund eines zweiseitigen Rechtsgeschäfts („zwischen ihm und einem anderen"), sondern aufgrund einseitiger Bewilligung eingetragen wurde. Eine vergleichbare Interessenlage ist aber auch hier gegeben.

Der gutgläubige Erwerb der Vormerkung

1) Gutgläubiger Ersterwerb der Vormerkung:
Für den Fall, dass der Bewilligende nicht berechtigt gewesen ist, ist man sich einig, dass der gutgläubige Erwerb möglich ist. Eine Auffassung sieht in der

---

4   Vgl. Müko/Wacke, Rd. Nr. 42; BGH NJW 1989, S. 451.

Vormerkung ein echtes Grundstücksrecht und geht von der unmittelbaren Anwendung von § 892 BGB aus während eine andere Auffassung über § 893 2. Fall BGB (sonstige Verfügung über ein Grundstücksrecht) § 892 BGB entsprechend anwendet.

2) Gutgläubiger Zweiterwerb der Vormerkung:

Variante aus Fall 11: Nur die Bewilligungserklärung des V ist unwirksam

Man ist sich einig, dass kein gutgläubiger Erwerb einer Vormerkung stattfindet, wenn zwar die Vormerkung im Grundbuch eingetragen ist, die zu sichernde Forderung aber nicht besteht, § 398, 401 BGB.[5]

Für den Fall, dass die Forderung besteht, die Vormerkung eingetragen aber nicht wirksam entstanden ist, ist umstritten, ob ein gutgläubiger Erwerb der Rechte aus der Vormerkung gemäß § 892 BGB stattfindet.

Gegen die Anwendung des § 892 BGB wird vorgebracht, dass der Erwerb der Vormerkung kraft Gesetzes (§ 401 BGB) und nicht aufgrund Rechtsgeschäfts erfolgt. Des Weiteren würde sich der Erwerb einer Vormerkung nicht in sachenrechtlichen Formen vollziehen und könnte deshalb auch nicht den für sachenrechtliche Vorgänge geschaffenen Schutz erfahren. Die Vormerkung überbrückt weiterhin nur regelmäßig das recht kurze Stadium bis zur Eintragung. Zur Erreichung dieses Zieles besteht kein Bedürfnis, die Verkehrsfähigkeit von Übereignungsansprüchen dadurch zu steigern, den gutgläubigen Erwerb zuzulassen.[6]

Die Rechtsprechung und vereinzelte Stimmen lehnen das erste Argument mit einer funktionellen Betrachtungsweise ab: Der Erwerb der Vormerkung beruht auf einem Rechtsgeschäft – nämlich der Abtretung der gesicherten Forderung gemäß § 398 BGB. Sie bejahen die Möglichkeit des gutgläubigen Erwerbs einer Vormerkung in Fällen, in denen der schuldrechtliche Anspruch besteht, die Vormerkung jedoch zu Unrecht eingetragen ist.[7] Während der Zessionar sich beim Forderungsübergang ausschließlich auf die Worte des Zedenten verlassen muss, steht ihm bei der Übertragung der Vormerkung zusätzlich der Rechtsschein des Grundbuchs zur Seite (sog. gutgläubiger Zweiterwerb)

---

[5]   BGHZ 25, 16, 23; Erman/Hagen, 8. Aufl., § 883 Rd. Nr. 28; Müller, Sachenrecht, 3. Aufl., Rd. Nr. 1163; Münchener Kommentar/Wacke, 2. Aufl., § 883 Rd. Nr. 64.

[6]   So die wohl h. L.: etwa Medicus, Bürgerliches Recht, Rd. Nr. 557; Wiegand, JuS 1975, 205 ff.; 212 f.

[7]   BGHZ 25, 16, 23 f.; ebenso Westermann, Immobiliarsachenrecht, 6. Aufl., § 101 IV 4.

Fall 25: Der ausgehändigte Hypothekenbrief

Sachverhalt

Gustav Geber (G) gewährt der Salome Schuster (S) ein Darlehen i. H. v. € 50.000,–. G verlangt Sicherheiten. Daraufhin bewegt S den Emil Einsichtig (E), zur Sicherung der Rückzahlungsansprüche des G zu dessen Gunsten eine Hypothek an seinem Grundstück zu bestellen. E ist einverstanden und gewährt dem G eine Hypothek. Diese wird ins Grundbuch eingetragen. Das Grundbuchamt händigt den Hypothekenbrief – ohne Wissen des E – unmittelbar dem G aus. Als S mit der Rückzahlung in Schwierigkeiten kommt, möchte G den E aus der Hypothek in Anspruch nehmen. E macht geltend, S habe den Darlehensvertrag wirksam angefochten.

Bearbeitervermerk:
Kann G von E Duldung der Zwangsvollstreckung verlangen?
Wer ist Eigentümer des Hypothekenbriefes?

Lösung

Anspruch des G gegen E auf Duldung der Zwangsvollstreckung gemäß § 1147 BGB

Voraussetzung: G müsste Inhaber einer Hypothek an dem Grundstück des E sein.

Erfolgte eine wirksame Bestellung einer Hypothek durch E zugunsten des G gemäß §§ 873, 1113, 1115, 1117 BGB?

1. Einigung gemäß § 873 BGB zwischen Hypothekar und Grundstückseigentümer mit dem Inhalt der §§ 1113, 1116 BGB

<u>Hier:</u> E und G waren sich darüber einig, dass zur Sicherung der Darlehensrückzahlungsansprüche des G gegen S eine Hypothek am Grundstück des E bestellt werden sollte.

2. Bestehen einer zu sichernden Forderung, § 1113 I BGB

a) <u>Hier:</u> Keine zu sichernde Darlehensrückzahlungsforderung des G gegen S infolge der Unwirksamkeit des Darlehensvertrages gemäß § 142 BGB.

I. Czeguhn, C. Ahrens, *Fallsammlung zum Sachenrecht,* Juristische ExamensKlausuren,   241
DOI 10.1007/978-3-642-13139-4_25, © Springer-Verlag Berlin Heidelberg 2011

b) Rückzahlungsanspruch des G gegen S aus § 812 I 1 S. 1 BGB als sichernde Forderung gemäß § 1113 I BGB?

Hierbei bestehen Bedenken, da eine Verletzung des Bestimmtheitsgrundsatzes vorliegen könnte, wonach Hypothek eine bestimmte Forderung (an einem bestimmten Grundstück) sichern muss.

H. M.: Absicherung der Hypothek auch des Bereicherungsanspruchs, wenn nach dem -mutmaßlichen- Willen der Parteien auch dieser Rückzahlungsanspruch durch das Pfand gesichert sein soll.[1]

=> Bestehen einer zu sichernden Forderung gemäß § 1113 I BGB

3. Eintragung der Hypothek, §§ 873, 1115 BGB

Eine solche ist problemlos gegeben.

4. Übergabe des Hypothekenbriefes gemäß § 1117 BGB, sofern nicht ausgeschlossen gemäß § 1116 II BGB

a) Übergabe gemäß § 1117 I 1, 929 S. 1 BGB?

Voraussetzung: Erlangung des unmittelbaren Besitzes durch den Gläubiger mit Willen des Eigentümers, dabei ist ausreichend, dass die Aushändigung durch das Grundbuchamt auf Weisung des Eigentümers erfolgt. Hierzu ist im Fall nichts ersichtlich.

b) Übergabesurrogat gemäß §§ 1117 I, 929 S. 2, 930, 931 BGB

Auch hinsichtlich eines Übergabesurrogats gibt der Sachverhalt nicht her.

c) Aushändigungsvereinbarung gemäß § 1117 II BGB

Auch dies ist laut Sachverhalt nicht anzunehmen.

Es liegt daher keine Übergabe des Hypothekenbriefes gemäß § 1117 BGB vor.

Eine wirksame Hypothek zugunsten des G ist infolgedessen nicht entstanden.

Im Ergebnis liegt daher eine Eigentümergrundschuld zugunsten des E gemäß §§ 1163 II, 1177 BGB vor.

G hat demzufolge keinen Anspruch gegen E aus § 1147 BGB.

Anmerkung: Denkbar ist es, dass G gegen E aufgrund einer Sicherungsabrede noch einen Anspruch auf Bestellung der Hypothek hat. Diese Frage soll hier aber nicht vertieft werden.

Wer ist Eigentümer des Hypothekenbriefes?

Gemäß § 952 II, I BGB richtet sich das Eigentum am Hypothekenbrief nach der Inhaberschaft der Hypothek.

Hier ist eine Eigentümergrundschuld zugunsten des E entstanden.

=> Eigentum des E am Hypothekenbrief gemäß § 952 II, I BGB.

---

[1]   BGH NJW 1968, 1134 [für das Pfandrecht]; Palandt/Bassenge, § 1113 Rd. Nr. 15; Westermann, Immobiliarsachenrecht, 6. Aufl., § 112 II 3 [Ersatzsicherung unabhängig vom Willen der Parteien]; strittig.

Fall 26: Wettlauf der Sicherungsgeber –
Sammlerleiden(-schaften)

Sachverhalt

Séraphine de Lint (S) ist eine leidenschaftliche Kunstsammlerin und neuerdings auch Inhaberin einer Galerie für moderne Kunst. Auf einem ihrer Streifzüge durch die hochdotierten Galerien Berlins fällt ihr in dem Geschäft ihres Kollegen Marin Marais ein kleines Ölbild des neuen Shootingstars am Kunsthimmel Leo Rauch ins Auge. Sie findet keine Ruhe mehr und entschließt sich, dieses wunderschöne Stück zu erwerben.

Der entsprechend den momentan aufgeheizten Preisen auf dem Kunstmarkt hierfür verlangte Preis von € 80.000,– übersteigt allerdings ihre gegenwärtige finanzielle Ausstattung.

Sie wendet sich daher an ihren Bekannten und langjährigen Verehrer Günther Gans-Geradeaus (G), dem Betreiber eines großen Auktionshauses, und klagt ihm ihr Leid. Dieser ist von der leidenschaftlichen Sammelwut der S berührt und lässt sich daher breitschlagen ihr ein Darlehen zu gewähren. Für die Rückzahlung vereinbaren sie einen Termin in 12 Monaten. Da ihm aber auch die Sprunghaftigkeit der S bekannt ist und er an ihren Erfolg als Galeristin nicht so recht glauben kann, verlangt er hierfür Sicherheiten.

Die S wendet sich daher an ihre Kollegin Birte Femi-Nismus (F), die ebenfalls Betreiberin einer kleinen Galerie ist. Dieser macht der S klar, dass sie als Frauen doch zusammenhalten müssen und überredet sie, sich für die S gegenüber G zu verbürgen.

Dem G reicht dies aber nicht aus. Auch bei der F ist er sich nicht sicher, inwieweit diese zahlungskräftig ist. Daher verlangt er weitere Sicherheiten.

Im selben Haus, in der S ihre Galerie hat, betreibt Bertrand Cliquot (B) ein edles Austern-Restaurant, das mittlerweile 5 Angestellte zählt und einen beachtlichen Umsatz verzeichnet. Vor einigen Wochen gab es sogar einen Artikel in einem Hochglanzmagazin über dieses Etablissement. B hofft, dass mit dem Erfolg der Galerie noch mehr sehr Reiche und an Austern interessierte Kunden in das Haus und somit auch in sein Restaurant geraten. Als er das Wehklagen der erzürnten S über den unverschämten G und ihr penetrantes Gebettel, ob er nicht noch als weiterer Bürge zur Verfügung stünde, nicht mehr ertragen kann, greift er genervt zum Telefonhörer und ruft den G an. Er stellt sich als Betreiber des Restaurants vor und verbürgt sich diesem gegenüber ebenfalls für die Rückzahlung des Darlehens.

I. Czeguhn, C. Ahrens, *Fallsammlung zum Sachenrecht*, Juristische ExamensKlausuren,
DOI 10.1007/978-3-642-13139-4_26, © Springer-Verlag Berlin Heidelberg 2011

Daraufhin ist der G beruhigt und zahlt der S das Darlehen aus.

Zum vereinbarten Rückzahlungszeitpunkt ist es der S tatsächlich nicht möglich, dem G das Darlehen zurück zu zahlen. Da er sowieso mittlerweile aufgrund verschiedener Vorfälle nicht gut auf die S zu sprechen ist und auch nicht glaubt, dass ihre Galeriegeschäfte jemals gut laufen werden, wendet er sich kurzerhand an den Restaurantbesitzer B und verlangt von diesem Zahlung in Höhe von € 80.000,–. Dieser ist empört und weigert sich zu zahlen.

Er hätte sich erkundigt und herausgefunden, dass seine per Telefon abgegebene Bürgschaftserklärung sowieso nichtig sei, da es an der hierfür erforderlichen Form mangele. Und selbst wenn die Erklärung doch wirksam sei, würde er so lange nicht zahlen, bis der G nicht erst einmal bei S eine Pfändung versucht habe. Schließlich gehe es ja wohl um deren Schuld.

Und außerdem müsse sich der G zunächst an die F wenden, denn diese hat sich ja zeitlich vor ihm verbürgt.

Frage:
1. Kann G vom Restaurantbesitzer B Zahlung der Darlehenssumme in Höhe von € 80.000,– verlangen?
2. Kann sich der B bei F schadlos halten, nachdem er zähneknirschend an den G gezahlt hat?
3. Angenommen, der Restaurantbesitzer B hatte statt einer Bürgschaft zur Sicherheit eine Hypothek bestellt. Wie wäre der Fall dann zu beurteilen?

Lösung

Frage 1

Anspruch des G gegen B auf Zahlung von € 80.000,– gem. §§ 765, 488 I BGB[1]

G kann gegen B einen Anspruch auf Zahlung von € 80.000,– aus einem Bürgschaftsvertrag gem. §§ 765, 488 I haben.

1. Wirksame Hauptverbindlichkeit

Erforderlich ist hierfür zunächst das Bestehen einer wirksamen Hauptverbindlichkeit, § 765 I (Grundsatz der Akzessorietät).

Vorliegend hat G der S ein Darlehen in Höhe von € 80.000,– gewährt. Eine Hauptforderung liegt daher vorliegend in Form der Darlehensforderung des G gegen die S gem. § 488 I vor.

---

[1]   Alle §§ ohne Gesetzesangabe sind im Folgenden solche des BGB.

Da der S als Galeristin keine Verbrauchereigenschaft zukommt i. S. d. § 1, kommt eine Unwirksamkeit nach den §§ 491 ff. nicht in Betracht.

2. Bürgschaftsvertrag

Voraussetzung ist ferner das Vorliegen eines wirksamen Bürgschaftsvertrags.

a) Einigung mit dem Inhalt des § 765

Möglicherweise liegt statt einer Bürgschaft ein Schuldbeitritt des B vor. Voraussetzung dafür ist, dass der B mit der Eingehung seiner Verpflichtung aus Sicht des G ein eigenes wirtschaftliches Interesse an der Erfüllung der Darlehensverbindlichkeit der S verfolgt hat. Ein wirtschaftliches Interesse des B könnte sich vorliegend daraus ergeben, dass er sich einen größeren Zulauf für sein Restaurant erhofft. Dies reicht jedoch nicht für das Vorliegen eines eigenen wirtschaftlichen Interesses an der Begleichung der Darlehensverbindlichkeiten der S aus. Ferner ist aus dem Sachverhalt auch nicht ersichtlich, dass die von B verfolgte Motivation dem G bekannt geworden ist. Das Vorliegen der Voraussetzungen eines Schuldbeitritts kommt daher vorliegend nicht in Betracht. Es ist vielmehr vom Vorliegen einer Einigung über das Zustandekommen einer Bürgschaft als gesetzlich geregeltem Institut auszugehen.

b) Schriftform, § 766

Grundsätzlich bedarf die Bürgschaftserklärung der Schriftform, § 766.

aa) **Analoge Anwendbarkeit der §§ 491 ff., Schriftform gem. § 766**
Eine analoge Anwendung der §§ 491 ff. kommt schon deswegen nicht in Betracht, weil B sich in seiner Eigenschaft als Restaurantbesitzer verbürgt und somit kein Verbraucher i. S. d. § 13 ist.[2]
Die Bürgschaftserklärung bedarf somit lediglich der Schriftform des § 766. Da B seiner Bereitschaft für die S zu bürgen dem G lediglich telefonisch mitgeteilt hat, mangelt es an der in § 766 S. 1 geforderten Schriftform.

bb) **Entbehrlichkeit der Schriftform gem. § 350 HGB**
Die Schriftform könnte ausnahmsweise entbehrlich sein. Dies ist gem. § 350 HGB der Fall, wenn B Kaufmann ist und die Bürgschaft für ihn ein Handelsgeschäft i. S. d. § 343 HGB ist.

    (1) **Kaufmann gem. § 1 HGB**
    B betreibt ein Restaurant, er ist daher mit seinen 4 Angestellten mit der Bewirtung von Gästen und der Zubereitung von Speisen beschäftigt. Er ist mithin Istkaufmann i. S. d. §§ 1 I, II HGB.

    (2) **Handelsgeschäft**
    Da sich B als Restaurantbesitzer meldet, gehört die Bürgschaft zum dem Betrieb seines Handelsgewerbes (vgl. hierzu die Vermutung in §§ 344 I, 345 HGB).

---

[2]   Die hM lehnt im übrigen die Anwendung der §§ 491 ff. auf die Bürgschaft ab, OLG Stuttgart, NJW 1997, 3450 ff.; Palandt-*Putzow*, § 1 VerbrKrG, Rn. 1; MüKomm-*Ulmer*, § 1 VerbrKrG, Rn. 37.

Die Schriftform ist folglich entbehrlich. Der Bürgschaftsvertag ist damit formlos wirksam.

3. Ausschluss der Inanspruchnahme durch Vereinbarung einer Nachbürgschaft

Die Inanspruchnahme des B könnte ausgeschlossen sein, wenn B nur Nachbürge ist und er sich also für die Erfüllung des Vorbürgen gegenüber dem Gläubiger verbürgt. Dann müsste sich B für die Bürgschaftsverpflichtung der F verbürgt haben.

B hat sich zwar zeitlich nach der F verpflichtet, allerdings nicht nachrangig für die Verpflichtung der F als Vorbürge, sondern neben der F für die Verpflichtung der S. B ist damit kein Nachbürge. Vielmehr sind B und F Mitbürgen mit der Folge, dass sie gem. § 769 als Gesamtschuldner haften. Für das Außenverhältnis gegenüber G kommen demnach die §§ 421–425 zur Anwendung.

Folglich steht es im Belieben des G, ob er den B oder die F in Anspruch nimmt.

4. Einrede der Vorausklage gem. § 771 BGB

Der Anspruch des G müsste schließlich durchsetzbar sein. Dies könnte fraglich sein, da dem B möglicherweise die Einrede der Vorausklage gem. § 771 BGB zusteht. Da B jedoch – wie oben bereits gezeigt – ein Kaufmann ist, ist ihm diese Einrede gem. § 349 S. 1 HGB verwehrt.

Der B hat somit keine Möglichkeit die Zahlung an G zu verweigern. Der Anspruch des G gegen B ist somit auch durchsetzbar.

II. Ergebnis zu Frage 1:

G hat gegen B einen Anspruch auf Zahlung von € 80.000,– gem. §§ 765, 488 I.

Frage 2

B kann gegen F einen Anspruch auf Zahlung von € 80.000,– aus dem Bürgschaftsvertrag gem. §§ 765, 488 I haben.

I. Vertragsschluss zwischen B und F

B und F haben keinen Vertrag geschlossen.

II. Übergang der Ansprüche aus der Bürgschaft kraft Gesetz

Möglicherweise sind die Rechte aus der Bürgschaft, die F gegenüber G übernommen hat, übergegangen.

1. Übergang gem. § 774 I i. V. m. §§ 412, 401

Grundsätzlich geht im Fall der Zahlung durch den Bürgen an den Gläubiger der Hauptforderung diese gem. § 774 I 1 kraft Gesetzes (cessio legis) auf den Bürgen über. Gleichzeitig gehen damit gem. §§ 412, 401 I auch die Rechte aus der Bürgschaft mit über.

2. Anwendung des § 744 II auf die Mitbürgschaft

Vorliegend haftet der B jedoch als Mitbürge gem. § 774 II. Hiernach haften die Bürgen untereinander nur nach § 426.

Zahlt folglich B an G, geht zwar die Hauptforderung gegen die S in voller Höhe gem. § 774 I 1 auf ihn über, ein uneingeschränkter Mitübergang der Sicherheiten gem. § 412, 401 I erfolgt allerdings nicht.

B erwirbt die Bürgschaft nur in Höhe seines Ausgleichsanspruchs gem. § 426 II. Darüber hinaus hat er einen entsprechenden Ausgleichsanspruch gem. §§ 426 I.

Im einzelnen bedeutet dies also, dass durch die Zahlung des B an G dessen Forderung aus § 765 I erlischt (§ 362 I).

Die Forderung des G gegen die S aus § 488 I geht gem. § 774 I 1 in voller Höhe auf den B über.

Da die Mitbürgen B und F untereinander keine anderweitigen Bestimmungen im Verhältnis zueinander vereinbart haben, sind sie gem. § 426 I im Verhältnis zueinander zu gleichen Anteilen verpflichtet. Dies bedeutet, dass die Forderung des G gegen die F aus § 765 I in Höhe von € 40.000,– gem. § 422 I 1 erloschen, in Höhe der übrigen € 40.000,– gem. § 426 II auf B übergegangen ist.

B steht somit eine Forderung gegen die S in Höhe von € 80.000,– zu, gesichert durch eine Bürgschaft der F in Höhe von € 40.000,–. Darüber hinaus ergibt sich für B der Ausgleichsanspruch auf Zahlung von € 40.000,– gegen die F aus § 426 I.

II. Ergebnis zu Frage 2:

B hat einen Anspruch gegen F gem. § 426 I und §§ 426 II, 765 I auf Zahlung von € 40.000,–.

Frage 3

A. Anspruch G gegen B auf Zahlung der Darlehenssumme

Ein Anspruch des G gegen B auf Zahlung von € 80.000,– aus der Hypothek kommt nicht in Betracht, da eine Hypothek keinen Zahlungsanspruch gewährt, sondern nach § 1147 lediglich einen Anspruch auf Duldung der Zwangsvollstreckung in das behaftete Grundstück und in die mithaftenden Gegenstände (§§ 1120 ff.).

Der Eigentümer ist allerdings gem. § 1142 berechtigt, die Zwangsvollstreckung durch Befriedigung des Gläubigers abzuwenden.

B. Anspruch des B gegen F auf Zahlung von € 40.000,–

Gesetzlich ist es nicht geregelt, wie der Ausgleich zwischen mehreren Sicherungsgebern stattfindet, wenn neben ein (Grund-)Pfandrecht eine Bürgschaft tritt.

I. Lösung nach dem Wortlaut des Gesetzes:

Zahlt B an G € 80.000,–, um so der Zwangsvollstreckung zu entgehen (§ 1142), könnte er einen Anspruch gegen F auf Zahlung von € 80.000,– aus §§ 765, 488 I, 1143 I 1, 412, 401 I haben.

1. Übergang der Darlehensforderung auf B gem. § 1143 I 1

B als mit dem persönlichen Schuldner nicht identischer Eigentümer zahlt an G. Damit geht nach § 1142 I 1 die Darlehensforderung kraft Gesetzes (cessio legis) auf ihn über.

2. Gesetzlicher Übergang der Bürgschaft gem. §§ 412, 401

Gem. §§ 412, 401 I gehen damit auch die Rechte aus der Bürgschaft kraft Gesetzes auf B über.

3. Folge nach dem gesetzlichen Wortlaut

Dem Wortlaut des Gesetzes zufolge hat B einen Anspruch gegen F auf Zahlung der vollen Summe in Höhe von € 80.000,–.

II. Korrektur des Ergebnisses

Die dargestellte Rechtslage führt über § 774 I i. V. m. §§ 412, 401 I 1 dazu, dass im Fall mehrerer Sicherungsgeber immer derjenige Sicherungsgeber, der den Gläubiger zuerst befriedigt, von den anderen Sicherungsgebern vollen Ausgleich verlangen kann.

Umgekehrt bedeutet dies, dass nach dem Wortlaut des Gesetzes stets der bei einem Rückgriff zuletzt in Anspruch genommene Sicherungsgeber allein die Last zu tragen hat. Dies würde zu einem so genannten Wettlauf der Sicherungsgeber führen und damit zu unerwünschten Zufallsergebnissen.

Wie diesem Problem entgegen getreten werden kann, ist allerdings umstritten.

1. Privilegierung des Bürgen

Einer Ansicht nach soll der Bürge gegenüber dem Besteller einer dinglichen Sicherheit privilegiert sein. Der Bürge sei gegenüber anderen Sicherungsgebern schutzwürdiger, weil er mit seinem gesamten Vermögen hafte und die Bürgschaft oft aus altruistischen Gründen übernehme. Eine Privilegierung spiegele sich auch im Gesetz wider. So hafte der Bürge beispielsweise nur subsidiär (§ 771), könne sich im Gegensatz zu den dinglichen Sicherungsgebern (§ 216 I) auf die Verjährung der gesicherten Forderung berufen und könne von der Leistungspflicht nach Maßgabe des § 776 gänzlich befreit sein. Zudem werden die Vorschriften der §§ 768 I und 770 als Argument der Bürgenprivilegierung angeführt.

Diese im Gesetz vorgesehene Besserstellung des Bürgen gegenüber dinglichen Sicherungsgebern rechtfertige die Bevorzugung bei Abwicklung des Ausgleichs. Daher soll der Bürge keinem Ausgleichsanspruch ausgesetzt sein und umgekehrt vollen Ausgleich von den dinglichen Sicherern verlangen können. Die oben erläuterte Rechtslage kommt daher nur „zugunsten" des Bürgen zur Anwendung, nicht jedoch zu seinen Lasten.

Dieser Ansicht folgend erwirbt der B durch seine Zahlung an den G gem. § 1143 I 1 die Darlehensforderung gegen die S. Die Bürgschaft der F hingegen erlischt. Danach hätte B keinen Ausgleichsanspruch gegen die F.

2. Korrektur der Gesetzeslage: Haftung auf gleicher Stufe

Anderer Ansicht zufolge (h. M.) stehen verschiedene Sicherer im Innenverhältnis auf gleicher Stufe. Es bestehe zwischen ihnen daher ein wechselseitiges Ausgleichsverhältnis nach dem Grundsatz des § 426. Begründet wird dies damit, dass es hierbei ausschließlich um die Frage des Regresses gehe und diesbezüglich die

§§ 1143 und 1125 auf § 774 und damit auf den Bürgenregress verweisen. Hierdurch werde deutlich, dass das Gesetz den Hypothekenregress auf der einen Seite und den Bürgenregress auf der anderen Seite als gleichwertig ansehe. Nach dieser Auffassung hätte B gegen F einen Anspruch in Höhe der Hälfte der Forderung, also in Höhe von € 40.000,–.

3. Stellungnahme

Die dingliche Sicherung beruht auf einer Rechtsgrundlage, die vom gleichen wirtschaftlichen Zweck geprägt ist wie die Bürgschaft.

Ferner wird der Hypothekenschuldner über § 1137 I in gleicher Weise geschützt wie der Bürge, so dass die Berufung der zuerst dargestellten Ansicht auf §§ 768 I und 770 für das Verhältnis zum Hypothekenschuldner unzutreffend ist. Auch erscheint der Verweis auf § 771 nicht überzeugend, da der Bürge nach dem Willen des Gläubigers in der Regel auf die Einrede der Vorausklage verzichtet, bzw. diese wegen § 350 HGB ohnehin nicht gegeben ist. Auch die angebliche Privilegierung des Bürgen durch § 776 ist nicht zwingend. Wäre diese Bevorzugung tatsächlich gewollt, hätte der Gesetzgeber für den Fall der Zahlung durch den Bürgen einen Übergang der Grundschuld geregelt. Dieser findet nach §§ 412, 401 I mangels Akzessorietät der Grundschuld aber nicht statt. Darüber hinaus gilt § 776 nur im Innenverhältnis zum Gläubiger, trifft aber keine Aussage über das Verhältnis zum Dritten. Im Übrigen ist zu berücksichtigen, dass die Rspr. mittlerweile die Rechte des Bürgen in Bezug auf Form, Inhalt und Reichweite einer wirksamen Bürgenverpflichtung erheblich gestärkt hat. Da die Sicherungsformen damit in diesem wesentlichen Punkt übereinstimmen, erscheint die zuletzt genannte Ansicht vorzugswürdig.

Hieraus ergibt sich daher, dass B gem. § 1143 I 1 die Darlehensforderung gegen die S gem. § 488 I und entsprechend § 426 I gem. §§ 412, 401 I die Bürgschaft zur Hälfte erwirbt.

III. Ergebnis:

B kann von der F gem. § 765 I Zahlung in Höhe von € 40.000,– verlangen.

Fall 27: Der teure Sportwagen

Sachverhalt

Der 20jährige Severin Schumacher (S) möchte einen neuen „Straßenflitzer" kaufen. Sein Sportsfreund Willy Wurstig (W) hat ein passendes Angebot zur Hand. Er bietet ihm das neue Modell „Silberpfeil" für 40.000 € an. Weil S zum Kauf die nötigen Mittel fehlen, bittet er seinen Großvater Georg Gutmütig (G), ihm kurzfristig 40.000 € zur Verfügung zu stellen.

G ist nach den wochelangen drängenden Bitten seines Enkels dazu bereit. Er schlägt dem S vor, den Betrag als ein zur Rückzahlung in sechs Monaten fälliges Darlehen zu gewähren. Ohne Leistung für eine Sicherheit ist der Großvater allerdings nicht bereit die Geldsumme zur Verfügung zu stellen. Er besteht daher darauf, dass S für das Darlehen eine Sicherheit leistet.

S bietet daraufhin an, auf dem von ihm kürzlich von einer Tante geerbten Grundstück eine Hypothek zu bestellen. G ist mit diesem Vorschlag einverstanden. Er zahlt die 40.000 € an S aus und bekommt im Gegenzug vom Grundbuchamt den Hypothekenbrief über die am Grundstück des S zugunsten des G eingetragene Hypothek übergeben.

Nach drei Monaten tritt G seine Forderung unter Übergabe des Hypothekenbriefs und schriftlicher Abtretungserklärung auf dem Brief an seinen Freund Baron Xaver von Xanten (X) ab.

Als einige Zeit vergangen ist, fälscht der Butler Hubertus Hofer (H) des X auf dem Hypothekenbrief eine Abtretungserklärung an sich selbst so kunstvoll, dass sie für einen Laien nicht erkennbar ist. Mit dieser Fälschung erreicht er auch eine ordnungsgemäße öffentliche Beglaubigung der Erklärung durch einen gutgläubigen Notar. Anschließend überträgt er die Hypothek mit schriftlicher Abtretungserklärung und Briefübergabe an Zacharias Zeisig (Z).

Frage:
Welche Ansprüche hat Z gegen S?

I. Czeguhn, C. Ahrens, *Fallsammlung zum Sachenrecht*, Juristische ExamensKlausuren,   251
DOI 10.1007/978-3-642-13139-4_27, © Springer-Verlag Berlin Heidelberg 2011

Lösung

A. Anspruch des Z gegen S aus § 488 I 2 BGB

I. Anspruch entstanden?

Ein Rückzahlungsanspruch gemäß § 488 I 2 BGB entsteht mit wirksamem Darlehensvertrag und Auszahlung des Darlehens durch den Darlehensgeber. G und S haben einen wirksamen Darlehensvertrag abgeschlossen und G hat den Betrag an S ausgezahlt. Demnach ist der Anspruch aus § 488 I 2 BGB entstanden. Nach Ablauf von sechs Monaten trat die Fälligkeit des Anspruches durch Zeitablauf ein.

II. Hat Z den Anspruch durch Abtretung von H erworben?

Z könnte den Anspruch durch Abtretung von H erworben haben.

1. Erwerb nach §§ 398, 1153, 1154 BGB von H

H hat die Forderung an Z abgetreten. Da keine Abtretung des X an H vorliegt, war H selbst aber nicht Inhaber der Forderung und hat deshalb als Nichtberechtigter über die Forderung verfügt. Eine Verfügung eines Nichtberechtigten ist grundsätzlich unwirksam, vgl. § 185 BGB.

2. Gutgläubiger Erwerb nach §§ 398, 1153, 1154, 1155, 892, 1138 BGB?

Anders als das Gesetz es in § 892 BGB für dingliche Rechte am Grundstück und § 932 BGB für bewegliche Sachen ermöglicht, gibt es mangels einer entsprechenden gesetzlichen Regelung grundsätzlich keinen gutgläubigen Erwerb von Forderungen.

Dies folgt daraus, dass es bei Forderungen kein Verlautbarungsmoment wie das des Grundbuchs oder des Besitzes gibt, an das der gute Glaube eines Erwerbers anknüpfen könnte.

Eine Ausnahme stellt gemäß § 405 BGB dar, und zwar bei vorhandener Urkunde über die Schuld. Der Hypothekenbrief ist aber keine Urkunde in diesem Sinne, weil er die Hypothek und nicht die Forderung verkörpert. Zu diesem Grundsatz besteht hier gegebenenfalls eine Ausnahme, wenn Z gutgläubig die Hypothek erworben hat und diesem Erwerb die Forderung aufgrund des Akzessorietätsprinzips (§ 1153 Abs. 2 BGB) folgt.

III. Gutgläubiger Erwerb der Hypothek durch Z?

Z könnte die Hypothek von H gutgläubig erworben haben.

1. Eine formgerechte Abtretung (§ 126 BGB) von H an Z nach §§ 398, 1153, 1154 BGB liegt vor.

2. Außerdem hat H dem Z den Hypothekenbrief übergeben.

3. H war bei der Übertragung in Bezug auf die Hypothek aber Nichtberechtigter. Eine wirksame Übertragung setzt grundsätzlich die Berechtigung des Verfügenden voraus (§ 185 BGB).

Die Gutgläubigkeit des Z kann dann die Nichtberechtigung des H im Fall des Erwerbs einer Briefhypothek überwinden, wenn eine Kette öffentlich beglaubigter Abtretungserklärungen auf einen Eingetragenen zurückführt und den H, der zugleich Briefbesitzer sein muss (§ 1155 S. 1 BGB), so als Berechtigten legitimiert (§§ 1155, 1138, 892 I BGB). Der auf diese Weise ausgewiesene Veräußerer der Hypothek wird dann so behandelt, als ob er im Grundbuch eingetragen wäre, und der gute Glaube des Erwerbers entsprechend geschützt (§§ 1155 S. 1 i. V. m. § 892 BGB).

a) Briefbesitz des Verfügenden

H müsste bei der Übertragung (Eigen-)Besitzer des Hypothekenbriefs gewesen sein. Er war als Hausangesteller des X zunächst dessen Besitzdiener (§ 855 BGB). Somit könnten sich Zweifel an der Stellung des H als (Eigen-)Besitzer ergeben. Indem er die Abtretungserklärung an sich selbst auf dem Brief vornimmt und anschließend eine Beglaubigung bei einem gutgläubigen Notar erreicht, bringt er seine Willensänderung dergestalt zum Ausdruck, dass er nun, statt Besitzdiener zu sein, die Sache für sich selbst besitzen will und dokumentiert dies nach außen erkennbar dadurch, dass er auf dem Brief außerhalb des Hauses bei einem Notar die Beglaubigung erreicht. Damit schwang sich H vom Besitzdiener zum Eigenbesitzer auf.

H war also unmittelbarer (Eigen-)Besitzer des Hypothekenbriefs.

b) Ununterbrochene Kette öffentlich beglaubigter Abtretungserklärungen?

Nach § 1155 BGB muss für den Gutglaubenserwerb eine Kette öffentlich beglaubigter Abtretungserklärungen (§ 129 Abs. 1 BGB) auf einen Eingetragenen zurückführen. Der Erfüllung des Tatbestandes des § 1155 BGB könnte schon entgegenstehen, dass sich eine gefälschte Abtretungserklärung in der Kette findet. Ob allerdings eine nicht erkennbare Fälschung als öffentlich beglaubigte Erklärung i. S. d. § 1155 BGB zu werten ist, ist umstritten:

Ansicht der herrschenden Meinung:

Das Vertrauen auf den äußeren Rechtsschein sei für den Gutglaubensschutz maßgeblich. Also verhindere eine nicht erkennbare Fälschung der Abtretungserklärung – jedenfalls, sofern nicht auch die Beglaubigung gefälscht wurde – einen gutgläubigen Erwerb der Hypothek nach §§ 1155, 892 BGB nicht.

Andere Ansicht:

§ 1155 BGB stelle einen nach dieser Vorschrift legitimierten Veräußernden einem im Grundbuch Eingetragenen gleich. Bei einem gefälschten Grundbucheintrag werde der gute Glaube an die gefälschte Eintragung allerdings nicht geschützt. Daher müsse auch in diesem Parallelfall ein Gutglaubenserwerb ausscheiden. Schließlich könnten nur echte Abtretungserklärungen eine Forderung übertragen. Nach alledem sei einer Fälschung die Legitimationswirkung des § 1155 BGB zu versagen.

Der herrschenden Meinung ist zuzustimmen. Sinn und Zweck des § 1155 BGB fordern, die Legitimationskraft einer gefälschten Urkunde anzuerkennen, um die Umlauffähigkeit der Hypothek zu gewährleisten. Ansonsten müssten in der Praxis alle Übertragungen zur Sicherheit im Grundbuch eingetragen werden und damit hätte § 1155 BGB keinen sinnvollen Anwendungsbereich mehr. Außerdem ist eine Parallele zum gefälschten Grundbucheintrag nur dann gegeben, wenn auch die notarielle Beglaubigung gefälscht wurde und nicht nur die Abtretungserklärung. Eine Täuschung des Notars als beglaubigende öffentliche Stelle ist nämlich mit der Täuschung des Grundbuchbeamten als in diesem Fall öffentliche Stelle zu vergleichen, dessen unbewusst falsche Eintragung den Gutglaubenserwerb nicht verhindern kann. Daher wurde die Kette durch die Fälschung nicht unterbrochen.[1]

c) Ununterbrochene Kette bis zum Eingetragenen?
Eingetragen ist noch G, der aber an X nur privatschriftlich abgetreten hat. Daher gibt es keine ununterbrochene Kette öffentlich beglaubigter Erklärungen bis zum Eingetragenen.
Die Übertragung von G an X ist aber ansonsten wirksam, so dass eine ununterbrochene Kette öffentlich beglaubigter Erklärungen (nur) zum Berechtigten X vorliegt. Wie hoch die Anforderungen an die Kette im Sinne des § 1155 BGB gestellt sein müssen, ist umstritten.
Herrschende Meinung: Bei einem durch wirksame, privatschriftliche Abtretung der Hypothek Berechtigten beginne eine neue Kette. Neuer Anknüpfungspunkt sei dann statt des Eingetragenen der materiell-rechtlich Berechtigte.
Andere Ansicht: Eine durch nur privatschriftliche Abtretung entstandene formale Lücke i. S. d. § 1155 BGB könne durch eine ansonsten materiell-rechtlich wirksame Abtretung nicht überbrückt werden. Eine andere Auslegung setze sich über den Wortlaut des § 1155 BGB hinweg.
Der Wortlaut des § 1155 BGB scheint gegen die Ansicht der h. M. zu sprechen. § 1155 BGB bezweckt, den Gutglaubensschutz auch auf die über §§ 1153, 1154 BGB möglichen Übertragungen der Hypothek außerhalb des Grundbuchs auszudehnen. Dieser Zweck wird dann umfassend erreicht, wenn die Anforderungen der Kette nicht nach rein formalen Gesichtspunkten, sondern nach den Interessen des redlichen Geschäftsverkehrs an einer effektiven Zirkulationsfähigkeit der Briefhypothek bemessen werden. Der nur privatschriftlich, aber ansonsten wirksam erwerbende Briefhypothekengläubiger ist Rechtsinhaber. Seine Rechtsstellung eröffnet eine neue Übertragungsmöglichkeit. Damit ist der neue Hypothekengläubiger einem im Grundbuch Eingetragenen gleichzustellen und bietet einen ausreichenden Anknüpfungspunkt für eine Kette im Sinne des § 1155 BGB. Die Interessen des redlichen Geschäftsverkehrs überwiegen folglich gegenüber einer formalen Betrachtungsweise des § 1155 BGB. Schließlich sprechen die Parallelen zum Erwerb im Falle eines Erbfalls und der Gesamtrechtsnachfolge für die Anerkennung einer erweiterten Auslegung des § 1155 BGB.
Daher reicht es aus, dass eine Kette öffentlich beglaubigter Abtretungserklärungen auf den materiell Berechtigten X zurückführt. Folglich wird H als wie im Grundbuch eingetragen angesehen, ist damit im Sinne des § 1155 BGB legitimiert und der gute Glaube des Z überwindet nach §§ 1155, 892 BGB die Nichtberechtigung des H.

---

[1]   Vgl. zum Ganzen Medicus, Bürgerliches Recht, Rd. Nr. 768.

d) Ergebnis

Daher findet ein gutgläubiger Erwerb der Hypothek durch Z von H nach §§ 1155, 1153, 1154, 398, 892, 1138 BGB statt.

Aber ist damit auch gleichzeitig der Erwerb der akzessorisch gesicherten Forderung verbunden?

§ 1138 BGB spricht vom Wortlaut her gegen den (Mit-)Erwerb der Forderung. Demnach wird beim gutgläubigen Erwerb der Hypothek die Forderung nur fingiert („in Ansehung der Forderung"), um im Angesicht des Akzessorietätsprinzips einzig eine dogmatische Brücke zum Erwerb der Hypothek zu bauen.

Der strenge akzessorische Gedanke des § 1153 BGB spricht hingegen für das Zusammenhalten von Forderung und Hypothek. Ob in diesem Fall Forderung und Hypothek auseinander fallen oder zusammenbleiben, ist strittig.

Herrschende Meinung: Die Forderung folge der gutgläubig erworbenen Hypothek akzessorisch, um ein Auseinanderfallen und damit die Gefahr einer doppelten Inanspruchnahme des Schuldner-Eigentümers zu verhindern (Einheitstheorie).

Die konsequente Anwendung des Akzessorietätsprinzips sei der beste Ausweg, um den schwierigen Ausgleich bei Auseinanderfallen von Hypothek und Forderung zu vermeiden.

Schließlich wird noch vorgebracht, dass das in § 1153 II BGB zum Ausdruck gebrachte Akzessorietätsprinzip mehr Gewicht habe als § 1138 BGB, von dem vielmehr eine Ausnahme gemacht werde.

Daher sei zum Schutz des Schuldner-Eigentümers der zwar grundsätzlich nicht mögliche gutgläubige Erwerb der Forderung ausnahmsweise geboten.

Andere Ansicht: Die Gefahr einer doppelten Belastung des Schuldner-Eigentümers bestehe nicht, so dass Hypothek und Forderung auseinander fallen können. Der schuldrechtlichen Forderung könne der Eigentümer die Einrede aus der Sicherungsabrede bzw. aus §§ 1161, 1160 BGB entgegenhalten, so dass dieser Anspruch nicht durchsetzbar sei. Bei Befriedigung des Hypothekengläubigers erlösche die Forderung, weil ähnlich wie bei der Grundschuld eine Erfüllungsgemeinschaft zwischen Hypothek und gesicherter Forderung bestehe, bei der die Bestellung der Sicherheit wie eine Leistung erfüllungshalber angesehen werde.

Daher könnten Hypothek und Forderung auseinander fallen (Trennungstheorie). Ein Übergang der Forderung sei hingegen weder logisch noch gerecht.

Das Gesetz treffe in §§ 1138, 892 BGB die Möglichkeit, Forderung und Hypothek zu trennen, so dass die aus § 1153 Abs. 2 BGB folgende Akzessorietät nicht zwingend, sondern nur im Gegensatz zu § 401 Abs. 1 BGB der Parteidisposition entzogen sei. Gesetzliche Lockerungen seien daher zugelassen.

Die Gefahr der doppelten Inanspruchnahme des Eigentümer-Schuldners im Falle des Auseinanderfallens von Hypothek und Forderung besteht durch die der Forderung entgegenstehende Einrede nicht. Wegen der gehemmten Durchsetzbarkeit der Forderung sprechen die besseren Gründe aber dafür, die in dieser Hinsicht aus der Perspektive des Gläubigers rechtlich wertlose Forderung und die Hypothek auch in der Folge zusammenzuhalten und damit die Schwierigkeiten des Ausgleichs zwischen mehreren Gläubigern zu vermeiden. Dies würde dem die Hypothek prägenden Akzessorietätsprinzip entsprechen. Weil eine Leistung des Schuldners auf die Forderung bei Unkenntnis des Auseinanderfallens die Hypothek nicht zum Erlöschen bringt, wird dem auf die persönliche Schuld leistenden Schuldner zwar ein Anspruch auf Rückforderung des Geleisteten aus § 813 I BGB gegeben, damit aber auch gleichzeitig das in diesem Fall bestehende Insolvenzrisiko beim schuldrechtlichen Gläubiger dem Eigentümer-Schuldner aufgebürdet, der selbst keinen Einfuß auf die Übertragungen der Hypothek hatte und damit schutzwürdig ist.

Das Resultat, dass Forderung und Hypothek zusammen gehalten werden, ergibt sich nach alledem aus der Kombination von Akzessorietät und gutgläubigem Erwerb der Hypothek.

Daher ist die Einheitslösung vorzuziehen. Folglich ist Z über den gutgläubigen Erwerb der Hypothek hinaus auch Inhaber der Forderung aus § 488 I 2 BGB geworden.

IV. Einrede gegen den Anspruch

S kann dem Anspruch die Einrede gemäß §§ 1161, 1160 BGB auf Vorlage des Briefes und der Abtretungserklärungen i. S. d. § 1155 BGB entgegenhalten.

Ergebnis: Z hat einen Anspruch gegen S aus § 488 I 2 gegeben. Er muss ihm allerdings den Hypothekenbrief und die Abtretungserklärungen vorlegen.

B. Anspruch des Z gegen S aus § 1147 BGB

I. Z müsste Inhaber der Hypothek sein.

Z hat die Hypothek gutgläubig (§§ 398, 1138, 1153, 1154, 1155, 892 BGB) erworben (s. o.).

Exkurs: Grundsätzlich bestehen der schuldrechtliche und der dingliche Anspruch nebeneinander. Wenn der gesicherte Anspruch aus § 488 I 2 BGB erfüllt wird, wird die Hypothek zur Eigentümergrundschuld (§§ 1163, 1177 BGB). Zahlungen des Schuldner-Eigentümers werden im Zweifel auch als auf die persönliche Schuld erbracht angesehen.

Wenn S daher auf den Anspruch des Z aus § 488 I 2 BGB zahlt, wird die Hypothek zur Eigentümergrundschuld und damit verliert Z die Hypothek.

II. Am Grundstück des S?

Die Hypothek ist am Grundstück des Anspruchsgegners S eingeräumt worden.

Ergebnis: Anspruch aus § 1147 BGB gegeben.

Fall 28: Der getäuschte Grundstückseigentümer[1]

Sachverhalt

Siegbert Schuld (S) hat Schulden bei Georg Geber (G) in Höhe von € 100.000. Da S
nur über geringe finanzielle Mittel verfügt, verlangt G die Bestellung von Sicherheiten; andernfalls werde er klagen und vollstrecken, „solange noch etwas zu holen ist".
S erklärt sich mit dem Verlangen einverstanden und wendet sich an Erich Ermann
(E). Nach längeren Verhandlungen schließen S und E am 1.3.2003 eine Vereinba-

---

[1] Allgemein: Clemente, Die Sicherungsabrede der Sicherungsgrundschuld, ZIP 1990, 969; Goertz/
 Roloff, Die Anwendung des Hypothekenrechts auf die Grundschuld, JuS 2000, 762–768; Preuß,
 Eigentümergrundschuld und Eigentümerhypothek, Jura 2002, 548–552;
 Entstehung: Lamb, Die Sicherungsgrundschuld, JA 1987, 1–12; Lopau, Die Nichtakzessorietät der
 Grundschuld, JuS 1972, 502; ders., Die Sicherungsgrundschuld im Spannungsfeld von Eigentümer-
 und Verkehrsinteressen, JuS 1996, 553; Rimmelspacher, Kreditsicherungsrecht (2. Aufl. 1987);
 Schur, Grundprobleme der Wirkungsweise von Akzessorietätsprinzip und Sicherungsabrede, Jura
 2005, 361–368; Tiedtke, Die Sicherungsgrundschuld, Jura 1980, 407–421; Weirich, Die Sicherungsgrundschuld, JuS 1980, 188–191;
 Übertragung: Kollhosser, Neue Probleme bei Abtretung und Verpfändung von Grundschulden, JA
 1979, 232; Maurer, Die Übertragung der Grundschuld nach § 873 I Fall 3 BGB: Schlichte Gesetzesanwendung und praktische Konsequenzen für § 399 Alt. 2 BGB, JuS 2004, 1045–1048.
 Zahlung u. Verwertung: Seibert, Tilgungsbestimmung, Anrechnungsvereinbarung und Grundschuld, JuS 1984, 526–529; Bayer/Wandt, Das Verhältnis zwischen Bürgen und Grundschuldbesteller – BGH, NJW 1982, 2308, JuS 1987, 271–275; Oehler, Sicherungsgrundschuld – Folgen der Zahlung durch den Eigentümer – BGH NJW 1988, 2730, JuS 1989, 604; Geißler, Die Verwertung der
 Sicherungsgrundschuld in der Zwangsversteigerung, JuS 1990, 284; Meyer, Grundfälle zum Sicherungsgeberausgleich, JuS 1993, 559; Peters, Grundschuldzinsen, JZ 2001, 1017–1022; Bielefeld,
 Duldung der Zwangsvollstreckung?, Jura 2002, 153–155; Hattenhauer, Grundschuldverwertung
 und Erlösanrechnung – BGH, NJW 1998, 601, JuS 2002, 118–123; Preuß, Eigentümergrundschuld
 und Eigentümerhypothek, Jura 2002, 548–552; Reiner, Vollstreckung aus einer Grundschuld, JA
 2004, 617–623; Schmelz, Der Sicherungsgeberausgleich, Jura 2005, 421–423.
 Einwendungen und Einreden: Ahrens, Von der Position als Sicherungsvertragspartei unabhängige Einreden gegen die Sicherungsgrundschuld auf Grund des Kausalgeschäfts, AcP 200 (2000)
 123–148; Baden, § 1157 und das Einredesystem der Sicherungsgrundschuld, JuS 1977, 75; Löhnig/
 Schärtel, Einreden aus dem Sicherungsvertrag gegen die Duldung der Zwangsvollstreckung – BGH,
 NJW 2003, 2673, JuS 2004, 375–379 (Erläuterung zum geringsten Gebot, Haftung für Grundpfand-
 rechte, die der Ersteigerer übernimmt) Eigentümergrundschuld: Preuß, Eigentümergrundschuld und
 Eigentümerhypothek, Jura 2002, 548–552; Schmidt, Die Haftung von Grundstückszubehör für eine
 Eigentümergrundschuld, JuS 1980, 223-22.

I. Czeguhn, C. Ahrens, *Fallsammlung zum Sachenrecht*, Juristische ExamensKlausuren,   257
DOI 10.1007/978-3-642-13139-4_28, © Springer-Verlag Berlin Heidelberg 2011

rung, worin sich der E gegenüber dem S zur Bestellung einer Sicherungsgrundschuld an dem Grundstück des E für den G verpflichtet; S seinerseits verpflichtet
sich, „zur Abdeckung von Kosten und Risiken" dafür ein Entgelt von € 10.000 zu
zahlen. Zu dieser Vereinbarung konnte der S den E nur bewegen, weil S den E über
seine (des S) Vermögensverhältnisse bewusst getäuscht hat mit dem Ziel, den E zum
Abschluss des Geschäfts zu veranlassen. Alsbald zahlt S € 10.000 an den E.

E und G, der die Täuschung des S nicht kennt, einigen sich über die Bestellung
einer Grundschuld als Briefgrundschuld in Höhe von € 100.000 am Grundstück
des E; die Sicherungsabrede soll bei Übergabe des Grundschuldbriefs geschlossen
werden. Die Grundschuld wird im Grundbuch für den G fehlerfrei und ohne einen
Hinweis auf ihren Sicherungscharakter eingetragen, den Grundschuldbrief übergibt
E dem G am 1.4.2003. In der Sicherungsabrede wird zwischen E und G vereinbart,
dass der G die Grundschuld nur „verwerten" dürfe, wenn der S seine Verbindlichkeiten nicht bis 31.12.2004 vollständig erfüllt habe.

Am 1.6.2003 zahlt S an G „auf seine Schuld einen ersten Teilbetrag" von
€ 20.000. Am 1.7.2003 tritt G schriftlich die Forderung gegen den S und die Grundschuld am Grundstück des E unter Übergabe des Briefs an Bartolus Brodel (B) ab,
um eine am 1.9.2004 fällige Forderung des B gegen den G zu sichern. B kennt die
Sicherungsabrede zwischen G und E und die Zahlung des S vom 1.6.2003 nicht.
Weder S noch E werden von den Abtretungen in Kenntnis gesetzt. Am 1.8.2003
zahlt S weitere € 30.000 auf die Forderung an den G.

Später wendet sich B an E und droht unter Vorlage des Grundschuldbriefs und
der schriftlichen Abtretungserklärung mit der Zwangsversteigerung des belasteten
Grundstücks. Jetzt erfährt E auch von der Täuschung des S und ficht gegenüber S
und G „alle Rechtsgeschäfte wegen der Täuschung des S über seine Vermögensverhältnisse" an; S und G erhalten am 1.9.2003 jeweils ein entsprechendes Schreiben.

Bearbeitervermerk:
In einem Gutachten ist zu prüfen, ob und welche Rechte B gegenüber E am 1.2.2004
hat und ob und welche Einreden der E geltend machen kann?

Abwandlung:
Am 1.3.2004 zahlt E an B € 100.000. In einem Gutachten ist zu erörtern, welche
Rechte E gegen S durchsetzen kann.

Lösung

Frage 1:

I. Anspruch des B auf Duldung der Zwangsvollstreckung nach §§ 1192 Abs. 1, 1147 BGB

Voraussetzung ist, dass für G eine Grundschuld entstanden und später wirksam an
B abgetreten worden ist.

1. Entstehung der Grundschuld für G

a) Die Grundschuld ist nach §§ 1191, 1192 Abs. 1, 873, 1115, 1117 BGB durch Einigung, Eintragung im Grundbuch und Übergabe des Grundschuldbriefs entstanden. Angesichts der genauen Angaben im Sachverhalt sollte diese Frage den Bearbeitern keine Schwierigkeiten bereiten.

b) Allerdings könnte die dingliche Einigung über die Bestellung der Grundschuld zwischen G und E aufgrund der Anfechtung des E gegenüber dem G nach § 142 Abs. 1 BGB nichtig sein. Die Anfechtung ist durch das Schreiben des E, zugegangen am 1.9.2003, wirksam erklärt worden, §§ 143 Abs. 1, 130 Abs. 1 Satz 1 BGB. Der Anfechtungsgrund war mitgeteilt worden; auf die bei Nichtangabe des Anfechtungsgrundes bestehenden Streitfragen darf daher nicht eingegangen werden. E ist als Getäuschter anfechtungsberechtigt; nach § 143 Abs. 2 BGB ist G der richtige Anfechtungsgegner. Die Frist des § 124 BGB ist gewahrt.

Ein Anfechtungsgrund nach § 123 Abs. 1 BGB lag vor. Der S hat nach den klaren Angaben im Sachverhalt vorsätzlich einen Irrtum durch Vorspiegeln unwahrer Tatsachen über seine Vermögensverhältnisse verursacht, um den E zur Bestellung der Sicherungsgrundschuld zu veranlassen.

> **Hinweis:** Sicherungsgeschäfte sind wegen eines Irrtums über die Vermögensverhältnisse des Schuldners nicht nach § 119 Abs. 2 BGB anfechtbar, weil der Sicherungsgeber das Risiko der Zahlungsfähigkeit des Schuldners übernimmt. Bei der arglistigen Täuschung ist eine entsprechende Einschränkung der Anfechtung nicht anzunehmen. Das Problem wird vielmehr von § 123 Abs. 2 BGB bewältigt; dazu sogleich.

Durch die Täuschung hat S den E nicht nur zur Vereinbarung vom 1.3.2003 veranlasst; die Täuschung war auch ursächlich für die Einigungserklärung des E gegenüber G hinsichtlich der Bestellung der Grundschuld. Auch richtete sich der Vorsatz des S auf diese Erklärung.

Freilich ist die Anfechtung hier nach § 123 Abs. 2 Satz 1 BGB ausgeschlossen. Im Verhältnis E zu G ist S „Dritter". G muss sich die Täuschung des S gegenüber E nicht zurechnen lassen; S ist weder Vertreter des G noch dessen Verhandlungsgehilfe.[2] Allein dass G den S veranlasst hat, Sicherheiten zu bestellen, genügt nicht, um ihn nicht als „Dritten" im Sinne von § 123 Abs. 2 Satz 1 BGB anzusehen. S handelte im eigenen Interesse. Da G die Täuschung weder kannte noch fahrlässig nicht kannte, wie der Sachverhalt aus diesem Grunde ausdrücklich betont, scheidet die Anfechtung aus.

---

[2] Vgl. zu diesen Kriterien BGH, NJW-RR 1992, 1005, 1006.

Hinweise:
(1) Die Wirksamkeit der Anfechtung kann auch nicht mit folgender Überlegung begründet werden: Hätte E die Sicherungsgrundschuld zunächst dem S bestellt, der sie dann an den G abgetreten hätte, wäre zwar eine Anfechtung des E gegenüber S möglich gewesen, weil § 123 Abs. 2 BGB nicht vorläge. Gleichwohl hätte der G die zunächst entstandene Sicherungsgrundschuld erworben. Die Anfechtung hätte zwar rückwirkend zum Wegfall der Sicherungsgrundschuld geführt. Da G aber die Anfechtbarkeit nicht kannte, wäre er nicht nach § 142 Abs. 2 BGB als unredlich zu behandeln gewesen.
(2) Aufgrund des Abstraktionsprinzips steht der Entstehung der Grundschuld auch nicht entgegen, dass die schuldrechtliche Vereinbarung zwischen E und S vom 1.3.2003 wirksam angefochten worden ist, die den Rechtsgrund für die Bestellung der Grundschuld bildete.

Die Grundschuld ist daher entstanden und nicht wirksam angefochten worden.

Hinweise:
(1) Wer – unzutreffend – eine wirksame Anfechtung annimmt, muss (unter 2.) den redlichen Erwerb der Grundschuld durch B nach §§ 1192 Abs. 1, 1154, 892 BGB annehmen.
(2) Soweit Bearbeiter die Zahlung des S an den G am 1.6.2003 (auch) auf die Grundschuld beziehen (Frage der Auslegung der Tilgungsbestimmung: Da hier aber S nicht Eigentümer des belasteten Grundstücks ist, zahlt er nur auf die Forderung, was auch dem Interesse des G und der Erklärung des S bei der Zahlung entspricht), kann der B die teilweise auf den E übergegangene Eigentümergrundschuld[3] (verlangt ein Ablösungsrecht des Schuldners, das hier nicht vorliegt) redlich nach §§ 1192 Abs. 1, 1154 Abs. 1, 892 BGB erwerben. § 1155 BGB ist nicht einschlägig. G als Besitzer des Grundschuldbriefs steht im Grundbuch als Inhaber der Grundschuld.

---

2. Erwerb der Grundschuld durch B

Der Erwerb einer Briefgrundschuld erfolgt nach §§ 1192 Abs. 1, 1154 Abs. 1 BGB durch Einigung, schriftliche Abtretungserklärung und Übergabe des Grundschuldbriefs. Diese Voraussetzungen sind nach den Angaben im Sachverhalt gegeben.

---

[3]   Grund sehr str., vgl. MüKo/Eickmann, § 1191, Rd. Nr. 85 mit 65; Jauernig/Jauernig, § 1191 Rd. Nr. 11 [a,dd].

Die Vereinbarung in der Sicherungsabrede zwischen G und E steht der Wirksamkeit der Abtretung der Grundschuld nicht entgegen. Zwar war darin vereinbart worden, dass die Grundschuld nur verwertet werden dürfe, wenn der S seine Verbindlichkeiten bis zum 31.12.2004 nicht erfüllt habe. Unter „Verwertung" mag man – im Wege der Auslegung unter Berücksichtigung der Interessenlage, §§ 133, 157 BGB – nicht nur die Verwertung des Grundstücks durch Zwangsversteigerung zu verstehen sein, sondern auch die Abtretung der Grundschuld durch den Sicherungsnehmer. Von der herrschenden Meinung wird dies für die „isolierte" Abtretung der Grundschuld (ohne die Forderung) angenommen, weil die Gefahr besteht, dass der Schuldner doppelt in Anspruch genommen werde.[4] Mit der im Sachverhalt vorgegebenen Abtretung von Grundschuld und Forderung an denselben Zessionar ist eine wesentlich geringere Beeinträchtigung der Interessen des Eigentümers des belasteten Grundstücks verbunden. Wer gleichwohl der Sicherungsabrede eine Abtretungsbeschränkung hinsichtlich der Grundschuld entnimmt (vertretbar), muss erkennen, dass sie nach § 137 Satz 2 BGB nur schuldrechtlich wirkt; der Verstoß gegen die Sicherungsvereinbarung hindert nicht die dingliche Wirkung der Abtretung an B,[5] sondern kann allenfalls Schadensersatzansprüche des E gegen den G begründen.[6] Anders wäre zu entscheiden, wenn nach §§ 413, 399 Fall 2 BGB eine Abtretungsbeschränkung als Inhalt der Sicherungsgrundschuld vereinbart und im Grundbuch eingetragen worden wäre. Das ist nach den Angaben im Sachverhalt freilich nicht der Fall.

B ist Inhaber der Grundschuld geworden.

3. Einreden des E gegen die Grundschuld

a) Einrede der ungerechtfertigten Bereicherung?

Ist eine Grundschuld rechtsgrundlos bestellt worden, hat der Eigentümer nicht nur nach § 812 Abs. 1 Satz 1 Fall 1 BGB einen Bereicherungsanspruch gegen den Grundschuldgläubiger, der wahlweise auf Rückübertragung der Grundschuld, Verzicht auf die Grundschuld oder Aufhebung der Grundschuld gerichtet ist. Vielmehr kann der Eigentümer den Bereicherungsanspruch einredeweise geltend machen, wenn der Grundschuldgläubiger gegen den Eigentümer aus der Grundschuld vorgeht.[7]

Eine entsprechende Einrede kann nach §§ 1192 Abs. 1, 1157 Satz 1 BGB auch dem Zessionar der Grundschuld entgegengehalten werden, es sei denn, § 1157 Satz 2 BGB steht dem entgegen.

Zu prüfen ist danach, ob der E von G nach § 812 Abs. 1 Satz 1 Fall 1 BGB Rückübertragung der Grundschuld verlangen konnte.

---

4   Vgl. BGH, NJW-RR 1987, 139, 141; Baur/Stürner Sachenrecht [17. Aufl. 1999], § 45, Rd. Nr. 58.

5   Brehm/Berger, Sachenrecht, § 18 Rd. Nr. 41.

6   BGH, NJW-RR 1987, 139, 141.

7   Brehm/Berger, Sachenrecht, § 18, Rd. Nr. 27 f.; Jauernig/Jauernig, § 1157 Rd. Nr. 2.

Hinweis: Die Bearbeiter sollten erkennen, dass hier die Frage des Bereicherungsausgleichs im Dreiecksverhältnis angesprochen wird. Nach der ständig wiederholten Formel des BGH verbieten sich in diesen Fällen schematische Lösungen, und es sind die Besonderheiten des Einzelfalles zu berücksichtigen.[8] Die Bearbeiter mögen entweder beim „Leistungsbegriff" ansetzen oder mit ergebnisorientierten Wertungen arbeiten.[9]

Voraussetzung eines Bereicherungsanspruchs nach § 812 Abs. 1 Satz 1 Fall 1 BGB ist, dass der E die Sicherungsgrundschuld an den G „geleistet" hat. Eine Leistung ist eine bewusste zweckgerichtete Vermehrung fremden Vermögens. Vorliegend ist zwar das Vermögen des G gemehrt worden; zweifelhaft ist jedoch, ob eine Leistung des E an den G erfolgte.

Grund für die Bestellung der Sicherungsgrundschuld für den G war die Vereinbarung zwischen S und E vom 1.3.2003, worin sich der E gegen ein Entgelt zur Verschaffung der Grundschuld verpflichtet hatte. Gegenüber dem G bestand eine solche Verpflichtung nicht. Sie kann auch nicht der Sicherungsabrede zwischen G und E entnommen werden, worin nur der Verwertungsfall geregelt wurde. Die Bestellung der Sicherungsgrundschuld selbst erfolgte im Hinblick auf die Schulden des S bei G, wie im Sachverhalt ausdrücklich hervorgehoben wird. Folglich hat E nicht an den G, sondern an den S geleistet. Eine Leistungskondiktion bei G scheidet aus.

Das Ergebnis mag auch anders begründet werden: Versucht man den vorliegenden Fall einer der anerkannten Fallgruppen des Bereicherungsausgleichs im Dreiecksverhältnis zuzuordnen, so bietet sich eine Parallelwertung zu den Fällen der „abgekürzten Lieferung" an:[10] E hätte die Grundschuld auch zunächst dem S bestellen können, der sie dann an den G abgetreten hätte. In diesem Fall würde eine Leistung des E an den S (und des S an den G) vorliegen. Durch die Bestellung unmittelbar an G durch den E auf Weisung des S ändert sich an dieser Zuordnung zu den Leistungsbeziehungen nichts.

Stützen mag dieses Ergebnis schließlich die Interessenlage: Aus der Sicht des G („Empfängerhorizont") liegt in der Zuwendung durch den E eine Leistung des S, die dieser durch den E erbringt. Für die Frage, ob G die Leistung mit Rechtsgrund erbracht hat, will G nur auf das Verhältnis zu S abstellen; Unwirksamkeitsrisiken aus dem Verhältnis S zu E will er nicht tragen, zumal im vorliegenden Falle die Wertung des § 123 Abs. 2 Satz 2 BGB unterlaufen würde. E ist nicht Leistender, sondern als Leistungsmittler nur Hilfsperson des Leistenden.

Ein Bereicherungsanspruch des E gegen G ist damit nicht anzunehmen.

Hinweis: Bearbeiter, die eine Leistung des E an den G bejahen, müssen nach §§ 1192 Abs. 1, 1157 Satz 2 BGB den redlichen einredefreien Erwerb durch B bejahen.

---

8   Vgl. nur BGHZ 111, 382, 385.

9   Vgl. etwa die Darstellung bei Medicus, Bürgerliches Recht, Rd. Nr. 666 ff.; Jauernig/Schlechtriem, § 812 Rd. Nr. 23 ff.

10   Dazu Jauernig/Schlechtriem, § 812 Rd. Nr. 28ff.

b) Einreden aus der Sicherungsabrede G zu E

aa) Nichteintritt des Sicherungsfalls

(1) Nach der Sicherungsabrede darf der G die Grundschuld nur „verwerten", wenn der S seine Verbindlichkeiten nicht bis spätestens 31.12.2004 vollständig erfüllt habe.

Die Sicherungsabrede ist trotz der Anfechtung durch den E wirksam; zur Begründung (§ 123 Abs. 2 Satz 1 BGB) kann auf die Gründe für die Wirksamkeit der Einigung zur Bestellung der Grundschuld verwiesen werden (vgl. I 1 b).

Mithin ist der Sicherungsfall noch nicht eingetreten. E könnte eine entsprechende sicherungsvertragliche Einrede dem G gegenüber geltend machen.

(2) Nach §§ 1192 Abs. 1, 1157 Satz 1 BGB kann diese Einrede grundsätzlich auch einem Zessionar der Grundschuld gegenüber erhoben werden. Allerdings wird der Grundsatz durch §§ 1192 Abs. 1, 1157 Satz 2 BGB erheblich eingeschränkt: Hier ergab sich der Sicherungszweck der Grundschuld weder aus dem Grundbuch noch dem Brief; auch kannte der B ihn nicht. Erkundigungspflichten bestehen nicht. Nach herrschender Meinung ist der Erwerber einer Sicherungsgrundschuld nur dann bösgläubig hinsichtlich einer Einrede aus der Sicherungsabrede, wenn er den Sicherungscharakter und die konkrete Einrede kennt.[11] Folglich hat B die Grundschuld einredefrei erworben.

bb) Zahlung des S an G vor Abtretung am 1.6.2003 in Höhe von € 20.000

(1) Nach den klaren Angaben im Sachverhalt liegt eine Zahlung des S allein auf die Forderung vor. Die Zahlung auf die Forderung lässt den Bestand der Sicherungsgrundschuld „dinglich" unberührt; § 1163 Abs. 1 Satz 2 BGB gilt bei der nicht akzessorischen Grundschuld nicht. Allerdings erwächst aus der Sicherungsabrede bei einer Zahlung auf die Forderung in Höhe der erbrachten Leistung ein Teilrückgewähranspruch hinsichtlich der Sicherungsgrundschuld.[12]

Dieser Anspruch steht dem E als Partei des Sicherungsvertrags zu. Vom Entstehen des Anspruchs ist dessen Fälligkeit zu unterscheiden; man kann mit guten Gründen die Ansicht vertreten, dass diese erst nach Rückzahlung des gesamten Kredits oder bei der Verwertung der Sicherungsgrundschuld eintritt.

(2) Dem B gegenüber kann diese sicherungsvertragliche Einrede freilich nach §§ 1192 Abs. 1, 1157 Satz 2, 892 BGB nicht geltend gemacht werden. B war die teilweise Rückzahlung beim Erwerb der Grundschuld nicht bekannt. Allein daraus, dass er den Sicherungszweck der Grundschuld

---

[11] MüKo/Eickmann, § 1191, Rd. Nr. 49; dazu Brehm/Berger, Sachenrecht, § 18, Rn 34 ff.

[12] Brehm/Berger, Sachenrecht § 18, Rd. Nr. 50; MüKo/Eickmann, § 1191, Rd. Nr. 81.

kannte, folgt keine Bösgläubigkeit bzgl. der Nichtvalutierung der Grundschuld. Die herrschende Meinung stützt dies auf das Argument, der Erwerber einer Sicherungsgrundschuld dürfe nicht schlechter gestellt werden als der Erwerber einer Verkehrshypothek, der durch §§ 1138, 1156 BGB in seinem Vertrauen auf das Grundbuch geschützt werde.[13]

Vgl. auch BGHZ 103, 72, 82:

„Bösgläubig war K. nur dann, wenn er nicht nur den Sicherungszweck der Grundschuld gekannt, sondern auch gewusst hat, dass die gesicherte Forderung nicht bestand oder einredebehaftet war. Erforderlich ist positive Kenntnis; es reicht nicht, wenn er mit Einreden aus dem Sicherungsvertrag hätte rechnen müssen."

cc) Zahlung des S auf die Forderung nach Abtretung am 1.8.2003 in Höhe von € 30.000

Durch die Abtretung ist B neuer Inhaber der Forderung geworden. Da S aber die Abtretung nicht kennt, wurde er durch die Zahlung an den G nach § 407 Abs. 1 BGB auch dem neuen Gläubiger der Forderung (hier B) gegenüber frei.

Für Einwendungen gegen die Grundschuld, die in diesem Sinne erst nach der Abtretung entstehen, gelten §§ 1192, 1156 BGB mit der Folge, dass sich der neue Grundschuldgläubiger solche Einreden nicht entgegenhalten zu lassen braucht (BGHZ 85, 388, 391; BGH, WM 1976, 665; MüKo/Eickmann, § 1156, Rd. Nr. 15). Wenn bei der akzessorischen Hypothek sogar die Rechtsstellung des neuen Hypothekengläubigers durch Zahlungen an den Altgläubiger nicht verschlechtert wird, dann erst recht nicht die des neuen Grundschuldgläubigers bei der nicht akzessorischen Grundschuld.

b) Einreden aus der Sicherungsabrede G zu B

Nach den Angaben im Sachverhalt ist die Forderung des B gegen G, deren Sicherung die Abtretung der Grundschuld diente, erst am 1.9.2004 fällig. Eine entsprechende Einrede des G aus der Sicherungsabrede zu B kann E freilich nicht geltend machen, weil E nicht Partei des Sicherungsvertrags ist.

Hinweis: Von den Bearbeitern wird verlangt, dass sie beide Sicherungsabreden trennen.

Frage 2:

E zahlt am 1.3.2004 an den B € 100.000. Welche Rechte hat E gegen S?

Hinweis: Diese Frage betrifft ein Standardproblem aus dem Bereich der Grundpfandrechte, nämlich die Regressmöglichkeiten des vom Schuldner verschiedenen Eigentümers, der zur Abwendung der Zwangsvollstreckung den Grundpfandgläubiger befriedigt hat. Mit dieser 2. Frage soll auch solchen Kandidaten ein „zweite Chance" gegeben werden, die zu Frage 1 wenig ausführen konnten.

---

[13]   Vgl. Baur/Stürner Sachenrecht (17. Aufl. 1999), § 45, Rd. Nr. 63.

I. Vertragliche Ansprüche

In Betracht kommt ein vertragliche Anspruch auf Aufwendungsersatz aus der Vereinbarung zwischen S und E vom 1.3.2003.

Freilich hat E seine diesbezügliche Willenserklärung nach §§ 142 Abs. 1, 123 Abs. 1, 143 Abs. 1 BGB gegenüber S wirksam angefochten.

II. Deliktische Ansprüche

Aus dem Verhalten des S gegen den E kommen deliktische Ansprüche aus §§ 826, 823 Abs. 2 BGB i. V. m. § 263 StGB in Betracht. Diese Ansprüche liegen unproblematisch vor. Der Schaden des E besteht in dem Vermögensverlust infolge der Zahlung zur Abwendung der Zwangsvollstreckung.

III. Anspruch aus § 812 Abs. 1 Satz 1 Fall 1, 818 Abs. 2 BGB

1. Anspruch

Voraussetzung für einen Anspruch aus § 812 Abs. 1 Satz 1 Fall 1 BGB ist eine Leistung des E an den S. In der Regel werden die Bearbeiter auf die Ausführungen zur 1. Frage verweisen können, soweit sie sich dort mit der Frage befasst haben, an wen durch die Begründung der Grundschuld eine Leistung erbracht wurde.

Hier leistete E an den S, indem er die Grundschuld für den G begründete.

Diese Leistung erfolgte ohne Rechtsgrund. Die entsprechende Verpflichtung aus dem Vertrag vom 1.3.2003 entfiel aufgrund der wirksamen Anfechtung vom 1.9.2003 gemäß § 142 Abs. 1 BGB rückwirkend.

Auf einen eventuellen Wegfall der Bereicherung gemäß § 818 Abs. 3 BGB kann sich der S nach §§ 819 Abs. 1, 142 Abs. 2 BGB nicht berufen.

Da die Herausgabe wegen der Beschaffenheit des Erlangten nicht möglich ist, ist nach § 818 Abs. 2 BGB der Wert des Erlangten zu ersetzen. Vorliegend hat der S die Sicherungsgrundschuld erlangt (und nicht [nur] den Vermögensvorteil, der daraus erwächst, dass er seine Schulden sichern konnte): der Fall kann nicht anders bewertet werden, als wenn der E dem S zunächst die Grundschuld bestellt hätte und S sie an G abgetreten hätte.

2. Zurückbehaltungsrecht des S

S hat gegen E nach Anfechtung der Vereinbarung vom 1.3.2003 durch den E einen Anspruch auf Rückzahlung des Entgelts für die Bestellung der Grundschuld über € 10.000, den er nach § 273 BGB dem E entgegenhalten kann.

Hinweis: Möglich ist auch eine Saldierung ipso iure. Besonders gute Bearbeiter mögen erwägen, ob nicht die Rückforderung der € 10.000 nach §§ 814, 142 Abs. 2 BGB ausgeschlossen ist.

IV. Regress aus Legalzession

Durch die Zahlung auf die Grundschuld ist der E Inhaber der Eigentümer-Grund-schuld geworden. Die Forderung ist nicht erloschen (BGHZ 80, 228, 230).

E kann von S Zahlung aus der gesicherten Forderung verlangen, wenn diese nach §§ 1192 Abs. 1, 1143 BGB auf ihn übergegangen ist.

Die Frage, ob §§ 1192 Abs. 1, 1143 BGB bei der Sicherungsgrundschuld für die Forderung anwendbar sind, ist umstritten. Nach BGHZ 108, 179, 184 muss sich der Eigentümer die Forderung abtreten lassen. Anspruchsgrundlage sei die Sicherungs-abrede. Wie der vorliegende Sachverhalt belegt, führt diese Ansicht in Schwierig-keiten, wenn der Gläubiger der Forderung nicht Partei der Sicherungsabrede ist und der Eigentümer den Rückgewähranspruch nicht einredeweise geltend gemacht hat oder (bei § 1157 Satz 2 BGB) machen konnte. E könnte sich allenfalls von G nach § 281 BGB den Anspruch des G gegen B auf Rückabtretung der Forderung aus der Sicherungsabrede zwischen G und B abtreten lassen.

Wer der Minderansicht folgt, bejaht über eine Legalzession nach §§ 1192 Abs. 1, 1143 BGB den Regressanspruch des E gegen S.[14]

Vertiefung: Die Grundpfandrechte[15]

Unter Grundpfandrechten versteht man Hypothek (§§ 1113 ff.), Grundschuld (§§ 1191 ff.) und Rentenschuld (§§ 1199 ff.). Die Grundpfandrechte spielen eine wesentliche Rolle als Kreditsicherheit (Realkredit) bei der Finanzierung von Bau-vorhaben sowie sonstigen Projekten mit erheblichem Finanzbedarf. In der Fallbe-arbeitung haben Grundpfandrechte eine erhebliche Relevanz, wobei sie zwar nicht nur, aber häufig im Zusammenhang mit Ansprüchen aus Darlehen (§§ 488 ff. BGB) auftreten. Bei der Anspruchsprüfung aus Grundpfandrechten ist zu beachten, dass die Grundpfandrechte dem Gläubiger keinen Zahlungsanspruch geben (h. M.), son-dern nur ein dingliches Verwertungsrecht. Der Obersatz lautet also etwa: „G könnte gegen S einen Anspruch aus der Hypothek auf Duldung der Zwangvollstreckung gemäß § 1147 BGB haben." Ein Zahlungsanspruch kann sich allerdings aus der mit dem Grundpfandrecht gesicherten (und regelmäßig gesondert zu prüfenden)

---

[14]   So z. B. Brehm/Berger, Sachenrecht, § 18 Rn 49; MüKo/Eickmann, § 1191, Rd. Nr. 85)

[15]   Vgl. zu Grundpfandrechte allg.: Kollhosser, Grundbegriffe und Formularpraktiken im Grundpfand-recht, JA 1979, 61 - 67; Preuß, Eigentümergrundschuld und Eigentümerhypothek, Jura 2002, 548-552; Reischl, Grundfälle zu den Grundpfandrechten, JuS 1998, 125 - 131, 220 - 227, 318 - 321,414 - 417, 516 - 520, 614 - 620; Schwerdtner, Grundprobleme des Hypotheken- und Grundschuldrechts, Jura 1986, 259 - 265, 370 - 380; Westermann, Die Grundpfandrechte, Jura 1979, 281.

Forderung ergeben, soweit Eigentümer des Grundstücks und Forderungsschuldner nicht auseinander fallen.

I. Die Hypothek und ihre Arten[16]

1. Die Hypothek ist das im Bürgerlichen Gesetzbuch am ausführlichsten geregelte Grundpfandrecht. Sie ist ein beschränktes dingliches Recht, durch das der Inhaber berechtigt wird, Befriedigung wegen einer ihm zustehenden Forderung aus dem Grundstück zu verlangen (§ 1113 I BGB). Dies geschieht dann durch Zwangsversteigerung oder -verwaltung. Auf einen „Allgemeinen Teil" der Grundpfandrechte wurde verzichtet, stattdessen wird in § 1192 BGB für die Grundschuld auf die Regelungen für die Hypothek verwiesen, „soweit sich nicht daraus ein anderes ergibt, dass die Grundschuld nicht eine Forderung voraussetzt".

Die Hypothek kann in zwei Varianten ausgestellt werden, als Buch- und als Briefhypothek. Letztere ist der gesetzlich vorgesehene Normalfall (vgl. § 1116 II 1 BGB). Eine Umwandlung in die andere Form ist möglich (§ 1116 III BGB).

2. Entscheidend für den Grundpfandrechtsgläubiger ist immer auch der Rang des Rechts (vgl. § 879 ff. BGB). Je besser der Rang des Rechts ist, umso höher ist die Aussicht, dass sich der Gläubiger aus dem Grundstück voll befriedigen kann (vgl. auch § 10 I Nr. 4, § 11 I ZVG).

3. Voraussetzung für das Bestehen der Hypothek ist, dass eine Forderung vorliegt, die durch die Hypothek gesichert wird bzw. werden soll (vgl. § 1113 I). Die Hypothek ist akzessorisch, also abhängig vom Bestand und der Höhe der zu Grunde liegenden Forderung. Dies ist der wesentliche Unterschied zur Grundschuld, die nicht akzessorisch ist.

4. Es wird zwischen folgenden Arten von Hypotheken unterschieden:

Briefhypothek	*Buchhypothek*
Es wird ein Hypothekenbrief erteilt (§ 1116 I BGB)	Die Brieferteilung ist ausgeschlossen worden (§ 1116 II BGB). Der Ausschluss kann allerdings wieder aufgehoben werden (§ 1116 III BGB)

---

[16] Hypotheken: Büdenbender, Grundsätze des Hypothekenrechts, JuS 1996, 665 - 674; ders., Grundsätze des Hypothekenrechts und ihre konkreten Auswirkungen dargestellt in tabellarischer Form, JuS 1996 L 57 - 61; Klinkhammer/Rancke, Hauptprobleme des Hypothekenrechts - Eine Zusammenstellung examensrelevanter Fallkonstellationen, JuS 1973, 665; Petersen/Rothenfußer, Der Schutz des Schuldners bei Trennung von Hypothek und gesicherter Forderung, WM 2000, 657-662; Schreiber, Hypothekenrecht, Jura 2002, 109-113.

Verkehrshypothek (§§ 1113–1183 BGB)	Sicherungshypothek (§ 1184–1190 BGB im besonderen)
§ 1138 BGB ist anwendbar; Erwerber einer Hypothek kann diese gutgläubig auch erwerben, wenn keine Forderung besteht	§§ 1138, 1139, 1141, 1156 BGB nicht anwendbar; Das Recht aus der Hypothek bestimmt sich nur nach der Forderung; *ausschließlich Buchhypothek* (§ 1185 I BGB); Umwandlung in gewöhnliche Hypothek möglich
Gesamthypothek (§ 1132 I 1 BGB)	Für eine Forderung kann an einem Grundstück nur eine Hypothek bestellt werden. Möglich ist aber, für eine Forderung eine Hypothek an mehreren Grundstücken zu bestellen. Es haftet dann jedes Grundstück für die gesamte Forderung

II. Entstehung der Hypothek

Voraussetzungen für das Entstehen einer Hypothek:

1. Einigung über die Bestellung der Hypothek

Der Hypothekenbesteller muss sich mit dem Gläubiger darüber einigen (§ 873 I BGB), dass ein bestimmtes Grundstück eine bestimmte Geldforderung sichern soll.

2. Bestehen der zu sichernden Forderung

Da die Hypothek akzessorisch zur Forderung ist, setzt die Entstehung grundsätzlich voraus, dass die zu sichernde Forderung wirksam entstanden ist. Der Anspruch kann aber auch künftig oder bedingt sein (§ 1113 II BGB). Die Forderung muss auf Zahlung einer bestimmten Geldsumme lauten.

Ist die Forderung noch nicht entstanden oder entsteht sie nicht, liegt eine Eigentümergrundschuld vor (§ 1163 I 1 BGB). Sofern ein entsprechender Parteiwille vorliegt, kann aber ggf. die Hypothek nach h. M. auch einen bestehenden Ersatzanspruch sichern (z. B. § 812 I 1 Alt. 1 BGB; z. B. Auszahlung eines Darlehens ohne wirksamen Darlehensvertrag).

Es ist nicht notwendig, dass der Grundstückseigentümer auch Schuldner der Forderung ist. Er kann auch eine gegen einen Dritten gerichtete Forderung sichern. Der Hypothekar muss aber identisch mit dem Gläubiger der Forderung sein.

3. Eintragung gemäß §§ 873, 1115 BGB

Die Hypothek ist gemäß § 873 I BGB in das Grundbuch einzutragen. Gemäß § 1115 BGB wird das Recht als Hypothek nebst der gesicherten Forderung, der Gläubiger sowie ggf. auch der Zinssatz und eventuelle andere Nebenleistungen in das Grundbuch aufgenommen. Fehlt es an den erforderlichen Angaben, so ist die Hypothek nichtig. Sofern Nebenleistungen nicht eingetragen werden, ist die Hypothek im Übrigen entstanden.

4. Briefübergabe § 1117 BGB, soweit nicht Ausschluss der Brieferteilung nach § 1116 II BGB

a) Nach § 1116 BGB wird über die Hypothek ein Hypothekenbrief erteilt. Im Falle der Briefhypothek erwirbt der Hypothekengläubiger die Hypothek erst, wenn ihm der Brief übergeben wird (§ 1117 I BGB). Auch das Vorliegen eines Übergabesurrogats nach §§ 929 S. 2, 930, 931 BGB ist ausreichend (§ 1117 I 2 BGB). Die Übergabe kann auch durch die Vereinbarung ersetzt werden (vgl. Fall 3), dass der Gläubiger berechtigt ist, sich den Brief vom Grundbuchamt aushändigen zu lassen (§ 1117 II BGB). § 1117 III BGB gibt dann noch die Vermutung, dass die Übergabe erfolgt ist, wenn sich der Gläubiger im Besitz des Briefes befindet.

b) Die Brieferteilung kann gemäß § 1116 II BGB ausgeschlossen werden (Buchhypothek), dazu ist die Einigung des Gläubigers mit dem Eigentümer und die Eintragung in das Grundbuch notwendig.

5. Verfügungsberechtigung

6. Einigsein im Zeitpunkt der Entstehung der Hypothek

Für V. und VI. gelten die allg. Regeln.

III. Übertragung der Hypothek (§ 1153 BGB)

1. Einigung über den Übergang der gesicherten Forderung

Die Übertragung erfolgt durch Abtretung der gesicherten Forderung (§ 1153 I BGB). Hier wird von der allg. Vorschrift über den Übergang dinglicher Rechte (§ 873 BGB) abgewichen. Die Hypothek folgt der Forderung als Sicherheit gemäß § 401 I BGB. Ausschlussgründe für die Abtretung nach § 399 BGB sind zu beachten. Eine Abtretung ohne Übergang der Hypothek oder umgekehrt ist nicht möglich (§ 1153 II BGB). Eine Abtretung einer durch Hypothek gesicherten Forderung ohne Beachtung der Formerfordernisse des § 1154 BGB ist unwirksam.

2. Form § 1154 BGB

a) Briefhypothek (§ 1154 I, II BGB)
   Es ist eine schriftliche Abtretungserklärung (bzw. Eintragung der Abtretung in das Grundbuch – § 1154 II BGB) und Übergabe des Hypothekenbriefes gemäß § 1117 BGB erforderlich (§ 1154 I BGB).
   Hinweis: Erfolgt die Abtretungserklärung in notariell beglaubigter Form, so sind die Vorschriften der §§ 1155, 1160 I, 2.Hs. und 1161 BGB anwendbar.

b) Buchhypothek (§ 1154 III BGB)
   Eine Buchhypothek wird gemäß § 1154 III BGB durch Abtretungserklärung und
   Eintragung gemäß § 873 BGB im Grundbuch übertragen.

c) Berechtigung des Verfügenden
   Die Forderung muss bestehen und die Hypothek muss dem Verfügenden zustehen.

IV. Gutgläubiger Erwerb der Hypothek

1. Ersterwerb

Die Hypothek kann von einem zu Unrecht im Grundbuch eingetragenen Bucheigentümer, also einem Nichtberechtigten, bestellt werden. In diesen Fällen richtet
sich der gutgläubige Erwerb nach den allg. Vorschriften (§§ 892 ff. BGB).

2. Zweiterwerb

Es kann sein, dass eine nicht bestehende oder eine nicht dem Veräußerer zustehende
Hypothek oder/sowie eine nicht bestehende oder nicht dem Veräußerer zustehende
Forderung übertragen wird.

a) Nicht bestehende oder nicht dem Veräußerer zustehende Hypothek
   Sofern eine Hypothek nicht besteht oder nicht dem Veräußerer zusteht, kann die
   Forderung ohne weiteres übertragen werden. Eine etwaige lediglich im Grundbuch eingetragene (unwirksame oder nicht dem Veräußerer zustehende) Hypothek kann nach § 892 BGB erworben werden.
   Der Eintragung des Gläubigers im Grundbuch für die Rechtscheinwirkung nach
   § 892 BGB steht nach § 1155 S.1 BGB bei einer Briefhypothek gleich, wenn
   der Gläubiger sich durch eine ununterbrochene Kette notariell beglaubigter Abtretungserklärungen (bzw. den Handlungen in S. 2) legitimieren kann. Ob eine
   äußerlich einwandfreie, gefälschte öffentlich beglaubigte Abtretungserklärung
   ausreicht, ist umstritten.

b) Nicht bestehende oder nicht dem Veräußerer zustehende Forderung
   Forderungen können grundsätzlich nicht gutgläubig erworben werden (Ausnahmen: §§ 405, 2366 BGB). § 1138 BGB ermöglicht deshalb den gutgläubigen
   Erwerb einer Hypothek, indem die Vorschrift die Geltung der §§ 891–899 BGB
   auch in Ansehung der Forderung erklärt. Dies gilt allerdings nur hinsichtlich der
   Hypothek, soweit dies zur Geltendmachung der Hypothek erforderlich ist. Die
   zu Grunde liegende Forderung kann nicht gutgläubig erworben werden! Es entsteht eine sog. „forderungsentkleidete Hypothek".

c) Doppelmangel
   Es ist auch möglich, dass der Veräußerer der Hypothek weder Inhaber der Forderung noch Inhaber der Hypothek ist. Hier wird dann der Mangel der Forderung
   über § 1138, 892 BGB geheilt, der Mangel der Hypothek nach § 892 BGB.

3. Auseinanderfallen von Hypothek und Forderung durch gutgläubigen Erwerb

Besteht zwar eine Forderung, steht diese aber dem Veräußerer nicht zu, würde es durch § 1138 BGB zu einem Auseinanderfallen von Forderung und Hypothek kommen. Dies hätte zur Folge, dass entgegen § 1153 II BGB in diesem Fall Hypothek und Forderung unterschiedlichen Personen zustehen würden und der Schuldner letztlich zweimal zahlen müsste. Die Behandlung dieses Falles ist umstritten.

Nach h. M. soll in diesem Fall entgegen dem Wortlaut des § 1138 BGB auch die Forderung kraft Gesetzes nach § 1153 BGB mit übergehen, also auch die Forderung gutgläubig erworben werden können. Dies wird mit der Gefahr der doppelten Inanspruchnahme des Schuldners begründet.

Nach a. A. kommt es zu einem Auseinanderfallen von Forderung und Hypothek. Der Schuldner ist vor doppelter Inanspruchnahme geschützt, da er dem Gläubiger als Einrede gegen die Forderung entgegensetzen kann, dass dieser den Hypothekenbrief vorzulegen habe (§§ 1161, 1160 I BGB).[17]

4. Ausschluss des gutgläubigen Erwerbs nach § 1140 BGB

Geht die Unrichtigkeit des Grundbuchs aus dem Hypothekenbrief oder aus einem Vermerk auf dem Brief hervor, so kann sich der Erwerber nicht auf die §§ 892, 893 BGB berufen. Vgl. hierzu Fall 8. Ebenso steht ein Widerspruch, der aus dem Brief oder aus einem Vermerk auf dem Brief hervorgeht, einem im Grundbuch eingetragenen Widerspruch gleich.

Einwendungen und Einreden gegen die Hypothek[18]

I. Einwendungen

Bei der Entstehung der Hypothek können Fehler auftreten. So kann etwa die dingliche Einigung nichtig sein oder die Hypothek ist nichtig mangels fehlerhafter Eintragung (vgl. § 1115 I BGB; z. B. falscher Gläubiger). Mangelt es an der wirksamen Entstehung der Hypothek, so kann der Eigentümer dies dem Duldungsanspruch des Gläubigers gegenüber als rechtshindernde Einwendung geltend machen. Ferner kann der Eigentümer geltend machen, dass wegen Befriedigung des Gläubigers durch ihn die Hypothek ihm selbst zustehe (§§ 1143 I, 1177 BGB).

---

[17] Vgl. MüKo/Eickmann BGB § 1153 Rd. Nr.13.

[18] Einwendungen und Einreden: Coester-Waltjen, Die Durchsetzung der Hypothek - Einreden und Einwendungen des Eigentümers, Jura 1991, 186 - 190; Reischl, Grundfälle zu den Grundpfandrechten, JuS 1998, 414-417; Schwerdtner, Grundprobleme des Hypotheken- und Grundschuldrechtsrechts, Jura 1986, 370-380.

II. (Rechtshemmende) Einreden

1. Der Eigentümer und der Gläubiger können in einem Sicherungsvertrag weitere Voraussetzungen für die Inanspruchnahme aus der Hypothek regeln. Sie können z. B. vereinbaren, dass der Gläubiger Zahlung aus der Hypothek erst für den Fall verlangen kann, dass die Vollstreckung in das Vermögen des Schuldners fruchtlos war, eine Befriedigung erst aus anderen Sicherheiten gesucht werden muss oder die Hypothek erst eine bestimmte Frist nach Fälligkeit der Forderung fällig wird, so dass der Eigentümer sich auf die Inanspruchnahme vorbereiten kann.

2. Solche Einreden können auch gegenüber einem Erwerber der Hypothek geltend gemacht werden (§ 1157 BGB). Unter den Voraussetzungen der §§ 892, 894–899 BGB und 1140 BGB kann der Erwerber aber die Hypothek gegebenenfalls frei von Einreden erwerben. Dies kann durch Eintragung der Einrede im Grundbuch verhindert werden.

III. Einwendungen und Einreden gegenüber der gesicherten Forderung

1. Einwendungen

Besteht die zu sichernde Forderung nicht oder nicht mehr, ent- oder besteht keine Fremdhypothek. Gemäß § 1163 BGB steht eine solche Hypothek dem Eigentümer zu und unter den Voraussetzungen des § 1177 BGB handelt es sich dann um eine Eigentümergrundschuld. Ein Dritter kann allerdings gemäß § 1138 BGB eine solche auch gutgläubig erwerben. Die Forderung kann entweder in Folge rechtshindernder (z. B. Sittenwidrigkeit) oder rechtsvernichtender (etwa Erfüllung, Aufrechnung) Einreden nicht bestehen.

2. (Rechtshemmende) Einreden

a) Einreden des persönlichen Schuldners
   Nach § 1137 I 1 BGB kann der Eigentümer gegen die Hypothek die dem persönlichen Schuldner gegen die Forderung zustehenden Einreden geltend machen. Der Eigentümer darf sich also etwa auf die Stundung der Forderung (vgl. § 271 BGB) oder ein Zurückbehaltungsrecht (§ 273 BGB) des persönlichen Schuldners berufen.

b) Verjährung
   Auf die Einrede der Verjährung (§ 214 BGB) kann sich der Hypothekenschuldner (=Eigentümer) gemäß § 216 I BGB nicht berufen. Der Gläubiger kann also auch nach Verjährung der persönlichen Forderung noch Befriedigung aus dem Grundstück verlangen.

c) Einreden wegen bestehenden Gestaltungsrechten
   Der Eigentümer hat gemäß § 1137 I 1 BGB auch die Möglichkeit, die nach § 770 BGB einem Bürgen zustehenden Einreden (Einreden der Anfechtbarkeit und der

Aufrechenbarkeit) zu erheben. Danach kann der Eigentümer auch geltend machen, dass der Schuldner die persönliche Forderung noch durch Anfechtung vernichten oder der Gläubiger sich durch Aufrechnung gegen eine fällige Forderung gegen den Schuldner befriedigen kann.

d) Sonstiges
Der Eigentümer verliert Einreden nicht dadurch, dass der Schuldner auf sie verzichtet (§ 1137 II BGB). Stirbt der persönliche Schuldner, kann der Eigentümer sich nicht auf die beschränkte Haftung der Erben berufen (§ 1137 I 2 BGB).

e) Rechtsnachfolger des Gläubigers/Schutz des guten Glaubens
aa) Grundsätzlich kann sich der Eigentümer gegenüber einem Rechtsnachfolger des Gläubigers auf alle Einreden berufen (§ 404 BGB).
bb) Nach § 1138 BGB gelten allerdings die Vorschriften der §§ 891 bis 899 BGB auch in Ansehung der dem Eigentümer nach § 1137 BGB zustehenden Einreden. Der gutgläubige Erwerb der Hypothek kann also zum Verlust der Einreden des Eigentümers führen, dieser kann die Einreden einer Inanspruchnahme nicht entgegensetzen. Davon betroffen sind Einreden des Schuldners und Einreden aus Gestaltungsrechten des Schuldners (§ 1137 I 1 BGB), sofern diese nicht eingetragen sind (§§ 1138, 892 BGB). In Fall 1 konnte Drittmann die Hypothek also insoweit gutgläubig erwerben, als er die Stundungsvereinbarung hinsichtlich der Forderung nicht als Einrede nach § 1137 I 1 BGB gegen sich gelten lassen muss. Der persönliche Schuldner wird dadurch aber nicht gehindert gegen die gesicherte Forderung die Einreden gegen den Erwerber zu erheben (vgl. § 404 BGB).

D. Sonderformen der Hypothek[19]

I. Sicherungshypothek, §§ 1184 ff. BGB

Neben der Verkehrshypothek (Brief- oder Buchhypothek), welche durch die Möglichkeit, gutgläubig erworben zu werden, in besonderem Maße verkehrsfähig ist, kann eine Hypothek auch als Sicherungshypothek bestellt werden. Die Sicherungshypothek ist noch enger mit der gesicherten Forderung verwoben. Sie muss als solche im Grundbuch bezeichnet werden (§ 1184 II BGB) und kann nur als Buchhypothek bestellt werden (§ 1185 I BGB). Die §§ 1138, 1139, 1141, 1156 BGB sind nicht anwendbar. Das Recht aus der Hypothek bestimmt sich nur nach der Forderung, die Eintragung im Grundbuch beweist die Forderung nicht (§ 1184 I BGB). Der Eigentümer wird damit vor einem gutgläubigen Erwerb der Hypothek bei Forderungsmängeln geschützt. Eine Sicherungshypothek kann in eine gewöhnliche, also eine Verkehrshypothek, umgewandelt werden und umgekehrt (§ 1186 BGB).

---

[19] Vgl. hier Hollmann, Auswirkungen von Baumängeln auf die Höhe der Sicherungshypothek des Bauunternehmers, JA 1977, 445-447; Reischl, Grundfälle zu den Grundpfandrechten, JuS 1998, 220-224.

II. Wertpapierhypothek, §§ 1187 ff. BGB

Für bestimmte Forderungen aus den in § 1187 BGB benannten Wertpapieren (z. B. Inhaberschuldverschreibung, Wechsel) kann nur eine Sicherungshypothek bestellt werden und es gelten weitere besondere Vorschriften.

III. Höchstbetragshypothek, § 1190 BGB

Statt einer Höchstbetragshypothek wird heute meist eine Sicherungsgrundschuld bestellt. Die Höchstbetragshypothek sieht vor, dass nur der Höchstbetrag, bis zu dem das Grundstück haften soll, bestimmt wird. Die Feststellung der Forderung wird vorbehalten. Es ist nicht erforderlich, dass eine bestimmte Forderung gesichert wird, die Höchstbetragshypothek kann auch mehrere Forderungen absichern. Im Zeitpunkt der Bestellung können die zu sichernden Forderungen noch unbestimmt sein. Der Höchstbetrag muss in das Grundbuch eingetragen werden, die Hypothek gilt auch ohne explizite Eintragung als Sicherungshypothek (zu den Folgen s. o. I.) und kann damit nur Buchhypothek sein. Die zu Grunde liegende Forderung kann nach den allg. Vorschriften (§ 398 BGB) übertragen werden, allerdings geht dann die Hypothek nicht mit über (§ 1190 IV BGB). Die Hypothek kann nur durch Abtretung in der Form des § 1154 erworben werden, jedoch nur in Höhe der bestehenden Forderung, da gutgläubiger Erwerb gemäß § 1138 BGB wegen §§ 1185 II, 1190 III BGB ausgeschlossen ist.

IV. Gesamthypothek, § 1132 BGB

1. Eine Hypothek kann für eine Forderung in der Weise bestellt werden, dass sie sich auf mehrere Grundstücke erstreckt (§ 1132 I 1 BGB). Jedes Grundstück haftet dann für die gesamte Forderung, der Gläubiger kann sich aussuchen, aus welchem Grundstück und in welcher Höhe hinsichtlich der einzelnen Grundstücke er Befriedigung suchen will. Es ist auch möglich, die Forderung so aufzuteilen, dass jedes Grundstück nur für einen bestimmten Teil haftet. Eine Gesamthypothek kann auch durch einzelne oder gemeinschaftliche Belastung von Miteigentumsanteilen entstehen. Die Gesamthypothek kann als Verkehrshypothek (Brief- oder Buchhypothek) oder als Sicherungshypothek bestellt werden, jedoch nur einheitlich für alle Grundstücke. Sie ist auch nur eine Hypothek. Die Kennzeichnung der Hypothek als Gesamthypothek im Grundbuch ist nur deklaratorisch, verhindert aber einen gutgläubigen Erwerb als Einzelhypothek.

2. Sofern die Gesamthypothek an Grundstücken verschiedener Eigentümer bestellt wird und die Forderung noch nicht entstanden ist bzw. der Brief noch nicht übergeben wurde, wird § 1163 BGB durch § 1172 BGB ergänzt. In den Fällen des § 1163 BGB steht die Gesamthypothek den Eigentümern dann gemeinschaftlich zu (Bruchteilsgemeinschaft, §§ 741 ff. BGB). Die Anteilsberechnung richtet sich nach § 1172 II BGB.

3. Die Übertragung richtet sich nach den allg. Regeln entsprechend dem Typ der bestellten Hypothek. Die Befriedigung des Gläubigers durch nur einen Eigentümer führt nach § 1174 I BGB dazu, dass dieser die Hypothek erwirbt und die Hypothek an den übrigen Grundstücken erlischt, sofern er keinen Ersatzanspruch gegen die anderen Eigentümer hat. Sofern der Eigentümer von den übrigen Eigentümern Ersatz verlangen kann (z. B. nach § 426 BGB), gehen die Hypotheken an dessen Grundstücken in Höhe seines jeweiligen Ersatzanspruches auf ihn über (§ 1174 II BGB).

4. Bei Zahlung durch den persönlichen Schuldner erwirbt dieser gemäß § 1174 BGB, wenn er Ersatzansprüche gegen einen der Eigentümer hat, die Hypothek an dessen Grundstück, die übrigen Hypotheken gehen unter.

V. Zwangshypothek, §§ 866 f. ZPO

Der Gläubiger einer titulierten Forderung kann die Zwangsvollstreckung in ein Grundstück auch in der Art betreiben, dass er zur Sicherung der Forderung eine Zwangshypothek eintragen lässt. Diese ist Sicherungshypothek. Vgl. §§ 866, 867 ZPO.

VI. Sicherungshypothek des Bauunternehmers und des Inhabers einer Schiffswerft, § 648 BGB

Nach § 648 I BGB kann der Unternehmer eines Bauwerkes bzw. eines Bauwerkteils die Einräumung einer Sicherungshypothek zur Sicherung seiner Forderungen aus dem Werkvertrag verlangen. § 648 II BGB gibt diesen Anspruch auch dem Inhaber einer Schiffswerft. Die Hypothek entsteht also nicht schon kraft Gesetzes.

Die Grundschuld[20]

A. Begriff und Arten der Grundschuld

I. Begriff

Nach § 1191 I BGB ist eine Grundschuld eine Belastung eines Grundstückes aus der der Berechtigte die Zahlung einer bestimmten Geldsumme aus dem Grundstück

---

[20]   Allgemein: Clemente, Die Sicherungsabrede der Sicherungsgrundschuld, ZIP 1990, 969; Goertz/ Roloff, Die Anwendung des Hypothekenrechts auf die Grundschuld, JuS 2000, 762-768; Preuß, Eigentümergrundschuld und Eigentümerhypothek, Jura 2002, 548-552.

verlangen kann. Die Grundschuld ist im Gegensatz zur Hypothek *nicht* von einer zu Grunde liegenden Forderung abhängig, sie ist nicht akzessorisch (vgl. dazu § 1191 BGB mit § 1113 BGB). Nach dem Inhalt der dinglichen Einigung wird keine Forderung gesichert. Bei Fehlen einer Forderung besteht die Grundschuld trotzdem. Allerdings kann dann der Grundschuldinhaber ungerechtfertigt bereichert sein (§ 812 I 1 BGB) und soweit er auf Duldung der Zwangsvollstreckung klagt, der Eigentümer ihm die Einrede der Bereicherung (§ 821 BGB) entgegenhalten.

II. Isolierte Grundschuld

Eine isolierte Grundschuld ist eine solche, die keine Forderung sichert. Für sie gelten ausschließlich die §§ 1191 ff. BGB. Sie wird bestellt, wenn der Grundschuldgläubiger später bei Fälligkeit eine bestimmte Geldsumme erhalten soll. Man kann diese Art der Grundschuld, welche in der Praxis keine große Rolle spielt, etwa dazu verwenden, um Familienangehörige am Wert eines Grundstücks zu beteiligen oder sie als Sacheinlage in eine GmbH einzubringen.

III. Sicherungsgrundschuld

Obwohl die Grundschuld nicht akzessorisch ist, können die Parteien in einem sog. Sicherungsvertrag schuldrechtlich vereinbaren, dass das Grundstück zur Sicherung einer Forderung dienen soll. Der Grundschuldgläubiger darf dementsprechend nur dann vorgehen, wenn eine gesicherte, fällige und durchsetzbare Forderung nicht erfüllt wird. Die Sicherungsgrundschuld kommt den Bedürfnissen der Banken, die eine kontinuierliche Sicherung für wechselnde Forderungen gegen einen Kunden benötigen, sehr entgegen und verdrängt daher mehr und mehr die Hypothek.

IV. Eigentümergrundschuld

Eine dem Eigentümer zustehende Grundschuld (§ 1196 BGB) entsteht häufig als Folge der Nichtentstehung oder des Erlöschens der einer Hypothek zu Grunde liegenden Forderung (§§ 1163, 1177 I BGB). Zu beachten sind die Löschungsansprüche nach §§ 1179 a und b BGB.

B. Anwendbare Normen des Hypothekenrechts

Nach § 1192 I BGB gelten die Vorschriften des Hypothekenrechts entsprechend für die Grundschuld. Es sind diejenigen Vorschriften des Hypothekenrechts auf die Grundschuld anzuwenden, welche nicht die Akzessorietät der Forderung zur Hypothek betreffen. Dies wird überschaubarer, wenn man drei Gruppen von Vorschriften bildet. Auf das Grundschuldrecht sind die
- allgemeinen grundpfandrechtsbezogenen Normen (die sozusagen immer passen) und
- diejenigen Vorschriften anwendbar, welche zwar die Forderung betreffen, nicht aber zugleich die Akzessorietät der Forderung zur Hypothek meinen. In den Nor-

men dieser zweiten Gruppe wird bei der analogen Anwendung „Forderung" durch den Begriff „Grundschuld" ersetzt.

Dagegen sind
- die akzessorietätsbezogenen Normen nicht auf das Grundschuldrecht anwendbar. Somit ergibt sich folgende Übersicht:
  1) Anwendbare grundpfandrechtsbezogene Normen
     §§ 1114, 1120–1130, 1131, 1132 BGB (Haftungsobjekt)
     §§ 1116, 1117, 1163 II BGB (Grundpfandrechtsbrief)
     §§ 1144–1149 BGB (Befriedigung aus dem Grundpfandrecht)
     §§ 1168, 875, 1183, 1181 BGB (Verzicht, Aufhebung und Erlöschen)
  2) Vorschriften, in denen „Forderung" durch die Bezeichnung „Grundschuld" ersetzt werden kann
     § 1115 I BGB (Eintragung der Grundschuldsumme)
     § 1151 BGB (Teilung der Grundschuld)
     § 1154 BGB (Abtretung der Grundschuld)
  3) Unanwendbare akzessorietätsbezogene Normen
     § 1137 BGB (Einreden)
     § 1138 BGB (gutgläubiger Erwerb)
     § 1139 BGB (Widerspruch)
     § 1153 BGB (Zuständigkeitsakzessorietät)
     § 1163 I BGB (fehlende Valutierung)
     § 1164 BGB (Forderungsauswechslung)
     §§ 1184, 1185 BGB (Sicherungshypothek).

C. Entstehung der Sicherungsgrundschuld[21]

I. Dinglicher Entstehungstatbestand

1. Die Entstehung der Grundschuld setzt stets eine Einigung über die Bestellung der Grundschuld und eine Eintragung im Grundbuch voraus. Bei der Briefgrundschuld muss die Übergabe des Grundschuldbriefes hinzukommen (§§ 1192 I, 1117 BGB). Ferner muss die Einigung zum Zeitpunkt der Eintragung fortbestehen und der Verfügende Berechtigter gewesen sein.

2. Ob das Entstehen und Fortbestehen einer Grundschuld vom Entstehen und Fortbestehen der Forderung rechtsgeschäftlich abhängig gemacht werden darf, ist umstritten. Eine Mindermeinung argumentiert mit der Nichtakzessorietät der Grund-

---

[21] Lamb, Die Sicherungsgrundschuld, JA 1987, 1 - 12; Lopau, Die Nichtakzessorietät der Grundschuld, JuS 1972, 502; ders., Die Sicherungsgrundschuld im Spannungsfeld von Eigentümer- und Verkehrsinteressen, JuS 1996, 553; Rimmelspacher, Kreditsicherungsrecht (2. Aufl. 1987); Schur, Grundprobleme der Wirkungsweise von Akzessorietätsprinzip und Sicherungsabrede, Jura 2005, 361–368; Tiedtke, Die Sicherungsgrundschuld, Jura 1980, 407 - 421; Weirich, Die Sicherungsgrundschuld, JuS 1980, 188 – 191.

schuld; die gesetzliche Unterscheidung von Hypothek und Grundschuld dürfe nicht unterminiert werden (so etwa Baur-Stürner, Jauernig). Nach h. M. kann eine vom Entstehen und Fortbestehen der Forderung abhängige Grundschuld bestellt werden. Dingliche Rechte dürfen grundsätzlich bedingt bestellt werden. Die Vorschrift des § 1192 BGB steht nicht entgegen, weil auf die bereits bestehende Grundschuld nur die Vorschriften des Hypothekenrechts nicht anwendbar sind, welche das Bestehen einer Forderung voraussetzen.

3. Zur Bestellung einer Buchgrundschuld ist die Eintragung des Ausschlusses der Brieferteilung gemäß § 1116 II 3 in das Grundbuch erforderlich.

4. Eine Eintragung des Sicherungscharakters ist nach h. M. unzulässig (§§ 873, 1191 BGB), da die Grundschuld forderungsunabhängig ist und nicht mit dem Sicherungszweck verknüpft werden darf.

II. Sicherungsvertrag

1. Begriff

a) Um den Sicherungszweck der Sicherungsgrundschuld besser erfassen zu können, nimmt man neben der Grundschuld einen besonderen Sicherungsvertrag an. Er stellt die Verbindung zwischen gesicherter Forderung und dinglichem Recht her. Dieser Vertrag wird zwischen Eigentümer und Grundschuldgläubiger geschlossen. Er kann auch konkludent geschlossen werden und ist ein (unvollkommen) gegenseitiger Vertrag, wenn Kreditgewährung gegen Grundschuldbestellung steht; er bestimmt die schuldrechtlichen Rechte und Pflichten der Parteien. Er (nicht der in aller Regel vorliegende Kreditvertrag) bildet den rechtlichen Grund für die Bestellung des Grundpfandrechts, so dass kein Bereicherungsanspruch nach § 812 I BGB erhoben werden kann.

b) Schuldner und Grundschuldgläubiger vereinbaren ein pactum de non cedendo – Nichtabtretbarkeit der Forderung – und dass bei Zahlung durch den Schuldner der Grundstücksgläubiger verpflichtet ist, die Grundschuld auf den Eigentümer zu übertragen.
Sind Schuldner und Eigentümer nicht identisch, sind sie regelmäßig durch ein Auftragsverhältnis miteinander verbunden.

2. Verhältnis zum Darlehen

Der Sicherungsgrundschuld liegt im Allgemeinen ein Darlehen zugrunde. Wird eine Grundschuld im Zusammenhang mit einem Darlehen bestellt, so kann in der Regel von einem konkludent geschlossenen Sicherungsvertrag ausgegangen werden. Die Grundschuld kann auch zur Sicherung künftiger Forderungen geschlossen werden. Eine Klausel wonach die Grundschuld alle künftigen Ansprüche sichern soll, verstößt nach h. M. gegen § 305 c I BGB (früher § 3 AGBG).

Wird der Sicherungsvertrag lediglich nachträglich geschlossen, wenn bereits der Kredit gewährt worden ist, so handelt es sich nur um einen zweiseitigen Vertrag.

III. Rückübertragungsverpflichtung

1. Eine schuldrechtliche Rückübertragungspflicht besteht, wenn die Forderung nicht entsteht, untergeht oder mit einer dauernden Einrede behaftet ist. Der Schuldner hat nur dann an den Gläubiger zu zahlen, wenn der Grundschuldgläubiger die Grundschuld auf den Eigentümer zurück überträgt oder wenn er dem Schuldner die Eintragungsunterlagen aushändigt, welche für die Eintragung des Eigentümers als Grundschuldinhaber erforderlich sind. Bei Nichtbestehen der gesicherten Forderung ist die Grundschuld auf den Eigentümer zu übertragen. Dadurch tritt im Ergebnis die gleiche Rechtslage wie bei der Hypothek nach § 1163 BGB ein.

2. Die Befugnis des Schuldners einer Sicherungsgrundschuld, sich auf die persönlichen Einreden des Schuldners berufen zu können, wird regelmäßig im Sicherungsvertrag vereinbart. Ist die Forderung nicht durchsetzbar, so ist es auch die Grundschuld nicht. Damit wird die gleiche Wirkung wie nach § 1137 BGB erreicht.

D. Übertragung (Abtretung) der Grundschuld[22]

I. Abtretung der Sicherungsgrundschuld

Die Grundschuld ist ein veräußerliches Recht, das auf einen Dritten übertragen werden kann. Der Kreditgeber – etwa eine Bank – kann die Grundschuld an eine andere Bank verkaufen und übertragen. Regelmäßig werden Forderung und Grundschuld nach den für sie geltenden Vorschriften abgetreten. Eine besondere Verknüpfung beider wie im Hypothekenrecht (§ 1153) fehlt hier. Erforderlich ist daher ein doppelter Übertragungstatbestand: Forderungsabtretung und Grundschuldabtretung.

II. Form der Abtretung

1. Buchgrundschuld

Die Buchgrundschuld wird nach der allgemeinen Vorschrift des § 873 BGB durch Einigung und Eintragung auf den neuen Gläubiger übertragen (§ 1192 I BGB mit § 1154 III BGB). Nach § 1154 III BGB finden dann, wenn die Erteilung des Briefs ausgeschlossen ist, die Vorschriften der §§ 873, 878 BGB entsprechende Anwendung. Für die Abtretungserklärung bedarf es im Gegensatz zur Briefgrundschuld keiner besonderen Form. Ferner bedarf es der Verfügungsbefugnis des Veräußerers.

---

[22] Kollhosser, Neue Probleme bei Abtretung und Verpfändung von Grundschulden, JA 1979, 232; Maurer, Die Übertragung der Grundschuld nach § 873 I Fall 3 BGB: Schlichte Gesetzesanwendung und praktische Konsequenzen für § 399 Alt. 2 BGB, JuS 2004, 1045-1048.

2. Briefgrundschuld

Die Briefgrundschuld kann *auch* ohne Eintragung im Grundbuch erworben werden. Zur Übertragung sind nach §§ 1192 I, 1154 I BGB erforderlich: ein Abtretungsvertrag hinsichtlich der Grundschuld (§§ 413, 398 BGB), die schriftliche Form der Abtretungserklärung (§§ 1154 I, 1192 I BGB) und die Übergabe des Grundschuldbriefs. Ferner bedarf es der Verfügungsbefugnis des Veräußerers.

E. Gutgläubiger Erwerb der Sicherungsgrundschuld

I. Gutgläubiger Ersterwerb

Der wirksame Erwerb einer Grundschuld von einem Nichtberechtigten richtet sich nach § 892 BGB, der Nichtberechtigte muss also Bucheigentümer sein.

II. Gutgläubiger Zweiterwerb

Der gutgläubige Zweiterwerb, also die Abtretung durch einen Nichtberechtigten, richtet sich ebenfalls nach § 892 BGB, da es mangels Akzessorität nicht auf das Bestehen oder Nichtbestehen einer Forderung ankommt. Die Vorschrift des § 1138 BGB ist also hier weder notwendig noch anwendbar! Bei der Briefgrundschuld sind die §§ 1155, 1192 I BGB zu beachten. Danach reicht eine zusammenhängende, auf einen eingetragenen Gläubiger zurückführende Reihe von öffentlich beglaubigten Abtretungserklärungen bzw. entsprechender Akte nach § 1155 S. 2 BGB aus, um die Gutglaubenswirkung des § 892 BGB herbeizuführen.

F. Einfluss der Zahlung auf die Grundschuld[23]

Bei einer Zahlung können unterschiedliche Rechtsfolgen eintreten. Daher ist zu unterscheiden, wer worauf zahlt; wie die Tilgungsbestimmung des Leistenden auszulegen ist.

I. Zahlung durch Eigentümer-Schuldner (E = S)

Da der Schuldner dinglich und persönlich, also doppelt verpflichtet ist, gibt es zwei Möglichkeiten.

---

[23] Zahlung u. Verwertung: Seibert, Tilgungsbestimmung, Anrechnungsvereinbarung und Grundschuld, JuS 1984, 526 - 529; Bayer/Wandt, Das Verhältnis zwischen Bürgen und Grundschuldbesteller - BGH, NJW 1982, 2308, JuS 1987, 271 - 275; Oehler, Sicherungsgrundschuld - Folgen der Zahlung durch den Eigentümer - BGH NJW 1988, 2730, JuS 1989, 604; Geißler, Die Verwertung der Sicherungsgrundschuld in der Zwangsversteigerung, JuS 1990, 284; Meyer, Grundfälle zum Sicherungsgeberausgleich, JuS 1993, 559; Peters, Grundschuldzinsen, JZ 2001, 1017-1022; Bielefeld, Duldung der Zwangsvollstreckung?, Jura 2002, 153 - 155; Hattenhauer, Grundschuldverwertung und Erlösanrechnung - BGH, NJW 1998, 601, JuS 2002, 118 – 123; Preuß, Eigentümergrundschuld und Eigentümerhypothek, Jura 2002, 548-552; Reiner, Vollstreckung aus einer Grundschuld, JA 2004, 617-623; Schmelz, Der Sicherungsgeberausgleich, Jura 2005, 421 – 423.

1. Zahlung auf die Forderung

a) Wird auf die Forderung gezahlt, so erlischt sie gemäß § 362 I BGB. Damit entfällt der Sicherungszweck.

b) Die Grundschuld besteht weiter. Doch besteht ein Rückübertragungsanspruch aus der Sicherungsvereinbarung und § 1169 BGB. Nach dieser Vorschrift kann der Eigentümer dann, wenn ihm eine Einrede zusteht, durch welche die Geltendmachung des Grundpfandrechts dauernd ausgeschlossen wird (rechtszerstörende Einrede), verlangen, dass der Gläubiger auf das Grundpfandrecht verzichtet.

2. Zahlung des Eigentümers auf die Grundschuld

a) Wenn der Eigentümer auf die Grundschuld zahlt, also sie ablöst, dann erlischt die Forderung (arg. §§ 364 II, 788 BGB). Das ergibt sich aus Sinn und Zweck der Sicherungsabrede bzw. aus der Annahme, dass zugleich auf die Forderung geleistet wird.

b) Bei Zahlung auf die Grundschuld kommt der Grundstückseigentümer seiner Verpflichtung zur Zahlung aus dem Grundstück freiwillig nach. Der Grundschuldgläubiger ist damit befriedigt. Folglich kann die Grundschuld nicht als Fremdgrundschuld bestehen bleiben. Sie braucht aber auch nicht zu erlöschen, sondern wird kraft Gesetzes zu einer Eigentümergrundschuld. Allerdings ist die Begründung umstritten. Es gibt drei unterschiedliche Begründungen.

aa) Analoge Anwendung von §§ 1142, 1143 BGB

Nach § 1142 BGB kann ein Hypothekenschuldner, der nicht zugleich der persönliche Schuldner der Forderung ist, den Gläubiger befriedigen. Die Hypothek geht in diesem Fall auf ihn über. Der Hypothekenschuldner kann also in seiner Eigenschaft als Eigentümer des belasteten Grundstücks durch seine Zahlung den Übergang der Hypothek auf sich herbeiführen. Diese Befugnis steht wegen der gleichen Interessenlage auch einem Eigentümer zu, dessen Grundstück mit einer Grundschuld belastet ist. Analog § 1143 BGB kommt es zu einem Übergang der Grundschuld (insoweit ist „Forderung" durch „Grundschuld" zu ersetzen)

bb) Analoge Anwendung von § 1163 I 2 BGB

Die Vorschrift des § 1163 BGB betrifft die Eigentümerhypothek. Sie entsteht bei Nichtvalutierung. Aber auch dann, wenn die Forderung erlischt, erwirbt der Eigentümer die Hypothek bzw. hier die Grundschuld. Gegenargument: Die Vorschrift des § 1163 I 2 BGB setzt eigentlich die Akzessorietät der Hypothek voraus.

cc) Analoge Anwendung von §§ 1168, 1170, 1171 BGB

Nach § 1168 ist ein Verzicht auf das Grundpfandrecht möglich. Als Folge des Verzichts erwirbt es der Eigentümer. Die §§ 1170, 1171 BGB regeln weitere Einzelheiten. Gegenargument: Bei diesen Vorschriften handelt es sich um spezielle Vorschriften des Hypothekenrechts, die für eine analoge Anwendung nicht taugen.

3. Abgrenzung bezüglich der Zahlung

Es kommt allerdings darauf an, worauf der Eigentümer gezahlt hat. Dies richtet sich nach dem Sicherungsvertrag bzw. nach dem Willen des Zahlenden im Zeitpunkt der Zahlung.

a) Nach den Bank-AGB erfolgen Zahlungen auf die Forderung. Folglich erlischt die Forderung durch Erfüllung; die Grundschuld besteht hingegen weiter.

b) Fehlt eine Vereinbarung, so entscheidet der Wille des Zahlenden, der den Leistungszweck bestimmen kann. Wird der Wille nicht erklärt, so muss ausgelegt werden. Dabei kommt es auch auf die Interessenlage an.
aa) Wird die gesamte geschuldete Summe auf einmal gezahlt, so wird nach h. M. auf Forderung und Grundschuld gezahlt. Die Forderung erlischt durch Erfüllung (§ 362 BGB). Die Grundschuld geht kraft Gesetzes auf den Eigentümer über und wird zur Eigentümergrundschuld.
bb) Bei bloßer Ratenzahlung geht man nach dem mutmaßlichen Parteiwillen unter Berücksichtigung der Verkehrssitte davon aus, dass nur auf die Forderung geleistet wird. Die Grundschuld besteht weiter. Es tritt keine Vereinigung von Eigentum und Grundschuld ein; die Vorschrift des § 1179a BGB greift nicht ein.

II. Zahlung durch Nichteigentümer-Schuldner

1. Zahlt der Nichteigentümer-Schuldner auf die Forderung, so wird regelmäßig die Forderung erfüllt (§§ 267, 362 BGB). Sie erlischt durch Erfüllung. Die Grundschuld bleibt – da nicht akzessorisch – bestehen. Der Gläubiger ist aber verpflichtet, die Grundschuld auf den Eigentümer zu übertragen. Es entsteht ein Rückübertragungsanspruch. Der zahlende Schuldner kann daher vom Grundschuldgläubiger aufgrund einer Vereinbarung oder kraft Gesetzes (§§ 1192, 1167 BGB) die Herausgabe des Grundschuldbriefes und die Abtretungserklärung zugunsten des Eigentümers verlangen, weil er ein rechtliches Interesse an der Berichtigung des Grundbuchs hat.

2. Zahlt der Nichteigentümer-Schuldner auf die Grundschuld, so wird dies entweder als Leistung des Eigentümers behandelt oder als Zahlung eines Dritten auf die Grundschuld.

III. Zahlung durch Eigentümer-Nichtschuldner[24]

1. Zahlt ein Eigentümer, der nicht Schuldner der Forderung ist (Eigentümer-Nichtschuldner) und ist im Sicherungsvertrag nicht geregelt, worauf gezahlt wird, so kommt es zunächst darauf an, wie die Zahlung zu verstehen ist. Dies ist eine Frage der Auslegung. Insofern gilt folgendes:

---

[24]   4. Aufl., § 1191 Rd. Nr. 120.

a) Der Eigentümer zahlt regelmäßig zur Ablösung der Grundschuld auf die Grundschuld. Daher entsteht nach allgemeiner Meinung eine Eigentümergrundschuld. Nach h. M. sind die §§ 1142 BGB (Befriedigungsrecht des Eigentümers) und 1143 BGB (Übergang der Forderung) anzuwenden. Nach § 1142 I BGB ist der Eigentümer berechtigt, den Gläubiger zu befriedigen, wenn der persönliche Schuldner zur Leistung berechtigt ist. Der Begriff „Forderung" in § 1143 I ist hier mit „Grundschuld" zu ersetzen, denn die persönliche Forderung geht mangels Akzessorität gerade nicht über! Nach a. A. ist entweder § 1163 I 2 BGB oder §§ 1168, 1170 BGB analog anzuwenden.

b) Die Forderung erlischt bei der Zahlung auf die Grundschuld durch den Eigentümer nicht. Sie geht auch nicht kraft Gesetzes auf den Eigentümer über. Vielmehr kann der Eigentümer aus dem Sicherungsvertrag lediglich die Abtretung der Forderung an sich verlangen.

2. Bei Zahlung auf die Forderung erlischt diese (§§ 362, 276 I 1 BGB). Die Grundschuld bleibt Fremdgrundschuld; der Rückgewähranspruch wird unbedingt. Z. T. wird hier noch weiter differenziert.

IV. Zahlung durch ablösungsberechtigten Dritten

1. Bei der Zahlung durch einen ablösungsberechtigten Dritten **auf die Forderung** erwirbt er sie gemäß § 268 III 1 BGB.

2. Erfolgt eine Zahlung auf die Grundschuld, so erlischt die Forderung nicht.[25] Der Dritte erwirbt die Grundschuld. Das ergibt sich aus §§ 1192 I, 1150, 268 III BGB.

V. Zahlung durch sonstigen Dritten

1. Zahlung auf die Forderung

Zahlt ein nicht ablösungsberechtigter, beliebiger Dritter, um die Forderung zu tilgen (§ 267), so erlischt die Forderung (§§ 362, 267 I BGB). Die Grundschuld bleibt bestehen. Der Eigentümer kann vom Grundschuldgläubiger die Rückübertragung der Grundschuld verlangen. Er kann sich dafür regelmäßig auf den Sicherungsvertrag stützen.

2. Zahlung auf die Grundschuld

a) Im Allgemeinen will der zahlende Dritte Forderung und Grundschuld erwerben. Er schließt mit dem Grundschuldgläubiger einen entsprechenden Vertrag. Darin verkauft der Grundschuldgläubiger die Grundschuld und verpflichtet sich, Forderung und Grundschuld zu übertragen. Der Dritte verpflichtet sich seinerseits, den Kaufpreis in Höhe der noch offenen Forderung zu zahlen. In Erfüllung

---

[25]   Arg. § 364 II, 788 BGB; Palandt/Bassenge, § 1191 Rd. Nr. 35; a. A. Müko/Eickmann § 1191 Rd. Nr. 127.

dieses Kaufvertrages wird dann an den zahlenden Dritten die Forderung gemäß § 398 BGB und die Grundschuld gemäß § 1154 BGB abgetreten.

b) Zahlt er im Übrigen auf die Grundschuld, so wird sie Eigentümergrundschuld (analog § 1143 BGB oder § 1163 I 2 BGB oder §§ 1168, 1170 BGB). Die gesicherte Forderung erlischt nicht.[26]

VI. Nebeneinander von Grundschuld und Bürgschaft

Nach h. M. sind Bürgschaft und Grundschuld von Gesetzes wegen gleichstufige Sicherungsmittel mit der Folge, dass die Sicherungsgeber einander grundsätzlich wie Gesamtschuldner ausgleichspflichtig sind.

G. Erlöschen

Durch Befriedigung des Gläubigers aus dem Grundstück erlischt die Grundschuld (§§ 1181, 1192 I BGB). Für die Zwangsversteigerung des Grundstücks folgt dies schon aus §§ 10 I Nr. 4, 91 I ZVG. Die Grundschuld kann nach §§ 1183, 875, 1192 I BGB auch aufgehoben werden.

H. Verwertung

Die Grundschuld gibt dem Inhaber einen Anspruch auf Duldung der Zwangsvollstreckung. Der Eigentümer des belasteten Grundstücks haftet mit der Grundschuld nicht persönlich für die Forderung, sondern nur mit dem Grundstück. Sofern sich der Eigentümer in einer vollstreckbaren Urkunde nach § 794 I 1 Nr. 5 ZPO der sofortigen Zwangsvollstreckung in sein Grundstück unterworfen hat (nach § 800 ZPO ist dies auch gegen den jeweiligen Eigentümer möglich), kann der Gläubiger sofort die Verwertung betreiben. Hat der Gläubiger dies versäumt, muss er auf Duldung der Zwangsvollstreckung klagen. Grundlage für die Zwangsvollstreckung ist dann das stattgebende Urteil (§ 704 ZPO). Die Vollstreckung erfolgt durch Zwangsversteigerung oder -verwaltung (siehe ZVG). Voraussetzungen für den Duldungsanspruch aus § 1147 BGB sind:

I. Bestehen einer wirksamen Grundschuld des Gläubigers

Die Grundschuld muss wirksam entstanden und ggf. wirksam übertragen worden sein

II. Fälligkeit der Grundschuld

Die Fälligkeit einer Sicherungsgrundschuld richtet sich grundsätzlich nach den Vereinbarungen im Sicherungsvertrag (§ 1193 II BGB). Häufig wird dort vereinbart, dass die Grundschuld fristlos kündbar oder aber sofort fällig ist. Sofern nichts vereinbart wird, ist die Grundschuld erst nach Kündigung fällig, wobei eine Frist von 6 Monaten einzuhalten ist (§ 1193 I BGB).

---

[26]   Palandt/Bassenge § 1191 Rd. Nr. 35; a. A. Rimmelspacher S. 201.

III. Keine Einwendungen bzw. Einreden

I. Umfang der Haftung, Haftungsverband, Enthaftung

Für die Zinsen der Grundschuld gelten die Vorschriften über die Zinsen einer Hypothekenforderung (§ 1192 II BGB). Es bestehen sonst keine Besonderheiten gegenüber der Hypothek.

J. Einwendungen und Einreden bei der Sicherungsgrundschuld[27]

Ebenso wie bei der Hypothek droht dem Eigentümer auch bei der Geltendmachung der Grundschuld der Verlust des Grundstücks. Der Eigentümer ist daher gemäß § 1142 BGB berechtigt, den Gläubiger zu befriedigen. Sofern die Voraussetzungen dafür vorliegen, kann der Eigentümer der Geltendmachung der Grundschuld gegenüber aber auch Einwendungen oder Einreden entgegensetzen. Die Regelungen in dem zwischen Eigentümer und Sicherungsnehmer geschlossenen Sicherungsvertrag spielen hier eine besonders wichtige Rolle.

I. Einwendungen und Einreden hinsichtlich der Forderung

Die Sicherungsgrundschuld ist nicht abhängig von der gesicherten Forderung. Mängel bei der Entstehung bzw. das Erlöschen der Forderung berühren die Grundschuld nicht. Da § 1163 I BGB auf die Grundschuld nicht anwendbar ist, wird sie in diesen Fällen nicht zu einer Eigentümergrundschuld. Auch (rechtshemmende) Einreden gegen die Forderung können mangels Akzessorität nicht gegen die Grundschuld geltend gemacht werden, § 1137 BGB ist auf die Grundschuld nicht anwendbar. Einreden können daher grundsätzlich nur der Forderung entgegengesetzt werden, nicht jedoch auch dem Duldungsanspruch aus der Grundschuld. Im Sicherungsvertrag kann aber vereinbart werden, dass der Eigentümer diese Einreden gegen die Grundschuld geltend machen kann (siehe dazu unten).

II. Einwendungen und Einreden hinsichtlich der Sicherungsgrundschuld

1. Einwendungen

Bezüglich der Einwendungen bestehen im Vergleich zur Hypothek keine Besonderheiten. Mängel bei der Entstehung der Grundschuld können vom Eigentümer geltend gemacht werden (etwa Nichtigkeit der Einigung); ebenso die fehlende Berechtigung des Grundschuldgläubigers, etwa wenn sich durch Zahlung auf die Grund-

---

[27] Einwendungen und Einreden: Ahrens, Von der Position als Sicherungsvertragspartei unabhängige Einreden gegen die Sicherungsgrundschuld auf Grund des Kausalgeschäfts, AcP 200 (2000) 123-148; Baden, § 1157 und das Einredesystem der Sicherungsgrundschuld, JuS 1977, 75; Löhnig/Schärtel, Einreden aus dem Sicherungsvertrag gegen die Duldung der Zwangsvollstreckung - BGH, NJW 2003, 2673, JuS 2004, 375 – 379 (Erläuterung zum geringsten Gebot, Haftung für Grundpfandrechte, die der Ersteigerer übernimmt).

schuld diese in eine Eigentümergrundschuld umgewandelt hat. Es besteht aber die
Möglichkeit des gutgläubigen Erwerbs gemäß § 892 I S. 1 BGB.

2. Einreden

a) Fehlen oder Unwirksamkeit des Sicherungsvertrags
   Fehlt ein Sicherungsvertrag oder ist er anfänglich oder nachträglich unwirksam,
   wird der Bestand der Sicherungsgrundschuld grundsätzlich nicht berührt. Es besteht aber dann ein Anspruch auf Rückgewährung der Grundschuld gemäß § 812
   I 1 BGB. Dieser kann dem Duldungsanspruch aus der Grundschuld als Einrede (§ 821 BGB) entgegengesetzt und durch Widerspruch gesichert werden, um
   einen gutgläubigen einredefreien Erwerb nach § 1157 BGB zu verhindern.

b) Nichtvalutierung oder Erlöschen der Forderung
   Auch wenn das Nichtbestehen oder der Untergang der gesicherten Forderung
   keine direkte Einwendung gegen die Grundschuld gibt, ergibt sich allerdings
   regelmäßig aus dem Sicherungsvertrag, dass, sofern die Forderung nicht entsteht
   bzw. untergeht, die Grundschuld an den Eigentümer zurück zu übertragen ist.
   Diese Pflicht kann gegenüber dem Duldungsanspruch des Grundschuldgläubigers als Einwendung geltend gemacht werden. Gestützt wird die Einrede entweder auf §§ 821, 320 BGB oder § 242 BGB.

c) Sonstige Einreden
   Auch andere Einreden aus dem Sicherungsvertrag oder weiteren Vereinbarungen
   zwischen Grundschuldgläubiger und Eigentümer gegen die Grundschuld können
   geltend gemacht werden (Bsp.: Leistungsverweigerungsrechte wie Stundung).
   Verjährung ist bei eingetragener Grundschuld wegen § 902 I 1 BGB nicht möglich. Wird die Grundschuld durch eine deliktische Handlung erlangt, kann auch
   die Arglisteinrede gemäß § 853 BGB erhoben werden. Ferner wird im Sicherungsvertrag regelmäßig vereinbart (ggf. auch konkludent), dass der Eigentümer gegenüber dem Gläubiger auch die Einreden geltend machen kann, die dem
   Schuldner der persönlichen Forderung gegen diese zustehen. Hinsichtlich der
   Verjährung ist in diesem Fall § 216 BGB zu beachten.

d) Wirkung von Einreden gegenüber einem Erwerber der GrundschuldEinre-
   den zwischen dem Eigentümer und alten Gläubiger wirken nach Maßgabe der
   §§ 1157, 1192 I BGB auch gegenüber einem neuen Gläubiger.

e) Gutgläubiger einredefreier Erwerb
   § 1157 S. 2 BGB ist auf die Grundschuld über § 1192 I BGB anwendbar. Einredefreier Erwerb kann durch Eintragung der Einrede ins Grundbuch verhindert
   werden. Bösgläubigkeit liegt nach h. M. allerdings nicht schon bei alleiniger
   Kenntnis vom Sicherungszweck vor, sondern erfordert auch Kenntnis von den
   einredebegründenden Tatsachen.

f) Anspruch des Eigentümers bei dauernden Einreden

Gemäß §§ 1169, 1192 I BGB kann der Eigentümer, wenn die Geltendmachung der Grundschuld durch eine Einrede dauernd ausgeschlossen ist, vom Gläubiger verlangen, dass dieser auf die Grundschuld verzichtet (§ 1168 BGB) oder an einen Dritten abtritt.

g) Einwendungen und Einreden aus dem Sicherungsvertrag bei Wechsel des Grundstückseigentümers
Geht das Grundstück auf einen neuen Eigentümer über, kann dieser grundsätzlich keine Einreden aus einem Sicherungsvertrag zwischen dem früheren Eigentümer (Sicherungsgeber) und dem Gläubiger (Sicherungsnehmer) geltend machen, wenn nicht zugleich die Darlehensschuld auf ihn übergeht.[28]

III. Getrennte Abtretung von Forderung und Grundschuld

1. Die Übertragung von Grundschuld und gesicherter Forderung erfordert zwei Übertragungsgeschäfte – Forderungsabtretung und Grundschuldabtretung. Sofern die Abtretung der Grundschuld nicht gemäß §§ 399, 413 BGB ausgeschlossen ist, kann es, da § 1153 BGB auf die Grundschuld nicht anwendbar ist, zu einem Auseinanderfallen der Inhaberschaft von Forderung und Grundschuld kommen (sog. isolierte Abtretung). Regelmäßig wird dadurch der Sicherungsvertrag verletzt, die getrennten Abtretungen sind aber wirksam. Bei Geltungmachung der Forderung kann der Schuldner aber die Zahlung gemäß § 273 BGB (Zurückbehaltungsrecht) verweigern, solange der Gläubiger nicht seine Verpflichtung zur Rückübertragung der Grundschuld erfüllen kann. Gemäß § 404 kann diese Einrede auch gegenüber einem Erwerber der Forderung geltend gemacht werden.

2. Dem Erwerber der Grundschuld gegenüber kann die Einrede der Rückübertragungspflicht erhoben werden, soweit diese Pflicht schon entstanden ist. Allerdings kann hier der Erwerber die Grundschuld nach § 1157 BGB gutgläubig einredefrei erworben haben. Hiergegen kann sich der Eigentümer nur durch Eintragung der einzelnen Einreden ins Grundbuch schützen.

K. Eigentümergrundschuld und Eigentümerhypothek

Sofern der Eigentümer Inhaber eines Grundpfandrechts an seinem Grundstück ist, wird dieses Recht zu einer Eigentümergrundschuld bzw. unter bestimmten Umständen eine Eigentümerhypothek.

I. Bestellung als Eigentümergrundschuld

Eine Eigentümergrundschuld kann zum einen dadurch entstehen, dass der Eigentümer für sich selbst eine Grundschuld bestellt (§ 1196 BGB). Dies geschieht unter anderem zu dem Zweck, um den Eigentümer eine bestimmte Rangstelle im Grundbuch zu sichern. Eine solche Grundschuld ist dem Eigentümer für eine spätere Kreditaufnahme dienlich.

---

[28]   BGH 21.3.2003, BGHZ 155, 63; siehe dazu auch Löhnig/Schärtl, JuS 2004, 375.

II. Gesetzliche Entstehung einer Eigentümergrundschuld

1. Nichtbestehen der einer Hypothek zu Grunde liegenden Forderung

Wird eine Hypothek bestellt und kommt die Forderung nicht zur Entstehung, so steht die Hypothek dem Eigentümer zu (§ 1163 I S. 1 BGB). Nach § 1163 II BGB gilt dies auch für eine Briefhypothek bis zur Briefübergabe. Gemäß § 1177 I S.1 BGB besteht dann eine Eigentümergrundschuld.

2. Erlöschen der einer Hypothek zu Grunde liegenden Forderung

Erlischt die einer Hypothek zu Grunde liegende Forderung, erwirbt der Eigentümer die Hypothek (§ 1163 BGB), die Hypothek wird zur Eigentümergrundschuld (§ 1177 I BGB).

3. Unwirksamkeit der Hypothek

Entsteht das dingliche Recht nicht wirksam (etwa bei unwirksamer Einigung), kann auch später keine Eigentümergrundschuld entstehen.[29]

4. Verzicht auf die Hypothek

Verzichtet der Gläubiger auf die Hypothek, so erwirbt sie der Eigentümer (§ 1168 BGB).

III. Zusammenfallen von Forderung und Hypothek beim Eigentümer (Eigentümerhypothek)

Nach § 1177 II BGB bestimmen sich die Rechte aus der Eigentümerhypothek nach den Vorschriften für eine Eigentümergrundschuld. Das Recht bleibt aber eine Hypothek, ist also keine Eigentümergrundschuld. Dies ist dann der Fall, wenn der Eigentümer nicht persönlicher Schuldner ist und nach § 1143 BGB Forderung und Hypothek erwirbt.

IV. Rechte des Eigentümers aus der Eigentümergrundschuld

Der Eigentümer hat die Möglichkeit, die Hypothek auf sich umschreiben oder löschen zu lassen oder er kann sie auf einen anderen übertragen.

V. Rangsicherung und Löschungsansprüche

1. Durch die Nutzung der Eigentümergrundschuld zur Rangsicherung (siehe schon oben I.) werden Inhaber anderer dinglicher Rechte benachteiligt. Inhaber von Grundpfandrechten können unter den Voraussetzungen des § 1179a BGB die Löschung der Eigentümergrundschuld verlangen. Inhaber anderer dinglicher Rechte haben nur die Möglichkeit, dies rechtsgeschäftlich zu vereinbaren und können dann gemäß § 1179 BGB die Eintragung einer Löschungsvormerkung in das Grundbuch eintragen lassen.

2. Ferner kann auch derjenige, der als Gläubiger einer Hypothek eingetragen bzw. nach § 1155 BGB ausgewiesen ist, nach § 1179b BGB die Löschung des Rechts

---

[29]   Umstritten, vgl. Palandt/Bassenge § 1163 Rd. Nr. 1.

verlangen, wenn dieses mit dem Eigentum in einer Person vereinigt ist bzw. die Vereinigung eintritt (die Hypothek also nie entstand bzw. nicht mehr besteht).

L. Inhabergrundschuld

Eine spezielle Grundschuld stellt die Inhabergrundschuld dar (§ 1195 BGB). Der Grundschuldbrief wird hier auf den Inhaber ausgestellt. Die Vorschriften über Inhaberschuldverschreibungen finden entsprechende Anwendung. Die Übertragung des Briefs erfolgt daher nach den §§ 929 ff BGB.

M. Rentenschuld

Erwähnt sei noch die Möglichkeit der Bestellung einer Rentenschuld (§§ 1199 ff. BGB) als Sonderform der Grundschuld, auf Grund derer der Eigentümer verpflichtet ist, an den Inhaber der Rentenschuld in regelmäßig wiederkehrenden Terminen eine bestimmte Geldsumme aus dem Grundstück zu zahlen.

Fall 29: Der verkaufte Kredit –
Finanzierungsoptimierung à la banque

Sachverhalt

Häuslebauer Theo Treu (T) hat bei seiner Sparkasse (S) einen Kredit aufgenommen, welcher durch eine erstrangige Grundschuld auf seinem privaten von ihm bewohnten Grundstück abgesichert worden ist. In den einschlägigen Verträgen hat sich T hinsichtlich des Grundstücks der sofortigen Zwangsvollstreckung unterworfen. Kurz darauf will sich S refinanzieren. Also veräußert sie „den gesicherten Kredit" an die weltweit operierende und von Wirtschafts-Rating-Agenturen mit Bewertungskategorie „A" gerankte Super-Credit-Dooper-Hooper-Corporation mit Sitz in Delaware, USA (C). Diese muss sich wegen trotz allumfassender Optimierungs-Kompetenzen eingetretener finanzieller Miseren möglichst bald rückfinanzieren. C macht daher ihre mehr oder weniger vermeintlichen Rechte „aus dem Kredit" gegen T geltend, nachdem sie hinsichtlich der Grundschuld eine Kündigung unter Einhaltung einer Sechs-Monats-Frist eingehalten hat. In der Tat ist nach den zugrunde liegenden Vertragsbedingungen die Rückzahlung unstreitig fällig geworden. T erwidert wahrheitsgemäß, dass er in Unkenntnis von der Abtretung den Kredit nachträglich an S zurückgezahlt habe. Entsprechend könne C auch aus der Grundschuld keine Rechte mehr geltend machen. C kontert ebenfalls wahrheitsgemäß, dass sie von dieser nachträglichen Schuldtilgung keine Kenntnis hatte.

Frage a):

Ausgangsfall:
a) Welche Rechte könnte C gegen T geltend machen? Es ist davon auszugehen, dass sich T wirksam auch gegenüber C der sofortigen Vollstreckbarkeit unterworfen hat. Die sonstigen Vollstreckungsvoraussetzungen (insbesondere vollstreckbare Ausfertigungen der Urkunde, §§ 795, 724 ZPO[1]) liegen vor.

b) Wie wäre es, wenn T den Kredit bereits vor Abtretung getilgt hätte? Gehen Sie auch auf statthafte Rechtsmittel ein. C war über diese Zahlung nichts bekannt.

c) Wie wäre es, wenn T den Kredit noch nicht zurückgezahlt hätte, aber die Zahlungen noch gar nicht fällig geworden wären? Auch hierüber hatte C keinerlei Kenntnis.

---

[1]   S. dazu etwa Dieckmann BWNotZ 2009, 144.

I. Czeguhn, C. Ahrens, *Fallsammlung zum Sachenrecht*, Juristische ExamensKlausuren,   291
DOI 10.1007/978-3-642-13139-4_29, © Springer-Verlag Berlin Heidelberg 2011

d) Wie wäre es zu c), wenn es sich bei dem Grundpfandrecht nicht um eine Grund-schuld, sondern um eine Hypothek gehandelt hätte?

e) Wie wäre es, wenn T sein belastetes Grundstück auf seine Frau Elfriede Treu (E) übertragen hätte? Welche Rechte könnte C nun aus der Grundschuld geltend machen? Gehen Sie davon aus, dass das Darlehen noch nicht fällig geworden ist.

Auf internationalprivatrechtliche Fragen ist nicht einzugehen (s. insoweit die Hin-weise in den Fußnoten für Interessierte).[2]

Frage:
Rechte der C gegen T

Lösung

A. Rechtsmittel, Zulässigkeitsfragen:[3]

T könnte gegen die Vollstreckung in sein Grundstück eine Vollstreckungsgegen-klage (auch Vollstreckungsabwehrklage genannt) erheben. Als ein besonderer Titel liegt eine vollstreckbare Urkunde vor, in welcher sich S zur sofortigen Zwangsvoll-streckung in sein Grundstück unterworfen hat. Diese Urkunde ist ein eigener Titel (§ 794 I Nr. 5 ZPO, zur Anwendbarkeit der Rechtsmittel s. § 795 ZPO).[4]

> Auf solche Erklärungen, welche in der Praxis der Vertragsgestaltung häufig vorkommen, ist stets zu achten. Sie haben den Vorteil, dass für die jewei-lige Rechtsdurchsetzung ein Prozess entbehrlich sind, aber den Nachteil, dass der Unterwerfende nun ohne Urteil Vermögen einem sofortigen Zugriff

---

[2] Hier nur ein paar kurze Anmerkungen: Die Abtretbarkeit wie auch die Abtretung einer Forderung richten sich grundsätzlich nach dem Recht, welchem die Forderung unterliegt; dies ist wiederum abhängig davon, nach welchem Recht sie entstanden ist – daher wäre hier deutsches Recht ein-schlägig (Der Darlehensvertrag wies, als er geschlossen wurde, gar keinen Auslandsbezug auf und unterfiel damit unproblematisch dem BGB). Die Grundschuld richtet sich ebenfalls nach deutschem Recht, denn insoweit ist das Recht des Staates einschlägig, in welchem sich das Grundstück be-findet (Recht der belegenen Sache oder auch lex rei sitae, s. Art. 43 I EGBGB), s. jeweils Ahrens, Europäisches und Internationales Wirtschaftsprivatrecht, Rd.Nr. 328 ff. sowie 307 ff. (Für die For-derungsabtretung noch auf Art. 33 EGBGB abstellend, welcher seit 17.12.2009 durch den aber in-haltsgleichen Art. 14 Rom-I-VO ersetzt worden ist, so dass sich an der a.a.O. geschilderten Struktur nichts ändert; vgl. zu dieser Änderung schon Ahrens a.a.O. Rd.Nr. 60).

[3] Auch hier ein Hinweis zu grenzüberschreitenden Aspekten: Da es um eine Vollstreckung im Inland geht, greift das nationale Verfahrensrecht. Insoweit ist nämlich die deutsche Gerichtsbarkeit zu-ständig, welche stets nach den Grundsätzen der lex fori ihr eigenes, d.h. deutsches, Verfahrensrecht anwendet, s. dazu Ahrens Rdn. 529, 536. An sich kann auch aus einem Titel nach fremdem Recht vollstreckt werden, aber hier bietet sich die Vollstreckung aus der Urkunde an. Da die dort ent-haltene Erklärung eine Verfahrenshandlung darstellt, gilt insoweit auch die lex fori und damit das deutsche Recht (§§ 794 I, 795 ZPO).

[4] S.a. Özen/Hein, JuS 2010, 125 (auf den folgenden Seiten auch zur Zulässigkeitsprüfung – allerdings ist die Analogie zu § 767 ZPO anders als a.a.O. dargestellt nicht einem Analogieschluss seitens des BGH zu verdanken, sondern sie folgt schon aus dem Gesetz).

preisgibt. Hier kann ihm die erwähnte Vollstreckungsabwehrklage helfen, die nun gewissermaßen zu einem Rollentausch führt: Nicht der Anspruchsinhaber muss klagen (Er hat seinen Titel schon), sondern der Anspruchsgegner (Er muss sich gegen den Titel verteidigen, welchen ansonsten der Anspruchsinhaber in Form eines Urteils sich erst selbst erstreiten müsste).

Die Vollstreckungsunterwerfung kann sich hinsichtlich des dinglichen Rechts nur auf den Zugriff auf das Grundstück beziehen. Daneben kann man sich durchaus zusätzlich noch mit seinem restlichen Vermögen in einer Urkunde der sofortigen Vollstreckung unterwerfen. Verstöße gegen § 307 BGB (unabhängig von der Wirksamkeit einer Individualvereinbarung) kommen dann in Betracht, wenn der sich Unterwerfende nicht mit dem persönlichen Schuldner identisch ist, also wenn er für eine fremde Schuld eine Grundschuld bestellt hat.[5] Trotz der Anwendbarkeit des AGB-Rechts handelt es sich bei der Vollstreckungsunterwerfungserklärung um keine vertragliche Regelung, sondern um eine eigene einseitige (!) Erklärung, welcher eine vertragliche Verpflichtung zugrunde legen kann. Sie ist verfahrensrechtlicher Natur und als solche nicht einmal empfangsbedürftig.[6]

Weiterhin käme es in Betracht, mögliche Vollstreckungen durch einstweilige Anordnungen zu unterbinden (§ 769 ZPO). Umgekehrt wäre es C nicht anzuraten, eine Vollstreckung aus der Urkunde vor Entscheidung über die Klage anzustrengen. Wenn nämlich die Vollstreckung später für unzulässig erklärt würde, würde C verschuldensunabhängig (!) auf Schadensersatz haften (§ 799 a ZPO, seit 19.8.2008).

§ 799 a ZPO ist durch das Risikobegrenzungsgesetz eingeführt worden, welcher insbesondere für das Sachenrecht die Norm des § 1192 I a BGB gebracht hat (dazu nachfolgend).[7]Bis zur Beendigung der Zwangsvollstreckung stellt diese Norm in Verbindung mit der Naturalrestitution (§ 249 I BGB) an sich auch einen materiellen Anspruch auf Einstellung der Zwangsvollstreckung zur Verfügung, welcher neben die verfahrensrechtlichen Behelfe der §§ 767 ff. ZPO tritt (so dass an sich eine Leistungsklage mit Unterlassungsbegehren und einer einstweiligen Verfügung, § 940 ZPO neben bzw. anstelle der Vollstreckungsgegenklage zulässig wäre[8]). Nach Beendigung der Zwangsvollstreckung zeigt § 799 a ZPO seine eigentliche Wirkung, denn er gewährt i. V. m. § 251 I BGB einen Schadensersatzanspruch in Geld (was die Vollstreckungsgegenklage nicht tut).

---

[5]   S. zu formularmäßigen Vollstreckungsunterwerfungen BGHZ 99, 274; BGH NJW-RR 2006, 490; BGHZ 114, 9.

[6]   S. dazu BGH NJW-RR 2007, 749 f.

[7]   Verschuldensunabhängige Haftungsansprüche kennt das geltende Recht in vergleichbarer Weise traditionell auf dem Gebiet des vorläufigen Rechtsschutzes, s. § 945 ZPO.

[8]   S. dazu auch etwa Scheuch, in: Prütting/Gehrlein § 799 a Rdn. 5.

Hinsichtlich der möglichen Ansprüche aus dem Darlehensvertrag müsste C hingegen noch einen Titel erwirken. Die sofortige Vollstreckbarkeitserklärung bezog sich allein auf den Zugriff auf das Grundstück. Insoweit kann es um Rechtsmittel des C noch gar nicht gehen, vielmehr muss C von sich aus ein ihr stattgebendes Urteil erstreiten.[9] Im Folgenden wird daher allein die Vollstreckungsgegenklage gegen den Titel nach § 794 I Nr. 5 ZPO weiter verfolgt.

I. Die Klage ist gegen die Vollstreckung an sich statthaft (s. a. § 795 ZPO). Die Präklusionsvorschrift des § 767 II ZPO gilt hier nicht, da infolge der Unterwerfung unter die sofortige Zwangsvollstreckung (§ 794 I Nr. 5 ZPO) keine Rechtskraft eines gerichtlichen Urteils (s. § 322 ZPO) unterlaufen würde (§ 797 IV ZPO).

II. Es greift der allgemeine Gerichtsstand des Schuldners T, also derjenige seines Wohnsitzes (§§ 797 V, 12, 13 ZPO, 7 BGB). § 23 ZPO ist nicht einschlägig, da C ausweislich des Sachverhalt einen Wohnsitz in Deutschland innehat. Der Gerichtsstand ist ausschließlich (§ 802 ZPO) und kann daher nicht durch Vereinbarung oder rügelose Einlassung abgeändert werden (§ 40 II, 1 Nr. 2 und Satz 2 ZPO). Sachlich wird das Landgericht zuständig sein (s. § 71 I, 23 Nr. 1 GVG – der Streitwert wird ganz ohne Zweifel über den maßgeblichen 5.000 € liegen).

III. Ansonsten gelten die Vorschriften der Klageerhebung entsprechend (§§ 253 ff. ZPO). Auch das Verfahren richtet sich nach denjenigen des Erkenntnisverfahrens.

B. Die Klage müsste begründet sein bzw. C dürfte dann keine Rechte gegen T geltend machen können. Da C laut Sachverhalt „sämtliche Rechte aus dem Kredit" gegen T geltend macht, sind sowohl die schuldrechtlichen als auch die dinglichen Ansprüche zu prüfen.

I. Zunächst könnte man die Frage aufwerfen, ob die Erklärung der Unterwerfung unter die sofortige Vollstreckbarkeit auch zugunsten der C wirkt. Es muss insoweit zum Ausdruck kommen, dass diese Erklärung nicht allein auf die Zedentin (S) beschränkt ist (wobei C dann eines eigenen Titels bedürfte).[10] Laut Bearbeitervermerk ist hiervon aber auszugehen.

II. C könnte gegen T Ansprüche auf Darlehensrückzahlung haben, § 488 I 2 BGB.

---

[9]   Dies kann durch eine Klage im Inland geschehen. Sofern ein fremdes Prozessrecht (etwa das US-amerikanische) eine Klage im Ausland zuließe, würde sich auch die Erwirkung eines Titels (hier: eines Urteils bzw. einer sonstigen Gerichtsentscheidung) nach fremden Recht anbieten (welcher in Deutschland anerkannt und noch einmal besonders für vollstreckbar erklärt werden müsste, s. dazu Ahrens Rdn. 535, 536). Die Vollstreckung würde wieder nach lex fori und damit, wenn im Inland, nach deutschem Recht vonstatten gehen.

[10] S. dazu BGH NJW 2010, 2042 ff. sowie zur Zulässigkeit der Unterwerfungserklärung auch gegenüber noch gar nicht bekannten künftigen Zessionaren.

1. Ein Darlehensvertrag wurde geschlossen, allerdings zwischen T und S. C hat jedoch laut Sachverhalt die Forderung im Abtretungswege erworben (§ 398 BGB):

2. Allerdings hat S in Unkenntnis der Abtretung das Darlehen an S, die Zedentin, zurückgezahlt. Damit ist er gem. § 407 I BGB von seiner Schuld auch gegenüber der Zessionarin C frei geworden.

3. Damit hat C keinen Anspruch (Sie kann gem. § 816 II BGB den an S gezahlten Betrag von dieser heraus verlangen.[11] Ein solches würde sich an sich schon aus den Vertragsbeziehungen zwischen S und C ergeben, denn mit den Abtretungen bzw. den zugrunde liegenden Kausalgeschäften hat S sich verpflichtet, die Erträgnisse aus den Kreditgeschäften allein C zukommen zu lassen. Damit kann man mit Fug und Recht annehmen, dass bei nicht dem Schuldner angezeigten Zessionen eine konkludente Pflicht zur Herausgabe von diesen geleisteten Beträgen übernommen wurde).

III. Weiter könnte C einen Anspruch gegen T auf Duldung der Zwangsvollstreckung aus der Grundschuld haben (§§ 1192 I, 1147 BGB).

1. Eine Grundschuld wurde wirksam bestellt (§ 873 BGB).

2. Sie wurde laut Sachverhalt wirksam auf C übertragen (§§ 1192 I, 1154 BGB oder § 873 BGB). Der Sachverhalt lässt offen, ob dies durch Einigung und Grundschuldbriefübertragung oder durch Eintragung der C in das Grundbuch erfolgte – in jedem Fall ist die Zession erfolgt.

> § 1154 BGB ist auf die Grundschuld anwendbar, muss aber infolge deren Inakzessorietät anders gelesen werden: Es wird nicht die Forderung übertragen, sondern die Grundschuld selbst.
>
> Faustregel für die Frage, welche Vorschrift des Hypothekenrechts auf die Grundschuld anwendbar ist: Lesen Sie die jeweilige Vorschrift des Hypothekenrechts, aber ersetzen Sie jeweils das Wort „Forderung" durch „Grundschuld" ebenso wie das Wort „Hypothek" durch das Wort „Grundschuld", kurz: dass die Vorschrift allein nur noch von Grundschulden spricht. Macht der Satz der jeweiligen Vorschrift dann noch Sinn, können Sie von einer entsprechenden Anwendbarkeit nach § 1192 I BGB ausgehen.[12]

---

[11]   International-privatrechtliche Anmerkung: Auch insoweit wäre in Orientierung an der getilgten Forderung deutsches Recht anwendbar, Ahrens, Europäisches und Internationales Wirtschaftsprivatrecht, Rd.Nr. 328.

[12]   S. zu den anwendbaren Vorschriften des Hypothekenrechts auch Goertz/Roloff JuS 2000, 762 ff.

Seit 19.8.2008 ist für Sicherungsgrundschulden eine sechsmonatige Kündigungs-
frist einzuhalten, welche auch nicht abbedungen werden kann (§ 1193 I, II 2
BGB).[13] Laut Sachverhalt wurde dieses Kündigungserfordernis von C beachtet.
Ein hinreichender Kündigungsgrund lag auch vor,[14] da ebenfalls laut Sachverhalt
grundsätzlich die Kreditrückzahlung verlangt werden konnte (welcher T an sich
ja durch Zahlung an die Zedentin S auch nachgekommen ist, wenn auch mit Leis-
tungsbefreiung über § 407 I BGB anstelle § 362 I BGB).[15]

3. Damit ist ein durchsetzbarer Anspruch aus §§ 1192 I, 1147 BGB zunächst gegeben.

4. Fraglich ist, wie die Darlehensrückzahlung sich auf diesen Anspruch auswirkt.

Anders als bei der Hypothek kann hier keine Eigentümergrundschuld dadurch entstehen, dass die gesicherte Forderung getilgt wird (§§ 1163 I 2, 1177 BGB). Denn
das würde eine hier gerade nicht vorhandene Akzessorietät voraussetzen.

> Noch einmal zur Faustregel (voriges Kästchen): Wenden Sie diese auf
> § 1163 I BGB an, so werden Sie feststellen, dass die so neu gefasste Formu-
> lierung keinen Sinn macht. Das spricht gegen die Analogiefähigkeit.

a) Es könnte jedoch eine rechtsvernichtende Einwendung aus der Tilgungsleistung
durch T der Grundschuld als eine solche der C entgegenstehen.
aa) Zunächst könnte schon die Tilgung allein den Anspruch aus §§ 1192 I, 1147
BGB zunichte gemacht haben.
Tilgt der Eigentümer eines belastenden Grundstücks, welcher zugleich der gesicherte Darlehensnehmer ist, die ausstehenden Zahlungen, so gilt dies regelmäßig
als Zahlung sowohl auf das Darlehen als auch auf die Grundschuld.

> Im Wesentlichen gibt es folgende Fälle (ausgehend jeweils von einer Sicherhei-
> tenbestellung durch Grundschuld):[16]
>
> 1. Der Schuldner/Sicherungsgeber (personenidentisch) tilgt die Zahlung: Zah-
>   lung auf die Schuld wie auch auf die Sicherung mit der Folge, dass die Schuld
>   erlischt (§ 362 I BGB) und das dingliche Sicherungsrecht auf ihn zurückfällt,
>   m. a. W.: Es entsteht ein Eigentümergrundpfandrecht (analog §§ 412, 401,

[13] Für strittige Fragen des Übergangsrechts s. OLG München NZM 2010, 255; vgl. auch Dieckmann
      BWNotZ 2008, 144, dort Fußn. 5.
[14] Man beachte, dass ein Kündigungsgrund auch für § 1193 BGB erforderlich ist. § 1193 BGB be-
      schränkt sich darauf, die Frist allein zu regeln!
[15] S. für die Kündigung Dieckmann BWNotZ 2009, 145 f.; s.a. z.T. kritisch Vollmer MittBayNot 2009, 1 ff.
[16] Jauernig/Jauernig § 1191 Rd.Nr. 10 ff.; Weller JuS 2009, 971 f.

774 II, 1143 BGB oder analog §§ 1163, 1177 BGB).[17]). Anderenfalls müsste man einen schuldrechtlichen Rückübertragungsanspruch in Bezug auf die Grundschuld annehmen.

Beachte den Unterschied zum dem Fall, dass nur die Forderung getilgt wird. Hier entsteht ausschließlich ein schuldrechtlicher Rückgewährsanspruch auf Grundschuldübertragung, welche mit Vollzug zum Eigentümergrundpfandrecht wird.[18]

Fehlt eine Tilgungsbestimmung, geht man grundsätzlich davon aus, dass bei andauernden Krediten nur auf die Forderung (Die Grundschuld soll die ausstehenden Kreditforderungen noch absichern),[19] bei Anlagekrediten und Tilgung in einer Summe auf beide Rechte geleistet werden soll (Hier fehlt es ja an Außenständen).[20] Kommt es hier zu Teilzahlungen, spricht manches für eine Tilgung nur der Forderung.[21] Man sollte sich generell mittels Tilgungsbestimmungen in den Verträgen behelfen!

2. Der Schuldner tilgt die Schuld, er ist aber von dem Sicherungsgeber/Grundstückseigentümer personenverschieden: Die Schuld erlischt (§ 362 I BGB), aber das Sicherungsrecht geht auf ihn nicht im Fall von Regressansprüchen auf den Sicherungsgeber über, da § 1164 BGB unanwendbar ist.[22] Es dient gleichwohl als Sicherung dieses Regressanspruchs. Deshalb hat der Schuldner einen Anspruch auf Abtretung der Grundschuld gegen den Sicherungsgeber an sich. Fehlt ein solcher Anspruch, wird das Sicherungsrecht als solches nicht benötigt und muss daher konsequent als Eigentümergrundpfandrecht

---

[17] Im Detail strittig (was die geschilderten Analogien angeht), im Ergebnis aber einig, s. BGH NJW 2003, 11; BGH NJW 1992, 3229; BGH NJW 1986, 2111; BGH NJW 1988, 2739; schon für das Ergebnis anders Waldner in: Prütting/Wegen/Weinreich § 1192 Rd.Nr. 17.

[18] Vgl. Waldner in: Prütting/Wegen/Weinreich § 1192 Rd.Nr. 17 (was insbesondere für den Fall gilt, wenn man annimmt, es könne nicht auf beide Rechte – Grundschuld und Forderung – geleistet werden und eine Forderungstilgung vorliegt).

[19] Redeker ZIP 2009, 209. Dieser Fall wird indes sehr häufig sein, so dass oftmals ungeachtet der Eingangsprämisse allein auf die Forderung geleistet würde (Sachverhalt hier insoweit offen).

[20] Baur/Stürner § 45 Rd.Nr. 47 f.

[21] Aber str., s. Baur/Stürner § 45 Rd.Nr. 49.

[22] S. etwa BGH NJW 2003, 11; Baur/Stürner § 45 Rd.Nr. 86. Allerdings könnte man dies durchaus anders sehen, wenn man an die Konstellation des „Wettlaufs der Sicherungsgeber" denkt, wenn also mehrere Sicherungsgeber vorhanden sind und einer die Schuld tilgt. Hier wird durchaus diskutiert, ob dieser das Sicherungsrecht des Anderen zum Schutz von Regressansprüchen erwirbt oder wenigstens ein Ausgleich analog § 426 BGB in Frage kommt, s. dazu BGH NJW 1992, 3228; vgl. dazu auch BGH NJW 2009, 2673 (mittlerweile allerdings § 426 BGB analog zuneigend). Warum sollte das hier eigentlich anders sein, wenn der Hauptschuldner Regressansprüche gegen den Sicherungsgeber hätte? – mit einer Analogie zu § 1164 BGB (welche in der Tat abzulehnen wäre, hätte das gar nichts zu tun, vielmehr wäre wieder an Analogien zu §§ 1143, 774, 412, 401 BGB zu denken).

an den Sicherungsgeber zurückfallen[23] oder wenigstens ein schuldrechtlicher Anspruch gegen den Sicherungsnehmer bestehen.[24]

3. Der von dem Schuldner personenverschiedene Sicherungsgeber tilgt die Schuld: Die Zahlung erfolgt allein auf die Grundschuld, welche als Eigentümergrundpfandrecht auf den Sicherungsgeber zurückfällt (einhellige Auffassung, aber für den Übergang unterschiedliche Begründungen. § 1163 I 2 BGB analog, §§ 1142, 1143 BGB analog, §§ 1168, 1170, 1171 BGB analog).[25] Der getilgte Anspruch geht auf ihn über[26] oder wenigstens besteht ein Anspruch auf Abtretung der Forderung gegen den Schuldner gegenüber dem Darlehensgeber/Gläubiger.[27] Vorausgesetzt wird hierfür freilich ein Regressanspruch gegen den Schuldner.

4. Würde ein Dritter, der also weder Schuldner noch Sicherungsgeber ist, Zahlungen leisten, greift § 1150 BGB entsprechend (§ 1192 Abs. 1 BGB). Er erwirbt die Forderung (§ 268 Abs. 3 BGB). Die Grundschuld muss eigens abgetreten werden, denn sie kann nicht infolge einer Akzessorietät übergehen.[28]

5. Davon zu unterscheiden Tilgungen im Rahmen von Zwangsvollstreckungen: Die Grundschuld erlischt (was aus der Struktur des Zwangsversteigerungsrechts folgt). Die Forderung geht auf den regressberechtigten Eigentümer über oder es besteht eine schuldrechtliche Abtretungspflicht (vgl. zuvor 3.), ansonsten erlischt auch sie.[29]

bb) Geht man wie üblich davon aus, dass T mit seiner Zahlung auch die Grundschuld tilgen wollte, so könnte man auf den ersten Blick vertreten, dass diese als Eigentümergrundschuld an ihn zurückfiele (sofern man keine ratenweisen Rückzahlungen annimmt, s. vorige Darstellung). Begründet wird dies mit Analogien zu §§ 1143, 1163 I 2, 1168 BGB.[30] In diesem Fall wäre der Anspruch nach § 1147 BGB i. V. m. § 1192 I BGB erloschen, denn C wäre nicht mehr Grundschuldinhaberin.

[23]   So im Ergebnis wohl auch Palandt-Bassenge § 1192 Rd.Nr. 36.
[24]   So Waldner in: Prütting/Wegen/Weinreich § 1192 Rd.Nr. 19.
[25]   MüKo-Eickmann §§ 1191 Rd-Nr. 107; BGH NJW 2003, 12.
[26]   A.A. die h. M., s. Palandt-Bassenge § 1191 Rd.N.r 36; BGH NJW 1988, 2730.
[27]   So BGH NJW 1991, 1821; BGHZ 108, 184.
[28]   BGH NJW 2005, 2398 (hier mit dem Verlangen, dass das dingliche Recht in voller Höhe, selbst wenn der Forderungsbetrag dadurch überschritten wird, abgelöst wird. Zu beachten ist, dass es im konkreten Fall um eine Zwangsversteigerung und hier um Fragen des § 75 ZVG ging).
[29]   Im Einzelnen str., s. BGH NJW 1987, 504; BGH WM 1979, 439; RGZ 150, 374.
[30]   Palandt-Bassenge § 1056 Rd.Nr. 11.

> Das könnte die zuvor gefundene Faustregel (s. die vorletzten beiden Kästchen) wieder in Frage stellen, denn dem dort beschriebenen Wortlautabgleich zufolge wären die genannten Vorschriften auf die Grundschuld gerade nicht analogiefähig. Hier geht es aber um anderes als um die Frage des Auffindens nach § 1192 I BGB anwendbarer Vorschriften. Das Ergebnis, dass ein getilgtes abstraktes Grundpfandrecht nicht erlöschen darf, sondern als Eigentümerrecht weiter bestehen muss, folgt aus dem grundbuchrechtlichen Rangsystem, denn ansonsten würden nachrangige Rechte aufrücken (dies, obwohl infolge des schlechteren Ranges vielleicht höhere Zinsen entrichtet werden müssen, was bei Aufrücken nicht mehr gerechtfertigt wäre). Es geht also um eine allgemeine Systemkorrektur auf Normenebene, welche als solche mit § 1192 I BGB (Auf diesen allein bezog sich die Faustregel) nichts zu tun hat.

cc) Allerdings ist die Forderung nicht nach § 362 I BGB (auf welchen sich die geschilderten Darstellungen konzentrieren) erloschen, sondern nach § 407 I BGB. § 407 BGB ist jedoch nicht auf die Grundschuld anwendbar. Ist diese abgetreten worden, geht insoweit die Leistung an den Zedenten der Grundschuld als solchen ins Leere. Damit ist C nach wie vor Inhaberin der Grundschuld und damit auch eines Anspruchs aus §§ 1192 I, 1147 BGB.

> Zur Beachtung: Man könnte versucht sein, hier mit § 1157 BGB (und hier gegebenenfalls schon mit § 1192 I a BGB) zur argumentieren. Diese Normen betreffen jedoch keine Einwendungen, sondern Einreden (s. dazu sogleich im Anschluss).

b) Es könnte dem Anspruch der C eine Einrede entgegenstehen.

aa) Die Sicherungsgrundschuld als dingliches Recht ist an sich ein abstraktes Recht wie jede andere Grundschuld auch (nun allerdings zum Teil relativiert durch das Risikobegrenzungsgesetz zum 19.8.2009, s. dazu nachfolgend im Text). Ihr liegt aber ein schuldrechtlicher Sicherungsvertrag zugrunde, welcher wie bei einer Sicherungsübereignung, Sicherungsabtretung oder sonstigen Sicherungsübertragung den Sicherungscharakter in sich trägt.[31] Diese Sicherungsabrede ist von dem ebenfalls schuldrechtlichen Darlehensvertrag zu trennen. Sie verknüpft das abstrakte Recht mit dem Sicherungszweck. Damit können Einwendungen und Einreden aus dem Sicherungszweck – dieser wird in einem eigenen schuldrechtlichen Sicherungsvertrag verbindlich festgehalten – im Wege der Einrede gegenüber der Grundschuld entgegengehalten werden. Es gilt insoweit § 1157 BGB über § 1192 I BGB entsprechend. Damit wird eine „Quasi-Akzessorietät" erzeugt.

---

[31]   Vgl. Ahrens AcP 200 (2000), 126 f.

Anmerkung zum Einrede- und Einwendungssystem im Vergleich Hypothek – Grundschuld:[32]

I. Zur Hypothek:

Die Hypothek ist ein akzessorisches Recht, so dass man wie folgt differenzieren kann:

a) Einwendungen gegen die Hypothek selbst:
   Hiernach entsteht gar kein dingliches Recht, gutgläubiger Erwerb nach § 892 oder § 1155 BGB möglich.

b) Einreden gegen die Hypothek:
   Das Recht ist entstanden, aber nicht durchsetzbar. Hier greift § 1157 BGB, so dass ein gutgläubig einredefreier Erwerb einer Hypothek möglich ist.

c) Einwendungen gegen die Forderung:
   Es entsteht eine Eigentümergrundschuld (§§ 1163 I 1, 1177 BGB), welche gutgläubig erworben werden kann (§ 1138, 1. Alt. BGB, aber nur diese, nicht die Forderung).

d) Einreden gegen die Forderung:
   Sie können der Hypothek gem. § 1137 BGB entgegengehalten werden (gutgläubig einredefreier Erwerb s. § 1138, 2. Alt. BGB).

II. Zur Grundschuld:

a) Einwendungen gegen die Grundschuld selbst:
   Wie soeben I.a).

b) Einreden gegen die Grundschuld:
   wie soeben I.b). Es greift § 1157 BGB.

c) Einwendungen gegen die Forderung (für den Fall einer Sicherungshypothek):
   Da die Grundschuld ein abstraktes Recht ist (§ 1192 I BGB), entsteht sie unabhängig von der Forderung (§ 1163 I 1 BGB also unanwendbar). Aus dem Sicherungszweck bzw. dem Sicherungsvertrag folgt jedoch eine Einrede gegen die Grundschuld selbst, denn diese soll u. a. nur dann verwertet werden können, wenn die Forderung selbst überhaupt existiert. Insoweit greift wieder § 1157 BGB (§ 1192 I BGB, gutgläubiger Erwerb daher nach § 1157,2 BGB – § 1138 BGB unanwendbar).

d) Einreden gegen die Forderung:
   Im Ergebnis wie soeben c), denn die Sicherungsabrede verlangt auch nach einer durchsetzbaren Forderung, denn sonst liegt ein Sicherungsfall gar nicht

---

[32]   S.a. den tabellarischen Überblick bei Weller JuS 2009, 975.

vor. Auch hier helfen §§ 1192 I, 1157 BGB (gutgläubig einredefreier Erwerb hier nach § 1157,2 BGB – § 1138 BGB unanwendbar).

e) Durch das Risikobegrenzungsgesetz ist für die Fälle II.c) und d) ein gutgläubig einredefreier Erwerb, soweit es um den Sicherungszweck geht, grundsätzlich ausgeschlossen (§ 1192 I a BGB), dazu nachfolgend.[33]

§ 1157,1 BGB (entsprechend anwendbar nach § 1192 I BGB) verlangt allerdings, dass die Einwendung/Einrede von ihrem Tatbestand vollständig erfüllt ist, damit sie geltend gemacht werden kann (arg. Wortlaut: „zusteht").[34] Die Grenze ist hier deutlich enger gezogen als in § 404 BGB, wonach es ausreicht, dass die Einrede/Einwendung allein ihrem Grunde nach angelegt ist, ohne dass sie bereits tatbestandsmäßig vorliegen muss. Man kann nun argumentieren, dass bei Erwerb der Grundschuld durch C der Tatbestand des § 407 I BGB gar nicht erfüllt war, ja gar nicht erfüllt sein konnte, denn § 407 I BGB kann naturgemäß allein nachträgliche Fälle, d. h. nach der Zession, erfassen. Insoweit wäre die Einrede/Einwendung als nachträgliche von § 1157 I BGB gar nicht erfasst. Für das Zusammenspiel von § 1157 BGB und § 1156 BGB ist eine solche Aufteilung in ursprüngliche (§ 1157 I BGB) und nachträgliche (§ 1156 BGB) Gegenrechte anerkannt. Selbst für die Hypothek wäre § 407 BGB ausgeschlossen, was auf eine Durchbrechung des dortigen Akzessorietätsprinzips hinausläuft (§ 1156 BGB) – um wie viel mehr müsste das für die nichtakzessorische Grundschuld gelten. § 1157 I BGB auch i. V. m. § 1192 I BGB wäre daher nur auf ursprüngliche Gegenrechte, d. h. solche vor einer Abtretung, beschränkt. So wird denn § 1156 BGB im Rahmen von § 1192 I BGB für entsprechend anwendbar gehalten.[35]

Damit erklärt sich der Unterschied zwischen § 1157 BGB und § 1156 BGB: § 1157 BGB ist einschlägig für Einendungen und Einreden gegen das Grundpfandrecht (gleich ob Hypothek oder Grundschuld) während der Inhaberschaft des Zedenten, § 1156 BGB betrifft deren nachträglich eingetretene.

---

[33] S. insoweit auch die Übersicht bei MüKo-Eickmann § 1191 Rd.Nr. 94.

[34] BGHZ 85, 388; s.a. BGH NJW 2010, 2045; s.a. Weller JuS 2009, 973.

[35] BGHZ 85, 388, a.A. BT-Drucks. 16/9821, S. 17; s.a. Staudinger/Wolfsteiner § 1192 Rd.Nr. 43 a.E. (für Fälle, in welchen die Grundschuld isoliert, also ohne die zu sichernde Forderung erworben bzw. abgetreten wird – anders also als der vorliegende Fall).

> Hinsichtlich Hypothek und Grundschuld gibt es lediglich Unterschiede in der Argumentation zu § 1156 BGB:
>
> Für die Hypothek reicht die Forderungstilgung aus (vgl. § 1163 I 2 BGB). Hier lockert § 1156 BGB die Akzessorietät.
>
> Für die Grundschuld gibt es keine zu lockernde Akzessorietät. Hier geht es darum, dass die Tilgung der Grundschuld selbst erfolgt. Für Fälle des § 407 BGB geht es also um die Grundschuld selbst – diese werden von §§ 1192 I, 1156 BGB für irrelevant erklärt.

Damit ist nach bisherigem Stand die Grundschuld auch keiner Einrede ausgesetzt.

bb) Einreden könnte sich zum einen aus dem Sicherungsvertrag selbst ergeben. Dieser müsste jedoch, um auch gegen C geltend gemacht zu werden, auf diese übertragen worden sein.[36]

Der Sachverhalt ist insoweit nicht eindeutig, als von einer Übertragung des gesicherten Kredits die Rede war. Dies könnte meinen, dass eine Vertragsübernahme stattgefunden hat oder auch nur, dass die Ansprüche aus dem Darlehensvertrag allein mit der Grundschuld Gegenstand dieser Verfügungsgeschäfte gewesen waren.

Jedoch hätte es hierzu der Zustimmung von T bedurft, denn eine Vertragsübernahme durch einen Dritten hätte auch seinen, T´s, Pflichtenkreis berührt, etwa sicherungszweckgebundene Duldungspflichten als Leitlinie für § 1147 BGB oder solche zur Wahrung (auch) der Sicherungsgeberinteressen (§ 415 BGB – § 416 BGB wäre schon für eine Hypothek im vorliegenden Fall unanwendbar gewesen).[37] Eine solche Zustimmung kann dem Sachverhalt aber nicht entnommen werden. Es kann daher kaum angenommen, werden, dass S und C eine komplette Vertragsübernahme überhaupt ins Auge gefasst haben (§§ 133, 157 BGB).

Eher könnte man einen Schuldbeitritt der C zu den Pflichten der S annehmen.[38] Allerdings ist auch das zweifelhaft, denn ebenso könnte man in der Formulierung der „Abtretung des gesicherten Kredits" lediglich die Verschaffung sämtlicher der S zustehenden Rechte (inklusive Grundschuld) sehen. Dass zusätz-

---

[36] S.a. Weller, JuS 2009, 973, s. insoweit aber durchaus missverständliche Formulierungen etwa bei BGH NJW 2010, 2042.

[37] Auch hier eine kurze international-privatrechtliche Anmerkung: Vertragsübernahmen richten sich nach dem Recht, welches auf den Vertrag selbst (hier: den Sicherungsvertrag) anwendbar ist, s. Ahrens Rdn. 327(s. dazu nun Art. 3, 4 Rom-I-VO). Grundsätzlich kann man das einschlägige Recht wählen, ansonsten zählt hier der gewöhnliche Aufenthalt oder die Niederlassung (Art. 19 Rom-I-VO) desjenigen, welcher die charakteristische Leistung (welche man durchaus in der Sicherheitenbestellung erblicken kann, s. zu diesem Begriff allgemein Ahrens Rdn. 79) erbringt; an dessen so bestimmten Ort findet sich dann das einschlägige Recht.

[38] S. insoweit Deubner JuS 2008, 587.

liche verpflichtende Elemente gegenüber T mit enthalten sein sollen, erscheint fraglich (Würde man dies mit vertretbarer Begründung annehmen, könnet man bereits jetzt die Einreden gegenüber C annehmen, welche sogleich nachfolgend *cc)* seit dem Risikobegrenzungsgesetz möglich sind, ohne auf dieses zurückgreifen zu müssen).

> Derartige Übernahmen etc. werden in der Falllösung wie auch in der Praxis kaum eine Rolle spielen. Man muss sich aber dessen bewusst sein, dass der Sicherungscharakter einer Grundschuld gegenüber Zessionaren aus diesem dann nicht mehr herrühren kann. Selbst eine Kenntnis des Zessionars über den Sicherungscharakter würde nicht helfen, denn diese hat mit keine Auswirkung auf den Vertragsübergang.

cc) Spätestens über § 1192 I a BGB (gültig für den Grundschulderwerb ab dem 19.8.2008, Art. 229 § 18 II EGBGB) lässt sich jedoch eine Lösung erzielen. Hiernach sind auch Einreden und Einwendungen aus dem Sicherungsvertrag gegenüber einem Zessionar einer Grundschuld möglich. Man kann mit Fug und Recht annehmen, dass, auch wenn sie zunächst noch gar nicht bestand, die Einrede des Sicherungszwecks sich im Sinne des Gesetzes aus dem Sicherungsvertrag ergibt. Die Formulierung lässt es – ebenso wie zu § 404 BGB, aber anders als zu § 1157,1 BGB – zu, dass auch solche Einreden bedeutsam sind, welche bereits dem Grunde nach bei Zession angelegt sind und nicht erst zur vollen Entstehung (wenn auch gegebenenfalls noch bedingt) gelangt sein müssen. Für den Sicherungszweck an sich, welcher nachträglich naturgemäß wegfallen kann, ist das zweifellos gegeben.[39]

Ebenso könnte der dolo-agit-Einwand aus § 242 BGB gelten, denn aus § 1192 I a BGB folgt zugleich ein Rückgewährsanspruch gegen C infolge des nunmehr fehlenden Sicherungszwecks. Dieser Anspruch kann spiegelbildlich zur Einrede (Diese wird von § 1192 I a BGB ja unproblematisch erfasst) auch C entgegengehalten werden (bemerkenswert, dass § 1192 I a BGB damit über sich hinausgeht, als dass er auch Ansprüche mit in sich aufnimmt).[40]

Ein Rückgriff auf den Ausschluss eines gutgläubig einredefreien Erwerbs (§§ 1157, 2 BGB mit §§ 1192 I a 2 BGB) ist nicht nötig, ja er wäre sogar falsch, denn als C die Grundschuld erwarb, stand die Einrede T ja noch gar nicht zu! Satz 1 des § 1192 I a BGB ist jedoch nicht zwingend hieran geknüpft.

---

[39]   S.a. Langenbucher NJW 2008, 3172; Böttcher NJW 2010, 1648; Schmid/Voss DNotZ 2008, 743 f.; ausführlich Nietsch NJW 2009, 3607 ff.

[40]   So auch Weller JuS 2009, 974.

> Vergleichen Sie § 1192 I a BGB mit § 1157, 1 BGB. Dort werden Einreden und Einwendungen gegen den Zessionar nur dann beachtet, wenn sie ihm bei Zession in tatbestandsmäßiger Erfüllung zustanden. § 1192 I a BGB hingegen orientiert sich von seiner Formulierung und Ausgestaltung an dem offener gefassten § 404 BGB. Wie der Fall zeigt, wird in mancher Hinsicht § 1156 BGB damit „überspielt".[41]

Damit ist ein Anspruch aus §§ 1147, 1192 BGB zwar gegeben, er ist jedoch nicht durchsetzbar.

Frage b):

A. Zur Frage der Rechtsmittel Ausgangsfall A.

B. Ein Anspruch aus § 488 I 2 BGB ist zunächst gegeben. Er erlosch infolge der Zahlung vor Abtretung bereits gem. § 362 I BGB. Die diesbezügliche Zession (§ 398 BGB) ging vollkommen ins Leere.

C. Zum Anspruch aus der Grundschuld ist unter ansonstigem Verweis auf den vorangegangenen Ausgangsfall Folgendes auszuführen:

I. Die Tilgung der Grundschuld (s. o.) führt wiederum zu einem Eigentümergrundpfandrecht.

C hätte die Grundschuld damit nicht mehr von S als Berechtigter erwerben können.

II. Es wäre ein gutgläubiger Erwerb nach § 892 BGB in Frage gekommen.

Laut Sachverhalt liegen die Voraussetzungen vor, zumal C keine Kenntnis von der Tilgung hatte.

Damit ist C Inhaberin der Grundschuld auf Grund gutgläubigen Erwerbs geworden.

III. Fraglich ist, ob T sich auf den von Anfang an fehlenden Sicherungszweck berufen kann.

1. Eine Vertragsübernahme durch C bezüglich der Sicherungsabrede scheidet aus (s. o. B.III.4.b)bb). Auch hier kann man kaum von einer solchen Übernahme ausgehen, zumal diesmal seitens der Zedentin S infolge der an sie geleisteten Zahlung kaum von einer entsprechenden Erklärung ausgegangen werden kann.

---

[41]   Vgl. auch Staudinger/Wolfsteiner § 1192 Rd.Nr. 43; Weller JuS 2009, 974; Redeker ZIP 2009, 210; in der Tat ist hiernach die Sicherungsgrundschuld in mancher Hinsicht „akzessorischer als die Hypothek", dazu nachfolgend d).

2. Fraglich ist, ob der hier von Anfang an fehlende Sicherungszweck einem Anspruch der C entgegengehalten werden kann.

a) Einreden aus dem Sicherungsvertrag (bzw. hier Einwendungen) können über § 1157,1 BGB auch gegenüber einem Zessionar gegenüber bedeutsam sein. Nicht schon reicht es aus, dass man allein schon den Sicherungscharakter einer Grundschuld als solches kennt (h. M., aber str., insoweit andere Auffassung vertretbar etwa mit der Begründung, dass man mit dem Erwerb einer Sicherungsgrundschuld sicherungstypische Risiken wie z. B. die fehlende Valutierung schlichtweg in Kauf nehmen muss42).

Allerdings besteht die Möglichkeit eines gutgläubig einredefreien Erwerbs nach § 1157,2 BGB mit § 892 BGB. Infolge der Unkenntnis der C liegt ein solcher auch grundsätzlich vor.

Allerdings ist dieser Weg nach § 1192 I a 2 BGB ausdrücklich abgeschnitten. Für Einreden aus dem Sicherungsvertrag wird ein gutgläubiger Erwerb ausdrücklich ausgeschlossen.

b) Das wirft wiederum die Frage auf, ob § 1192 I a BGB hier überhaupt einschlägig ist. Dem könnte man nämlich entgegenhalten, dass damit nicht der Erwerb der Grundschuld an sich überspielt werden kann. Dieser gestaltet sich nicht über § 1157,1 BGB, sondern über § 892 BGB direkt. § 1192 I a BGB kann hierzu keine Aussage treffen, denn er bezieht sich nur auf die erstgenannte Norm.[43]

Diese Meinung kann durchaus abgelehnt werden. Begründet werden kann dies mit dem Wortlaut des § 1192 I a BGB. Auch die getilgte Sicherungsgrundschuld bleibt im Sinne des Gesetzes eine solche. Der Sicherungsvertrag gerät nicht in Wegfall, sondern er bildet die causa dafür, dass der Sicherungsgeber (T) „seine Leistung behalten darf", was hier bedeutet, dass er nicht mehr die Vollstreckung nach §§ 1192 I, 1147 BGB dulden muss. Diese causa ergibt sich nach wie vor aus dem Sicherungsvertrag. Sie würde ihrerseits zu einer Einrede des fehlenden Sicherungszwecks führen, zu Einreden also, an denen § 1192 I a BGB an sich ja auch anknüpft.[44] Somit ist der Wortlaut des § 1192 I a BGB erfüllt.[45] Die Verknüpfung mit § 1157 BGB erscheint nach dieser Auffassung nicht als absolut zwingend.

---

[42] S. insoweit MüKo-Eickmann § 1191 Rd.Nr. 92 f., anders BGH NJW 1972, 1463; s.a. BGH NJW 2010, 2045 (Kenntnis der konkreten Einreden nötig), s.a. Ahrens AcP 200 (2000), 124 mit Fußn. 6.

[43] S.a. Habersack NJW 2008, 3176.

[44] Vgl. den Ausgangsfall.

[45] Ähnlich schon für die Frage zur Anwendbarkeit des § 1192 I a BGB, wenn der Sicherungsvertrag unwirksam wäre (etwa wegen anfänglicher Übersicherung, s. dazu die Fälle zu „Sicherungen, wohin das Auge blickt") Nietsch NJW 2009, 3607 f. Nach der Gegenauffassung ergäben sich die Einreden gegen den Grundschuldgläubiger nicht aus § 1192 I a BGB, sondern aus dem Bereicherungsrecht (s. § 821 BGB), s. a.a.O. die einschlägigen Nachweise.

> Über § 1192 I a BGB hat sich erstmals die Aufteilung der Grundschulden in zwei Gruppen, nämlich die „traditionelle abstrakte" und die nun erstmals ausdrücklich als solche geregelte Sicherungsgrundschuld vollzogen.[46] Dies wird in der hiesigen Fallkonstellation deutlich (Das Argument eingangs zu soeben b) würde die „traditionelle Grundschuld" betreffen). Man muss allerdings konstatieren, dass der Gesetzgeber dogmatisch äußerst oberflächlich geblieben ist.

Alternativ wäre eine Einrede aus Bereicherungsrecht (s. § 821 BGB) denkbar.[47] Man könnte insoweit argumentieren, dass durch den Wegfall der beschriebenen causa C rechtsgrundlos bereichert worden ist (in der Tat eine übliche ratio für das Eingreifen des Bereicherungsrechts). C wäre dann, da die Sicherung nicht mehr ihr gegenüber bestellt worden ist bzw. überhaupt noch bestand, in sonstiger Weise bereichert (§ 812 I 1, 2. Alt. BGB). Dem würde aber nun entgegenstehen, dass auf diese Weise der gutgläubige Erwerb durch das Bereicherungsrecht ausgehebelt würde. Dieses Ergebnis ist gänzlich unakzeptabel. Spätestens hier sieht man also, dass – lehnt man § 1192 I a BGB ab – der Weg des gutgläubigen Erwerbs (§ 892 BGB, nicht § 1157,2 BGB – im zweiten Fall wäre § 1192 I a BGB nämlich anwendbar) eine erhebliche Rolle spielt.

Frage c):

A. Zur Frage der Rechtsmittel s. Ausgangsfall.

B. Es besteht ein Anspruch aus § 488 I 2 BGB. Infolge der Stundung ist dieser Anspruch allerdings zurzeit dilatorisch (aufschiebend) einredebehaftet.

C. Zu §§ 1192 I, 1147 BGB: Hier hat C die Grundschuld von S als Berechtigter erworben.

1. Die Stundung der Darlehensrückzahlung zugunsten von T nimmt an der Sicherungsabrede (von welcher man wie in den vorigen Fällen nicht ausgehen kann, dass sie auf C mit übergegangen ist, s. o.) teil. § 1157,1 BGB ist einschlägig.

Allerdings käme auch hier ein gutgläubig einredefreier Erwerb nach §§ 1157,2 BGB mit 892 BGB in Frage.

2. Jedoch steht hier § 1192 I a BGB in jeder Hinsicht entgegen. Hier greift die Vorschrift von Sinn (Nach wie vor handelt es sich um eine Sicherungsgrundschuld) und Wortlaut (Die Einreden stehen T zu) ein.

---

[46]   S.a. Nietsch NJW 2009, 3606; Weller JuS 2009, 969.

[47]   Vgl. soeben vorletzte Fußnote a.E. – wie sogleich zu zeigen wird allerdings für eine andersartige und hier nicht übertragbare Fallkonstellation!

Anmerkung: Tatsächlich ist es diese Fallkonstellation, welche man mit der Einführung des § 1192 I a BGB und dem Risikobegrenzungsgesetz im Auge hatte. Das erklärt, warum diese Konstellation so unproblematisch über die Vorschrift gelöst werden kann.

Dass letztlich der Gesetzgeber zu kurz gegriffen hat, zeigt der Vergleich mit einer Hypothek – dazu die nächste Abwandlung:

Frage d):

A. S. zunächst wieder zu soeben c). Die Darlehensforderung wäre infolge der Stundung einredebehaftet gewesen. Diese Einrede gegen die gesicherte Forderung hätte auch gegen die Hypothek gewirkt (§ 1137 BGB). Ein Fall des § 1157 BGB würde gar nicht vorliegen. Ein gutgläubig einredefreier Erwerb in Bezug auf die Hypothek (nicht auf die Forderung) ist über § 1138, 2. Alt. BGB i. V. m. § 892 BGB möglich.

Exkurs: Man beachte, dass § 1138 BGB in seiner ersten Alternative mehr als missverständlich formuliert ist! Er ermöglicht in keinem Fall einen Forderungserwerb. Vielmehr wird die Forderung, wenn sie nicht (mehr) besteht, fingiert, um die Akzessorietät der Hypothek wenigstens dem Gedanken nach aufrecht zu erhalten.

Davon zu unterscheiden ist § 1138 BGB, 2. Alt. BGB (hier vorliegend). Hier besteht die Forderung noch (Der Akzessorietät wird damit kein Abbruch getan), aber sie betreffende Einreden können nicht gegenüber der Hypothek gegenüber erhoben werden. Auf Ebene der Durchsetzbarkeit wird die Akzessorietät also ebenfalls gelockert (gutgläubiger Erwerb jeweils vorausgesetzt).

Vor allem ist diese Variante kein Fall des § 1192 I a BGB. Das folgt schon daraus, dass dessen Aussage mit § 1138 BGB in keiner Weise vereinbar ist (§ 1138 BGB lockert die Akzessorietät, welche § 1192 I a BGB ja gerade herstellen will, von dessen Unanwendbarkeit auf die Hypothek – s. nachfolgend – schon einmal ganz abgesehen).

B. Anders wäre es, wenn man annähme, dass mit der Darlehensstundung zugleich eine Stundung der Hypothek verbunden wäre (s. dann § 1157,1 BGB). Dann hätte C das Grundpfandrecht gutgläubig einredefrei erwerben können. Hier greift § 1157,2 mit § 892 BGB direkt ein.

Bemerkenswerterweise entfällt § 1192 I a BGB, welcher diesen gutgläubigen Erwerb ausschließt. Er gilt ausdrücklich nur für die Grundschuld, und man kann angesichts der aktuellen ratio legis und des Wortlauts kaum von einer planwidrigen eine Analogie ermöglichenden Gesetzeslücke ausgehen.[48]

> Fazit und Anmerkung:
> Tatsächlich steht T für den Fall einer Hypothekenbestellung nun schlechter da als für denjenigen einer Grundschuldbestellung.[49]
>
> Sonstige Fälle s. die vorangegangenen Fälle a) und b), wäre es dort jeweils um eine Hypothek gegangen:
>
> Zu Ausgangsfall a): Erwerb vom Berechtigten, nachträgliche Tilgung (für Forderung: § 407 I BGB): §§ 1163, 1177 BGB, ausgeschlossen nach § 1156 BGB – Lockerung der Akzessorietät (keine Anwendbarkeit von § 1192 I a BGB).
>
> Zu Abwandlung b): Erwerb nach §§ 1138, 1. Alt., 892 BGB (ggf. mit § 1155 BGB), Streit um § 1192 I a taucht nicht auf. Die dort nach § 326 I BGB erloschene Forderung würde vielmehr über § 1138 BGB fingiert werden, um den gutgläubigen Erwerb der Hypothek zu ermöglichen.
>
> In beiden Fällen hätte C, wäre es jeweils um Hypotheken gegangen, ungehindert (d. h. einredefrei) Zugriff auf das Grundstück nehmen können – wie anders oder doch wenigstens streitig bei der Sicherungsgrundschuld!

Frage e):

C könnte einen Anspruch gegen E aus §§ 1992 I, 1147 BGB haben.

A. Eine Grundschuld wurde zugunsten der S wirksam bestellt, welche von C wirksam erworben worden ist (Der Sachverhalt bietet in dieser Variante keinen Anlass zur Annahme von Einwendungen gegen die Grundschuld. Zudem darf man hier auch keinen gutgläubigen Erwerb annehmen, da E das Grundstückseigentum ebenso von einem Berechtigten erworben hat wie C die Grundschuld von S).

B. Jedoch könnten der Grundschuld Einreden entgegenstehen, geboren aus der noch fehlenden Fälligkeit des Darlehens:

---

[48]   S. Nietsch NJW 2009, 3609; Habersack NJW 2008,. 3176; s.a. Redeker ZIP 2009, 210 ff. (mit umfassender Argumentation aber i.E. ebenfalls ablehnend).

[49]   In einem obiter dictum mag man die Frage aufwerfen, weshalb der Gesetzgeber seinerzeit überhaupt die Grundpfandrechte in Hypothek und Grundschuld aufgeteilt hat anstelle ein einheitliches Grundpfandrecht zu schaffen. Dies hat historische Gründe, denn zurzeit der Entwicklung des BGB war in manchen Regionen Deutschlands die Grundschuld bekannt, in anderen die Hypothek. Man wollte im Rahmen der deutschlandweiten Rechtsvereinheitlichung 1900 jedem sein ihm geläufiges System erhalten, s. Baur/Stürner § 44 Rd.Nr. 5.

I. Grundsätzlich handelt es sich bei der Einrede des mangelnden Sicherungsfalls um eine Einrede i. S. v. § 1157,1 BGB. Diese wäre grundsätzlich gegenüber Zessionaren ausgeschlossen, 1192 I a BGB (s. Ausgangsfall).

II. Nun wird allerdings vertreten, dass die Sicherungsgrundschuld zu einer isolierten Grundschuld wird, wenn nachträglich (!) auf der Passivseite (d. h. derjenigen von persönlichem Schuldner und Sicherungsgeber) Schuldner und Sicherungsgeber auseinanderfallen (sog. nachträgliche Divergenz auf der Passivseite).[50] Das gilt jedenfalls dann, wenn der Grundstückswerber (E) nicht zugleich in die Rechtstellung des vormaligen Sicherungsgebers (T) eintritt (hier der Fall, da E laut Sachverhalt allein das Grundstückseigentum erwirbt), denn dann stehen (s. Wortlaut § 1192 I a BGB) die Einreden aus dem Sicherungsvertrag nicht mehr dem Eigentümer zu. Damit ließe sich die Folge ableiten, dass durch den Verlust des Sicherungscharakters nachträglich auch das einschlägige Tatbestandsmerkmal der Sicherungsgrundschuld nachträglich entfiele (§ 1192 I a BGB). E wären damit sicherungsbezogene Einreden abgeschnitten.[51] § 1192 I a BGB würde in der Tat eine dogmatische Schwäche aufweisen (Unberührt davon wäre der Umstand, dass nach wie vor die Sicherungsabrede mit T bestünde, gegen welche C verstieße, aber das würde den Zugriff auf das Grundstück und damit gegen E nicht verhindern).

Hiernach wäre ein Anspruch der C gegen E einredefrei gegeben.

III. Dem könnte man erwidern, dass die Einreden aus dem Sicherungszweck auch dem Grundstückseigentümer zuständen. Zum einen könnte man § 1192 I a BGB über den Wortlaut hinaus analog anwenden, ginge man von einer planwidrigen Gesetzeslücke aus (wofür manches spricht, man denke nur an den Vorgängerfall d), welcher sinnfällig offenbart, dass diese Norm von dem Gesetzgeber ganz offensichtlich nicht bis in die letzte Konsequenz reflektiert wurde). Man könnte § 1192 I a BGB teleologisch auch dahingehend auslegen, dass er die eigentümerbezogenen Einreden aus dem Sicherungsvertrag nur als generelle bezeichnet hat, denn für den Sicherungsvertrag wird bei genauer Sicht nicht auf den Eigentümer abgestellt, sondern allein daraus, dass sie sich aus dem Sicherungsvertrag ergeben – dies auch unabhängig von der konkreten Stellung als Vertragspartei. Danach würde es ausreichen, dass die Sicherungsgrundschuld nur einmal als solche mit einer Sicherungsabrede verknüpft gewesen ist, um diesen Sicherungscharakter dann auch weiterhin beizubehalten.[52] Der Sicherungszweck würde danach gleichsam inhaltsbestimmend

---

[50]   S. etwa Baur/Stürner § 45 Rd.Nr. 77 f., Huber, S. 132 f., BGHZ 104, 30; BGH WM 1990, 576; BGH WM 1989, 127, s.a. Ahrens AcP 200 (2000), 126 f. (gegen die h. M. a.a.O. S. 140 ff., s. dazu auch Kurth, S. 79 ff.).

[51]   So Staudinger/Wolfsteiner § 1191 Rd.Nr. 45 (allgemein für die Trennung von Eigentümerstellung und Sicherungsgebereigenschaft, hier: Erster ginge auf E über, letztere bliebe bei T).

[52]   Vgl. die ähnlichen gedanklichen Ansätze zuvor Fall b) für die Konstellation, dass die Sicherungsgrundschuld zunächst als solche getilgt wurde, später aber von C gutgläubig als Fremdgrundschuld erworben wurde (dort freilich mit dem Unterschied, dass die sicherungsbezogenen Einreden stets allein einem einzigen Eigentümer zugestanden haben).

für das Sicherungsrecht sein, was nachträglich auch nicht mehr geändert werden könnte.[53]

Dieser Ansicht zufolge könnte auch C die Einrede des fehlenden Sicherungszwecks der C entgegenhalten.

IV. Der Anspruch der C aus §§ 1192 I, 1147 BGB ist damit jedenfalls gegeben. Ob dem eine Einrede entgegensteht, hängt von der vertretenen und zu begründenden Auffassung des Fallbearbeiters ab.

---

[53]   Vgl. insoweit schon für § 1157, 1 (lange vor dem Risikobegrenzungsgesetz) Ahrens, AcP 200 (2000), 140 ff. (s. vorletzte Fußn. aber auch zur Gegenauffassung).

Fall 30: Wo ist Rosinante?

Sachverhalt

Bernd Bauer (B) betreibt ein landwirtschaftliches Unternehmen auf einem ihm ge-
hörenden Grundstück, zu dem auch ein Gestüt gehört. Er hat zur Finanzierung einen
Kredit bei seiner Hausbank aufgenommen, wofür er dieser eine Grundschuld bestellt hat.

    Eines Tages erwirbt er von dem Pferdehändler Franz Fury (F) die Zuchtstute Rosi-
nante. Das Tier wird unter Eigentumsvorbehalt in das besagte Gestüt untergebracht.

    Als Bernd infolge wirtschaftlicher Schwierigkeiten seinen Kredit bei der Bank
nicht bedienen kann, erwägt diese die Aktivierung der Grundschuld und erwirkt
einen Titel gegen Bernd. Bernd seinerseits veräußert Rosinante an Schlaubold
Schlau (S), um wenigstens teilweise wieder liquide zu werden. Als Schlaubold
Bedenken äußert, weil Rosinante „mit dem Grundstück doch schon an die Bank
verpfändet sei", kommen er Bernd und Franz auf folgende Idee: Bernd und Franz
„heben ihren Eigentumsvorbehalt auf", und Schlaubold bekommt Rosinante direkt
von Franz geliefert. Das Geld, das Schlaubold Bernd schuldet wird verrechnungs-
weise direkt an Franz überwiesen, womit die dort noch ausstehenden Kaufpreisraten seitens des Bernd getilgt werden. Der Restbetrag geht an Bernd direkt.

    Die Bank erwirkt mittlerweile die Eintragung eines Zwangsversteigerungsver-
merks in das Grundbuch. Erst danach holt Schlaubold das Pferd von Bernds Grundstück ab und stellt es bei sich unter. Kurz darauf fohlt Rosinante. Aus einer zeitlichen Rückrechnung ergibt sich, dass sie schon trächtig war, als sie noch auf Bernds
Grundstück weilte.

    Die Bank verlangt, dass Schlaubold das Pferd mitsamt Fohlen der grundpfand-
rechtlichen Zwangsversteigerung zur Verfügung stellt. Schlaubold weigert sich,
denn er ist der Ansicht, die Bank habe keinerlei Rechte an den Tieren.

Frage:
Wie ist die Rechtslage?

Abwandlung:
Bernd hat das Grundstück auf Grund eines vom Grundstückseigentümer erhaltenen
Nießbrauchs wie im Ausgangsfall landwirtschaftlich genutzt. Zu dem Gestüt, das
er insoweit zur Nutzung eingeräumt bekommen hatte, gehörte bereits die trächtige
Rosinante.

I. Czeguhn, C. Ahrens, *Fallsammlung zum Sachenrecht*, Juristische ExamensKlausuren,   311
DOI 10.1007/978-3-642-13139-4_30, © Springer-Verlag Berlin Heidelberg 2011

Das Pferd wird von Schlaubold gestohlen und an den ahnungslosen Karl Keine-ahnung veräußert. Danach wird das Fohlen geboren. Bernd verlangt die Herausgabe von Rosinante und dem Fohlen.

Lösung

A. Ausgangsfall

Zum Anspruch der Bank auf das Zurverfügungstellen der Tiere für die Zwangsvollstreckung in das Grundstück.

I. Die Bank könnte einen Anspruch gegen S aus §§ 1134 I, 1135 BGB i. V. m. § 1192 I BGB bzw. § 823 II BGB i. V. m. §§ 1134 I, 1135, 1192 I BGB haben.

Die §§ 1133 ff. BGB sehen Maßnahmen vor, mit denen der Grundpfandrechtsinhaber vor allem gegen den Grundstückseigentümer vorgehen kann. § 1134 I BGB sieht einen Unterlassungsanspruch vor, der über Beeinträchtigungen gegen den Eigentümer hinausgeht. Entsprechend dazu muss es auch einen Beseitigungsanspruch als dem Unterlassungsanspruch nachgelagerten Anspruch geben.[1] Alternativ dazu könnte man über § 823 II BGB einen solchen Beseitigungsanspruch über die Naturalrestitution erzeugen, indem man die §§ 1133 ff. BGB für Schutzgesetze im deliktsrechtliche Sinne erklärt.[2]

Ausdrücklich gehört zu einer Grundstückverschlechterung zu Lasten des Grundpfandrechtsgläubigers die Entfernung von Haftungszubehör (§ 1135 BGB). Diese Alternative könnte hier einschlägig sein.

> Das Schutzsystem vor Grundstücksverschlechterungen zeichnet insoweit das allgemeine Unterlassungs- und Beseitigungssystem nach, wie man es etwa von § 1004 BGB oder § 862 BGB her schon kennt.[3] Sofern man auf § 823 II BGB ausweicht, bedarf es allerdings noch eines Verschuldens (§ 276 I BGB).

---

[1] Offenbar allgemein Staudinger/Wolfsteiner § 1135 Rd. Nr. 6; RGRK-Mattern § 1135 Rd. Nr. 3, einschränkend (nur im Fall des § 823 BGB) Erman/Wenzel § 1135 Rd. Nr. 2; MüKo/Eickmann § 1135 Rd. Nr. 17 f. (wobei aber die deliktischen Voraussetzungen, insbesondere das Verschulden angesichts der laut Sachverhalt gewählten umfassenden „Enthaftungsstrategie" – die übrigen Voraussetzungen als gegeben erachtet – sicherlich unproblematisch sind).

[2] S. dazu BGHZ 65,212; BGHZ 92,292.

[3] Vgl. dazu schon die Fälle „Streit um den Stellplatz" und „Szenen aus der Nachbarschaft".

1. Die Bank ist Inhaberin einer Grundschuld.
Das Pferd sowie sein Fohlen müssten von der Grundschuld erfasst worden sein, zur sog. Haftungsmasse gehören. Dies richtet sich zunächst nach §§ 1120, 1192 I BGB. Auch wenn Tiere gem. § 90 a BGB einem „Sonderstatus" unterliegen, finden die sachenrechtlichen Normen grundsätzlich Anwendung auf sie.

2. Da Rosinante auf einem landwirtschaftlichen Grundstück mit Gestüt Verwendung fand, kann sie durchaus Zubehör (§ 97 BGB) darstellen. Dieses fällt grundsätzlich in den Haftungsverband (§§ 1192 I, 1120 BGB a. E.).

3. Allerdings muss es sich um Zubehörstücke handeln, die dem Grundstückseigentümer gehören. Das war nicht der Fall, da Rosinante unter Eigentumsvorbehalt und insoweit aufschiebend bedingt (§§ 929 Satz 1, 158 I BGB) übereignet wurde.

a) Andererseits erlangte B durch besagten Vorbehalt ein Anwartschaftsrecht an dem Tier. Dieses wird grundsätzlich so behandelt wie das endgültige Vollrecht, zu dem es erstarken soll, selbst. Daher ist anerkannt, dass auch Anwartschaftsrechte, die in Volleigentum münden sollen, von § 1120 BGB ebenfalls erfasst werden.[4]

b) Allerdings wurde dieses Anwartschaftsrecht durch Vereinbarung von F und B nachträglich wieder aufgehoben. Ob dieses möglich ist, ist umstritten.[5]
aa) Dafür spräche, dass das Anwartschaftsrecht beim Eigentumsvorbehalt extrem von den zugrunde liegenden Absprachen abhängig ist. So wie man diese aber abändern könnte, so könnte dies dann auch für das Anwartschaftsrecht der Fall sein. Es wäre schließlich auch möglich gewesen, allein das schuldrechtliche Verpflichtungsgeschäft – etwa durch Abänderungs- oder Aufhebungsvertrag – zu beeinflussen, ohne überhaupt eine Vereinbarung in Bezug auf das Anwartschaftsrecht zu treffen. In diesem Fall wäre letzteres je nach Inhalt der Absprache gleichsam automatisch in Mitleidenschaft gezogen worden.
Ebenso könnte man das Anwartschaftsrecht auch durch Rückübertragung an den Volleigentümer zum Erlöschen bringen, denn beide Rechte können nicht in einer Person bestehen – das aber käme einer Aufhebung gleich.
Schließlich wird vorgetragen, ebenso wie man beim verpfändeten Eigentum nicht davor gefeit ist, dass die Sache selbst untergehen könnte, sei man davor sicher, dass die Sache durch Disposition über das Anwartschaftsrecht nicht verloren gehen könne. Man sei hier wie bei der Eigentumsverpfändung kraft geltenden Rechts nun einmal weniger geschützt als es bei einer Rechtsverpfändung der Fall sei.

---

4   BGHZ 92,289; BGH NJW 1961,1350.

5   Für eine Analogie zu § 1276 BGB (dazu sogleich im Text) Palandt/Bassenge § 1276 Rd. Nr. 5; Tiedtke NJW 1985,1305 sowie NJW 1988,28; Dagegen BGHZ 92,280; Wilhelm NJW 1987,1785 ff.; s. a. Ludwig NJW 1989,1458; differenzierend Leible/Sosnitza JuS 2003,345.

bb) Dagegen könnte man einwenden, das Anwartschaftsrecht vermittelt durch den Eigentumsvorbehalt sei zugleich aber auch ein dingliches Sicherungsrecht.[6] Insoweit käme es einem Pfandrecht nahe und müsste diesem insoweit gleichgestellt werden. Daher müsste aber auch § 1276 BGB analoge Anwendung finden, wonach eine Aufhebung des dinglich besicherten Rechts nur mit Zustimmung des Sicherungsgebers möglich sei.

> Stets ist zu beachten, dass der Eigentumsvorbehalt zunächst auf schuldrechtlichen Absprachen basiert, von solchen abhängig ist, er aber auch zugleich dingliche Rechtswirkungen zeitigt. Er nimmt geradezu zwischen Schuld- und Sachenrecht eine Zwitterstellung ein. Aus dieser besonderen Situation erwachsen die meisten damit zusammenhängenden Rechtsfragen.

c) Schließlich wäre es nicht ausgeschlossen, ein kollusives Handeln zwischen S, F und B zu lasten der Bank anzunehmen, da sie das Anwartschaftsrecht laut Sachverhalt aufheben wollten, um den Zugriff der Bank zu verhindern (s. Sachverhalt). Die Folge wäre, dass die entsprechenden Absprachen nach § 138 I BGB sittenwidrig und damit nichtig wären oder allenfalls nach § 826 BGB in Verbindung mit Naturalrestitution (§ 249 I BGB) ein Anspruch der Bank auf Wiederherstellung der seinerzeitigen Rechtslage durch „retardierende Absprachen" erwüchse. Allgemein stellt sich die Frage, ob Verfügungen überhaupt sittenwidrig sein können. Diese Frage taucht auf, weil Verfügungen an sich abstrakt, was auch im Sinne von „wertungstechnisch neutral" verstanden werden könnte; verwerflich wären dann allein die schuldrechtlichen zugrunde liegenden Absprachen, was dann zu einem Bereicherungsausgleich führen könnte.

Die Möglichkeit sittenwidriger Verfügungen ist indes anerkannt und der Andeutung in § 138 II BGB („sich gewähren lässt") entnommen.[7]

Unvertretbar erscheint dies nicht, allerdings wäre in Rechnung zu stellen, dass durch die vorangegangene Diskussion um die Analogie zu § 1276 BGB, gleich nach welcher Meinung, die vorliegende Problematik gelöst wird. Entweder ist die Analogie zu bejahen, dann ist die Aufhebung des Anwartschaftsrechts nicht möglich gewesen, so dass eine Nichtigkeit nach § 138 I BGB erst gar nicht in Betracht kommt. Umgekehrt, bejaht man die Aufhebbarkeit, wurde letztlich von rechtlich möglichen Gestaltungsoptionen Gebrauch gemacht, die aus der insoweitigen verminderten Bestandskraft des Anwartschaftsrechts herrühren. Dessen „dogmatische Schwäche", dann vom Gesetz akzeptiert, kann nicht aus sich he-

---

[6]   Der Vorbehaltsverkäufer wird gesichert, indem ihm nach wie vor das Eigentum verbleibt; der Vorbehaltskäufer wird gesichert, indem er bereits ein dingliches Recht erhält, welches gleichsam mit zunehmender Kaufpreistilgung „weiter wächst", will sagen sich in Richtung Volleigentum steigert; s. dazu auch Wilhelm Rd. Nr. 2335.

[7]   Vgl. insoweit umfassend den Fall „Sicherungen, wohin das Auge blickt".

raus zu einer Sittenwidrigkeit führen, ebenso wenig, dass Absprachen über die Aufhebung sich diese Strukturen an sich zunutze machen. Die Bank müsste im Gegenteil gegen sich gelten lassen, dass die grundpfandrechtlichen Haftungsverbandsstrukturen nicht den Fortbestand des Anwartschaftsrechts an sich gewährleisten.

Man kann schlagwortartig festhalten, dass die Diskussion um eine mögliche Sittenwidrigkeit letztlich anderenortes, nämlich zu § 1276 BGB auf dogmatischer Ebene geführt worden ist.

d) Die weitere Fallbehandlung ist abhängig von dem vertretenen Ergebnis.

Bejaht man die Aufhebung des Anwartschaftsrechts, so ist Rosinante enthaftet worden. Zugleich kann man schon jetzt feststellen, dass auch das Fohlen nicht in den Grundschuldhaftungsverband fallen kann.

Hält man dies in Analogie zu § 1276 BGB für unwirksam, so ist das Anwartschaftsrecht an Rosinante bis zuletzt existent gewesen. Damit waren die §§ 1192 I, 1120 BGB erfüllt.

e) Die spätere Kaufpreiszahlung hätte an dieser Haftungszugehörigkeit nichts geändert, denn es wäre stets um dasselbe Recht gegangen, welches sich vom Anwartschaftsrecht zum Volleigentum nur gesteigert hätte. Einer dinglichen Surrogation oder dergleichen bedurfte es insoweit nicht.

Unter Zugrundelegung der Analogie zu § 1276 BGB fällt Rosinante also in den Haftungsverband.

f) Jedoch könnte nachträglich eine Enthaftung eingetreten sein.

aa) Das wäre zum einen der Fall, wenn Rosinante im Rahmen einer ordnungsgemäßen Bewirtschaftung des Grundstücks ihre Eigenschaft als Zubehör des Grundstücks verloren hätte (§ 1122 II BGB). Der Sachverhalt gibt jedoch Anlass zu Zweifeln, ob dem wirklich so war. Es hat doch ganz im Vordergrund die Verhinderung einer grundpfandrechtlichen Belastung gestanden, nicht die Grundstücksbewirtschaftung an sich.

bb) Die grundpfandrechtliche Belastung eines Grundstücks beinhaltet nicht, dass über die jeweiligen Belastungsobjekte nicht disponiert werden kann. Das Grundstück mitsamt den sonstigen Haftungsgegenständen kann sich also ungeachtet der dinglichen Belastung verändern. Um schließlich das Haftungsobjekt gleichsam zu arretieren, muss das Grundstück beschlagnahmt werden, welches eine Verfügungsbeschränkung herbeiführt.

(1) Die Beschlagnahme erfolgt durch einen entsprechenden Beschluss der Zwangsversteigerung (§ 20 I ZVG, zum Wirksamwerden s. § 22 ZVG) oder Zwangsverwaltung (§ 146 I ZVG). Sie bezieht sich auch auf die Mobilien, soweit sie in den hypothekarischen bzw. grundschuldrechtlichen Haftungsverband fallen (§ 20 II ZVG). Sie hat die Wirkung eines relativen Veräußerungsverbots (§§ 23 I Satz 1 ZVG, 136 BGB).

> Wenn also die Beschlagnahme erst nach einer Veräußerung und Entfernung einer in den Haftungsverband fallenden beweglichen Sache erfolgt, kommt sie in Ansehung dieser Sache zu spät. Es hat eine Enthaftung stattgefunden.

(2) Selbst wenn die Beschlagnahme zu spät kommt, weil eine Verfügung bereits vorher erfolgt ist, kann das betreffende Objekt noch in den Haftungsverband fallen, wenn es nämlich erst danach vom Grundstück entfernt ist und der Entfernende hinsichtlich der Belastung nicht gutgläubig ist.
Hier wurde Rosinante veräußert. Da die Beschlagnahme, d. h. der Zwangsversteigerung erst später erfolgte, konnte insoweit kein Verfügungsverbot wirken.

> Damit kommt man zu folgender Erkenntnis:
> Beschlagnahmen führen zu relativen Verfügungsverboten (§§ 136, 135 BGB). Man kann von diesem Verfügungsverbot gutgläubig frei erwerben (§ 135 II BGB, hier i. V. m. §§ 932 ff. BGB).[8]
>
> Gem. § 23 ZVG wird die Bösgläubigkeit mit Eintragung des Zwangsversteigerungsvermerks fingiert.
>
> Wenn aber die Veräußerung vor der Beschlagnahme erfolgt, kommt sie zu spät.

cc) Allerdings wurde Rosinante erst später, d. h. nach der Veräußerung, aber auch erst nach der Beschlagnahme von dem belasteten Grundstück entfernt.

(1) Ein Verfügungsverbot kann hier keine Rolle spielen, denn die Veräußerung lag vor der Beschlagnahme, und die Entfernung als Realakt ist keine Verfügung.

(2) Gem. §§ 1192 I, 1121 II Satz 2 BGB muss S hinsichtlich der Beschlagnahme in gutem Glaube gewesen sein (entsprechend § 932 II BGB). Das scheitert allerdings jetzt an § 23 II Satz 2 ZVG, der nun bezogen auf die Entfernung eingreift.

(a) S könnte sich eventuell darauf berufen, dass er, als er das Pferd abholte, in Ansehung der grundschuldrechtlichen Belastung gutgläubig war (was ein Unterschied ist zur Beschlagnahme). § 23 II ZVG steht dem nicht entgegen, denn dieser bezieht sich nicht auf den guten

---

[8]   Man muss hier bei einer sich anschließenden Prüfung bezüglich des gutgläubigen Erwerbs stets bewusst sein, dass es so gut wie nie um den gutgläubigen Erwerb von Eigentum geht. Aus § 1120 BGB folgt ja, dass die betreffenden Sachen ohnehin doch dem Grundstückseigentümer gehören müssen. Es geht um den gutgläubigen Erwerb bezogen auf die mittels Beschlagnahme eingetretene Verfügungsbeschränkung. Das vergisst man leicht, wenn man zwar zunächst mit § 135 II BGB beginnt, aber dann zur Prüfung der §§ 932 ff. BGB gelangt!

Glauben bezogen auf das dingliche Recht selbst. Insoweit könnte § 936 I BGB eingreifen.

(b) Aus dem Sachverhalt ergibt sich allerdings, dass schon bei Veräußerung S um die grundpfandrechtliche Belastung wusste (Die nachfolgenden Absprachen bezogen sich doch gerade darauf, diese Belastung hier zu verhindern).

Nicht zuletzt stünde auch § 1121 II Satz 1 BGB i. V. m. § 1192 I BGB entgegen. Wird nämlich die in den Haftungsverband fallende Sache erst nach der Veräußerung von dem Grundstück entfernt, muss man auch hier noch – obwohl der Rechtserwerb, sofern die Voraussetzungen vorliegen, bereits mit der Veräußerung doch schon vollendet wurde[9] – gutgläubig sein. § 936 BGB würde „insoweit zeitlich nach hinten verlängert". Das ist aber dann doch nicht der Fall, weil eine Enthaftung wegen Gutgläubigkeit bei Entfernung von § 1121 II Satz 1 BGB (hier i. V m. § 1192 I BGB) definitiv ausdrücklich ausgeschlossen wird.[10]

Steht also die Entfernung zeitlich an letzter Stelle nach Veräußerung und Beschlagnahme, gilt folgendes:

Hinsichtlich des gutgläubig lastenfreien Erwerbs in Form der Enthaftung vom Grundpfandrecht greift § 1121 II Satz 1 BGB ein. Ein solcher ist ausgeschlossen.

Zugleich wird damit klargestellt, dass eine eventuelle Gutgläubigkeit bei Veräußerung hier nicht mehr in Ansatz gebracht werden kann. Dies bezieht sich auf das Grundpfandrecht selbst.

Nach Eintragung des Beschlagnahmevermerks wird die Bösgläubigkeit hinsichtlich der damit erzeugten Verfügungsbeschränkung (§§ 236, 135 II BGB) gem. § 23 ZVG fingert.

---

g) Damit ist Rosinante nicht von dem grundpfandrechtlichen Haftungsverband frei geworden. Die Bank kann von S verlangen, dass das Tier auf das Grundstück zurückgeschafft wird bzw. dass es für eine Zwangsvollstreckung aus §§ 1192 I, 1147 BGB zur Verfügung gestellt wird.

II. Fraglich ist, wie die Situation bezüglich des Fohlens aussieht.

1. Hier greifen die grundpfandrechtlichen Regelungen als solche nicht. Das Fohlen war noch nicht auf der Welt, als seine Mutter in den Haftungsverband geriet. Als es auf die Welt kam, war es nicht auf dem belasteten Grundstück.

---

[9]   Die Entfernung hat hier also nichts mit einem Übergabeakt im Rahmen der §§ 929 ff. BGB zu tun. Dieser hat schon im Rahmen der Veräußerung stattgefunden. Hier geht es nur noch um das reine Abholen.

[10] Vgl. insoweit zum Gleichlauf mit § 892 I BGB bezogen auf die Immobilie selbst Tiedtke, S. 47.

2. Gem. § 953 BGB steht das Eigentum an dem Fohlen (§ 90 a BGB steht dem nicht entgegen) S zu. Dieser ist schließlich auch Eigentümer der Mutterstute geworden. Der Eigentumserwerb durch ihn war wirksam.

3. Dem steht auch kein Verfügungsverbot infolge der erfolgten Beschlagnahme entgegen. Zum ersten erfolgte die Verfügung doch vor eben dieser Beschlagnahme, zum anderen hätte S gleichwohl Eigentum erworben, denn das Verfügungsverbot – käme es hier denn zur Geltung[11] – wäre ja nur ein relatives gewesen.

4. Die dingliche Belastung mit einer Grundschuld steht dem Eigentum nicht entgegen. Zwar können in Abweichung von § 953 BGB dinglich Berechtigte an einer Sache deren Erzeugnisse zu Eigentum erhalten (§ 954 BGB), aber nur dann, wen das betreffende dingliche Recht auch entsprechende Aneignungsbefugnisse in sich trägt (so vor allem bei dinglichen Nutzungsrechten, s. a. für das Fahrnispfand § 1212 BGB). Das Grundpfandrecht gehört nicht dazu (vgl. insoweit auch den Hinweis auf den Vorrang des § 954 BGB in § 1120 BGB, der nur dann verständlich ist, wenn das Grundpfandrecht selbst eben nicht zu den in § 954 BGB gemeinten Rechten gehört).[12]

5. Damit kann die Bank nicht die Rückschaffung des Fohlens bzw. dessen Zurverfügungstellung für die Zwangsvollstreckung von S verlangen.

B. Abwandlung

I. B könnte einen Anspruch gegen Karl auf Herausgabe des Pferdes Rosinante haben.

1. Ein Anspruch aus § 985 BGB steht ihm nicht zu, da er nicht Eigentümer des Tieres ist bzw. jemals war.

2. Jedoch könnte B das Pferd auf Grund es ihm eingeräumten Nießbrauchs herausverlangen.

a) Von einer wirksamen Nießbrauchsbestellung (§§ 873, 1030 BGB) an dem Grundstück ist auszugehen.

b) Wie im Ausgangsfall ist davon auszugehen, dass Rosinante (s. wieder § 90 a BGB) zum Grundstückszubehör gehörte (§ 97 BGB). An ihr wurde zwar selbst kein Nießbrauch bestellt, jedoch erstreckt sich insoweit im Zweifel der Grundstücksnießbrauch auch auf sie (§§ 1031, 926 I BGB).[13]
Damit stehen B Ansprüche auf Herausgabe gem. §§ 1065, 985 BGB zu.

---

[11] Also im Fall, dass die Beschlagnahme vor der Veräußerung erfolgt wäre und Schlaubold insoweit nicht gutgläubig (§§ 136, 135 II, 932 II BGB, s. insoweit wieder § 23 ZVG) gewesen wäre.

[12] Vgl. auch Baur/Stürner § 53 Rd. Nr. 49.

[13] Vgl. insoweit den Fall „Gartenidylle".

c) Anders kann es nur sein, wenn Karl das Pferd gutgläubig bzw. gutgläubig lastenfrei vom Nießbrauch erworben haben könnte.

Ein solches aber scheitert schon an dem Abhandenkommen (§ 935 I BGB). Es ist davon auszugehen, dass kraft eines Besitzmittlungsverhältnisses (§ 868 BGB) Bodo mittelbarer Eigenbesitzer, Bern unmittelbarer Fremdbesitzer war. Durch den Diebstahl hat letzterer ohne seinen Willen seinen Besitz verloren.[14]

§ 935 BGB gilt auch für den Erwerb nach § 936 BGB; das ergibt sich schon daraus, dass der gutgläubig lastenfreie Erwerb generell an dem Eigentumserwerb an sich orientiert ist – so wie dieser aber am Abhandenkommen scheitert, scheitert auch der lastenfreie Erwerb.[15]

d) Damit besteht ein Herausgabeanspruch.

I. Des Weiteren könnte ein Herausgabeanspruch B's bezüglich des Fohlens bestehen.

1. Er ist Nießbrauchsinhaber, so dass er insoweit auch auf Zubehör Zugriff nehmen kann; Karl ist auch nicht Eigentümer des Muttertieres geworden (s. soeben im vorangegangenen Prüfungsabschnitt).

2. Da Karl kein Eigentümer von Rosinante geworden ist, steht das Eigentum an dem Fohlen grundsätzlich dem Eigentümer des Muttertieres zu (§ 953 BGB).

3. Für Karl besteht jedoch die Möglichkeit, eventuell nach § 955 BGB das Eigentum an dem Fohlen erworben zu haben. Er hatte Rosinante im Eigenbesitz (§ 872 BGB) und er war auch in gutem Glauben bezüglich dieses Eigenbesitzes bis zur Trennung von „Sache" und „Erzeugnis" (s. insoweit wieder § 90 a BGB), d. h. bis zur Geburt des Fohlens. Damit ist der Gutglaubenstatbestand des § 955 I BGB erfüllt.

4. Dem könnte jedoch wieder § 935 I BGB in Bezug auf Rosinante entgegenstehen. Es ist umstritten, ob § 935 BGB im Rahmen von § 955 I BGB angewendet werden kann.[16]

a) Die h. M. lehnt dies grundsätzlich ab. § 955 BGB hat mit Verfügungen nichts zu tun, und damit auch nichts mit den Gutglaubensvorschriften mitsamt von deren Ausschlüssen. Man kann freilich darüber diskutieren, ob das Erzeugnis, wenn es schon bei Abhandenkommen der Muttersache schon „angelegt war" (sprich: ob dass Muttertier Rosinante beim Diebstahl schon trächtig war), gleichsam „mit abhanden gekommen sei", so dass sich § 935 I BGB auch auf das Erzeugnis miterstrecke. Dagegen wird eingewandt, dass eine pauschale Lösung, die nach derartigen Sachumständen nicht frage, praktikabler sei.

---

[14] Der Verlust des mittelbaren Besitzes hätte nicht ausgereicht, Wieling § 10.IV.1.

[15] Zur Anwendbarkeit des § 935 BGB auch auf § 936 BGB s. etwa Tiedtke, S. 44.

[16] S. dazu Medicus, Bürgerliches Recht, Rd. Nr. 603; Baur/Stürner § 53 Rd. Nr. 53.

b) Hier sind wieder beide Ansichten – § 955 I BGB oder Ausschluss des § 955 I BGB durch § 935 I BGB – vertretbar.

aa) Bejaht man den Erwerbstatbestand des § 955 I BGB, scheidet ein Herausgabeanspruch aus.[17] Auch sonstige Herausgabeansprüche kommen nicht in Betracht, denn es ist gerade der Sinn des Gutglaubenserwerbs, zum Schutze des Gutgläubigen irreversibel zu sein.[18]

bb) Verneint man diesen, kommt ein Herausgabeanspruch aus §§ 1065, 985 BGB in Betracht. Das Eigentum an dem Fohlen wäre nämlich nach § 953 BGB in der Person des Nießbrauchsbestellers entstanden. So wie dieser aber die Erzeugnisse des Grundstücks bzw. des ebenfalls belasteten Grundstückszubehörs zur Verfügung hätte stellen müssen, so weit muss auch der Umfang der §§ 1065, 985 BGB reichen.

> Abschließend ein Überblick über die gesetzlichen Erwerbstatbestände der § 953 ff. BGB, die als solche nur Sachen (§ 90 BGB, s. aber auch § 90 a BGB) betreffen.
>
> Grundsätzlich stehen Erzeugnisse und sonstige Bestandteile einer Sache dem Eigentümer zu (§ 953 BGB).
>
> Anders ist es, wenn beschränkt dingliche Rechte sich auch auf eben diese beziehen, dann stehen sie dem Inhaber dieses Rechts zu (§ 954 BGB).
>
> § 954 BGB wird flankiert durch die Gutglaubensregel des § 955 BGB. Bei entsprechender Gutgläubigkeit und Eigenbesitz (§ 872 BGB) kann man auch die Erzeugnisse und sonstigen Früchte gutgläubig mit der Trennung erwerben. Nach h. M. findet § 935 BGB hier keine Anwendung, so dass das Abhandenkommen der Muttersache den Erwerb nach § 955 BGB nicht hindert (s. soeben in der Abwandlung zum Fall).
>
> Schuldrechtliche Berechtigungen werden von § 956 BGB, der sog. Aneignungsgestattung,[19] erfasst. Zur Gestattung berechtigt ist derjenige, der selbst frucht-

---

[17] Das würde auch denjenigen aus § 985 BGB direkt betreffen.

[18] Ansonsten besagen die §§ 953 ff. BGB nämlich nicht, dass man die jeweiligen Gegenstände auch behalten darf, sie müssen gegebenenfalls nach anderen Ansprüchen (z.B. §§ 987 ff. BGB) herausgegeben werden, Jauernig/Jauernig, Vor. zu §§ 953 ff. Rd. Nr. 3.

[19] Diese wird von dem schuldrechtlichen Vertrag als etwas Unabhängiges begriffen, Baur/Stürner § 53 Rd. Nr. 54, was aber nicht zwingend erscheint, s. a. a. a. O. Rd. Nr. 57 zum Streit über die Rechtsnatur (Nach Übereignungstheorie liegt in der Gestattung das Übereignungsangebot, in dem jeweiligen Erwerbstatbestand die Annahme, nach der sog. Aneignungstheorie handelt es sich um einen einseitigen Erwerbstatbestand eben mit Tatbestandserfüllung des § 956 BGB).

ziehungsberechtigt ist – s. insoweit wieder §§ 953 ff. BGB. Fehlt es daran, kann die Gutglaubensregelung des § 957 BGB eingreifen.

Nicht ausgeschlossen ist, dass derjenige, welcher nach den §§ 953 ff. BGB Eigentümer eines Erzeugnisses geworden ist, dieses nach anderweitigen Vorschriften an jemand anderes wieder herausgeben muss.

Literatur

Ahrens, Claus, Dingliche Nutzungsrechte, 2. Aufl. Berlin 2007

Ahrens, Claus, Europäisches Wirtschaftsprivatrecht, 2008

Ahrens, Claus, Zivilrechtliche Zurückbehaltungsrechte, Berlin 2003

Ahrens, Claus, Zum räumlichen Aspekt der Privatsphäre, in: Dreier/Forkel/Laubenthal (Hrsg.), Raum und Recht, Festschrift 600 Jahre Würzburger Juristenfakultät, Berlin 2002, S. 599

Ahrens, Claus, Von der Position als Sicherungsvertragspartei unabhängige Einreden gegen die Sicherungsgrundschuld auf Grund des Kausalgeschäfts, AcP 200 (2000),123

Baldringer, Sebastian/Jordans, Roman, Beurteilung des „Abschleppens" nach bürgerlichem Recht" – insbesondere Ersatz der Abschleppkosten bei widerrechtlichem Parken, NZV 2005,75

Baur, Fritz/Stürner, Rolf, Sachenrecht, 18. Aufl. München 2009

Brehm, Wolfgang/Berger, Christian, Sachenrecht, 2. Aufl. Tübingen 2006

Böttcher, Roland, Die Entwicklung des Grundbuch- und Grundstücksrechts in den Jahren 2008/2009, NJW 2010, 1647

Büdenbender, Die Berücksichtigung der Gegenleistung bei der Rückabwicklung gegenseitiger Verträge, AcP 200 (2000),627

Bülow, Peter, Recht der Kreditsicherheiten, 7. Aufl. Köln 2007

Canaris, Claus-Wilhelm, Handelsrecht, ein Studienbuch, 24. Aufl. München 2006

Derleder, Peter/Knops, Kai-Oliver/Bamberger, Heinz Georg, Europäisches Bankvertragsrecht, 2. Aufl. Heidelberg 2009

Dieckmann, Andreas, Zur Frage der Erteilung der vollstreckbaren Ausfertigung(en) der Grundschuldbestellungsurkunde nach dem Risikobegrenzungsgesetz (insbesondere § 1193 BGB n.F.), BWNotZ 2009, 144

Deubner, Karl G., Grenzen der Grundschuldhaftung, JuS 2008, 586

Eckert, Jörn, Der Begriff Freiheit im Recht der unerlaubten Handlungen, JuS 1994,625

Erman, Bürgerliches Gesetzbuch, Handkommentar mit AGG, EGBGB (Auszug), ErbbauRG, HausratsVO, LPartG, ProdHaftG, UKlaG, VAHRG und WEG: Band 2, 12. Aufl. 2008

Fikentscher, Wolfgang, Schuldrecht, 10. Aufl. Berlin New York 2006

Fischer, Gerfried, Vorrang des Vermieterpfandrechts vor dem Sicherungseigentum? – BGHZ 117,200, JuS 1993,542

Flume, Werner, Die Rückabwicklung nichtiger Kaufverträge nach Bereicherungsrecht – zur Saldotheorie und ihren Ausnahmen, JZ 2002,321

Flume, Werner, Der verlängerte und erweiterte Eigentumsvorbehalt, NJW 1950,841

Ganter, Hans-Gerhard, Die ursprüngliche Übersicherung, WM 2001, 1

Ganter, Hans Gerhard, Rechtsprechung des BGH zum Kreditsicherungsrecht – Teil I, WM 1998, 2045

Geibel, Stefan J., Die Kollision zwischen verlängertem Eigentumsvorbehalt und antizipierter Sicherungsübereignung, WM 2005, 962

I. Czeguhn, C. Ahrens, *Fallsammlung zum Sachenrecht,* Juristische ExamensKlausuren,   323
DOI 10.1007/978-3-642-13139-4, © Springer-Verlag Berlin Heidelberg 2011

Goertz, Alexander/Roloff, Sebastian, Die Anwendung des Hypothekenrechts auf die Grundschuld, JuS 2000, 762

Gnamm, Peter, Zusammentreffen von Sicherungsübereignung und Vermieterpfandrecht, NJW 1992,2806

Habersack, Matthias, Die Vollstreckungsunterwerfung des Kreditnehmers im Lichte des Risikobegrenzungsgesetzes, NJW 2008, 3173

Haedicke, Maximilian, Der bürgerlich-rechtliche Verfügungsbegriff, JuS 2001,966

Hager, Günter; Grundfälle zur Systematik des Eigentümer-Besitzer-Verhältnisses und der bereicherungsrechtlichen Kondiktion, JuS 1987,877

Heinrichs, Helmut, Die Entwicklung des Rechts der Allgemeinen Geschäftsbedingungen in den Jahren 1998, NJW 1999, 1596

Helle, Jürgen, Besondere Persönlichkeitsrechte des Privatrechts, Tübingen 1991

Hellfeier, Martin, Referendarexamensklausurenkurs – Bürgerliches Recht: Schadensersatz und Herausgabeanspruch des Eigentümers gegen den unredlichen Besitzer, JuS 2005,436

Honsell, Thomas, Schadensersatz nach verbotener Besitzentziehung, JZ 1953,531

Huber, Michael, Der praktische Fall – Vollstreckungsrecht: Vorrang des Vermieterpfandrechts? JuS 2003,568

Huber, Ulrich, Die Sicherungsgrundschuld, 1965

Jauernig, Bürgerliches Gesetzbuch – Kommentar, 13. Aufl. München 2009

Jauernig, Othmar/ Berger, Christian, Zwangsvollstreckungs- und Insolvenzrecht, 22. Aufl. München 2007

Kaiser, Dagmar, Die Rückabwicklung gegenseitiger Verträge wegen Nicht- und Schlechterfüllung nach BGB, Tübingen 2000

Keller, Rolf, Das Zurückbehaltungsrecht nach § 273 BGB, JuS 1982,665

Knöringer, Dieter, Die Assessorklausur im Zivilprozess – Das Zivilprozessurteil, Hauptgebiete des Zivilprozesses, Klausurtechnik, 12. Aufl. München 2008

Kurth, Daniel, Einreden gegen Grundpfandrechte bei Wechsel des Grundstückeigentümers, Bonn 2010

Langenbucher, Katja, Kredithandel nach dem Risikobegrenzungsgesetz, NJW 2008, 3169

Larenz, Karl, Lehrbuch des Schuldrechts, Zweiter Band, Besonderer Teil, 12. Aufl. München 1981

Larenz, Karl/Canaris, Claus-Wilhelm, Lehrbuch des Schuldrechts, Zweiter Band, Besonderer Teil, 2. Halbband, 13. Aufl. München 1994

Larenz, Karl/Wolf, Manfred, Allgemeiner Teil des Bürgerlichen Rechts, 9. Aufl. München 2004

Leible, Stefan/Sosnitza, Olaf, Grundfälle zum Recht des Eigentumsvorbehalts, JuS 2003,341

Martinek, Michael, Moderne Vertragstypen, Band I: Leasing und Factoring, München 1991

Medicus, Dieter, Bürgerliches Recht, 22. Aufl., Köln u. a. 2009

Medicus, Dieter, Schuldrecht Allgemeiner Teil, 18. Aufl. München 2008

Medicus, Dieter, Schuldrecht Besonderer Teil, ein Studienbuch, 14. Aufl. München 2007

Medicus, Dieter, Entscheidungen des BGH als Marksteine für die Entwicklung des allgemeinen Zivilrechts, NJW 2000, 2921

Münchener Kommentar zum BGB, Band 3, Schuldrecht Besonderer Teil I, §§ 433 – 610, Finanzierungsleasing, HeizkostenV, BetriebskostenV, CISG, 5. Aufl. München 2007

Münchener Kommentar zum BGB Band 6, Sachenrecht, 5. Aufl., München 2009

Münchener Kommentar zum BGB, Band 5, Schuldrecht Besonderer Teil, Partnerschaftsgesellschaftsgesetz, Produkthaftungsgesetz, 5. Aufl. München 2009

Neef, Andreas, Zur Kollision von Vorauszessionen, WM 2005, 2365

Neuner, Jörg, Das nachbarrechtliche Haftungssystem, JuS 2005, 385, 487

Nietsch, Michael, Grundschulderwerb nach dem Risikobegrenzungsgesetz, NJW 2009, 3606

Oechsler, Jürgen, Die Entwicklung des privaten Bankrechts im Jahre 2004, NJW 2005, 1406

Özen, Kasim/Hein, Georg, Die prozessuale Gestaltungsklage analog § 767 ZPO, JuS 2010, 124

Palandt, Bürgerliches Gesetzbuch, 69. Aufl. München 2010

Ranieri, Filippo, Original-Examensklausur – Bürgerliches Recht: Probleme des Eigentümer-Besitzer-Verhältnisses, JuS 2004,53

Redeker, Philipp, Renaissance der Hypothek durch Abschaffung des gutgläubig einredefreien Erwerbs bei der Grundschuld? ZIP 2009, 208

RGRK, Das Bürgerliche Gesetzbuch mit besonderer Berücksichtigung der Rechtsprechung des Reichsgerichtshofs und des Bundesgerichtshofs, Band III, 1. Teil, §§ 845 – 1011, Berlin New York 1979

RGRK, Das Bürgerliche Gesetzbuch mit besonderer Berücksichtigung der Rechtsprechung des Reichsgerichtshofs und des Bundesgerichtshofs, Band III, 2. Teil, Anh. § 1011: ErbbauVO; §§ 1018 – 1023, Anh. § 1203 (SchiffsRG), 12. Aufl. Berlin New York 1996

Roth, Herbert, Das Eigentümer-Besitzer-Verhältnis, JuS 2003,937

Schmid, Irene/Voss, Matthias, Die Sicherungsgrundschuld nach dem Risikobegrenzungsgesetz, DNotZ 2008, 740

Schmidt, Karsten, Anmerkung zu BGH NJW 2004,3701, JuS 2005,182

Schönke, Horst/Schröder, Adolf, Strafgesetzbuch, 27. Aufl. München 2006

Seidl, Hans-Jürgen, Das Zurückbehaltungsrecht als Recht zum Besitz im Sinne des § 986 BGB? JuS 1993,180

Schwab, Martin, Übersicherung und Sicherheitenfreigabe, JuS 1999, 740

Serick, Rolf, Freigabeklauseln, Deckungsgrenze und Haftobergrenze, NJW 1997, 1529

Serick, Rolf, Gewohnheitsrecht und fehlende vertragliche Deckungsgrenze bei fiduziarischen Kreditsicherheiten, WM 1997, 345

Singer, Reinhard/Große-Klußmann, Dirk, Der praktische Fall – Bürgerliches Recht: Ein bösgläubiger Bauherr, JuS 2000,562

Staudinger, von, J., Kommentar zum Bürgerlichen Gesetzbuch mit Einführungsgesetz und Nebengesetzen, Zweites Buch, Recht der Schuldverhältnisse, §§ 812 – 822, Neubearbeitung Berlin 2007

Staudinger, von, J., Kommentar zum Bürgerlichen Gesetzbuch mit Einführungsgesetz und Nebengesetzen, Drittes Buch, Sachenrecht, §§ 985 – 1011, Neubearbeitung Berlin 2006

Staudinger, von, J., Kommentar zum Bürgerlichen Gesetzbuch mit Einführungsgesetz und Nebengesetzen, Drittes Buch, Sachenrecht, §§ 1113 – 1203, Neubearbeitung Berlin 2009

Stürner, Rolf/Hegger, Marc, Der fehlgeschlagene Bau auf fremdem Boden, JuS 2000,328

Schwarz, Günther Christian/Ernst, Astrid, Ansprüche des Grundstücksbesitzers gegen „Falschparker", NJW 1997,2550

Tiedtke, Klaus, Gutgläubiger Erwerb im bürgerlichen Recht, im Handels- und Wertpapierrecht sowie in der Zwangsvollstreckung, 2. Aufl. Berlin New York 1985

Tiedtke, Klaus, Zur Aufhebung des belasteten Anwartschaftsrechts ohne Zustimmung des Pfandgläubigers, NJW 1988,28

Tiedtke, Klaus, Die Aufhebung des belasteten Anwartschaftsrechts ohne Zustimmung des Pfandgläubigers, NJW 1985,1305

Trapp, Andreas, Praktische Auswirkungen des Abschieds von der qualifizierten Freigabeklausel bei Globalzessionen, NJW 1996, 2914

Vieweg, Klaus/Werner, Almuth, Sachenrecht, 2. Aufl. München 2010

Vollmer, Michael, Die Kündigung der Sicherungsgrundschuld nach dem Risikobegrenzungsgesetz, MittBayNot 2009, 1

Weber, Helmut/Rauscher, Mario, Die Kollision von Vermieterpfandrecht und Sicherungseigentum im Konkurs des Mieters, NJW 1988,1571

Weller, Marc-Philippe, Die Sicherungsgrundschuld, JuS 2009, 969

Werner, Frank, Der praktische Fall – Zivilrecht: Der Tod in den Bergen, JuS 2000,779

Westermann, Harry, Sachenrecht, 7. Aufl. Heidelberg 1998

Wieling, Hans Josef, Sachenrecht, 5. Aufl. Berlin Heidelberg New York 2007

Wieling, Hans Josef, Voraussetzungen, Übertragung und Schutz des mittelbaren Besitzes, AcP 184 (1984),439

Wieser, NJW 1971,598

Wilhelm, Jan, Sachenrecht, 3. Aufl. Berlin New York 2007

Wilhelm, Jan, Das Anwartschaftsrecht des Vorbehaltskäufers im Hypotheken- und Grundschuldverband, NJW 1987,1785

Sachverzeichnis

I. Czeguhn, C. Ahrens, *Fallsammlung zum Sachenrecht,* Juristische ExamensKlausuren,   327
DOI 10.1007/978-3-642-13139-4, © Springer-Verlag Berlin Heidelberg 2011

MIX
Papier aus verantwortungsvollen Quellen
Paper from responsible sources
FSC® C105338

If you have any concerns about our products,
you can contact us on
ProductSafety@springernature.com

In case Publisher is established outside the EU,
the EU authorized representative is:
**Springer Nature Customer Service Center GmbH
Europaplatz 3, 69115 Heidelberg, Germany**

Printed by Libri Plureos GmbH
in Hamburg, Germany